You create Life – du erschaffst dein Glück!

Ich begrüße Dich auf diesen Seiten. In diesem Moment, wenn ich diese Worte schreibe, stehe ich schon mit Dir in Verbindung. Meine Schwingung wird Dich hierher ziehen, zu diesem Buch, sobald unsere Frequenzen übereinstimmen.

Offenbar gibt es in Dir einige Fragen, die seither nie beantwortet wurden, die Dich zu diesem Buch und damit zu diesen Antworten führen sollen. Danke, dass Du Dich diesem Weg öffnest und dass Du etwas in Dir verändern möchtest.

Dass Du das hier liest, zeigt Dir, dass du am Weg zu deiner Entfaltung bist.

Inhalt

VORWORT

Zur Einteilung und Handhabung dieses Buches

Du findest vier Bereiche

Allgemeines zu den wichtigsten Lebensthemen, Ursachen deiner Blockaden und Erklärungen zur Vorbereitung auf das Programm

Die Essenzen erfolgreichen Erschaffens, eine Zusammenfassung zu den häufigsten Fehlern beim Manifestieren und der Weg, wie es funktioniert

Ein von mir entwickeltes spirituelles, psychologisches Programm zur Transformation von Blockaden, das du spirituell benützen und durcharbeiten, oder aber auch ganz weltlich-psychologisch angehen kannst

Eine Seelenapotheke und ein Werkzeugkoffer zur Selbsthilfe für verschiedene Lebenslagen

Ich habe mich, was viele Inhalte meines Programmes und der einzelnen Kapitel betrifft, sehr stark von der geistigen Welt und damit von meinem spirituellen Hintergrund leiten lassen. Einige Übungen und Grundlagen, die ich dir hier zeige, verlangen Offenheit und den Glauben an eine Kraft, die uns verbindet, aus der wir kommen und die unsere weltliche Inkarnation übersteigt. Dabei geht es um den

Glauben einer inneren Führung durch eine höhere Macht, der man sich anvertraut, egal ob man sie Gott, Alles was ist, allumfassendes Bewusstsein, Universum, Kosmos oder anders nennt.

Ich möchte aber darauf hinweisen, dass man an all das nicht glauben muss, um dieses Buch in einer produktiven und gewinnbringenden Weise auch für sich zu nützen. Einige Grundlagen basieren auf psychologischen Erkenntnissen, die wissenschaftlich erforscht sind. Das bedeutet, du kannst hier die rein weltlich fundierten Erkenntnisse auch für dich verwenden.

Wenn du die Übungen, die dir zu spirituell sind, weglässt und du nur an den Glaubenssätzen arbeitest, wirst du trotzdem gute Ergebnisse erzielen können. Ich werde später erklären, wie du die Glaubenssätze auf diese „nicht esoterische" Art auch bearbeiten kannst.

Manche Übungen und Rituale werden mittlerweile in der herkömmlichen, wissenschaftlich fundierten Arbeit mit Klienten erfolgreich eingesetzt, wie die Arbeit mit dem inneren Kind, ebenso basieren viele Techniken auf systemischen Grundlagen.

Du wirst also genug Übungen und Erklärungen finden, die für dich von Wert sind, auch wenn du mit dem spirituellen Weg nichts oder noch nichts anfängst.

Ich lege dir ans Herz, dich nicht völlig zu verschließen, sondern dir einfach hier das herauszuholen, was dir gut tut, dich stärkt, dir weiterhilft, dich interessiert, anspricht oder dir Freude macht.

Alles kann eine Inspiration zu einer neuen, wertvollen Entwicklung darstellen.

Ich wünsche dir, dass du hier alles herauspresst, bis zum letzten Tropfen, um für dich das schönste, wohltuendste Lebenselixier zu erhalten, das dir als Seelenmedizin und guter Freund zur Verfügung steht, wann immer du es brauchst und das für immer.

Die hier vorgestellten Herangehensweisen und Übungen werden dir Techniken in die Hand geben, die du dein ganzes restliches Leben anwenden können wirst, wenn du das willst, sodass es dir ab sofort gelingen kann, dir in jeder Lebenssituation selbst zu helfen und das zu erschaffen, was du eigentlich möchtest.

In Verbundenheit, deine Carolin Gruber

3 Begriffe werden dir hier mehrfach begegnen und ich möchte sie dir kurz vorab erklären:

Energetic Imprint

Der Energetic Imprint wurde mir von der geistigen Welt als Idee vermittelt, Energie in lesbare Form zu bringen. Mittels einer CD kann man über die Stimme und die Musik sehr gut Schwingung übermitteln. Bei einem gedruckten Text sieht das anders aus. Die geistige Welt meinte aber, ich könne Textzeilen auch energetisch laden. Mittels einer bestimmten Meditation und Verbindung ließ ich besondere Energie in den Text einfließen.

Es geht um den Punkt, dass im Quantenfeld Zeit und Raum nicht existieren und alles gleichzeitig nebeneinander existiert. Sobald ich etwas schreibe, fließt automatisch Information in das Feld und ich erschaffe an einer Stelle den Text durch meinen Fokus. Mit der Intention und der Verbindung zur geistigen Welt wird der Textabschnitt im Feld besonders aufgeladen, sodass jeder, der diesen Punkt im Feld beobachtet (liest), ebenfalls diese Energie wahrnehmen kann.

Im Grunde ist das mit jedem Text eines Autors ähnlich, nur dass beim energetischen Laden durch die stärkere Intention und Verbindung noch eine weitere Dimension an Energie und paralleler Welt in diesen Punkt mit einfließen kann.

Einfacher ausgedrückt: der Energetic Imprint soll dir dazu dienen, nicht nur die Worte aufzunehmen, sondern auch mit einer speziellen Energie in Kontakt zu kommen, sowie auch dein Bewusstsein und deine Öffnung für dein höheres Selbst zu aktivieren.

Geistige Welt und Universum

Wenn ich von der geistigen Welt spreche, meine ich die nicht-physikalische Energie, die uns alle umgibt, das allumfassende Bewusstsein, aus dem wir alle kommen, All das, das seine Form aus einer physikalischen Ebene in eine andere Ebene verändert hat, einfach Bewusstseinsformen auf höheren Ebenen.

Das Universum meint das Allumfassende. Das, woraus wir kommen, das, was uns umgibt, das, das Alles zusammenhält, das, was wir alle sind und unser gesamter Kosmos darin.

Paralleluniversen

Die Physik geht anhand von Studien mittlerweile davon aus, dass es Paralleluniversen gibt. Das bedeutet, gelichzeitig nebeneinander existierende Realitäten und Energieebenen. Man konnte in Experimenten nachweisen, dass Quantenteilchen von einer anderen physikalischen Realität in die eigene wahrnehmbare springen können (Quantensprung). Es hat sich dabei in Versuchen gezeigt, dass dies einen sehr hohen Energieaufwand benötigt und die Quantenteilchen auch wieder in ihr „Universum" zurückkehren.

Für uns hier ist wichtig zu wissen, dass es anscheinend sehr viele Realitäten und Universen nebeneinander gibt. Einfacher ausgedrückt - im gesamten uns umgebenden Energiefeld sind alle möglichen Realitäten als Wahrscheinlichkeiten gleichzeitig vorhanden und möglich.

Du bist also hier in deinem Leben und in einem Paralleluniversum lebst du als Millionär und in einer anderen Schwingungsrealität als etwas ganz anderes.

In einer schwingenden Realität bist du bereits all das, was du sein möchtest.

Wie das deine greifbare Realität wird, was du möchtest und das, was derzeit als schwingende Möglichkeit schon da ist und von dir nur genommen werden muss, für dich real wird, erfährst du in und durch dieses Buch.

Das Leben darf endlich fließen. Blockaden als Botschafter einer früheren Zeit verwandeln

Wir alle sind von der gleichen Sehnsucht angetrieben, wir wollen einfach glücklich sein. Wir wollen uns wohl und lebendig fühlen, vor Freude springen, uns in Liebe mit anderen und in einer besonderen Liebe und Sexualität mit einem Partner verbinden. Wir alle streben danach, ohne Ausnahme, jeder auf seine Weise. Wir tun alles dafür. Eben jeder auf seine Art.

Nur einigen wenigen ist es gegönnt, von Natur aus die Gaben zu haben, sich ein glückliches Leben wie selbstverständlich zu erschaffen. Einige lernen die Werkzeuge und die Gesetze des Lebens und können sie richtig anwenden. Sie sind damit gesegnet, dass ihnen keine blockierenden Glaubenssätze und Überlieferungen im Weg stehen.

Die meisten von uns aber, die arbeiten an sich, die lernen, die gehen ihren Weg, manchmal äußerst beschwerlich und kommen doch nie an und zum wahren Ziel. Sie schaffen maximal Teilziele und diese scheinen auch ganz schnell wieder zu verschwinden.

Es ist, als würden sie ihr Leben lang gegen eine Art gläserne Wand laufen oder als kämen sie immer wieder in die gleichen Probleme. Kennst Du das auch? Hast Du schon alle Seminare und Bücher ausprobiert und viel Zeit und Geld investiert und nichts hat letztendlich funktioniert? Und Du weißt einfach nicht mehr, was Du falsch machst?

Ich möchte jetzt ganz offen zu Dir sein. Ich kann Dir etwas aus meiner Sicht versprechen, ich werde aber auch etwas von dir einfordern, ohne das es niemals möglich werden wird.

Ich verspreche Dir, wenn Du Dich dem, was Dir hier mitgeteilt wird, wirklich öffnest, Dich dem wirklich hingibst und es tust, Du bereit bist, etwas zu verändern, dann wird Erfolg möglich. Du wirst Veränderung spüren und wirklich etwas Neues in deinem Leben verwirklichen.

Aber ich sage Dir jetzt auch, dass es ohne Arbeit nicht funktionieren wird. Es gibt keinen Zauberspruch, keinen Hokuspokus, keine Schraube, die man nur kurz drehen muss, keinen einfachen Weg, wo Du nichts dazu tun musst.

So viele Methoden funktionieren deshalb nicht, weil niemand dir klar macht, dass es Gedankendisziplin, Übung und vor allem der Arbeit in der Tiefe bedarf, um wirklich eine Veränderung herbeizuführen und dauerhaften Erfolg und Glück in deinem Leben zu erschaffen. Es ist wie ein Muskel, der trainiert werden muss. Ich sage Dir ganz offen, es wird teilweise unbequem werden, Geduld brauchen und manchmal ist es anstrengend. Die Belohnung folgt aber zwingend und sie ist es wert. Es funktioniert, es ist ein Gesetz. Was Du hineingibst, kehrt hundertfach zu Dir zurück.

Ich sage dir hier das, was dich weiterbringen soll und nicht das, was du hören willst. Ich werde dich nicht mit Samthandschuhen anfassen, sondern dich zu deiner wahren Größe bringen.

Wenn Du nur wieder ein Buch durchlesen willst und auf die einfache Lösung, das große

Geheimnis hoffst, das Dir jetzt endlich die letzte Erkenntnis bringt und dann ist Alles gut, dann ist dieses Buch nichts für Dich.

Trotzdem glaube ich daran, dass Du es nicht umsonst eben jetzt in deinen Händen hältst. Es ist Dir begegnet, weil etwas in Dir genau diese Frequenz ausgesendet hat. Vielleicht ahnt etwas in Dir, dass es den bisherigen Weg nicht mehr gehen kann, um wirklich ein anderes Ergebnis zu erschaffen.

Wenn Du bereit bist, da hin zu schauen, wo es nötig ist, etwas zu tun, Dich einzubringen, um Dich dann endlich in der Welt einzubringen, dann kannst du wirklich etwas ändern.

Dann erkennst du, wofür Du gekommen bist, als ein Mensch, der mit seinem Glück die ganze Welt ansteckt, der endlich ankommen darf!

Willst du es wirklich? Willst du etwas verändern? Willst du daran arbeiten und Übungen machen, sobald Du den Sinn dahinter erkennst? Weißt du in deinem Innersten, dass du etwas anders machen musst als bisher, weil sonst die Ergebnisse auch immer die gleichen sein werden?

Ja? Dann wird dir dieses Buch sehr viel schenken. Erkenntnis, Wissen, Veränderung, einen Werkzeugkoffer für dein Leben und mit der Zugabe deines Tuns auch das lang ersehnte tiefe Glück. Es handelt sich um ein Arbeitsbuch, ein Nachschlagewerk und einen Begleiter. Es bietet dir alles, was du aus ihm herausholen willst.

Ich zeige dir hier alle Basistechniken, wie du erfolgreich das erschaffst, was du in deinem

Leben Sein, Haben und Tun möchtest. Und das in Leichtigkeit. Es geht. Es liegt an dir. Du bist nur einen Gedanken weit davon entfernt. Dass du dieses Buch liest zeigt, dass du jetzt offen und soweit dafür bist.

Jahrelang habe ich gesucht, mit den unterschiedlichsten Menschen gearbeitet, so viele Methoden und Wege ausprobiert, dass ich gar nicht alle aufzählen kann. Ich habe mich durch hunderte Bücher gelesen, habe zig Seminare besucht und weltweit mit Menschen gesprochen, die scheinbar das Glück und seine Gesetze kennen. Aus all dem hat sich das herauskristallisiert, was Du jetzt in Händen halten darfst. Es ist das jahrelang gesammelte Wissen in die Essenz gebracht.

Diese Zeilen sind außerdem mit Hilfe der geistigen Welt geschrieben, die mich führt, was ich dir an Information geben soll. Sie spüren dich hier und heute und übertragen es an Dich, denn im Energiefeld eines allumfassenden Bewusstseins, da gibt es keine Zeitachse, keinen Raum und keine Zeit, da ist die Zukunft schon jetzt und die Vergangenheit auch jetzt da, es ist in einem Punkt alles.

Das bedeutet, ich habe hier in einer scheinbaren Vergangenheit, denn das Buch wird ja erst später erscheinen, schon Kontakt und Verbindung zu deinem aktuellen Selbst, das für dich in meiner Zukunft und für Dich im hier und jetzt geschieht.

Die Energie zwischen uns kann zeitliche Grenzen überwinden und bereits mit dir kommunizieren. Wenn Du das nicht verstehst, macht das nichts. Ein Phänomen dieser wundervollen Arbeit ist, dass die Energie zählt, die Schwingung, die jetzt in diese Worte fließt und dir bereits gut tut und in dir etwas zum Klingen bringen kann. Auch wenn Du es nicht verstehst, wird jetzt ein Energiefeld in dir aktiviert.

Die Absicht hinter unserer Beobachtung verändert das Beobachtete. Unsere Gedanken bestimmen, was wir sehen. Das ist keine Annahme, sondern Physik.

Bitte lese mit der größtmöglichen Aufmerksamkeit folgenden Satz durch. Er wird dir für diesen Moment von der geistigen Welt mitgegeben:

Ich lebe, ich bin hier, um dieses Leben auszubreiten und von mir zu geben, hinein in diese Weite. Ich erlebe und die Lebendigkeit fließt durch mich. Ich bin bereit, heute, jetzt. Ich war immer bereit und jetzt ist der Moment gekommen, in dem die Türen aufgehen sollen und dürfen, ich durchschreite sie, um Ich zu werden und zu sein, was immer meine Bestimmung war. Diese Liebe, dieses Leben ganz zu nehmen, ganz auszufüllen und weiter darüber hinaus, mich zu ergießen, das Licht in mir als starke Energie zu fühlen und hinaus zu strahlen. Ich bade mich jetzt in dem gelben Licht, das von innen aus mir fließt, es ist stark, warm, golden, weich und warm. Ich zünde in mir den Funken des Lebens endlich an. Ich halte den Schalter in Händen und drücke ihn JETZT!

Dann atme tief ein und aus.

Dies sollte nur eine kleine Initialzündung in deinem Energiefeld sein, wenn Du nichts spürst, spielt das keine Rolle.

Die folgenden Kapitel werden sehr konkrete Erklärungen und Übungen enthalten. Ich bitte Dich, sie das erste Mal alle in der angegeben Reihenfolge zu machen. Du kannst das Buch natürlich sofort bis zum Ende durchlesen, aber die Übungen mache bitte eine nach der anderen.

Wenn Du die Übungen nicht machst, wird sich nicht so viel ändern, weil es zu wenig in dein Körperbewusstsein und dessen tiefere Schwingungen hineingehen kann.

Deine Seele hat längst verstanden und deine hohe Frequenz deiner Geistigkeit erfasst alles sehr schnell, aber dein Körper und die tief darin gespeicherten Programme und Erinnerungen sind zu schwerfällig und bleiben bestehen, wenn Du nicht durch die Übungen diese Dinge auch in deinem Körper veränderst. Ich sage nicht, es kann nicht anders gelöst werden. Und die Gedanken haben mehr Kraft als alles andere, aber der Prozess dauert dann länger und erfordert mehr Disziplin und höchste Konzentration.

Wir sind nun einmal geistige und körperliche Wesen. Das wollten wir so haben. Es ist ein Geschenk und wundervoll, in diesem Körper zu sein. Er ist eine Wundergabe, denn er ermöglicht uns Empfindungen, die wir nicht missen wollen. Es ist Zeit, ihn zu ehren und zu achten und so mit ihm umzugehen, wie er es verdient hat. Ich will damit sagen, dass Du deinen Körper nicht verachten oder verteufeln sollst, oder wünschen, er wäre anders. Er ist gut, genauso, wie er ist. Wenn du gerade krank bist oder Schmerzen hast, er sich für dich nicht schön anfühlt, dann muss ich Dir jetzt hart sagen, dass du das selber so erschaffen hast durch deine Gedanken, Glaubensmuster und inneren Programme.

Alles, das Du bist, fühlst und erlebst und im Außen siehst, kommt nur aus Dir und entspricht nur deinen inneren Programmen.

Das hast du vielleicht schon gehört oder es ist neu für dich. Auch wenn du das schon weißt, möchte ich es hier doch noch einmal wiederholen.

Zu Beginn werde ich hier sehr viel erklären. Die praktischen Übungen und Regeln zum erfolgreichen Erschaffen deines Lebens folgen erst weiter hinten. Das hat einen guten Grund. Je mehr du über dich und wie du funktionierst, verstehst, desto besser kannst du dich im Anschluss selbst steuern, verändern und das erreichen, was du wirklich erreichen möchtest.

Ich will, dass du Erfolg hast, dass du dich zur besten Version deines Selbst entwickeln kannst, dass du mit deiner Person als ein erfüllter und glücklicher Mensch zu einem erfüllten Leben für uns alle beitragen kannst!

Dazu brauchst du Wissen. Wissen ist der Schlüssel. Wissen ist das, was dich befreien kann. Wissen macht dich unabhängig und kreativ.

Je mehr du weißt und verstehst, desto besser kannst du mit dir selbst umgehen und frei entscheiden und verändern.

Daher bitte ich dich auch um etwas Geduld, wenn ich zuerst einmal viele Bereiche erkläre. Es wird dir dann später sicher von Nutzen sein.

Du kannst natürlich jederzeit zu den Praxisteilen springen, jedoch kannst du alles besser verwenden, wenn du weißt, warum.

Die inneren Programme. Was soll das sein?

Wenn ich alle Information, die ich von der geistigen Welt bisher erhalten habe, mit Ergebnissen und Erkenntnissen aus der Hirnforschung und Humanbiologie, die ich erworben habe, zusammenführe und daraus ein Bild entstehen lasse, dann ergibt sich daraus mein persönliches Modell, mit dem ich arbeite.

Das erhebt keinen Anspruch auf wissenschaftlich fundierte Richtigkeit, hier geht es um spirituelle Wege und Intuition, die Fesseln der Wissenschaft habe ich bei der spirituellen Arbeit abgelegt. Die Modelle anderer spiritueller Lehrer ähneln jedoch meinem Modell. Letztlich basieren sie alle auf den gleichen Regeln und Gesetzen, die wir für uns erkannt haben.

Als Seele, also als das feinstoffliche Lichtwesen, das wir im Ursprung sind, beschließen wir irgendwann, in einen Körper zu kommen. Dieser ist im Vergleich viel fester, dichter und schwerer schwingend.

Die Seele nimmt Ihr bisheriges Wissen und ihre Pläne mit. Jedoch - sie muss vergessen, um dieses Mensch-Sein auch wirklich als das zu erfahren, für das es gedacht ist. Dieses Urwissen schwingt aber noch mit, auch wenn wir uns vorerst nicht bewusst erinnern können. Die Erinnerung wird erst im Laufe des Lebens erarbeitet oder kommt langsam an die Oberfläche, wenn es Zeit ist, so wie bei Dir jetzt.

Dann wären da auch noch unsere menschlichen Ahnen, aus deren Genpool wir entstammen. Alle diese Erinnerungen der Menschen vor uns tragen wir zum Teil in unseren Genen mit. Und so wie Körperformen, zum Beispiel die Form der Nase, vererbt werden kann, so erben wir auch Emotionen und familiäre Grundhaltungen.

Dazu kommt etwas, das C.G. Jung als kollektives Unbewusstes bezeichnet hat. Er hatte damals schon sehr viel erkannt, nämlich, dass wir alle durch eine gemeinsame Erinnerung verbunden sind und uns letztlich etwas umgibt, das eine Verbindung aller Menschen zueinander darstellt; ein altes Erbe, das um uns schwingt und uns auch beeinflusst.

Als Kinder nehmen wir offen und ungefiltert die Gedanken und Meinungen unserer Umwelt in uns auf, wir werden dadurch aber auch von den Begrenzungen der Menschen, die uns großziehen beeinflusst und meistens genauso begrenzt wie unsere Bezugspersonen.

Unsere ganzen bisherigen Erlebnisse und Gedanken hinterlassen ihre Spuren im Gehirn. Ebenso in der DNS, in den Zellen, überall im Körper. Und diese bestimmen wie eine Software, wie ein Programm das, was wir tun, denken und fühlen. So gesehen könnte man meinen, wir sind ferngesteuerte, dem Schicksal unseres Erbes ausgelieferte Computer. Fremdbestimmt und ohnmächtig.

So ist es aber Gott sei Dank nicht! Wir können es jederzeit ändern und beeinflussen, neue Programme formen, Dinge transformieren und auflösen. Das ist möglich! Und das zeige ich Dir. Dies erfolgt hauptsächlich über dein

Bewusstsein, deine Aufmerksamkeit und Kontrolle deiner Gedanken.

Es gibt da aber zwei Haken.

Der eine ist, dass diese **Muster, die wir übernommen haben,** oftmals nicht wirklich bewusst sind. In dem Sinne, dass wir still Dinge vor uns hindenken, eine leise innere Stimme uns führt, die wir aber aus lauter Gewohnheit schon nicht mehr bewusst wahrnehmen oder vergessen.

Das zweite Problem ist, diese Programme, diese innere Stimme, dieses leise Flüstern im Ohr, die können zwar geändert werden, aber dazu braucht es **Training, Wiederholung und Disziplin.** Das scheuen jedoch die meisten.

Training, Wiederholung und Disziplin heißt hier genau, dass man, nachdem man sich das Ganze bewusst gemacht hat, **neue Gewohnheiten einüben muss. Neue Gewohnheiten zu denken,** zu sprechen und zu handeln und neue Gewohnheiten, auf seine Gefühle und inneren Abläufe zu achten. Das ist am Anfang etwas, auf das man sich konzentrieren muss.

Ein paar Mal wird man vielleicht auch sinnvollerweise in die Tiefe hinabtauchen, um ein paar Übel an der Wurzel auszureißen, die da ihr Unwesen treiben - und das kann schmerzhaft und unangenehm sein. Auch das wollen sich viele nicht antun. Lieber länger vor sich hin leiden, als einmal noch in den Schmerz des Ursprungs gehen und ihn dann für immer befreien.

Noch einmal möchte ich es für Dich ganz deutlich hier sagen:

Das Geheimnis deiner Veränderung zum Erfolg geschieht einzig und allein über die Veränderung deiner Gedanken. Genauer, über die Veränderung deiner Glaubenssätze über dich und die Welt und deiner ständig in dir ablaufenden Gedanken, also deiner typischen Denkmuster. Denn diese bestimmten deine Emotionen und letztlich das, was du aus deinem Leben machst und was du anziehst. Jede Aktion folgt einer Emotion. Dein Leben ist das Ergebnis deiner Gedanken.

Jede Realität war ursprünglich einmal ein Gedanke.

Und der einzige, wahre Schlüssel, das große Geheimnis ist die **WIEDERHOLUNG! Die konsequente EINÜBUNG neuer Denkweisen.**

Falsche Gedanken und Glaubenssätze sind dein größtes Hindernis.

Wiederholung und Übung in neuen, fördernden Denkweisen der Schlüssel zum Glück!

Du fragst Dich, warum ich das so oft wiederhole?

Weil *Wiederholung der Weg zur wirklichen Veränderung ist.*

Wie Du das alles genau im Detail machst, erfährst du im Laufe dieses Buches und speziell in den Kapiteln zum erfolgreichen Erschaffen und im Programm zur Entdeckung deiner hindernden Glaubenssätze.

Vor allem geht es um die Entdeckung jener Denkmuster, die du nicht kennst, weil sie unbewusst in dir arbeiten!

Worüber kaum jemand spricht, der dir Bücher und Vorträge über dieses Thema verkauft ist, dass du jeden Tag und in jeder Stunde aufmerksam werden musst, was du gerade denkst und wie du dich fühlst. Solange, bis es dir zur neuen Gewohnheit geworden ist und dann, weil es dir Freude macht und dich dorthin bringt, wo du hin willst.

Es geht um den Alltag, um die typischen Abläufe im Arbeits- und Familienleben, wo sich die alten Denkmuster wieder unbemerkt einschleichen wollen. Und genau da heißt es, hinzuschauen.

Du bist mächtig, Zauberschüler

Die gute Nachricht ist, du bist mächtig. Du hast alles in der Hand, bist kein Opfer, nicht ausgeliefert und alles andere als machtlos. Im Gegenteil. Du kannst steuern und bestimmen, was in deinem Leben passiert. An deinen Missgeschicken trägst Du den größten Anteil an Verantwortung. Ja, Du wolltest es so. Zugegeben, meistens nicht bewusst. Wir sind aber unserem Schicksal nicht einfach ausgeliefert. Wir erschaffen unsere Erfahrungen. Daher ist es so wichtig, zu wissen, was wir da eigentlich machen, um es kontrolliert zu unserem Wohl einzusetzen und nicht unbewusst mit unserem Zauberstab durch die Gegend zu fuchteln. Denn dann erschaffen wir Dinge, die wir so niemals wollten. Es ist, als ob wir alle Zauberschüler wären, denen niemals jemand das Zaubern beigebracht hat, die daher mit ihren Kräften durch die Welt laufen und nach Versuch und Irrtum einmal was Gutes, dann aber auch wieder viel Schlechtes hervorzaubern.

Ich möchte mit Dir Schritt für Schritt genau das ändern - damit Du ab jetzt ganz bewusst deine Erfahrungen machst, ganz bewusst da eingreifst, wo es dir nur möglich ist. Ich will Dich hinführen, deine Macht wieder in deine Hand zu nehmen, zu wissen, dass du die Kutsche lenkst und die Zügel nur wieder in die Hand nehmen musst.

Bleiben wir bei der Analogie mit den Zügeln und den Pferden. Auch Reiten will gelernt sein. Ich möchte, dass du dich wieder auf dein Pferd setzt, das wir Leben nennen.

Ich zeige dir, wie du die Zügel in die Hand nimmst, das sind deine Gedanken und Emotionen. Wie du den Weg vorgibst, mit deinem Fokus auf deine Ziele und Wünsche. Dann möchte ich, dass Du dem Pferd die Sporen gibst, durch Mut, Initiationsrituale, Meditation und kraftvolle Vision. Du bestimmst deinen neuen Weg durch deine Verhaltensänderungen. Wenn es einmal bockt, das Pferd, dann steigst Du ab und siehst nach, ob da ein Graben ist oder ein umgefallener Baum. Du wirst genau wissen, ob du die Zügel wieder hast schleifen lassen oder etwas am Weg steht. Dann tust Du, was zu tun ist. Du siehst dir die Widerstände an, lernst daraus und machst sie zu etwas Gutem. Bald genießt Du den Ritt, das Glücksgefühl stellt sich langsam ein. Irgendwann fliegst du im Galopp über die Wiesen, dann bist du im Flow. Du kümmerst dich gut um dein Pferd und dich selbst, gibst ihm und dir gutes Essen, Trinken und Rast. Das ist die richtige Haltung unserem heiligen Tempel, dem Körper gegenüber.

Es ist Deine Wahl und Deine Entscheidung

Man kann nicht erwarten, immer so weiter zu tun und dann neue Ergebnisse zu erhalten, darüber hat schon Einstein gesprochen.

Es geht hier auf keinen Fall um etwas wie: nur durch harte Arbeit kommst du ans Ziel! Nein, das will ich nicht sagen.

Es darf alles viel leichter gehen, als erwartet. Das Meiste kann leicht gehen, zumindest darf es danach ganz leicht und immer leichter werden. Nur müssen wir durch die Phase der Umgewöhnung durch. Diese erfordert, sich darauf einzulassen und nicht in den alten Bahnen zu trotten.

Das Hinabtauchen erfordert kurzfristig Mut. Hier besteht die Arbeit darin, sich für einige Minuten einer geführten Meditation anzuvertrauen, in der alte Themen angeschaut und gelöst werden können. Diese findest du im Praxisteil im Programm. Lese später einfach nur die Anleitung durch. Sie ist mit einem Energetic Imprint versehen, der die nötige Verbindung zu deinem höheren Selbst herstellen wird.

Da fließen vielleicht Tränen, da bekommt man vielleicht einmal schwer Luft, aber es ist letztlich ein befreiender, reinigender Prozess.

Alle im Buch angeführten Übungen und Meditationen solltest Du nur ausführen, wenn Du psychisch und physisch dafür gesund genug bist. Sie ersetzen auf keinen Fall eine ärztliche Behandlung und Diagnose! Solltest Du aktuell Beschwerden oder Diagnosen haben, spreche vorher mit dem behandelnden Arzt und hole Dir Begleitung für die Übungen, also eine professionell ausgebildete Person, wie eine Psychologen, Energetiker oder Coach, der Dich durch diese Übungen führt und Dich stützt und stärkt.

Dieses Programm hilft Dir dabei, jene Glaubenssätze und Gedankenmuster zu finden und ans Licht zu bringen, die Dich bisher in deinem Lebensfluss blockiert haben. Wir finden gemeinsam heraus, was Dich von deiner Fülle abhält und was in Dir solche Widerstände auslöst.

Das Gesetz der Resonanz

Davon hast Du sicher schon gehört. Es ist eines der wichtigsten Gesetze der spirituellen Welt und darüber hinaus unserer Lebenswelt.

Alles ist Schwingung. Gleiche Frequenzen nehmen sich wahr, während unterschiedliche das nicht können. Wenn Du einen Radiosender auf eine bestimmte Frequenz eingestellt hast, hörst Du keine anderen Programme auf anderen Sendern. Vereinfacht könnte man sagen, Gleiches zieht Gleiches an. Was Du energetisch ins Universum sendest, das kommt in dieser Frequenz zu Dir zurück, Du bekommst mehr davon.

Wie Du schwingst und welche Frequenz Du aussendest, das hat mit deiner Stimmung, deinen Gefühlen und Gedanken zu tun, woran Du glaubst und wie glücklich Du bist.

Alles, ich wiederhole, Alles, was Dir im Außen begegnet, hat zwingend etwas mit Dir zu tun, sonst würde es Dir in keiner Weise begegnen. Du würdest es nicht wahrnehmen, nicht anziehen, es nicht beachten. Du kannst kein einziges Lied hören, dass im Radio auf einem anderen Sender gespielt wird. Richtig? Du hörst nur jene Songs, die auf dem Sender spielen, den dein Radio gerade empfängt. Und genau so funktioniert deine Wahrnehmung. Du kannst sie einstellen wie einen Radiosender und nimmst genau das war, das auf dieser Frequenz gesendet wird. Deine Gedanken und deine Emotionen bestimmen, auf welcher Frequenz du gerade bist. Die Energie, in der du schwingst, das ist deine Frequenz, dein „Radioprogramm".

Ja, auch die schlimmen Dinge. Die Krankheit, die Schulden, die Unfälle, der grässliche Partner, die nervigen Nachbarn. Auch das hat etwas mit dir zu tun, mit deiner Schwingung, sonst käme es nicht in deine Wahrnehmung und nicht in dein Leben.

Entweder denkst Du entsprechende Gedanken, hast diese Energien aufgebaut, die jetzt diese Frequenz aussenden, oder du verdrängst mit aller Kraft jene Schattenseiten in Dir, die gesehen werden wollen. Sie sind ein Teil von Dir.

Wenn du sie nicht sehen willst, müssen sie sich Dir dann im Außen zeigen, weil Du sie im Inneren nicht wahrnehmen willst. Alles, das wir nicht wollen hat genauso große Kraft wie alles, das wir wollen.

Alles hat Schwingung und eine ganz bestimmte Energie und Frequenz. Jede Fernsehsendung, jedes Musikstück, jedes Gespräch, jeder Gedanke. Unsere Gedanken erzeugen unsere Emotionen. Nicht umgekehrt.

Besonders wichtig in der Welt des Erschaffens von Fülle sind die Emotionen. Warum? Weil sie uns zeigen, wo wir stehen. Weil sie uns fühlen lassen, was wir eigentlich gerade tun und denken. Der Körper und seine Gefühle sind unser Barometer, unser Seismograph, so etwas wie unser Navi. Es zeigt uns den Weg, ob falsch oder richtig, kalt oder warm. Zudem sind Emotionen jeder Art das, wozu wir als Mensch hier auf der Welt sind. Das menschliche Erleben, die Intensität mit jeder Körperzelle zu erfahren, genau das wollten wir spüren. Der Kontrast, die negativen Erfahrungen, auch das gehört zum vollen Ganzen, denn sonst wüssten wir nicht, was schön und gut ist. Wir brauchen das Minus, um das Plus begreifen zu können.

Wie du deine Emotionen als Navi benützt, erfährst du noch genauer.

Lass einfach den Gedanken wirken, dass deine Emotionen dir Auskunft geben, wie du schwingst. Fühlst du dich gut, hast du eine höhere Schwingung als wenn du dich schlecht fühlst.

Das Quantenfeld und unser Fokus

Es gibt eine Grundinformation, die du unbedingt wissen solltest. Falls Du sie noch nicht kennst, wird sie für dich möglicherweise lebensverändernd sein. Falls du davon schon gehört hast, freue ich mich, wenn meine Erklärungen hier vielleicht einen neuen Aspekt für dich beinhalten oder vorhandenes Wissen in dir neu aktivieren.

Es ist wichtig, dass du das verstehst, denn mit diesem Wissen kannst du dein Leben völlig neu gestalten und die Wirkung deiner Gedanken und vor allem deiner Aufmerksamkeit erkennen.

Beginnen wir mit dem Quantenfeld. Die Erklärungen dazu sind nicht einfach, schon gar nicht einfach zu verstehen.

Quantenphysiker selber sagen, man könne Vieles an der Quantenmechanik nicht verstehen, sondern müsse es hinnehmen. Ich werde mir daher hier mit intuitiven Erklärungsmodellen helfen, um das Verständnis zu erleichtern.

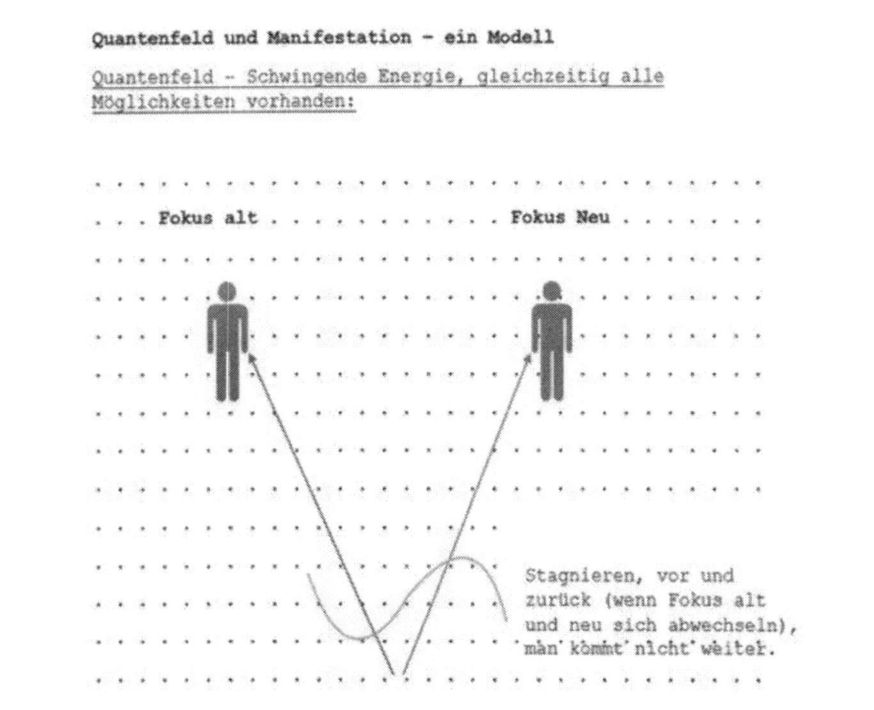

Die Punkte stellen das Feld aller Möglichkeiten oder nebeneinander gleichzeitig vorhandene Wahrscheinlichkeiten dar. Manche sprechen auch von parallelen Realitäten oder von schwingenden, nebeneinander existierenden Realitäten. In diesem Feld existieren keine Zeit und kein Raum. **Da, wohin du deinen Fokus, also deine Energie und Aufmerksamkeit richtest, entsteht aus der Wahrscheinlichkeitswelle und der Möglichkeit tatsächlich vorhandene, für dich so wahrnehmbare Realität, also Materie.**

Dein Fokus alt, blaues Männchen, ist zum Beispiel dein bisheriges Einkommen und deine berufliche Situation.

Dein Fokus neu, grünes Männchen, ist 10 Millionen Euro am Konto.

Wärst du mit deiner Aufmerksamkeit „10 Millionen Euro am Konto“ klar im Feld, würde sich das auch manifestieren.

Manifestation ist der Prozess des Erkennbar Werdens. Wenn du etwas manifestierst, machst du es erkennbar. In unserem Zusammenhang erkennbar für deine Sinne, Sehen, Hören, Tasten, Riechen, Schmecken.

Damit du in die reale Wahrnehmung dessen kommen kannst, musst du aber in der gleichen Frequenz wie dein Fokus schwingen, da du sonst die Realität aus deiner Wahrnehmung verlierst. Damit ist sie nicht mehr real. Deine Aufmerksamkeit bestimmt deine Schwingung.

Die Schlangenlinie zeigt, was meistens passiert. Wir wünschen uns Fokus neu, die 10 Millionen, beginnen es zu manifestieren, schwenken dann aber mit der Aufmerksamkeit wieder auf Fokus alt zurück, weil uns die jetzige Realität einholt und wir sie stark wahrnehmen. So schwingen wir in einem Zwischenbereich hin und her, was dazu führt, dass scheinbar nichts passiert oder beginnende Erfolge wieder verschwinden.

Wärst du in deiner Schwingung klar und wie Fokus neu, hättest du 10 Millionen Euro am Konto. Diese Schwingung erreichst du durch deine Gedanken und deine Emotionen. Du musst dich quasi so fühlen, damit du so schwingst.

Wie du das machst, erkläre ich dir ganz detailliert im Kapitel II zum erfolgreichen Erschaffen.

Dort erfährst du genau, wie du Fokus neu erreichen kannst und warum du dich bisher selbst blockierst und bei Fokus alt landest.

Wichtig für dich an dieser Stelle ist, zu verstehen, dass deine Aufmerksamkeit, deine Gedanken und deine Emotionen bestimmen, was sich im Feld zeigt und was real wird in deiner wahrnehmbaren Realität! Lies dazu weiter über das „Loslassen".

Loslassen oder das ungewollte Erschaffen dessen, was wir loswerden wollen

Loslassen ist wohl das meist gebrauchte Wort in der spirituellen Welt neben der Vergebung. Ich behaupte jetzt, Loslassen funktioniert nicht. Denn wenn wir etwas loswerden oder loslassen wollen, haben wir den Fokus darauf und damit bleibt es an uns kleben. Worauf wir unsere Aufmerksamkeit richten, das manifestiert sich. Punkt.

Ich beschreibe es noch einmal etwas anders als am Modell vorher: stelle dir vor, aus deinen Augen würde ein Lichtstrahl scheinen, so wie ein Laserlicht, das man für Katzen zum Spielen verwendet oder ein Taschenlampenstrahl. Da wo du hinsiehst, da leuchtet ein Punkt auf.

Dann stelle dir jetzt weiter einen ganz großen Mückenschwarm vor. Millionen kleiner Mücken schwirren in einer riesigen großen Fläche vor dir umher, es ist nichts weiter erkennbar, als ein schwarzes flimmerndes Feld. Jetzt wissen wir, dass Mücken von Licht angezogen werden und sofort zum Licht fliegen.

Stell dir nun vor, du würdest auf einen Punkt dieses flimmernden Feldes blicken, dieser leuchtet jetzt auf, weil dein Blick ja mit einem Lichtstrahl verbunden ist. Plötzlich sammeln sich an diesem an diesem Lichtpunkt tausende dieser Mücken in der näheren Umgebung, die das Licht bemerken und in Sekunden entsteht auf einmal an der Stelle, wo du hinsiehst, ein dickes schwarzes Knäuel.

In dem großen flimmernden Feld ohne klare Umrisse ist auf einmal ein deutlich sichtbarer, abgegrenzter, schwarzer Fleck entstanden, der viel dichter ist als der Rest des schwirrenden Feldes. Du hast somit in diesem Moment einen Mückenknäuel manifestiert, weil deine Aufmerksamkeit (dein Blick) an dieser Stelle des Feldes Licht erzeugt hat.

So ungefähr manifestierst du Materie und damit deine Wünsche im Quantenfeld, und somit später, wenn du weißt wie, auch in der wahrgenommenen Realität.

Du solltest nun wissen, dass nicht nur dein Blick, sondern genauso deine Gedanken einen Lichtstrahl haben und einen Lichtpunkt auslösen. Und damit ziehst du die Mücken überall dorthin, wo du hindenkst.

Dies bedeutet für das Loslassen folgendes:

Angenommen du möchtest diese eine Sache da rechts oben im Feld der schwirrenden Mücken loswerden. In dem Moment du dorthin denkst, richtest du automatisch wieder diesen Lichtstrahl dahin und schon hast du das, was du dort loswerden wolltest von neuem manifestiert.

„Loslassen wollen" heißt, an das Ungewünschte denken, und Peng! damit ist es manifestiert.

Der einzige logische Ausweg? Woanders hinsehen = woanders hindenken! Bingo!

Das bedeutet, denke so oft, wann immer es geht, am besten immer und ab jetzt für immer nur noch an das, was du manifestieren möchtest! Das, was du möchtest, daran solltest du denken, dahin sehen, darüber reden, und vor allem dahin fühlen.

Warum Wünsche dann nicht gleich kommen, wenn man daran denkt?

Manifestieren im Quantenfeld heißt noch nicht, dass das Auto vor der Türe steht, da fehlt noch etwas. Es muss von der Schwingung des allumfassenden Feldes in die Schwingung unserer Wahrnehmung und Realität gebracht werden.

Das geht ungefähr so:

Ich erreiche es dadurch, dass ich die gleiche Schwingung annehme, wie das manifestierte Thema im Quantenfeld.

Dies erfolgt, in dem ich mich mit der Emotion der Sache verbinde und so die gleiche Schwingung erreiche.

Das Hineinfühlen, das „es bereits fühlen", in seiner Schwingung im Feld schon zu erleben, das bringt es in meine irdische Wahrnehmung. Durch die Emotion schwinge ich gleich und damit bin ich wie ein Radiosender darauf eingestellt und kann es empfangen. Wie du das im Detail machst, erkläre ich dir im Kapitel Essenzen erfolgreichen Erschaffens.

Jetzt verstehst du vielleicht, warum es so wichtig ist, was wir denken. Unsere Gedanken und somit unsere Aufmerksamkeit bestimmen, wie unser Leben aussieht.

Unsere Gedanken sind aber nicht nur jene, die wir ganz bewusst denken. Es gibt auch viele Annahmen über uns und die Welt, die ganz unbewusst unser Denken steuern. Und wir denken Vieles leider ganz unbewusst. Und dann wundern wir uns, wenn wir Dinge in unser Leben ziehen und eine Realität erschaffen, die wir so gar nicht wollen.

Unsere Schöpferkraft durch unsere Aufmerksamkeit arbeitet immer und funktioniert immer. Auch, wenn wir uns dessen nicht bewusst sind. Und deshalb erschaffen sich so viele Menschen ein Leben, das sie nicht wollen. Sie wissen es nicht besser.

Unser Autopilot - Gedanken und ihre Wirkung

Denken. Wir tun es unaufhörlich. Meistens ändern wir unsere Gedanken nicht. Es rennt immer die gleiche Leier. Das erzeugt die immer gleichen Gefühle, Worte und letztlich unser Leben.

Das Problem hat seine Ursache meistens darin, dass wir uns auf einer Art „Autopilot" durch unser Leben bewegen. Gedanken erzeugen Gefühle, Gefühle erzeugen unsere Wirksamkeit im Leben und das, was wir schließlich anziehen.

Da gibt es aber noch mehr. Vielfach wird jetzt über unsere Schatten gesprochen und das Gesetz der Polarität.

Neben dem Autopiloten gibt es Anteile in uns, die wir ablehnen, die wir in unserer Gesellschaft als verboten, böse oder minderwertig betrachten. Diese Anteile unserer Persönlichkeit spielen auch eine große Rolle, denn solange sie intergiert und angesehen werden, lässt es sich gut mit ihnen leben, sie durchkreuzen unsere Pläne nicht. Aber wehe, wir wollen sie nicht haben und sperren sie in einen dunklen Keller, um sie zu verleugnen oder einfach zu vergessen. Dann rächen sie sich. Dann werden sie zu Boykotteuren, die sich dir im Außen in den Weg stellen, als würden sie damit sagen wollen „Schau mich an! Wenn ich nicht in Dir drinnen gesehen werde, dann komme ich Dir von außen entgegen, Du entkommst mir nicht!"

Bei aller Spiritualität und dem Wunsch, reine Liebe zu sein und zu leben, wir sind eben auch ganz irdische, körperliche Menschen auf dieser Erde, damit nicht vollkommen und durchaus auch manchmal so, wie uns das gar nicht gefällt. Die Kunst ist, diese Tatsache zu akzeptieren und den Mut zu haben, unsere schlechten, verdammungswürdigen Seiten anzusehen und sich mit ihnen zu arrangieren.

Zurück zu unseren ständig ablaufenden Gedanken. Da gibt es jene, die wir ganz bewusst denken, daneben aber noch andere.

In uns laufen ständig Tonbänder. Ganz leise, so leise und so sehr im Hintergrund, dass wir sie bewusst meistens nicht mehr wahrnehmen und hier liegt das Problem.

Es ist, also ob jemand hinter unserem Rücken ständig eine Leinwand mit Glaubenssätzen abspulen würde, die eine leise Stimme im Inneren ständig vor sich her sagt. Wir haben uns so daran gewöhnt, dass wir es nicht mehr bemerken.

Das muss nicht der innere Kritiker sein, der uns das Leben schwer macht, sondern das sind Lebensgesetze, die wir uns einmal selber zurecht gelegt haben. Überzeugungen über das Leben, wie es funktioniert, nach denen wir handeln, denken und fühlen. Und das eben nicht klar, bewusst und entschieden, sondern wie ferngesteuert.

Die meisten von uns kommen im Leben immer wieder in die gleichen Situationen, tappen in die gleichen Fallen, laufen irgendwann gegen das, was sich wie eine gläserne Wand anfühlt. Man kommt nicht dahin, wo man hinmöchte.

Der Grund sind tief innen liegende, nicht bewusste Glaubensmuster, die uns selbst sabotieren. Sie bringen uns so lange immer wieder an den gleichen Punkt, bis wir sie erkannt haben, sie auflösen, verändern oder überschreiben.

Diese Glaubensmuster sind tief in unserem Körpersystem eingebrannt, haben Spuren gezogen in unseren Zellen oder Nervenbahnen und wirken da wie eine jahrzehntelange Gewohnheit.

Manche dieser Muster haben wir tatsächlich genetisch von unseren Ahnen übernommen. Die weitaus mächtigeren sind aber jene, die wir im Laufe unseres Lebens selbst entwickelt haben.

Wie das passiert? Es ist eigentlich ganz einfach. Sobald wir auf der Welt sind, beobachten, erleben und fühlen wir. Wir nehmen zuerst alles ungefiltert aus unserer Umgebung auf. Mit der Zeit versuchen wir alles einzuordnen, die Welt du unsere Eltern zu verstehen. Daraus ziehen wir dann Schlüsse über uns selbst, die Anderen und das Leben.

Die Folge: wir entwickeln unsere Sichtweisen darüber, wie Beziehungen, Menschen und das Leben funktionieren und wer wir selbst sind.

Im besten Falle entwickeln wir daraus sehr positive Glaubenssätze, die sich dann auch im weiteren Leben bestätigen.

Im schlechtesten Fall tragen wir eine Menge an Glaubenssätzen und fehlgeleiteten Gesetzen mit uns herum, die uns ständig in unserem Lebensfluss boykottieren, blockieren oder uns in Lernaufgaben drängen, die sehr schmerzhaft sind.

Ich will nicht sagen, dass ein völlig schmerzfreies Leben möglich ist, denn wir wollen uns ständig weiter entwickeln. Das passiert immer wieder einmal durch das Durchbrechen der alten Grenzen und das verursacht früher oder später einen gewissen Schmerz. So als ob dein alter Panzer aufbricht, weil du grösser wirst!

Anders dargestellt, es erfordert eine Situation, die uns nicht passt, damit wir Fragen nach einer besseren Lösung stellen, eine erfinden und erschaffen. Das erzeugt Entwicklung.

Es sollten aber der Erfolg und die Belohnung, die daraus resultieren, die Expansion, so erfüllend sein, dass der Schmerz im Vergleich ein kleiner Preis ist. Er darf nicht überhand nehmen.

Ein Kind beobachtet seine Eltern, die immer wieder streiten, wütende Gesichter zeigen und in ihrer Beziehung ständig kämpfen. Das Kind zieht den Schluss: Beziehungen sind immer ein Kampf, sie sind untrennbar mit Wut verbunden.

Wer mit diesem Glaubenssatz in sich durchs Leben geht, wird Beziehungen anziehen und erschaffen, die durch Kampf und Wut geprägt sind. Solange dieser Glaubenssatz unerkannt in ihm wirkt, wird der später Erwachsene immer danach handeln und davon letztlich geleitet, auch wenn er vermeintlich eine friedvolle, harmonische Beziehung möchte.

Lehnt jemand innerlich Wut und Kampf in Beziehungen seither so sehr ab, dass er diese Tendenzen in jeder Beziehung unterdrückt und verdrängt, dann drängt der Schatten, den man loswerden will nach außen. Er sucht nach Anerkennung, bis wir ihn integriert haben.

Alles, was wir so gar nicht tun und sein möchten, hat ja letztlich auch unsere Aufmerksamkeit und wird von uns damit ständig neu erschaffen. Denn unser Fokus bestimmt, was wir im Leben anziehen.

Der Verstand alleine nützt hier nichts, der erkannt hat, wie sinnlos es ist, immer wieder die falschen Partner zu wählen und dann zu streiten. Das gesamte Körpersystem muss es verstehen und es muss eine Alternative geben, auf die man sich statt den alten Geschichten fokussieren kann.

Eine wirksame Entscheidung und der Wille, ein anderes Gedankenmuster einzuüben, sind der Weg zur Lösung. Das Körpersystem braucht Übung und neue Nervenverknüpfungen, um das auch umsetzen zu können.

Die grundsätzlichen Themen und Glaubenssätze der meisten Menschen kreisen letztlich um das Thema „Ich genüge nicht". Daraus entstehen Abwehrmechanismen der besonderen Art. Und vielen ist das sogar bewusst, sie wissen aber nicht, wie sie es ändern können. Dazu findest Du später Lösungsvorschläge.

Ein weiteres Problem, das wir unbewusst in uns herumtragen, ist das der Schuld, der Erlaubnis und der Annahme, wie wir die anderen glücklich machen.

Als Kind fühlen wir uns schuldig am Unglück unserer Eltern. Wir erlauben uns unser Glück nicht, da die Eltern es nicht haben und wir erlauben uns das Glück nicht, weil wir vermeintlich Schuld am Unglück der anderen sind.

Zudem gibt es so etwas wie eine Verstrickung zu unseren Ahnen. Angenommen, viele Frauen waren in der Ahnenreihe unglücklich mit ihren Partnern, in ihrem Leben, dann nehmen wir einerseits ihr Unglück teilweise in unserer DNS schon als Erbe mit und tragen quasi eine gewisse Unglücksstimmung schon von Geburt an mit uns herum. Andererseits, weil wir ja der Spross aller Ahnen sind, fühlen wir uns ihnen verpflichtet und verbunden, auch wenn wir sie nie gekannt haben, und schon gar nicht erlauben sich viele, aus dieser Ahnenreihe auszubrechen. Wenn alle unglücklich waren, dann bin ich es auch. Wenn ich jetzt auf einmal glücklich bin, dann breche ich aus, dann bin ich jemand, der nicht dazugehört.

Wir wollen unbedingt dazugehören - Urprogramm

Der Wunsch, für die Ahnen ein glückliches Leben zu führen, ihnen zur Ehre, ist tief in uns verankert. Dies wird oft in Familienaufstellungen bearbeitet, indem man sich den Segen der Ahnen abholt. Das ist zwar eine schöne Sache, selten habe ich aber bei meinen Klienten erlebt, dass dies wirklich eine falsche Verstrickung gelöst hätte. Ich wusste, da muss noch etwas anderes im Spiel sein. Und letztlich sind es nicht die Ahnen, die uns bremsen oder deren Segen, sondern nur wir selbst. Warum? Was steckt da dahinter?

Stelle dir vor, alle deine Ahnen stehen als eine große Gruppe vor Dir, ein Haufen Leute, die dich ansehen, sagen wir mal, liebevoll, denn sie sind dir ja nicht böse. Das sind sie höchstens auf sich selbst oder auf die anderen. Zur ersten Reihe dieser Personen führen dicke Seile, die sie in Händen halten und die sie mit dir verbinden, du hältst also einige Seile in den Händen, die zu deinen Ahnen führen.

Alles, was du tun müsstest, ist, diese Seile los zu lassen, dich umzudrehen und deinen Weg zu gehen. Das Problem dabei ist nur, dass du dann diese gewohnte Verbindung verlierst, die dir Sicherheit, Halt und auch Zugehörigkeit vermittelt hat. Auch wenn Du das nicht bewusst wahrnimmst, bist Du in deinem tiefen Inneren mit deinen Ahnen verbunden. Wenn Du die Seile fallen lässt, kappst Du auch scheinbar diese Verbindung.

Ja, du verstehst: eigene Wege zu gehen, neue Glaubensmuster wirken zu lassen, heißt im ersten Moment einmal, alleine dazustehen und einen neuen Weg alleine zu gehen, das löst Angst aus.

Angst vor dem Unbekannten, dem Neuen. Die Ahnen haben nichts dagegen. Sie wissen, dass du, wenn du diesen neuen Weg gehst, rückwirkend einiges Erlösende in ihre Reihen zurücksendest, so etwas wie eine rückwirkende Heilung auslösen kannst.

Ja, alles, das wir für uns und unsere Befreiung, Heilung und Entwicklung tun, wirkt auch auf unsere Ahnen zurück. Weil wir im Quantenfeld zeitlos nebeneinander existieren und weil durch die energetische Verbindung nicht nur etwas von den Ahnen zu uns fließt, sondern auch von uns zu ihnen.

Du musst aber diesen ersten Schritt gehen und die Seile fallen lassen. Du warst und bist mit ihnen ohnehin weiter verbunden, aber auf eine andere Art und die fühlt sich für dein energetisches System in deiner körperlichen Inkarnation zunächst einmal fremd an. Fremdes macht Angst. Ein erster Schritt in ein neues Land macht Angst.

Angst ist alsc der Hauptgrund, warum wir immer den alten Mustern folgen. Angst, die ausgelöst wird, wenn wir neue Muster leben, denn sie sind so neu, dass wir uns im ersten Moment unwohl fühlen. Und dieses kurzfristige Unwohlsein, das hält kaum jemand gerne aus oder interpretiert es fälschlicherweise als ein Zeichen, am falschen Weg zu sein. Dann lieber schnell wieder zurück in bekanntes Terrain und die Seile wieder schnappen. Unglück- damit kenne ich mich aus, das hat hunderte Jahre Tradition. Familien-Traditionsmanufaktur Unglück. Handmade.

Wie du diese Angst überwinden kannst, wie Du es schaffst, das Neuland zu betreten und dich so schnell wie möglich gut zu fühlen, das werde ich dir in diesem Buch erklären. Am Ende dieses Trainings wirst du genau wissen, wie du deinen Fokus steuerst und wie du dir selbst helfen kannst, wenn die Angst wieder aufkommen sollte.

Für den Segen deiner Ahnen und das Loslassen der Seile findest du eine Anleitung zu einem Ritual „Ahnen loslassen" im Kapitel Seelenapotheke.

Was wir als Kinder auf uns nehmen

Kommen wir noch einmal auf die alten Glaubenssätze und Verhaltensmuster zurück, die wir von Geburt an entwickeln und die wir in Kindertagen als unsere Lebensanschauungen formen. Manche von uns haben nur drei Leitsätze, die sie regelmäßig in die Selbstsabotage führen. Manche von uns haben zwanzig oder mehr, unterschiedlich in ihrer

Wirksamkeit und ihrer Folgenschwere für unser Leben.

Die Themen der Generation unserer Großeltern oder Eltern ergeben aber eine gewisse Gruppe an vorherrschenden Glaubenssätzen, die die meisten von uns in der einen oder anderen Variation entwickelt haben.

Entscheidend dabei ist, welche Wirkung dieser Glaubenssatz auf uns hat und wie bewusst er uns ist. Manche Traumata, die wir erinnern, sind weniger störend als wir denken. Durch ihre bewusste Erinnerung sind sie teilweise schon bearbeitet oder verändert und in ihrer Wirkung geschwächt, da wir sie ansehen.

Weitaus schwieriger gestalten sich kleine, scheinbar unwichtige Überzeugungen, die wir unerkannt mit uns herumtragen.

Am Schlimmsten sind jedoch jene Überzeugungen, mit denen wir unseren Wert, unser Genügen und unsere Wirksamkeit in Frage stellen und verhindern.

Als Baby haben wir keine andere Wahl als ungefiltert aus unserer Umgebung aufzunehmen. Das beginnt schon im Bauch der Mutter. Die Wissenschaft hat inzwischen herausgefunden, dass der Embryo bereits Stressverarbeitungsmuster der Mutter in Form von überschießenden Stresshormonen übernimmt.

Später als älteres Kind, das selbst denken und sprechen kann, könnten wir rein theoretisch auch einen anderen Weg wählen. Wir könnten sagen: meine Eltern sind in ihrer Beziehung immer so traurig. Das finde ich doof. Aber Tante Jolesch und Onkel Kurt die lachen immer zusammen. Ich finde besser, was die beiden haben, daran orientiere ich mich, meine Eltern machen da was verkehrt.

Es wäre schön, wenn es so laufen würde, aber es funktioniert leider anders.

Unsere Eltern oder unsere nähesten Bezugspersonen haben den größten Einfluss auf uns.

Einerseits sind wir genetisch ein Teil von ihnen beziehungsweise mit ihnen in den ersten Lebensjahren emotional am engsten verbunden. Daher nehmen wir viel mehr auf, was von ihnen kommt.

Andererseits sind wir von ihnen lebensabhängig.

Wir haben deshalb keine große Wahl, uns anders zu entscheiden, weil uns die Realität der Gefühle, die wir mit diesen Menschen erleben, so steuert und in Bann hält, dass es fast unmöglich ist, eine völlig andere Wahl zu treffen.

Zudem fehlen uns fast immer andere Vorbilder oder jemand, der uns erklärt, dass das Leben nicht so funktioniert, wie wir das eben zu beobachten glauben.

Welches Lebensgesetz wir aus dem ableiten, was wir da beobachten, erleben und fühlen, das geschieht aus einem Mix aus Unwissenheit, Ausgeliefert sein und der vorherrschenden Energie einer Zeit. Mit dem zunehmenden Wissen über das Erschaffen und all die spirituellen Zusammenhänge kann sich in naher Zukunft Einiges komplett ändern. Die Kinder der jetzigen Generation wachsen viel bewusster heran, haben Zugang zu einem spirituellen Wissen wie nie zuvor und werden sehr schnell lernen, sich ganz anders zu orientieren als durch die Grenzen ihrer Eltern.

Aber zurück zur Generation, die diese Möglichkeit nicht kannte. Ein Kind möchte lieben und geliebt werden. Es tut alles dafür. Wenn die Verhaltensweise der anderen eine traurige ist, dann passt es sich dem an und integriert das in sein System, als etwas, das man eben so macht und das eben so ist.

Meistens denken Kinder, sie seien schuld, mit ihnen sei etwas falsch. Sie versuchen sich zu ändern, in einer Form, die der Gesellschaft um sie herum gerecht wird.

Daraus leiten sie Regeln ab: Ich bin den anderen nicht wichtig. Um trotzdem Liebe zu bekommen, muss ich mich anpassen und freundlich sein. Liebe bekommen, heißt sich so zu verhalten, dass die Umgebung einen mag.

In Folge haben wir einen Erwachsenen, der in Beziehungen immer versuchen wird, sich anzupassen und eine Rolle zu spielen, die er meint erfüllen zu müssen, um Liebe zu bekommen. Dass dieses Modell in der Katastrophe endet, ist klar. Denn es wird anstrengend für diesen Menschen, der sich nie authentisch zeigen kann. Wahre Nähe ist so nicht möglich, denn eine Rolle kann man nicht ewig aufrechterhalten. Nur unter großem Druck, Entbehrungen und Gefühlseinschränkung. Daher wird dieser Mensch immer Beziehungen suchen, die nicht lange halten, eben nur so lange er nicht Gefahr läuft, sich jetzt echt und ehrlich zeigen zu müssen.

Dann könnte ans Licht kommen, man sei ungenügend. Das muss verhindert werden. Durch Trennung, Verlassen Werden oder als Verlassender. So muss man den Schmerz nicht aushalten, nicht genug zu sein. Der Liebesentzug der Trennung führt aber genau zu dem Schmerz, den man eigentlich verhindern wollte. Ein Teufelskreis.

Man erschafft diese Situation so lange wieder, bis man erkennt, welches Muster da eigentlich im Hintergrund abläuft. Dass man in sich ein Programm laufen hat, das sagt: „Bloß keine wahre Nähe zulassen, sonst müsste ich mich zeigen, wie ich bin und dann werde ich nicht mehr geliebt".

Stattdessen könnte man erkennen, dass es aber gar nicht der Wahrheit entspricht, man sei ungenügend.

Kinder beziehen es auf sich, wenn sie spüren, wie andere leiden. Damit kann ein Kind ganz schlecht umgehen und sich nicht abgrenzen. Es ist ganz offen und nimmt das alles wahr und in sich auf.

Wir als kleine Geschöpfe entwickeln die irrwitzigsten Glaubenssätze, um diese komplexe Welt einordnen zu können. Manche Momente haben eine enorme Wirkung.

Einmal mit einer blutenden Wunde allein gelassen, einmal am Hinterkopf geklapst - das hinterlässt Spuren. Wie das Kind damit umgeht, ob diese Spuren bleiben, hat natürlich damit zu tun, wie es in seinem Umfeld generell behandelt wird und was es dort sonst noch beobachtet.

Das kann zum Beispiel zu folgenden Lebensentwürfen führen:

Wenn ich Schmerz empfinde und mir etwas weh tut, dann lässt man mich alleine. Da sind dann Menschen, die anderen nie Schwäche zeigen wollen, weil sie tief innerlich befürchten, sie würden dann sofort alleine gelassen werden.

Oder der Bub, der plötzlich von hinten eine drauf kriegt, der denkt sich seither, er müsse sein Leben lang auf der Hut sein, damit nicht jemand ihm von hinten mit Schläge kommt.

Ein Mensch, der ständig auf der Hut ist, der bewegt sich nicht frei im Leben, der zieht mit seinem Argwohn genau solche Situationen an, vor denen er sich tief im Inneren fürchtet, denn sein Programm ist ständig damit beschäftigt, nie wieder eines von hinten drauf zu bekommen und wo der Fokus liegt, das kommt in unser Leben.

Mit diesem Argwohn kann man sich nur schwer in Beziehungen einlassen, weil kein Vertrauen möglich wird. Dies ist aber Voraussetzung für Wachstum und Partnerschaft.

Lieber Leser, bekomme jetzt keine Angst, was du alles bei deinen Kindern oder dir anvertrauten Menschen falsch machen kannst. Das passiert einfach, das ist das Leben. Und was jeder dann daraus macht, liegt nicht allein in deiner Verantwortung.

Wir können nur in allergrößter Aufmerksamkeit unseren Kindern immer wieder vermitteln, dass sie wertvoll sind und wichtig, einfach weil sie da sind und dass sie genau so sein dürfen, wie sie sind. Damit kann man sehr vieles wieder gut machen.

Zudem hilft es, dem Kind problematische Lebenssituaticnen und Gefühle der Erwachsenen kindgerecht zu erklären, nicht zu beschönigen und zu verheimlichen. Mache deinem Kind klar, dass es nichts mit ihm zu tun hat, es nicht daran schuld ist und dass es auch ganz andere Lösungsmöglichkeiten gibt, die man eben nur gerade als Erwachsener nicht gehen kann.

Nicht jedes schlechte Erlebnis führt zu ebensolchen Glaubenssätzen. Da spielen natürlich weitere Faktoren und andere Erlebnisse auch eine Rolle. Das eine Kind merkt sich für ewig den Klapps auf den Hinterkopf und leitet daraus ein negatives Muster ab, hunderte andere Kinder vergessen die gleiche Situation sofort wieder.

Man kann nie wissen, warum etwas einen starken Glaubenssatz auslöst. Das bleibt zumindest bisher ein gewisses Geheimnis. Ich vermute allerdings, dass es bestimmte Situationen gibt, in denen das Kind sich in einer emotional sehr verletzlichen Energie befindet, die dann für negative Entscheidungen über das Leben empfänglicher machen. Sicher spielen auch die erbliche Grundveranlagung und die im Embryonalstadium übertragenen Verarbeitungsmuster eine Rolle, wie auch die gesamte Umgebung und Bindung des Kindes zu ihr.

Wir kommen jetzt in ein neues Zeitalter, in dem wir viel bewusster mit unseren Gedanken umgehen, in denen Kinder immer früher lernen, spirituell mit dem Leben umzugehen, sich als das Licht betrachten, das sie sind,

Lebensgesetze verstehen und sich als Schöpfer wahrnehmen. Auch das Wissen über diese Fehlprogrammierungen verbreitet sich jetzt.

Allein, wenn du dieses Buch liest, hast du schon einen Anteil an der positiven Veränderung geleistet. Alle um dich werden davon profitieren, weil du ab jetzt etwas weißt, das vorher nicht so bewusst oder präsent war und damit ist schon eine Wende eingeleitet. Du hast etwas in Dir verändert und strahlst es in die Welt. Schon in diesem Moment.

Das Wissen alleine bewegt etwas im System. Das ist die gute Nachricht. Jedoch reicht das leider noch nicht, um dein Leben nachhaltig und nach deinen Wünschen zu verändern. Dazu braucht es mehr.

Es müssen deine Gedankenmuster aufgespürt und dann verändert werden.

Die inneren Gedankenmuster aufspüren

Die geistige Welt hat mir eine besondere Fähigkeit geschenkt. Ich kann die Glaubenssätze, die Blockaden und die auslösenden, einengenden Erlebnisse in deinem Körper- und Energiesystem in inneren Bildern, Filmen und energetischen Informationen sehen. Wenn ich mit Menschen einzeln arbeite, dann kann ich ganz individuell auf ihre Lebensreise eingehen und dort die Vorkommnisse erkennen. Die Arbeit mit einzelnen Klienten ist aber zeitlich begrenzt.

Ich wollte diese Fähigkeit von mir und dieses Wissen, das dann eine unglaubliche Veränderung ermöglicht, möglichst vielen Menschen zugänglich machen. Ich habe die geistige Welt gebeten, mir einen Weg zu zeigen, falls sie es für gut befinden, wie ich es an Dich, lieber Leser, bringen kann, damit du selbst es mit einem Buch herausfinden und drehen kannst. Ich habe lange gesucht und überlegt, schließlich kamen viele Hinweise und Informationen auf mich zu, die dann irgendwann eine stimmige Lösung ergaben.

Ich habe diesen Weg gefunden, mit dir deine Blockaden zu finden. Es kann nicht so individuell sein, wie in einer Einzelarbeit mit dir. Es gibt jedoch immer wiederkehrende Grundthemen und Glaubenssätze. Alle individuellen Erlebnisse und Ausführungen lassen sich letztlich auf gewisse Grundannahmen zusammenfassen. Damit arbeiten wir jetzt hier.

Ich führe dich durch ein Programm, dessen Ablauf und Schritte du bitte genau einhalten solltest, damit es die entsprechende Wirkung haben kann. Es ist ein gewisser Aufwand an Zeit, Geduld und emotionalem Mut nötig. Vielleicht empfindest du zu Beginn ein gewisses Unwohlsein, das sich aber zu deinem Besten klären soll.

Dieses Unwohlsein könnte dann entstehen, wenn Du Dir die alten Glaubenssätze ansiehst. Möglicherweise tauchen alte Erinnerungen auf, die schmerzhaft sind. Ich möchte Dir aber sagen, dass wir uns mit den alten Schmerzen nur so kurz wie möglich aufhalten werden, denn der Fokus soll so leicht und schnell wie möglich in eine andere Richtung gedreht werden.

Wohltuende Botschaften aus der geistigen Welt und Übungen, die Du im Teil Selbsthilfeapotheke findest, sollen Dir diesen Prozess so angenehm wie möglich machen. Du kannst Seelenbalsam und Trost erhalten.

Letztlich kannst Du Dich immer wieder wie in einem warmen Bad für deine Seele fühlen, aber auch aus der Durcharbeit dieses Buches klarer, gereinigter und kraftvoller hervorgehen.

Letztlich geht es darum, dich in dieser Welt für alle gewinnbringend, wohltuend und fördernd einzubringen, deine Seele strahlen zu lassen, dich rundum glücklich und erfüllt zu fühlen, das höchste Maß an Liebe, Gesundheit und Reichtum auf allen Ebenen zu finden.

Vielleicht hast du eigentlich alles oder mehr als genug und trotzdem spürst du eine innere Leere. Vielleicht leidest Du an einer zehrenden Langeweile. Vielleicht ist ja alles in Ordnung bei Dir, aber du träumst von einem anderen Sexleben. Manchmal stimmt an allen Ecken und Enden irgendwie nichts, du bist an einem Tiefpunkt.

Egal an welchem Punkt in deinem Leben du stehst und wie sehr die Fülle schon da ist oder nie da war - jeder Einzelne hat seine Geschichte, seinen Weg, sein Thema, sein Leid.

Vergleiche dich und dein Leben nie mit dem der anderen. Denn Äußerlichkeiten, das, was wir sehen können, sagt nie etwas darüber aus, wie sich jemand wirklich tief drinnen fühlt. Großer Reichtum sagt nichts über die innere

Erfüllung eines Menschen und sein Glücksgefühl aus. Jeder hat seine Zeit, sein Erwachen, sein Tempo, seine Fähigkeiten. Achte nur auf dich und setze den Maßstab nur für dich und nie im Vergleich zu anderen. Das Glück des anderen ist nicht deines, auch wenn du das manchmal glaubst. Vertraue darauf, dass du deinen ganz ureigenen Weg gehst, gehen willst und musst. Nichts anderes könnte dich erfüllen. Und da du das liest, ist der Zeitpunkt für dich gekommen, eine große Veränderung einzuleiten, Befreiung, Klarheit, Freude und das Gefühl zu erlangen, das du dir so lange wünschst.

Ich habe dieses Programm aus den drei Quellen entwickelt: gechannelte Information aus der geistigen Welt, Erkenntnisse der Hirnforschung und Wissen aus der Neurobiologie und Psychologie. Es gibt darin Anteile der Hypnotherapie, der Verhaltenstherapie, der Gesundheitspsychologie, der Psychologie nach C.G. Jung, des Neurolinguistischen Programmierens und dem, was ich intuitiv als Wissen in mir trage, weiters die Information, die ich von außen erhalten habe, die sich als in dem Moment richtig und ergänzend gezeigt hat. Nichts von alledem erhebt Anspruch auf Richtigkeit oder wissenschaftliche Fundierung. Es geht hier um rein intuitives Wissen und Vorgehen, das meinen persönlichen Modellen und spirituellen Erkenntnissen entspricht. Die Wirkung will ich nicht von theoretischer Überzeugungsarbeit abhängig machen, sondern von der energetischen Wirkung, die darin enthalten ist.

Ich kann nicht ausschließen, dass sich dieses Programm und dieser Ansatz immer weiter entwickeln oder verändern werden. Jedoch ist es genau jetzt an der Zeit, dir dieses Wissen zum aktuellen Stand zu vermitteln, denn ich habe den Auftrag dazu ganz klar erhalten. Es ist also für den Moment, in dem Du es liest, genau für dich passend, eine andere Version wird dann für jemand anderen bestimmt sein.

Ich kann dich nur bitten, offen zu sein, und dich vertrauensvoll und mit dem Willen, etwas zu verändern, in dieses Programm zu begeben. Wie gesagt, erfordert es Taten von dir, konkrete Verhaltensänderungen. Ich möchte dir so viel Motivation und Stütze dafür geben, wie es in einem Buch möglich ist. Da ich nicht persönlich deine Begleiterin sein kann und dir nicht täglich zur Seite stehe, kann ich es nur hier in diesen Seiten machen, meine ganze Liebe und meine positive Überzeugung in diese Zeilen einfließen lassen.

Persönliche Energie von mir als zusätzlichen Treibstoff für deine Entwicklungsreise erhältst du über meine Website www.youcreatelife.com. Dort findest du alle Hinweise zu neuen Videos, Artikeln und weiteren Büchern von mir.

Die übernommenen Programme und Glaubenssätze der Eltern

Es ist nicht nur so, dass wir als Kinder die Welt um uns herum beobachten und auf uns beziehen. Wir entwickeln daraus Regeln und Weltanschauungen über uns, unsere Eltern und die Welt da draußen.

Wir übernehmen auch einfach sehr viel von den Eltern.

Unsere Umgebung prägt unsere Gedanken. Wir übernehmen die Grenzen unserer Eltern in ihren Anschauungen. Diese wiederum haben sie auch von anderen und deren Begrenzungen übernommen.

Wir wollen geliebt werden.

Wir denken als Kinder, dass wir, indem wir unseren Eltern entweder sehr ähnlich werden oder ihnen etwas abnehmen, sie glücklich machen oder Ihnen damit möglichst nahe und verbunden sein können.

Weiters nehmen wir an, wir werden geliebt, wenn wir alles tun, von dem wir glauben, ihnen damit zu gefallen.

Diese Glaubenssätze und Regeln, diese Familienreligionen haben die Eltern auch schon von deren Vorfahren übernommen. Oder sich so dagegen gewehrt, dass sie damit genauso im System festgeschrieben wurden.

Im Grunde genommen spielt es keine so große Rolle, was übernommen ist oder was selbst entwickelt wurde. Die Frage ist vielmehr, was hat sich am tiefsten eingegraben, was hat heute noch die größte Wirkung und was ist so sehr ins Unbewusste abgerutscht, dass es unserer Kontrolle seither völlig entgeht, uns aber noch immer unbemerkt führt. Und zwar in die immer gleichen Fallen.

Wie ich in systemischen Aufstellungen beobachte, funktioniert es im ersten Moment sehr gut, auf der Ebene der Aufstellung und damit auf der Seelenebene und des Gesamtsystems, den Eltern deren Glaubenssätze und Probleme zurückzugeben. Da löst sich in jedem Fall etwas. Das will ich nicht bezweifeln.

Jedoch habe ich auch bemerkt, dass die gleichen stillen Sätze in den Klienten oft dann noch weiter wirken, wenn die Wirkung der Aufstellung nicht tief genug in ihrem Körper und damit in ihren Gewohnheiten ankommen konnte. Dies betrifft vor allem ihr alltägliches Denken. So, als ob die jahrzehntelange Gewohnheit einfach eine viel stärkere Kraft hat als einmalige großartige Gelübde und Rituale. Ich will noch einmal festhalten, dass ich denke, Rituale und einmalige Schritte haben eine starke Auswirkung und können wirklich nicht nur in der Person, sondern auch im gesamten System eine ruckartige große Veränderung bewirken. Jedoch hält es oft nicht lange an, nur dann, wenn die betreffende Person dies ganz bewusst will und durch ihre weitere Gedanken- Verhaltens- und letztlich Gefühlskontrolle etwas bewirken möchte.

Sie meinen, das wäre ja eigentlich reine Verhaltenstherapie?

Es gibt hier sicher einige Parallelen im methodischen Vorgehen.

Was ich hier vorstelle, ist aus folgendem Grund etwas anderes:

Die Gedankenveränderung macht für mich erst nach dem Aufdecken der Ursachen Sinn, sowie der inneren Begegnung mit dem, was ich eine Kraft im Quantenfeld nennen möchte, die letztlich alles möglich macht und mit der wir hier arbeiten.

Die Begegnung mit einer Energie, die ich das höhere Selbst nenne, das Gefühl des Geführt Seins und einer Vertrauensentwicklung in unseren spirituellen Anteil, in andere Qualitäten als unsere reinen Ego-Mechanismen und unsere Ichkontrolle im hier und jetzt.

Da wirken einfach viel mehr Faktoren mit und es ist auch wichtig, das Unterbewusste mit einzubeziehen, und dies mithilfe einer höheren Macht und Kraft zu tun.

Wir können mit unserem Wachbewusstsein die vielen ausgeblendeten Glaubenssätze, Situationen, Ursprünge und wirkenden Kräfte nie alle überschauen oder durchschauen.

Es braucht meiner Erfahrung nach also ein komplexes Zusammenspiel der Ebenen, um einen tiefgreifenden Erfolg zu erzielen. Die Verhaltensänderung soll auch durch Leitsätze und Gedanken geleitet werden, die nicht aus dem reinen bisherigen Nachdenken und den bisherigen Gedanken entspringt, die ja bisher den Lebensfluss sabotierten.

Wenn ein Mensch sich entscheidet, ich mache jetzt alles anders, dann hat das sicher eine Wirkung und einige wenige mögen dann nur damit eine Veränderung schaffen. Für die meisten wird dies aber nicht ausreichen, weil eben der Autopilot diese Entscheidung wieder unterschwellig sabotieren wird.

Daher ist es so wichtig, dieser Entscheidung mit Kräften aus anderen Ebenen des Seins nachzuhelfen, damit sie sich durchsetzen kann und eben genau das, was bisher sabotiert hat, zu erkennen und zu transformieren. Meines Erachtens muss man da tiefer gehen als nur auf der bewussten Verstandesebene zu arbeiten. Tiefer gehen im Sinne, dass wir sowohl unser höheres Bewusstsein und das allumfassende Bewusstseinsfeld mit einbeziehen, als auch unsere unbewussten Kräfte. Da braucht es etwas Größeres und Höheres, das uns leitet und dabei hilft.

Auch, wenn wir letztlich in voller Selbstverantwortung mittun müssen und es eben nicht einfach von „denen da oben" machen lassen können. Es braucht beides. Zumindest erfordert es, unseren Widerstand aufzugeben und Führung anzunehmen.

Die Veränderung dieser übernommenen Glaubenssätze erfolgt einerseits durch das Programm, andererseits beschreibe ich weiter hinten noch ein Ritual, das du gesondert durchführen kannst. Zudem erkläre ich hier in den einzelnen Unterkapiteln mehrfach, wie du zu einer anderen Einstellung dir selbst und deinen Mustern gegenüber kommen kannst.

Die Kindheit - was wir so alles glauben

Warum ist das mit dem inneren Kind so wichtig?

In unseren Körperzellen haben wir mehr als nur unsere körperliche DNS und Information gespeichert. Wir übernehmen auch Emotionen vorhergehender Generationen. Zudem werden im Körper bei allen Erfahrungen und starken Gefühlen Spuren gelegt, quasi wie Straßen. Wenn diese Straßen oft befahren werden, dann werden sie immer breiter oder entsprechen einer Spurrinne, in die man automatisch hineinrutscht, wenn man an dieser Straße entlang fährt.

Ich möchte hier in diesem Buch nicht allzu viel über den Hintergrund erklären. Denn zu viel Wissen kann auch behindern. Zu viel Wissen führt dazu, dass wir mit unserem Verstand alles kontrollieren und einordnen wollen oder eben mit den bisherigen Denkgewohnheiten an den Sachverhalt herangehen.

Genau darum geht es aber. Denkgewohnheiten zu verändern. An ihren Grundfesten zu rütteln.

Wie du bereits weißt, sind irgendwann in deiner Kindheit Dinge geschehen, hast Du Dinge und Menschen beobachtet, hast du Dich in verschiedenen Situationen gut oder sehr schlecht gefühlt. Aus diesen Erlebnissen und Beobachtungen, die an Gefühle gekoppelt waren, hast du deine Schlüsse gezogen - darüber, was mit Dir los ist, wie das Leben funktioniert, was man tun oder nicht tun sollte, welche Konsequenzen bestimmte Dinge haben und wie die Welt auf Dich reagiert.

Das Problem dabei ist, dass diese Schlüsse oft falsch waren oder sehr eingeengt, weil sie aus deiner kindlichen Perspektive entstanden sind. Viele dieser Schlussfolgerungen behindern Dich jetzt in deinem erfolgreichen Leben. Du trägst sie noch immer mit Dir herum. Solange Du sie nicht bewusst ansiehst, kennst und sie mit geeigneten Methoden veränderst.

Ich sage nicht, dass meine hier vorgestellte Methode die einzig richtige ist. Es gibt sehr viele wunderbare Wege, an alten Mustern zu arbeiten. Wenn ein anderer Weg besser zu Dir passt oder sich besser anfühlt, dann solltest Du das für dich wählen und tun.

Nur eine Warnung möchte ich an dieser Stelle anbringen: Von einer Methode zur andere zu springen, ein Seminar nach dem anderen zu machen, ein Buch nach dem anderen zu lesen, halbherzig Übungen zu machen, das wird Dir nichts bringen. Weil Du nie in die Tiefe dessen gehst, wo die eigentliche Ursache liegt. Weil Du nie das Problem an der Wurzel packst, sondern immer nur an der Oberfläche polierst.

Mit „In die Tiefe Gehen" meine ich weder Rückführungen, noch Hypnose, noch ewig in alten Geschichten zu wühlen und dein ganzes Leben noch einmal aufzurollen.

Mit in die Tiefe gehen meine ich hier:

Dir endlich deiner ständigen Gedankenmuster, die leise und unbemerkt im Hintergrund arbeiten und quasseln, bewusst zu werden, sie aufzudecken und Ihnen an den Kragen zu gehen, mit allem Mut und aller Herzkraft, die Dir zur Verfügung steht.

Deine Denkgewohnheiten wirksam zu ändern und zu wissen, was du tust!

Deinen kindlichen Anteil zu heilen und nicht immer wieder die gleichen Leiden heraufzubeschwören.

Erinnerung zu verändern, das geht. Nicht vollständig, aber soweit, dass etwas heilen darf und uns nicht immer als vermeintliches Loch am Weg zu Fall bringt.

Einfach Affirmationen zu sprechen, das bringt nichts, wenn im Hintergrund ein Script wie ein

Bauplan läuft, der dies ständig in Frage stellt und sabotiert.

Warum das so unbewusst passiert? Weil wir uns so daran gewöhnt haben, weil wir gewisse Gedanken schon als Kinder entwickelt haben und diese daher für so selbstverständlich halten, dass wir die Außensicht verloren haben. Weil wir denken, dass das Leben so funktioniert und wir deshalb diesen Bauplan gar nicht in Frage stellen können.

Dazu habe ich die geistige Welt befragt.

Die geistige Welt zu bewussten Blockaden

Ich (I): Mancher Muster sind wir uns bewusst und können sie trotzdem nicht verändern. Was ist da los?

Geistige Welt (GW):

Einem Muster, das wir bewusst wahrnehmen, liegt ein anderes, tieferes zugrunde, das wir verdrängen oder nicht erkennen. Oder wir sind einfach zu bequem, an diesem Muster nachhaltig zu arbeiten

Wenn jemand etwas nicht ändern kann, dann will er es nicht wirklich, er hat sich eingerichtet in dem gewohnten Gefühl, denn auch schlechte Gefühle können eine große Anziehungskraft, ihren Reiz, Zauber und große Intensität haben. Er müsste eine klare Entscheidung treffen, sich anders fühlen zu wollen und dann Neuland betreten. Das erfordert im ersten Moment einen Schritt ins Ungewisse, in eine Art Leere, die man nur einen kurzen Moment aushalten muss, bis die Belohnung kommt.

Es sind Ausreden. Ist der Leidensdruck groß genug, dann kommt der Scheideweg: Ich richte mich im Leid noch mehr ein und suhle mich darin oder ich treffe die Entscheidung, sofort einen anderen Weg zu gehen.

Ich: ist diese Entscheidung nur im Kopf? Wenn es so einfach wäre, würden es mehr Menschen schaffen. Zum Beispiel, wenn sich jemand in Beziehungen ungenügend und bedürftig fühlt. Das rührt ja aus alten Wunden her. Die kann man nicht so einfach weg-entscheiden? Wie sollen wir das machen? Wo liegen die Ursachen?

GW:

das Weg-Entscheiden ist der erste Schritt. Es geht um eine Grundhaltung, es anders tun und leben zu wollen, davor ist nichts anderes möglich. Dann kann ein Veränderungsprozess beginnen. Wir sagten nicht, es ginge von heute auf morgen, aber es geht. In dem Moment ich es will, und daran glaube, dann kommen Zeichen, Hilfe, Impulse, das zu heilen.

I: braucht es also doch lange Seminare, Hilfe, Therapie?

GW:

Im Grunde ginge es ganz schnell. Ihr braucht zwar einmal mehr, einmal weniger Hilfe oder das, was ihr Therapie nennt. Ihr braucht aber nur zu verstehen, dass die Wunde, die ihr fühlt, der Schmerz, eine Einbildung sind und nie existiert haben. Ihr habt euch dieses Gefühl einmal zurecht gelegt, es ausgewählt, es zu eurem gemacht, ihr hättet auch ein anderes Gefühl wählen können oder es irgendwann ablegen.

I:

Angenommen der Vater einer Frau, einer Tochter, war nie für sie da, hat sie nicht beachtet, es gab keine Zärtlichkeiten. Da ist eine große Wunde entstanden, ein Schmerz, als Kind nicht wahrgenommen zu werden, das der Frau in Beziehungen mit Männern immer noch in die Quere kommt. Sie fühlt immer noch und jedes Mal diese Verlassenheit, das „links liegen gelassen werden" als Tochter durch den Vater, wenn der Mann ihr die Aufmerksamkeit entzieht. Außerdem ist da eine Bedürftigkeit nach Geborgenheit geblieben, die sie als Kind vom Vater nie bekommen hat, als ob etwas nicht aufgefüllt worden wäre. Das ihr jetzt fehlt.

GW:

ja, das hat gefehlt, aber es gibt keinen Grund, dass es jetzt noch da sein müsste, es ist nur eine Erinnerung, ein Gefühl, das sie in sich trägt. Sie könnte es austauschen gegen andere Gefühle. Sie könnte sagen, wie glücklich sie war, dass ihr Vater friedlich war und sanft, dass er ihre Kreativität erkannt und geschätzt hat, dass sie von ihm abschauen durfte. Sie könnte erkennen, wie sehr er sie geliebt hat, dass er sich gequält hat für die Familie, an einem Ort gelebt, an dem er nicht sein wollte für seine Tochter. Er hat seine Liebe anders gezeigt.

Ich:

Ja, das klingt schön. Aber ihr fehlt trotzdem das „Gehalten werden"

GW:

Jetzt fehlt es ihr nicht mehr. Es ist vorbei. Der Moment ist längst vergangen. Es gibt keine Wunde. Es gibt kein Loch.

Ich: Warum fühlt es sich dann für betroffene so an?

GW:

Es ist die Vorstellung, wie es hätte sein sollen, es ist eine Sehnsucht, die aus einer falschen Annahme entstanden ist. Der Annahme, sie sei nicht wichtig, nicht gut, nicht wertvoll. Diese Annahme erzeugt das Leid. Sie wollte Anerkennung, Aufmerksamkeit durch Berührung, um ihren Wert zu bestätigen, den sie vermeintlich nicht hatte. Aber das ist nicht die Wahrheit. Ihr Wert war immer unberührt. Die Liebe für sie da.

Ich: Das sind schon sehr hohe Ansprüche. Ich lasse es jetzt einmal so stehen. Was kann sie tun, um es für sich zu lösen?

GW:

Erkennen, dass sie keine Wunde hat, und dass der Schmerz, den sie fühlt einzig und allein aus völlig falschen Annahmen resultiert. Wenn sie nicht umarmt worden bist, dann hat sie es nicht gebraucht, nicht so, wie sie es glaubt oder jetzt braucht. Sie verwechselt etwas. Wenn sie erkennt, dass sie immer schon vollständig war, dass keine Situation ihrer Kindheit ihr irgendetwas weggenommen hat oder nicht gegeben, dass nur sie die ist, die sich etwas wegnimmt oder vorenthält, dann tritt Erleichterung ein. Das Loch macht sie selbst, das gibt es gar nicht, es ist eine emotionale

Täuschung. Der Schmerz entsteht und entstand nur, weil sie dachte, mit ihr wäre etwas nicht in Ordnung und diese fatale Annahme führte zu weiteren Erlebnissen dieser Art.

In dem Moment sie weiß, ich bin voll-ständig, ganz, ich habe alles, ich bin alles, alles ist richtig, ich bin von Beginn an in meinem vollen Wert, der sich durch nichts Äußeres und Niemanden verändern kann, dann beginnt die Heilung, dann wird sie heil - sie ist es schon, sie muss es nur noch selber verstehen und spüren.

Der Schmerz ist eingebildet, weil seine Ursachen eingebildet sind. Das Harte an eurer Lebensrealität ist, dass ihr als Kinder wenige Chancen habt, anders zu denken und anders zu wählen. Es ändert sich jetzt. Du kannst jederzeit alles ändern.

Ich: Angenommen, die Familie eines Mannes hatte nie Geld, er ist in einem Armutsbewusstsein aufgewachsen. Das hat Auswirkungen. Wie geht er damit um?

GW.

Auch hier - zu erkennen, dass es eine reine Illusion ist. Es gibt weder das Armutsbewusstsein, noch hat die Art und Weise wie andere, seine Eltern mit Geld gelebt haben, eine Auswirkung auf ihn - nur in dem er sich das einredet und es glaubt.

Er könnte glauben, er ist ein Mensch, dem Geldbewusstsein von Gott in die Wiege gelegt wurde, er könnte glauben, er wäre der Erste in der Familie, der etwas Neues und anders macht, zum Wohle aller. Er könnte erkennen, dass Geld nur Energie ist und es egal ist, ob er einen Kuchen bäckt oder mit Geld umgeht. Es ist die eigene Verkettung, das eigene Gefängnis, in das ihr euch setzt.

Es ist leider so einfach, dass ihr diese Wahrheit nicht sehen und akzeptieren könnt, weil es zu einfach für euch scheint, und weil ihr nicht einsehen wollt, dass ihr das alles selber macht, jede Sekunde neu.

Höre auf mit der alten Geschichte. Steige ein in ein neues Drehbuch. Es ist so einfach.

Es ist nur ein Film. Du siehst ihn. Drehe einen neuen Film.

Danke an die GW.

Dazu möchte ich etwas ergänzen! Die Informationen aus der geistigen Welt nehme ich natürlich sehr ernst, ich weiß aber auch, dass sie aus einer anderen Bewusstseinsebene kommen und manchmal muss ich als Mensch hier auf der Erde die Dinge etwas abändern oder entsprechend interpretieren.

Ich bin der Meinung, dass wir sehr wohl eine Wunde behalten, auch wenn sie nur eingebildet ist, wie die geistige Welt meint. Denn wir schaffen es als Mensch eher nicht, es als bloße Illusion abzutun und es damit zu löschen.

Mit vielen Dingen kann man gut leben kann, wenn man weiß wie und das möchte ich dir hier so gut es geht vermitteln.

Der Anspruch, alles zu heilen und für uns selbst alles zu sein, was unsere Eltern nicht waren, das überfordert uns. Manchmal muss man einsehen, dass Dinge nicht gut gelaufen sind und gefehlt haben. Dem ins Auge zu sehen ist der erste Schritt. Was du tun kannst für dich und zur bestmöglichen Heilung, auch wenn sie nicht vollständig möglich ist, erfährst du noch detailliert in den weiteren Kapiteln. Als erste Info für dich: Die Heilung beginnt zuerst damit, das, was Gefehlt hat anzuerkennen und zu betrauern. Der nächste Schritt ist, durch einen anderen Umgang mit dem inneren Kind und mit sich selbst eine neue Ich-Stärke zu entwickeln und seinen Wert zu spüren. Es geht darum zu erkennen, ob man als verletztes Kind agiert oder als der Erwachsene, der man sein will. Auf dieser Basis kannst du deinen Fokus auf ein neues Selbstbild lenken, das deinen gewünschten Zielen entspricht.

Trotzdem müssen wir die alten Geschichten mal alte Geschichten und „von gestern" sein lassen und in ein neues Drehbuch einsteigen!

Darum soll es jetzt gehen, ein neues Drehbuch zu schreiben, das alte Drehbuch zu überarbeiten, damit am Ende der Film herauskommt, den du dir wünschst. Die gute Nachricht ist nämlich, dass du jederzeit dein Drehbuch neu schreiben kannst!

Lass uns also loslegen und im Laufe der nächsten Kapitel gemeinsam erarbeiten, wie du deine alten Spurrinnen ein für alle Mal hinter dir lassen kannst.

Noch einmal ein ganz klares Wort hier, es geht nicht ohne Arbeit. Du wirst über einen Zeitraum von ein paar Wochen dein Verhalten und dein Denken bewusst und diszipliniert überwachen, überarbeiten, verändern und daran arbeiten müssen. Ich sage bewusst müssen. Denn es geht nur so. Eine neue Gewohnheit lässt sich nicht von heute auf morgen auf Knopfdruck etablieren. Ich kann Dir hier die bestmögliche Unterstützung dafür anbieten, wenn du dich dazu entscheidest, endlich etwas zu verändern. Es darf in Leichtigkeit geschehen, aber es muss etwas geschehen. Alles wie immer zu machen und andere Ergebnisse zu erwarten funktioniert einfach nicht.

Am Ende des Buches findest Du einen Werkzeugkoffer an Ritualen und Übungen, die Dir helfen, alles hier umzusetzen und in Notsituationen Selbsthilfe zu betreiben.

Du bist deine Medizin, Du bist alles, was du brauchst. In dir ist Reichtum.

Vorgeburtliche Prägungen

Vorgeburtliche Prägungen können ebenso zu späteren Glaubenssätzen führen. Sie entstehen vor allem durch fehlgeleitete Stressverarbeitungsprogramme der Mutter, die auf biochemischem Weg dem Organismus eine unzureichende Verarbeitung von Belastungen vermittelt. Das erzeugt Angst, Depression und Stresserkrankungen. Anders ausgedrückt - man reagiert auf Belastung mit überschießenden Nebennierenrindenhormonen und kann Stress ganz schlecht verarbeiten.

Der große Unterschied zu den später entwickelten Glaubenssätzen ist, dass hier nicht bewusst als Kind etwas beobachtet und daraus etwas kreiert wird.

Hier übernimmt der Embryo passiv und ungefiltert Systeme der Mutter. Der Embryo übernimmt nicht nur auf biochemischem Weg, sondern auch auf einer Schwingungsebene, Grundstimmungen und chemische Stressmuster der Mutter. Das wiederum heißt, er übernimmt zwar nicht konkrete Glaubenssätze, aber eine Grundhaltung, wie die Mutter mit dem Leben umgeht.

Hier wird ein biochemisches und schwingungsmäßiges Basisfeld festgelegt, wie das Kind später auf Dinge im Außen reagiert. Dies beeinflusst, ob es eher eine positive Verarbeitung erfindet oder sich die Welt eher belastet und negativ zurecht legt.

Um dieses Grundmuster abzulösen, geht man zurück an den Ursprung, als die Basisschwingung implementiert wurde. Diese Ablösung am Ursprung findest du in der Meditation 2. Du sollst beruhigend wissen, auch wenn du ihre Grundmuster verabschiedest, bleibst du mit der Mutter als Kind in Liebe verbunden.

Vorleben und Karma

Man kann ja noch weiter zurückgehen. Vor der Geburt gab es auch schon deine Existenz. Und davor vielleicht andere Inkarnationen. Viele meiner spirituellen Kollegen haben zum Thema Vorleben und Karma eine andere Meinung als ich. Für die Methode hier spielt dein Glaube dazu keine Rolle. Wenn du an Rückführungen und Auflösung von Schuld im Zusammenhang an frühere Leben glaubst, ist es sicher gut, wenn du mit einem Praktiker in dieser Richtung arbeitest. Das, was sich für dich richtig und gut anfühlt, wird sicher auch passen.

Ich persönlich glaube zwar schon, dass wir mehrere Leben leben beziehungsweise dies können, ich denke aber nicht an Karma im Sinne, ich muss in diesem Leben für ein altes Leben etwas büßen oder habe einen Seelenvertrag mit jemandem getroffen. Es macht für mich keinen Sinn, dass das, was wir Seele nennen, nach dem Ableben hier in das allumfassende große Bewusstsein, in die reine Liebe zurückkehrt und dann mit einem Paket an unerledigten Aufgaben und Schulden wieder auf Erden eintritt. So ein Konzept scheint mir für etwas so Großes zu eng und menschlich gefasst und ergibt gar keinen Sinn.

Ich fange mehr an mit dem Konzept, dass die Seele einen gewissen Plan hat und Wünsche, was sie hier als Mensch erleben möchte, um zu expandieren, um sich zu erkennen, um das Universum weiter auszuweiten und Kontraste herzustellen. Jedoch glaube ich gleichzeitig daran, dass wir hier auf der Erde jederzeit diesen Plan nach eigenem Ermessen verändern können. So stark sind wir. Es ist möglich. Wenn es in Einklang mit unserer ursprünglichen Liebe ist und wir unsere Seele spüren gelernt haben, dann ist sie auch immer wieder bereit, sich auf Änderungen einzulassen. Die Seele selbst kann Änderungen beschließen.

Das sind rein subjektive Vorstellungen und Modelle, jeder kann glauben, was er möchte. Es gibt für alle Modelle auch bestärkende Erfahrungen. Es existieren viele Berichte und Gemeinschaften, die das jeweilige Modell vertreten. Bitte glaube das, was sich für dich stimmig, richtig und wahr anfühlt und vor allem, was sich gut anfühlt.

Es ist egal, wenn du ganz anderer Meinung als ich bist. Das Programm kann unabhängig davon wirken, wenn du das möchtest. Ich denke, wie gesagt, dass die alten Muster in der jeweiligen Inkarnation nicht diese große Rolle spielen, wie viele meinen.

Es gibt definitiv Erinnerungen an frühere Leben. Diese können meines Erachtens sehr wohl auch aus einem Gesamtpool der Erinnerungen der Menschen gezogen werden, erklärbar durch etwas wie das Modell des archaischen Unbewussten nach C.G. Jung oder das allumfassende Bewusstseinsfeld, mit dem wir alle verbunden sind. Wir zapfen da quasi ein Wissen an, das viele Menschen mit uns teilen. Das erklärt auch, warum sich so viele Menschen daran erinnern können, Cleopatra gewesen zu sein. Sie können die Erinnerung der wahren Cleopatra im Quantenfeld abrufen.

Ich glaube, dass es in unserem jetzigen irdischen Leben den meisten Sinn macht, die jetzigen Glaubenssätze zu bearbeiten und ich gehe sogar so weit, anzunehmen, dass alles, was ich in dieser Inkarnation mache, auf frühere Inkarnationen zurückwirkt, denn im Quantenfeld ist alles zeitgleich da, miteinander verbunden und in wechselseitiger Wirkung. So gesehen wirkt es nicht „zurück" (die Zeitvorstellung gibt es nur in unserem Kopf), sondern es wirkt jetzt in diesem Moment auf alle Leben, Existenzen, Energien und Paralleluniversen.

Ich will nicht weiter in dieses Thema einsteigen, weil meine Information aus der geistigen Welt für dieses Programm und dieses Projekt klar gezeigt hat, dass frühere Leben dafür nicht explizit angesehen oder mit einbezogen werden müssen.

Ver-Geben und Ver-Zeihen

In der spirituellen Szene werden zwei Worte und Themen äußerst häufig verwendet: Vergeben und Verzeihen.

Ich wollte zuerst einmal wissen, was mir die geistige Welt als Erklärung dazu gibt, denn mir war selbst sehr lange Zeit nicht klar, was das denn eigentlich heißen und bedeuten soll. Eine ungefähre Ahnung hatte ich schon, aber ich musste immer wieder bei mir selbst, den Menschen um mich und meinen Klienten beobachten, wie wenig es ihnen gelang, zu vergeben und zu verzeihen. Jeder hatte eine andere Vorstellung, was das eigentlich bedeuten solle und wie man das anstellt. Die

Ansprüche an sich selbst waren dabei jedes Mal hoch und immer wieder musste man sich das Scheitern des Projektes „Vergeben und Verzeihen" eingestehen. Statt Besserung brachte das Versagen zusätzliche Schuldgefühle.

Im Wortursprung heißt Verzeihen zum Beispiel, auf einen Schuldigen hinzeigen, einen Anspruch aufgeben. Es hatte also zunächst einmal nicht viel mit Liebe für den anderen zu tun, sondern eher mit der Einsicht, jeden Anspruch auf etwas aufzugeben, dass du mir vielleicht schuldest oder ich höre auf, dich als Schuldigen zu bezeichnen.

Für Vergebung findet man je nach Sprachhintergrund und Religion viele Erklärungen.

Ich habe daher einmal die Geistige Welt dazu befragt und auch das heiklere Thema Missbrauch angesprochen. Denn wie soll ein Opfer dem Täter verzeihen?

Die geistige Welt zu Vergeben, Verzeihen und Vergeben bei Missbrauch

GW.

Ver-geben:

bedeutet, es von mir weg-geben, wieder hergeben, und es dem geben, zu dem es gehört. Erkennen, es ist seines. Im Sinne, ich gebe dir zurück, was nicht zu mir gehört und lasse das in meiner Verantwortung, was meines ist. Das, was deines ist, gebe ich dir in deine

Verantwortung zurück und mache mich frei davon.

Verzeihen:

Jeder handelt immer aus eigenen Glaubenssätzen, Verletzungen, Zwängen, Ängsten und Mustern. Derjenige tut in dem Moment das, was er nicht anders kann. Selbst wenn jemand etwas absichtlich macht, kann er in dem Moment aus eigenen Verstrickungen nicht anders. Wir alle sind im Moment der Tat in etwas gefangen. Betreffend Verzeihen solle man sich denken:

Ich will in der Liebe sein, mir soll es gut gehen, und das geht, wenn ich erkenne, du hast aus deinem Schlamassel gehandelt, es hatte nichts mit mir zu tun. Dass du mir begegnet bist, zeigt mir im Außen, welche Themen ich in mir nicht bearbeitet habe.

Sich selbst Vergeben und Verzeihen:

Erkennen, auch ich konnte nicht anders und will es jetzt transformieren in etwas Besseres, Nützliches. Ich darf es abgeben an eine höhere Instanz.

Ich ver-gebe mir heißt, ich gebe das zu mir, was mein Anteil war und übernehme die Verantwortung. Ich akzeptiere in Liebe diesen Teil von mir und integriere ihn, indem ich ihn als zugehörig betrachte, auch wenn er mir nicht gefällt. Er darf da sein. Ich stehe dazu. Ich weiß, ich konnte zu einem bestimmten Zeitpunkt nicht anders handeln, sonst hätte ich es getan. Ich bin ein Mensch mit Schwächen, das muss mir klar sein und ich darf es annehmen. Alles, was nicht zu mir gehört, gebe ich aber den anderen zurück oder übergebe es dem Universum zur Veränderung.

Sich selbst verzeihen bedeutet also, zu erkennen, auch ich habe aus unbewussten Glaubenssätzen (die schon in Embryonalphase in Form der Stressverarbeitungsmuster der Mutter entstehen können) gehandelt.

Ich: Wie soll das Verzeihen beim Thema Kindesmissbrauch aussehen?

GW:

Hier wurde im System ein Programm der Grenzüberschreitung und Abgrenzung übernommen, wobei Vieles schon im Mutterlieb im Sinne Opferbereitschaft entsteht.

Sich vergeben hier heißt:

Die Tatsache, dass man diesen Weg, diese Verstrickung, diese Familie gewählt hat, als ungeheure Stärke sieht und es damit transformiert. Das ist ein Beginn. Diesen Teil an sich, das man im System diesen Teil übernommen hat, akzeptieren. Den Teil, der zu den anderen gehört, bei denen lassen.

Den Täter kann man so betrachten:

Es ist sein Krieg, sein inneres Massaker, sein innerer Zwang und eine Qual. Es ist eine innere Vereinsamung und die völlige Abgespaltenheit zum eigenen Sein und Fühlen, damit das passieren kann. Er ist mit seinem inneren Zwang und dem damit verbundenen Leid gestraft und handelt aus diesem.

Der Schmerz, den er mir zugefügt hat, den trägt er auch in sich.

Anmerkung von mir zu Tätern: Wie ich im Abschnitt „Kanalisation von negativer Energie" ausführe, rate ich bei dieser inneren Zwangslage dringend zu einem bestimmten Vorgehen, zum Schutz aller. Es gibt mittlerweile äußerst erfolgreiche Programme und Hilfsstellen, die Betroffenen die Möglichkeit geben, zu lernen, wie sie mit dieser inneren Lage umgehen und leben können. Dies gilt auch für Suchtkranke und alle Arten von Zwängen und Verhaltensweisen, deren Ausleben dich selbst und die Menschen um dich schädigt.

Hilfe anzunehmen ist eine Form von Selbstliebe. Hilfe anzunehmen bringt Klarheit und Erleichterung. Zu den eigenen Schatten zu stehen, ist der einzige Weg in die Heilung.

Für dich, falls du ein Opfer warst, kommen im Laufe der nächsten Kapitel noch zahlreiche Übungen und Tipps, die dir helfen können. In jedem Fall solltest du dir bitte professionelle Hilfe suchen und dich begleiten lassen, wenn du noch in diesem Thema und dieser Traumatisierung feststeckst und selber damit nicht zurechtkommst. Oft ist dieses Thema mit großer Scham besetzt. Traue dich, dir Hilfe zu holen. Das steht dir zu, es ist dein Recht. Achte auf dich. Das ist ein Akt der Selbstliebe, sich Hilfe zu holen, wo man alleine nicht weiter kommt. In allen Regionen gibt es Beratungseinrichtungen, die dir zu diesem Thema weiterhelfen können.

Selbstliebe und das Schlamassel, wenn es nicht gelingt

Ich stelle hier ein paar provokante Thesen auf, die von den meisten Vertretern der spirituellen Szene anders gesehen werden. Ich wage mich so weit hinaus, zu behaupten, es ist ein großes Missverständnis und eine Fehlinterpretation bezüglich der Selbstliebe entstanden. Dies führt die Mehrheit der Menschen in eine heillose Überforderung.

Sich alles selbst zu geben und sich selbst vollkommen zu genügen, daran scheitern die meisten. Statt einer Besserung erfahren viele durch dieses Unvermögen einen zusätzlichen Selbstwertdämpfer.

Ich möchte hier eine andere Interpretation vorstellen, die meiner Meinung nach eine Erleichterung bringen kann und das Projekt Selbstliebe aussichtsreicher macht.

Der Mensch ist ein Herdentier. Wir sind hier in einem Körper mit seinen spezifischen Bedürfnissen. Sexualität ist unser stärkster Trieb. Was unser körperliches Dasein anbelangt, wird es durchaus auch tierisch. Da hat meines Erachtens nach die Spiritualität ihre Grenzen.

Ich behaupte, es geht niemals darum, sich alles selbst geben zu können und sich völlig zu genügen, auch nicht darum, sich selbst so zu lieben, dass man niemanden mehr braucht.

In Wahrheit genügt es, wenn man es mit sich gut aushält, sich gut kennt, sich mit sich wohlfühlt und eine Basis schafft, sich alleine

gut zu fühlen. Aber eben nur als Basis, um in weiterer Folge mit anderen das Leben, die Liebe und das Schöne zu teilen.

Gehalten werden, Sex, Freude teilen, das kann man nicht alleine. Für das Alleinsein sind wir nicht gemacht. Es gibt nicht umsonst Frau und Mann. Es gibt nicht umsonst diese Art der Fortpflanzung. Diese als spirituellen Akt der Vereinigung zweier Seelen darzustellen, das überfordert uns viel zu sehr. Der animalische Teil wird immer wieder völlig außer Acht gelassen. Das Körperliche wird oft viel zu sehr verdrängt oder in seiner Wichtigkeit nicht besprochen.

Da beginnen große Probleme, weil wir grundsätzliche Bedürfnisse unterdrücken wollen. In der Meinung, wir müssten ja uns selbst genügen und ohne all das auskommen. Damit blockieren wir unseren natürlich Lebensfluss, scheuen Beziehungsarbeit und verkriechen uns zu oft in eine geistige Scheinwelt. Wir beten unsere Affirmationen herunter wie leere Worthülsen und fühlen uns trotzdem todunglücklich, weil wir uns einreden wollen, dass unsere Einsamkeit oder unsere Belastungen ja gar nicht schlimm sind.

Sie sind es aber. Man kann das nicht verdrängen. Der Weg ist vielmehr, es zuzugeben und damit zu arbeiten. Jedoch nicht in der negativen Fokussierung auf den Mangel. Sondern indem ich den Fokus auf das richte, was ich möchte. Indem ich das, was jetzt nicht änderbar ist, vertrauensvoll als Teil meines Weges annehme, und mir zum Beispiel sage, trotz meiner Einsamkeit tue ich alles, um mich auch jetzt wohlzufühlen.

Ich rede mir nicht ein, ich wäre ohne Partner glücklich. Aber ich suche nach Wegen, mich trotz meiner Situation glücklich zu fühlen, in allen anderen Bereichen, die mir möglich sind, während ich die kommende Partnerschaft, die ich mir wünsche, vorbereite.

Die Basis ist durchaus sehr wichtig. Selbstliebe bedeutet, all das für mich selbst zu tun, damit es mir gut geht und all das wegzulassen, was mich abwertet, mir schadet oder mir nicht gut tut.

Bitte verstehe mich nicht falsch. Wir alle sind als die Person, die wir sind, vollständig. Wir dürfen niemals glauben, wir wären ohne Partner unvollständig. Das ist hier nicht gemeint. Wir sind in unserem vollen Wert und alleine vollkommen. Das heißt aber nicht, dass ich deshalb alleine vollkommen zufrieden sein oder alleine leben muss.

Mit sich selbst gut zurechtgekommen und sich auch alleine gut zu fühlen, ist der Boden, auf dem dann Beziehungen entstehen können. Allerdings können viele Themen, die wir für uns selbst aufarbeiten müssen sogar erst in einer Beziehung ans Licht kommen und nur dort geheilt werden. Die Zeit alleine kann ich gut nützen, um meine Schatten anzusehen, meine alten Themen zu reinigen und mich selbst kennen zu lernen.

Das Mit-Sich-Selbst-Wohlfühlen, das Alleine-Glücklich-Sein, interpretiere ich als einen Zustand, den ich so gut wie möglich gestalte, in der Vorfreude, was auf mich an Verwirklichung meiner Wünsche zukommt.

Ich sage also nicht, ich genüge mir selbst, ich bin so vollständig, dass ich den anderen nicht brauche. Sondern ich sage, ich wünsche mir den anderen, aber solange er nicht da ist, fühle ich mich alleine gut so gut ich es kann, bereite mich vor und lebe in der Vorfreude auf den anderen.

Weder dränge ich meinen Frust durch positives Denken in den Keller, noch hadere ich mit mir oder bejammere meinen Mangel. Ich werte mich nicht ab, weil ich keinen Partner habe, sondern sehe es einfach als Phase in meinem Leben, die ich gut nütze und die ihren Sinn hat. Die mir aber auch zeigt, dass mein Fokus bisher zu sehr am Mangel hing und ich mich emotional noch nicht auf die Frequenz meiner Wunschpartnerschaft eingestimmt habe.

Ja, wir sind vollständige Wesen. Unsere Seele ist an das Allumfassende angebunden und genügt sich somit selbst. Wir sind aber auch Mensch, Körper, leben in Gruppen und Beziehungen, das macht uns aus. Ich brauche den anderen nicht in der Form einer Abhängigkeit, aber ich brauche den und die anderen, um meine Erfüllung zu leben. Ohne die anderen geht es nicht. Wir sind keine Einsiedler.

Wir schlittern vielfach in eine Ego-Gesellschaft, die Spiritualität und Selbstliebe vorschiebt, um niemandem mehr zu brauchen, weil man dann angeblich frei sei. In Wahrheit verstecken sich hinter diesem großen Freiheitsanspruch oft nur die Angst vor Nähe, das Unwohlsein, mit den eigenen Themen zu arbeiten und der Unwille, Verantwortung zu übernehmen, weil man etwas falsch machen oder sich falsch entscheiden könnte.

Unser Glücklich sein darf nicht von einer anderen Person abhängen. Soviel sei gesagt. Aber das volle Glück werden wir immer in irgendeiner Form in Beziehungen zu anderen leben. Das muss keine Partnerschaft sein. Selbstliebe bedeutet, dass ich mich hege und pflege, auf mich achte, meine Schwächen und Stärken kenne und JA zu mir sage. Selbstliebe bedeutet aber auch, mich in erfüllenden Beziehungen einzubringen, diese zu leben und mich um diese zu kümmern.

Ich brauche nicht in Selbstumarmung und Selbstgenügsamkeit verharren. Darin gibt es keine Weiterentwicklung.

Gerade in Beziehungen, welcher Art auch immer, sind wir gefordert, durch sie kann etwas fließen und wir erweitern uns. Selbstliebe heißt, dass ich darauf achte, dass es mir so unabhängig von den Umständen wie nur möglich, so gut wie möglich geht.

Mehr ist es nicht.

Zum Kapitel Selbstliebe - Fragen an die geistige Welt

Selbstliebe - Was heißt das? Wie erreicht man das? Innerer Reichtum, der mich unabhängig macht, aus einer reinen Entscheidung heraus happy sein, wie geht das?

GW:

Allem voran geht eure Entscheidung, es zu wollen, die Intention ist immer das Wichtigste.

Es muss wirklich eine Entscheidung sein, die einen innerlichen Ruck gibt, die man wirklich so meint, der man viel Gefühl beimisst.

Selbstliebe hat sehr viel mit Achtung zu tun, im Sinne Achtsamkeit, Acht(ung) geben auf sich. Ich behandle mich behutsam, wie etwas, auf das ich Acht gebe. Ich setze Grenzen, wenn ich sie brauche, ich schaue, was mir gut tut, finde heraus, was gut für mich ist und wenn ich merke, mir tut etwas nicht gut, versuche ich, es zu lösen. Das ist es schon. Sich selbst gegenüber aufmerksam sein und mit allem was man kann, dafür zu sorgen, dass es einem gut geht.

Man muss nicht in Gefühlen für sich zerfließen, ihr verwechselt das sehr viel mit großer Liebe, verliebt sein, ich muss mir in die Augen schauen, im Spiegel und sagen ich liebe mich, das ist aus unserer Sicht so nicht gemeint.

Wenn ihr jemanden anderen liebt, dann fließt etwas aus euch hinaus, was euch ein gutes Gefühl gibt, es ist mehr dieses Hinausfließen. Wenn ihr euch vorstellt, ihr wollt euch selbst lieben, dann wirft euch das auf euch selbst zurück in einem Sinn, dass ihr diese Liebe auf euch richtet und das tut euch eigentlich gar nicht so gut, denn ihr wollt lieben. Selbstliebe bedeutet vielmehr, ich bin es mir Wert, zu lieben, andere zu lieben, das Leben zu lieben, was ich tue, zu lieben, ich bin es mir wert oder ich bin so wichtig, dass es gut ist, wenn ich andere oder etwas liebe. Es geht darum, Liebe generell fließen zu lassen mir zum Besten, mir zum Wohle, weil das meine Natur ist. Ich sorge in der Hinsicht gut für mich, dass ich lieben kann.

Nicht Liebe auf sich richten. Man kann in dieser Liebe schon baden, aber in einer allgemeinen Liebe.

Ich: Das ist doch etwas verwirrend. Ich bitte Euch um konkrete Angaben.

GW:

Wenn ihr aus eurer Sicht Liebe für euch selbst wollt, dann wird es eng, wenn ihr euch vorstellt, ihr lasst Liebe fließen, dann wird es weit. Spürt ihr das? Es geht um diese Weite. Ihr sollt selber, mit allem, das ihr könnt, eine Weite ermöglichen. Wenn es euch gut geht, dann werdet ihr weit, dann könnt ihr frei atmen. Dann könnt ihr alles fließen lassen.

Darum geht es.

Der innere Reichtum. Wir geben euch gerne das Bild eines Springbrunnens, das ist das Verstehen und Begreifen und sich Vorstellen, dass ich im Inneren eine Quelle habe, ein Licht, einen Brunnen, eine Kraftkugel, die leuchtet, die nach außen strahlt, die alle Formen annehmen kann, und das ist quasi wie der zentrale Punkt meines Seins, des allumfassenden Seins aus dem ich komme, das ich bin und das weit über den Körper hinaus geht. Dass diesen Körper bedient, in diesem Körper strahlt und ist und ihr als Menschen könnt eben nur diese Vorstellungskraft verwenden und euch es so vorstellen. Ihr seid an einen unerschöpflichen Quell angeschlossen, der in eurem Inneren sprudelt.

Es reicht, wenn du dich irgendwann in Ruhe hinsetzt, dir die Zeit nehmen kannst, dir das in Ruhe vorzustellen. Dass du es siehst, spürst, fühlst, dass du dieses Licht in dir trägst, in der Solar Plexus Gegend, dir vorstellst, wie es nach außen strahlt und sich immer weiter ausdehnt.

Es geht darum, dass du die Grenzenlosigkeit fühlst.

Weiters kannst du dir eine Lichtverbindung vorstellen in den Kosmos, du kannst dir das Licht um dich herum vorstellen oder wie ein Lichtband nach oben, das ist egal, eher nach oben, weil das mehr eurer Vorstellung entspricht, in Wahrheit ist es um dich herum und es durchdringt alles.

Verbinde dich einfach vorstellungsgemäß über Licht mit etwas Größerem.

Du spürst, wenn Du es richtig machst, eine Form des Wohltuns, ein „Weiter werden", Ruhe, Trost, Erfüllt sein, das kann man üben, wenn es nicht gleich gelingt.

Ich: Was machen Menschen, die keine große Vorstellungskraft haben oder es noch nie probiert haben?

GW:

Jeder kann es, es ist in euch angelegt. Jeder besitzt die Fähigkeit, es geht nur um die Entscheidung und den Glauben, dass es gelingt. Wenn es gar nicht gelingt, vor allem weil der Glaube an die eigene Fähigkeit fehlt, dann kann man sich Hilfe holen, es gibt jetzt schon so viele Menschen, die helfen können und wollen, das zu entdecken. Wenn man weiß, ich kann das, weil das mein Geburtserbe ist, dann geht das auch.

Ich: sich verbinden, sich connected fühlen, was könnt ihr uns grundsätzlich dazu sagen, wie können wir mit euch sprechen?

GW:

Gehe in dich und fühle, dass in dir ein allumfassendes Bewusstsein ist. Treffe die Entscheidung, dass du das spüren willst, dass du es erkennen und dich erinnern willst, verbinde dich mit etwas Größerem durch ein Lichtband, durch ein unsichtbares Energiefeld, spüre, wie etwas in dir sich immer weiter ausweiten kann über deinen Körper hinaus. Überall hin und soweit, wie du es möchtest. Verbinde dich jeden Tag mit etwas Größerem und hol dir auch Kraft und Inspiration, lass dich führen und leiten, dich erfüllen von Licht und Kraft. Stelle dir vor, dass da irgendwo eine Quelle ist, die für dich da ist und dir Energie gibt. Die dir Kraft, Licht und Liebe spenden kann, zu jeder Zeit und in jeder Weise.

Und wichtig ist, dir vorzustellen, dass aus dir Liebe hinaus fließt in die Welt mit jedem Tag und jedem Menschen, dem du begegnest, kannst du diese Liebe fließen lassen. Mit einem Lächeln, einer Berührung, das tut dir gut. Du musst nicht zu jedem freundlich sein, aber so viel wie möglich die anderen lieben. Den Ausdruck finden und dich in die Welt ergießen mit Gedanken, Gefühlen, Worten, Ideen, was auch immer dir einfallt, was dich ausmacht, deine Fähigkeiten, egal wie klein sie dir scheinen. Es ist wichtig für die Welt, das sollst du verstehen, deine Wirksamkeit, du bist wichtig.

Gehe auf dieser Erde, geh hinaus auf die Erde, auf der Wiese. Lebe in ihr, der Erde, vergeistige dich nicht zu sehr, gehe in die Welt hinaus, liebe und erschaffe Dinge. Kreatives Erschaffen, darum geht es, egal was. Erschaffe etwas Neues. Freu dich an dir und dem Leben.

Ich: Was macht jemand, der sich nicht schön genug fühlt, der keinen Erfolg hat, dem das Erschaffen nicht gelingt, wie hat derjenige dann Freude an sich?

GW:

Jeder für sich ist besonders schön. Einzigartig. Wenn man sich vergleicht, wird man immer unglücklich sein, du kannst nicht links und rechts schauen, du musst deinen Weg gehen. Jeder ist für etwas Einzigartiges hier. Für das, was seine Seele möchte. Das sollst du erkennen, annehmen und glauben. Es geht nicht um Schönheit, es geht nicht um Perfektion, wie ihr sie versteht. Es geht um die Besonderheit und Einzigartigkeit, im Sinn von, alles was du bist, existiert nur einmal. Das alles, was du tust, wünscht und denkst, hat eine Wirkung auf alles, egal was es ist. Du bist frei, alles ist Energie, alles schwingt. Die Grenzen, die ihr euch setzt sind irdische Grenzen, die existieren in unserer Welt nicht, ihr habt die Aufgabe, das zu verbinden, die irdischen Grenzen und die spirituelle Freiheit, zu einem

Maß zu bringen, das euch Wohlbefinden bringt, das kann man üben und lernen.

Ich: wie lernt man das?

GW:

In dem man sich dafür interessiert, in dem man es will, in dem man es findet. Jeder kann es. Das genügt.

Klarheit schaffen, lebendiges Chaos versus Kuddelmuddel

Wir alle sehnen uns nach Klarheit. Klarheit ist ein erhebendes, reines, erleichterndes Gefühl und schenkt uns Kraft.

Das Leben verläuft nicht immer klar und gerade, manchmal braucht es das Chaos aus dem auch wieder Ordnung entstehen kann.

Klarheit entsteht oft erst durch ein gesundes Maß an Chaos. Eine zu rigide Kontrolle verhindert den natürlichen Lebensfluss. In der Natur gibt es eine strikte Ordnung, aber Bäume und Büsche in der Wildnis folgen nicht immer geraden Bahnen. Neuerungen entstehen oft durch ein gewisses Durcheinander.

Daher ist eine maßvolle Entspanntheit gegenüber chaotischen Zuständen also durchaus sinnvoll.

Es gibt da aber auch ein neurotisches Kuddelmuddel an Gefühlen, Gedanken und Lebensumständen, die einer gesunden Klarheit komplett zuwiderlaufen und uns mehr als nötig belasten.

Dieses Kuddelmuddel verhindert zudem den Fokus auf das, was wir wollen und ebenso das Einfühlen in seine Erfüllung.

Kuddelmuddel entsteht, wenn wir Bedürfnisse unterdrücken, uns von Angst und Feigheit leiten lassen, Dinge vermeiden wollen und den Schritt in unser Wachstum nicht wagen. Es entsteht, wenn wir uns von hunderten Dingen ablenken lassen und den Fokus nur durch äußere Zwänge, Umstände und Personen lenken lassen, was uns völlig von uns selbst entfernt. Wir können nicht mehr klar denken und spüren, was wir wirklich wollen und wer wir eigentlich sind.

Wir weichen aus, wir verdrängen, wir suchen Umwege, wir sind ambivalent und wankelmütig, wir verpassen die richtigen Gelegenheiten, weil wir in unserer inneren Verwirrung alles das übersehen, was zur Klarheit führt und das anziehen, was weiteres Chaos verstärkt.

Unentschlossenheit hält uns am ewig gleichen Platz ohne Vorwärtsbewegung. Der falsche Schritt ist manchmal nötig, bevor wir in Bewegungslosigkeit erstarren, weil wir nicht wissen, wohin wir als nächstes gehen sollen.

Der Ausweg?

In sich gehen, zur Ruhe kommen und erspüren, was wirklich wichtig ist, was wir wirklich wollen. Erkennen, wer wir sind, wie wir ticken und mutig unsere alten Wunden und Glaubenssätze anschauen, um sie dann herzhaft zu transformieren.

Das gelingt durch eine Entscheidung, Meditation, Ruhe und der Beschäftigung mit unserer persönlichen Weiterentwicklung.

Ich kann Schwächen integrieren, aber ich muss hinsehen, bevor ich das kann.

Fordere für dich Klarheit ein. Suche sie. Erschaffe sie. Gehe mutig jene Schritte in deinem Leben, die für Klarheit nötig sind. In dem du Klarheit suchst, orientiert sich dein Geist danach und beginnt in diese Richtung zu denken. Dein Fokus zieht Klarheit an.

Schaffe Ordnung in deinen Angelegenheiten und hole jene Leichen aus dem Keller, die dir jede Nacht den Schlaf rauben.

Gehe unangenehme Termine an, kläre belastete, dahin gärende Beziehungen, mach die Wege, die nötig sind, sieh hin, wo du dein Leben mit unnötigem Ballast vollgestopft hast, sei es durch Dinge oder unnötige Verpflichtungen. Lerne zu delegieren. Lese Bücher zum Thema Vereinfachen.

Beginne irgendwo, der erste Schritt ist der schwerste. Du wirst aber belohnt werden mit einem freien, reinen, neuen, leichten Lebensgefühl.

Wenn du meinst, du weißt nicht, was du willst, sage ich dir, dass das meistens ein Akt des Selbstbetruges ist. Aber du musst es nicht einmal wissen. Wenn du dafür sorgst, dass du alles tust, um dich gut zu fühlen, dir Klarheit wünscht und aufhörst, faulen Kompromissen nachzulaufen, sondern es dir wert bist, alles zu bekommen, was du dir von Herzen wünscht, wirst du automatisch dorthin geführt.

Du glaubst, so einfach geht das nicht? Lass dich im Laufe des Buches überraschen, wie dein Geist funktioniert. Am Ende wirst du es verstehen. Vertraue mir vorerst, dass allein deine Entscheidung und dein klarer Fokus auf Ordnung, Klarheit und Leichtigkeit bereits etwas zu verändern beginnt!

Gesundheit oder Krankheitsgewinn

Krankheit ist ein Symptom für Blockaden im Inneren. Hier gilt es, anzuschauen, was tue ich, um Gesundheit zu verhindern? Daraus ziehe dann die Konsequenz, was du konkret anders machen kannst. Verändere deine bisherigen Gedanken und Verhaltensweisen, die dich bisher krank werden ließen.

Frage dich: „Wovon wende ich mich weg? Wo wende ich mich stattdessen hin?"

Damit kommt es in den Fluss und in die Lösung.

Wenn man gerade krank ist und Schmerzen hat, ist es sehr schwer bis unmöglich, einfach zu sagen, hey - ich bin glücklich. Hier wäre der Weg, nachzuforschen, womit du dein Glücklich blockierst. Danach trifft man die Entscheidung, das Gegenteil dessen zu tun oder etwas ganz anders als bisher zu machen.

Vielleicht ist dir der Begriff des Krankheitsgewinns bekannt. Damit ist gemeint, dass Kranksein auch Vorteile oder Gewinne mit sich bringen kann.

Zum Beispiel erhält man meistens, wenn man krank ist, mehr Zuwendung von anderen. Das ist ein großer Gewinn.

Ein weiterer Gewinn kann sein, nicht arbeiten zu müssen oder sich vor etwas Unangenehmen zu drücken.

Sehr oft steckt hinter einer Krankheit also, etwas zu bekommen oder etwas zu verhindern.

Dann gibt es noch den wichtigen Grund der Ruhe, Einkehr und Innenschau, die der Körper damit erzwingt.

Zuletzt kann Krankheit eine Strafe für empfundene Schuld sein oder aber eine Person übernimmt damit etwas für ein erkranktes Familiensystem, das sonst zusammenbrechen würde.

Bei jeder Krankheit sollte man sich daher ehrlich hinterfragen, was die Folge dieser Krankheit ist.

Darf ich etwas mehr? Dürfen andere etwas mehr?

Schlafen, Ausruhen, Zuwendung erhalten oder zeigen, wieder wie ein Kind sein, Geborgenheit erleben, mich zurückziehen von Menschen oder Tätigkeiten, sind andere dadurch mehr in meiner Nähe? Werden damit andere Dinge überlagert, Probleme verdrängt? Usw.

Darf ich etwas weniger? Dürfen andere etwas weniger?

Mich weniger berühren, mit mir nicht so hart umgehen, hart arbeiten, funktionieren, mich überfordern, reden, aktiv sein, usw.

Die Folge einer Krankheit gibt Hinweise auf die dahinter liegende Thematik.

Der Gewinn der Gesundheit muss logischerweise größer sein als jener der Krankheit, sonst zahlt sich Gesundheit nicht aus.

Wenn ich nur Zuwendung bekomme, wenn ich krank bin, werde ich diesen Zustand möglichst lange aufrechterhalten. Solange mich die Krankheit nicht mehr quält als die Einsamkeit ohne sie, hat es für mich Sinn, krank zu sein.

Leider ist Krankheit eine trügerische Lösung und sie geht immer den Weg des Widerstandes und des Betruges.

Wahres Glück kann so nicht gefunden werden. Trotzdem ist Krankheit eine der Hauptlösungsstrategien unserer Zeit.

Viele wissen sich nicht anders zu helfen.

Im allerschlimmsten Fall führt eine sehr heftige Erkrankung mitunter sehr schnell zum Tod. Tod ist die völlige Aufgabe jeden Widerstandes und die Entscheidung, wieder in das allumfassende Bewusstsein zurückzukehren. Es sind Menschen, die keinen anderen Ausweg mehr sehen.

Ich hoffe, ich kann dir mit diesem Buch mehr Wege in die Hand geben, deinen eigentlichen Zielen näher zu kommen und dir das Kranksein so richtig zu vermiesen, weil du spürst, wie viel gewinnbringender Gesundheit für dich sein kann.

Auch wenn du dich noch so sehr an deine Krankheit gewöhnt und dich in ihr eingerichtet hast, du kannst immer aussteigen. Es ist deine Entscheidung und dein Wille.

Der Weg führt über die Freude an dem, was du tun kannst und willst, wenn du gesund bist.

Fühle dich hinein, wie du all das bereits tust und erlebst - dein Körper wird folgen.

Das Programm in diesem Buch wird dich dabei unterstützen, einen anderen Weg als Krankheit für dich zu entdecken.

Du kannst das, was du mit der Krankheit erreichst, auch auf gesundem Weg erreichen!

Das Drama nehmen

Wir Erdenbewohner lieben das Theater und den Film. Diese Begeisterung scheinen wir im Leben auch gerne auszuleben. Zum Drama fühlen wir uns intensiv hingezogen. Es ist halt so überwältigend und versorgt uns mit tiefen Emotionen, aufregenden Schauern und dem Gefühl, dass sich was tut in unserem sonst langweiligen Dasein. Da passiert etwas, da spüren wir uns. Dramen sind verführerisch, gleichzeitig aber leider auch immer zerstörerisch.

Die meisten Dramen haben einen negativen Beigeschmack, das macht sie umso spannender. Leid kann anziehend sein, weil es so viel Intensität hat. Es ist aber wie mit dem Rausch durch Alkohol. Zuerst fühlt sich alles toll an, dem folgen jedoch der Absturz und zuletzt der Kater.

Drama ist das Ticket ins Unglück.

Es gibt einen sehr schnellen und einfachen Weg, aus dem Schmerz oder dem Leid auszusteigen: Nimm das Drama raus!

Vieles lässt sich besser klar, ruhig und liebevoll angehen und auf souveräne Art lösen. Dramen sind die Werkzeuge unzufriedener Kinder, die auf eine unreife Weise ihre Wünsche erfüllt haben wollen.

Wenn du bei dir bleibst, in einem positiven Fokus, mit dem Wissen, dass jeder aus seinen tiefen Ängsten, Zwängen und Glaubenssätzen handelt, dass jeder im Grunde genommen ein verwundetes Kind ist, das auf seine Art nach Liebe schreit, kannst du aus dem Drama gehen. Dann kannst du einen Schritt zur Seite machen und das Ganze zuerst in Ruhe betrachten.

Lass dich nicht zum Drama verführen. Bleib besonnen, ruhig und in der Haltung einer inneren friedlichen Einstellung.

Ich meine damit nicht, dass du dich nicht wehren sollst, wenn es an der Zeit ist, deine Grenzen zu verteidigen.

Ich meine damit die Art der Herangehensweise und einer Grundhaltung. **Man kann aus einer Mücke einen Elefanten machen oder die Mücke eine Mücke sein lassen. Es geht um diese Entscheidung.**

Tiefe der Gefühle, Intensität und Ausbruch, das solltest du in der Freude finden, in deinem spaßvollen Ausdruck und in liebevollen Verbindungen, in denen ihr gemeinsam etwas Neues erschafft.

Leid gaukelt dir gewohnte Gefühle vor. An die Leichtigkeit von Glück muss man sich oft erst gewöhnen. Ja, genau. Wenn wir Glück nicht kennen, dann fühlt sich die neue Leichtigkeit so ungewohnt an, dass wir denken, das kann ja gar nicht sein, was mache ich jetzt damit? Bleib dran, am Glücksgefühl, hinterfrage es nicht und genieße.

Verdrängen ist anstrengend

Über die Wichtigkeit unserer Schatten und ihre Integration haben wir hier schon gesprochen. Unsere ungeliebten Seiten und schlimmen Erfahrungen sollten wir nicht einfach verdrängen, weil sie sonst an anderer Stelle, nämlich durch weitere Erlebnisse oder Menschen im Außen nach Aufmerksamkeit verlangen. Oft brechen sie auch nach langer Zeit unkontrolliert heraus, weil wir sie zu lange unterdrückt haben.

Das Problem am Verdrängen ist aber noch vielschichtiger.

Es kostet unheimlich viel Kraft und damit vergeudet es Lebensenergie, die uns an anderer Stelle massiv fehlt.

Depressionen sind sehr oft das Resultat ständig unterdrückter Wut, die nicht angesehen und kanalisiert verarbeitet, sondern in ein dunkles Eck gedrängt wird. Sie ist deshalb aber nicht verschwunden. Sie ständig nieder zu halten, das strengt so an, dass man immer müder wird und irgendwann den Alltag nicht mehr bewältigen kann.

Die Geistige Welt zu Depressionen

Ich: Geistige Welt, was sagt ihr zu Depressionen?

GW:

Depression entsteht aus einer Warteposition, wenn Bedürfnisse nicht erfüllt werden. Aus einer Opfer- und Ohnmachtshaltung, Harmoniesucht, daraus entstehender Wut und nicht gelebter Trauer, im Grunde aus unbelebtem Leben oder seinen Anteilen. Das Gefühl der Selbstwirksamkeit ist zu gering, man fühlt sich deshalb ausgeliefert, hat seine angeborene Macht abgegeben, das löst die Wut und Autoaggression und somit Depression aus.

Die Lösung ist, für sich selbst einzustehen, das Steuer wieder an sich zu nehmen, in den Bereichen, um die es geht. Man muss seine innere Haltung ändern und wissen, ich habe Wirkung, ich kann steuern, ich darf meine Bedürfnisse erfüllen.

Auch aus Gründen der Kraft und Energie rate ich deshalb dazu, sich seine dunklen Seiten und Themen anzusehen und am besten mit professioneller Unterstützung oder anderen möglichen Hilfsangeboten ihre Aufarbeitung anzugehen.

Ich betone nochmals, dass ich nicht dafür bin, in wochenlangen Therapien immer wieder in der Vergangenheit herumzurühren.

Es geht hier um die Klarheit, welche inneren Themen ich in mir trage, die mir gar nicht gefallen und dann zu lernen, mit ihnen zu leben.

Es gibt Dinge, die kann man nicht wegtherapieren und nicht wegmachen. Die gehören zu uns. Das Entscheidende ist, trotzdem gut leben zu können, weil man gelernt hat, sie einfach da sein zu lassen und ihnen damit das Drama zu nehmen.

Auch kann man nach Wegen suchen, gewisse Wünsche auf eine Art auszuleben, die niemandem schadet und sich immer Hilfe zu holen, wenn man bemerkt, dass da etwas überhandnimmt, das mir oder anderen zum Nachteil gereicht.

Sucht und Missbrauch sind immer ein Indikator für das völlig fehlgeleitete Erfüllen eines tief liegenden Bedürfnisses, dem man sich anders annähern müsste.

Für jene Bedürfnisse oder gestörten Triebe, die man nicht ausleben darf, weil sie massiv schädigend sind, muss man in Selbstverantwortung Hilfe suchen, denn es gibt mittlerweile hervorragende Programme für potentielle Täter, wo man lernen kann, wie man mit dieser Krankheit umgehen und leben kann.

Fatal wird es immer dann, wenn man es unterdrücken oder im Geheimen ausleben will. Das führt zu destruktiven Lösungen, die eine Spur der Verwüstung mehrerer Leben oder Generationen nach sich ziehen.

Ich rufe dich auf, aus Liebe zu dir und anderen, in Selbstverantwortung in dein Dunkelstes zu blicken - mit mutigem Herzen.

Hole dir dafür Hilfe, wenn du es alleine nicht kannst.

Für die weniger schlimmen Seiten, die wir gerne verdrängen, gilt genau das gleiche, damit sie zu etwas werden, das uns zu einem komplexen und starken Menschen werden lässt und nicht zu ihrem Sklaven macht.

Hol dir deine Lebensenergie zurück, indem du aufhörst, alles wegzudrücken, was du an dir nicht haben willst, sondern frei und mutig dem in die Augen schaust, um es dann zu verändern.

Wenn ich meine Schwächen und Wunden kenne, tappe ich nicht in sie hinein, wie in Fallen, die mich boykottieren werden irgendwann. Wenn ich mich kenne, dann kann ich beginnen, mich zu formen.

Viele Schwächen oder Schatten können zu einer unterstützenden Energie werden, wenn du sie ansiehst und bewusst verwandelst! Wegschauen schwächt. Hinschauen kann verändern, auch zum Guten!

Schuld, die Meisterin der Blockaden

Eines unserer größten Hemmnisse im Leben und am Weg zu unseren Zielen ist Schuld, die wir bewusst oder unbewusst mit uns tragen.

Es kann eine tatsächliche Schuld sein, weil wir jemandem etwas angetan haben oder etwas unterlassen zu haben scheinen, dass vielleicht im Leben eines Menschen etwas verändert hätte.

Schuld kann entstehen, wenn wir denken, mehr leisten zu müssen, unfähig zu sein, etwas nicht perfekt zu schaffen oder unter unserem Anspruch zu leben. Ja, du kannst dich schuldig für deine nicht erreichten Ziele fühlen.

Es kann aber auch eine nur angenommene Schuld sein, weil wir in Kindertagen dachten, am Unglück unserer Eltern schuld zu sein und uns jetzt deren Leid auf den Rücken schnallen.

Dann gibt es manchmal noch eine Art „Ahnenschuld". Wir übernehmen Schuld der Ahnen, die in uns wie ein unausgesprochener Vertrag wirkt.

Schuld kann aus so vielen Quellen stammen.

Letztlich ist es auch egal, woher sie kommt. Sie blockiert unseren Lebensfluss. Denn wenn wir uns schuldig fühlen, dann bestrafen wir uns selber. Das tun wir, indem wir uns die Erfüllung unserer wahren Bedürfnisse nicht erlauben und uns vor deren Verwirklichung jedes Mal wieder selbst boykottieren.

In großer Dankbarkeit kann ich dir aber mitteilen, dass Schuld sich sehr gut verändern und auflösen lässt.

Es gibt Rituale, um Schuld an eine höhere Macht abzugeben und vor allem, sich zu entscheiden, diese Schuld jetzt aufzulösen. Diese Rituale findest du im Kapitel zur Seelenapotheke und einen großen Teil kannst du durch das Programm verwandeln. Auch im Kapitel zum erfolgreichen Erschaffen wirst du verstehen lernen, wie du durch Gedankenkontrolle deinen Fokus auf ein neues Ich lenkst, das Schuld leicht ablegen kann.

Denn es geht vor allem darum zu verstehen, dass Schuld ein Produkt unserer Gedanken und Wertvorstellungen ist. Ein erfolgreicher Mensch weiß, dass er sich nicht von Schuldgefühlen aufhalten lassen kann. Er löst sie für sich auf und vergibt sich seine Fehler. Er ist sein bester Freund.

Sich etwas zu erlauben, bedeutet sehr oft, seine Schuld abzugeben und sich nicht weiter selbst zu bestrafen.

Sich Erfolg und Glück zu erlauben beginnt damit, Schuld frei zu lassen.

Selbstbestrafung

Der Mensch ist schon ein interessantes und lustiges Wesen. Wir sind besonders schnell darin, uns schuldig zu fühlen und das Gefühl zu haben, jemanden zu verraten, den wir lieben.

Kinder machen das sehr oft. Auch als Erwachsene läuft es noch so ab. Weil Mama nicht glücklich war und ich vielleicht auch noch schuld daran bin, darf es mir jetzt nicht besser gehen als ihr. Damit würde ich sie nicht nur verraten, sondern meine Schuld wäre auch nicht gesühnt.

Klingt verrückt? Das ist es! Und doch treiben wir diesen tagtäglichen Wahnsinn.

Sich dieses Wahnsinns bewusst zu werden und eine Entscheidung zu treffen, damit aufzuhören, hilft schon sehr, allerdings kann es im Unterbewusstsein zu wenig Wirkung zeigen.

Um in den Tiefen deines Unterbewusstseins auch etwas zu verändern, kannst du neben dem

Programm in diesem Buch auch das Ritual zur Auflösung der Opfergabe für einen Elternteil durchführen. Du findest es im Kapitel Seelenapotheke.

Sich das Glück erlauben

Meine Aufgabe als Autorin ist es, dich in Fluss zu bringen, an deine Kraft zu erinnern, dich zu inspirieren und in dir einen Ruck auszulösen, mit dem Heilung beginnt.

Die meisten von uns, die immer wieder gegen unsichtbare Mauern rennen, erlauben sich das Glück nicht. Wie vorher beschrieben, ist es eine Strafe, die man sich selbst auferlegt.

Wenn die Eltern nicht glücklich waren, darf man es selbst auch nicht sein. Wenn man böse war, darf man keine Fülle leben. Wenn man die Eltern oder Ahnen verraten hat, darf man sich Erfolg nicht gönnen. Oder, ein Leben in Fülle wäre ein Verrat an der Sippe. Diese Überzeugungen spielen sich meistens unbewusst ab, manchmal weiß man es aber sogar, kann es aber nicht ändern.

Sobald man sich bewusst ansieht, welche Schuldthemen in einem tief drinnen ablaufen, hat die Lösung schon begonnen. Die Rituale zur Schuldauflösung helfen dir, es auch richtig zu spüren, dass du jetzt etwas auflöst.

Die geistige Welt erklärt, wie man sich Glück erlauben kann

Ich befragte die geistige Welt dazu, wie man sich Glück erlauben kann?

Was die geistige Welt dazu sagt:

Glück erlaubst du dir, indem du den Weg dafür frei machst. Alles, was Du tust, das dich eng macht, dich nicht gut fühlen lässt, beengt auch den Weg des Glücks, auf dem es zu dir kommen könnte. Es blockiert deine freie Aufnahmefähigkeit.

Erlauben bedeutet also vor allem Aufnahmefähigkeit und den freien Zugang zu Dir.

Ich: Was bedeutet das genau?

GW:

Dass Du deine Glücksstraße freiräumst, damit das Glück zu dir kommen oder fahren kann, die Hindernisse müssen weg. Du sollst denken:

Ich tue alles, damit das Glück leichter zu mir kommen kann. Ich räume große Hindernisse weg. Themen, die dich ständig belasten und beschäftigen. Du sollst Dir vorstellen, dass das Glück trotzdem kommen kann. Nur Du siehst diese Themen oder Belastungen als Gründe an, dass es nicht kommen kann und diese Annahme wird bestätigt. Du musst die Hindernisse von der Glücksstraße nehmen.

Stell Dir ein großes Anwesen vor, das stellt dich und dein Leben dar. Dahin führt eine wunderschöne breite Straße, wie eine Allee, mit Bäumen und einer Wiese am den Straßenränderr. Alle deine Themen im Leben liegen wie Hindernisse auf dieser Straße, auf der das Glück zu Dir entlang fahren könnte.

Sieh wie in einem inneren Film, wie Du jede einzelne dieser Belastungen weg an den Rand der Straße ziehst. Du fühlst dabei, welche sich leicht verschieben lassen, und welche schwer bis gar nicht aus dem Weg geräumt werden können.

Deine Belastungen dürfen da sein, am Wegesrand, aber das Glück darf trotzdem kommen. Sie dürfen da sein, aber nicht mitten auf der Straße liegen.

Ich: Wie soll das gehen, wenn man ein krankes Kind oder jemanden verloren hat, sehr krank ist oder finanziell im Desaster steckt? Wie soll dann so eine Vorstellung wirken?

GW:

Es funktioniert, denn es macht sehr viel in dir und öffnet eine Vorstellung von Raum geben. Da es deine Wahrnehmung verändert und zu einem Perspektivenwechsel führt, das tut etwas mit dir und dem, was du anziehst. Es rückt innerlich etwas zurecht.

Wenn sich etwas schwer, bis gar nicht verrücken lässt, wie Krankheit oder ein Schuldgefühl gegenüber den Eltern, Verrat oder verletzte Gefühle, dann versuche, mit diesen schweren Hindernissen einen inneren Dialog zu führen. Noch besser ist es, wenn du mit beliebigen Gegenständen die ganze Szene aufstellst. Das bedeutet, du nimmst etwas für dein Haus, und dann stellst du dir vor, welche Dinge auf der

Straße zum Haus herumliegen, suche für jedes Thema einen Gegenstand und benenne dieses als das Thema oder Problem, das du gerade hast. Dann beginne, diese Gegenstände bewusst auf die Seite dieser Straße zu legen, damit die Glücksstraße wieder frei wird.

Denke dir dabei „du darfst da sein, aber nur am Rande dieser Straße. Es reicht, wenn du begleitend am Straßenrand da bist". Manche Dinge werden sich ganz leicht weglegen lassen, bei manchen, wenn du hineinspürst, während du sie weglegen willst, merkst du einen sehr starken Widerstand, manche scheinen gar nicht wegzugehen. Mit diesen schweren Dingen musst du sprechen. Sag ihnen folgendes:

Ich sehe dich. Auch wenn ich dich weglege an den Rand und die Straße für das Glück frei mache, wirst du nicht vergessen und bleibst trotzdem da, aber eben anders. Wenn du da mitten auf der Straße bleibst, bleibt alles so wie es ist und damit ist keinem gedient, dir nicht und mir nicht. Wenn du zur Seite gehst, dem Glück Raum gibst, dann kann sich etwas zum Besseren verändern für mich und damit auch für dich. Dann kann sich etwas lösen und uns allen Gewinn bringen. Danach probiere, ob es jetzt schon geht, es zur Seite zu schieben. Wenn das noch nicht reicht, überzeuge es weiter mit deinen eigenen Worten, irgendwann wird es gehen. Selbst wenn eines bleibt, du hast bereits mehr Platz für dein Glück.

In einem nächsten Schritt beobachte, ob dir etwas einfällt, ob du ein Bild, ein Wort oder einen Satz empfängst, was du zur Lösung dieser Sache beitragen kannst. Manchmal fällt in dieser Übung der Groschen, wie man ein bestehendes Problem anders angehen kann. Man erinnert sich an Ressourcen, an Hilfsangebote, an eigene Fähigkeiten, es tauchen Lösungsideen auf oder man erkennt, wie man sich stärken kann.

Danke an die GW.

Besonders wenn jemand in deiner Familie krank ist, gerade wenn es ein Kind ist, dann ist es umso wichtiger, dass du an dir arbeitest, um dein Kind zu entlasten. Viele Kinder übernehmen Themen der Eltern oder des Familiensystems. Wenn du stärker wirst und in dir Dinge löst und so am System etwas rüttelst, kann das auch für dein Kind einen Heilungsprozess in Gang bringen.

In jedem Fall geht es darum, dass es dir besser geht und du Themen, die in jedem Leben eben nun einmal da sind, die immer wieder auftauchen können, nicht zwingend als Barrieren oder Hindernisse für dein Glück betrachtest.

Die schlimmste Glaubensregel im Zusammenhang mit Glück heißt: Erst, wenn das und das erledigt, gemacht oder soweit ist, erst wenn ich gesund bin, die Schulden abbezahlt habe, den neuen Job oder einen Partner habe, und so weiter, dann werde ich glücklich sein. Mit dieser Überzeugung legst du dicke, fette Felsen auf deine Glücksstraße. Dann muss das Glück warten und kann nicht zu dir kommen, einzig und allein, weil du so denkst. Das Glück ist immer da und bereit - es kann sofort kommen, wenn du es lässt. Du brauchst nur zu erkennen, dass es nicht von bestimmten

Lebensumständen abhängt, ob es dich besuchen kommen will.

Mache deine Vorstellung von deinem Glück nicht davon abhängig, ob bestimmte Voraussetzungen genau so erfüllt sind, wie du dir das vorstellst. Lass dich überraschen und sei bereit, dass es auch ganz anderes funktionieren kann.

Frage nicht: Wie soll das denn gehen? Wie soll ich unter diesen Umständen glücklich sein?

Sage dir satt dessen: Egal was jetzt gerade ist - ich will glücklich sein und ich lasse es jetzt in diesen Umständen trotz allem zu.

Noch eine Anmerkung zu der Übung mit der Glücksstrasse: Falls du deine Hindernisse nicht kennst, nimm das, was dich derzeit belastet oder deinen Zielen im Weg steht: also zum Beispiel der Kredit, fehlendes Geld, Krankheit, zu viele Verpflichtungen. Wenn dir gar nichts dazu einfällt, dann lege intuitiv Dinge auf, ohne zu wissen, was sie darstellen. Mache die Übung dann trotzdem damit. Auch wenn du die Hindernisse nicht benennen kannst und nur aus einem Gefühl hinlegst und sie dann wegräumst, wird es in deinem inneren etwas verändern.

Der schnellste Weg in tiefes Unglück

Wenn du schnell richtig unglücklich werden willst, dann gibt es einen sehr einfachen und immer funktionierenden Weg.

Vergleiche dich mit anderen und lege besonderen Wert auf die Meinung der anderen, mache am besten alles, was du bist, von der Meinung anderer abhängig und vergleiche dich mit allem, das nur im Ansatz besser ist als du.

Wenn du dann noch konzentriert auf das blickst, was in deinem Leben fehlt, was du gerne hättest, aber dir vorstellst, nie haben zu können, und dir noch einredest, dass du ein Versager bist, unwichtig, hässlich und klein, es nie zu etwas bringen wirst und es sowieso keine Hoffnung gibt, dann ist der Cocktail für das größte Unglück in dir perfekt. Wenn du dann nicht schwer depressiv bist, dann weiß ich auch keinen Rat mehr.

Der Vergleich mit anderen, egal welche Glaubenssätze du löst, führt dich weg von dir, deinem Weg und deinem Wert. Denn sobald du dich vergleichst, willst du das, was du bist, durch das bestimmen, was jemand anderer tut, denkt, sagt, ist oder für andere darstellt. Wenn du begriffen hast, dass jeder einzigartig ist und demnach seinen ureigenen einzigartigen Weg geht, dann könntest du nicht mehr vergleichen, denn jeder andere Mensch hat einen ganz anderen Weg als du, und somit auch ganz anderes, das ihn glücklich macht.

Womit Frauen sich immer sehr stark vergleichen, ist die Schönheit anderer. Insgesamt, so vor allem bei Männern, geht es um den Vergleich mit dem Reichtum und dem Erfolg anderer, gerade Statussymbole bekommen da eine besondere Bedeutung.

Es wird meistens oder fast immer jemanden geben, den du als schöner, besser, reicher oder erfolgreicher betrachtest.

Nehmen wir einmal an du bist eine pummelige kleine Frau mit ausladenden Hüften und einer krummen Nase. Du vergleichst dich mit stupsnasigen Models mit blonden Haaren. Das macht dich sofort unglücklich, denn im Vergleich fühlst du dich hässlich, klein und dick.

Es ist aber nur der Vergleich mit anderen oder mit angeblich von der Gesellschaft für schön befundenen Maßstäben, der deine Schönheit in Frage stellt. Öffne dich einmal der Vorstellung, dass du eigentlich wunderschön bist. Dass du eine angeborene Schönheit hast. Nur kannst du sie nicht wahrnehmen, weil du denkst, das was du hast, wäre nicht schön. Warum denkst du das? Weil die Menschen um dich etwas anderes schön finden.

Es kann sein, dass viele Menschen etwas anderes schöner finden. In ihrer Wahrnehmung ist eine blonde, schlanke Frau schön. Aber was ist, wen ich dir sage, dass es genauso viele Menschen gibt, die eine Frau wie dich schön finden? Nur nimmst du diese Menschen gar nicht wahr, da du durch den Vergleich, der dich abwertet, den Fokus nur auf deinem angeblichen Mangel hast.

Die gesellschaftlichen Standards für Schönheit entspringen einer gesamtwirtschaftlichen Entwicklung und vielen komplexen Faktoren, die in ständiger Veränderung und Entwicklung sind. Das bedeutet, Schönheitsideale und das Empfinden dafür wandeln sich gesamtgesellschaftlich ständig. Je nach der eigenen Wahrnehmung empfinden Männer eine andere Frau als schön. Ebenso Frauen, die klein und pummelig sind, haben ebenso unterschiedliche Geschmäcker, welcher Mann ihnen gefällt.

Sich äußerlich zu vergleichen und zu bewerten, würde vergleichsweise bedeuten, dass du Bäume, Obstsorten, Strände, Kinder oder Mahlzeiten vergleichst und sagst, wer am Schönsten ist. Und selbst wenn du das schönste unter ihnen finden würdest, eine andere Person würde sich etwas anderes als das Schönste aussuchen. Ganz wichtig ist, zu wissen, dass die derzeitigen Standards durch Menschen entstanden sind, die leider noch sehr in alten Glaubensmustern verhaftet waren und Kinder einer Generation waren und sind, die vor allem eines gemacht hat: Die Schatten verdrängen, falsche Wahrheiten leben und Unglück als etwas vom Schicksal gegebenes betrachteten. Das ändert sich gerade grundlegend und damit werden auch alle Standards so nicht mehr weiter existieren können. Also, lehn dich zurück und sei bereit, einen völlig neuen Film zu sehen. Einen Film, den du erschaffst und entwickelst. So wie du es möchtest.

Du musst dir bitte eines merken. Schönheit = Energie = Schwingung. Was wir sehen und wie wir es beurteilen hängt einzig und allein davon ab, wie wir die Schwingung wahrnehmen.

Es gibt Schönheitsstandards, auf die sich die Welt geeinigt hat. Aber das heißt nicht, dass das, was du repräsentierst, weniger schön ist. Es ist anders schön.

Der Vergleich beruht immer nur auf Basis der aktuellen Standards, diese wiederum sind aus vielen negativen Glaubenssätzen der Menschen entstanden.

Elisa, eine Klientin ist stark übergewichtig. Sie selbst sagt über sich, sie sei richtig dick. Obwohl sie viel Sport macht, sei das so, weil sie unablässig Torten in sich hineinstopfe. Elisa ist aber trotzdem eine Frohnatur. Sie sagt, sie hätte lieber einen fitteren Körper und ihr gefallen schlanke Frauenkörper besser. Sie hadert mit sich, aber sie möchte sich trotzdem des Lebens erfreuen. Man möchte kaum glauben, dass Elisa mehr Sex hat als viele schlanke Frauen. Elisa hat mehrmals die Woche Sex, immer, wenn sie es möchte. Die Männer, die auf Elisa anspringen sind sehr oft durchtrainierte Typen, die auf eine sehr weiche, runde Frau total abfahren. So habe einmal ein Mann zu Elisa gesagt, er wäre selber so hart am Körper, da wolle er eine Frau, die das Gegenteil ist und er finde gerade dieses Weiche an ihr so erotisch. Man weiß also nie, was jemand schön findet und was nicht. Und warum den einen das anspricht, den anderen etwas völlig Gegenteiliges.

Dazu befrage ich auch die geistige Welt, damit wir hier alle nötige Information bekommen.

Ich: Geistige Welt, wie kann eine Frau oder ein Mann damit umgehen, wenn sie oder er nicht dem Schönheitsideal entspricht oder sich wirklich hässlich fühlt, vielleicht sogar einen offenbaren Makel hat?

GW:
Makel gibt es in unserer Welt nicht. Es ist alles nur Energie. Wenn es dir gut mit dir geht, dann ziehst du Menschen an, die dich so wie du bist, schön finden. Die das nicht tun, nimmst du gar nicht mehr wahr oder sie sind dir völlig egal, weil sie ganz anders schwingen.

Ich: Wie komme ich dahin? Wie kann es mir mit mir gut gehen, wenn ich mich hässlich fühle?

GW:

Indem du die Wahrheit hinter der Realität erkennst. Dass alles eine Illusion ist und du nur Schwingung bist. In der Schwingungswelt herrschen andere Gesetze. Wenn du das verstanden hast, kannst du es dir zunutze machen. Es ist nicht ganz einfach, aber du kannst es lernen.

Ich: Könnt ihr konkrete Tipps geben?

GW

Stelle deine Schönheit nie wieder in Frage, sehe dich als schwingende Energie, die das anzieht, was sie benötigt.

Sehe Schönheit ab sofort in einem anderen Licht, in einer anderen Dimension.

Ich: Aber man will sich als Frau schön machen und Männern gefallen, ebenso möchte ein Mann attraktiv sein. Ich sehe mich im Spiegel und keine reine Schwingung?

GW:

Das kannst du auch nach wie vor, das gehört zum Menschsein. Aber du musst es von einer anderen Seite angehen. Schön sein, gefallen, ja - aber in deinem Schwingungsfeld, mit einer anderen energetischen Tiefe.

Ich: Wie gelingt das?

GW:

Erkenne, dass alles eine Frage der Energie und Anziehung ist und dass du bestimmst, wer dich wie annimmt oder wahrnimmt. Schönheit ist eine Frage der richtigen Auswahl an Schwingung, dann gelingt Schön sein.

Ich: Und ein anscheinend sehr hässlicher Mensch? Nach gesellschaftlichen Maßstäben?

GW:
Wird von den richtig schwingenden Menschen nicht als hässlich in dem Sinn, wie ihr es meint, gesehen. Er kann eine andere Schönheit transportieren, die dann im Außen auch so wahrgenommen wird.

Dieser Mensch, der sich auf seine Energie verlässt, der wird sich nicht mehr hässlich fühlen und er wird im Außen anders wahrgenommen.

Wenn dir nicht gefällt, was du im Spiegel siehst, gehe liebevoll mit dir um und sage, dass du nach falschen Maßstäben bewertest, was du siehst. Vertraue darauf, dass andere dich als schön wahrnehmen, wenn sie deine hohe Energie wahrnehmen. Dann sorge dich um deine Energie. Achte darauf, dich gut zu behandeln, dich selbst zu pushen, dich in eine gute Frequenz zu bringen.

Geld und Glück

Glück sollte man nie am Geld messen.

Das wissen wir im Grunde genommen, es gibt genug Sprüche darüber, dass Geld allein nicht glücklich macht und man sich die wichtigsten Dinge im Leben mit Geld nicht kaufen kann.

Trotzdem streben die meisten von uns nach Reichtum und Geld. Dies aber letztlich nur aus einem einzigen Grund: weil wir glauben, dann glücklicher zu sein.

Was bedeutet Glück? Hast du dir für dich schon einmal überlegt, was Glück und Glücklich sein für dich eigentlich bedeutet?

Wenn Du jetzt sofort an den Porsche vor der Türe denkst oder an das neue Haus, dann ist diese erste Reaktion verständlich. Denn uns fällt meistens etwas ein, das wir nicht haben und uns wünschen oder etwas, mit dem wir Glück verbinden, ohne zu wissen, warum eigentlich.

Es geht also weniger um den Porsche oder das Haus, sondern um das, was dahinter steht, was wir damit verbinden. Welches Lebensgefühl es auslöst und wie wir glauben, uns damit zu fühlen - in jedem Fall besser als jetzt.

In Wahrheit ist die Wurzel aller Wünsche, dass wir uns glücklich und gut fühlen wollen. So gut, wie nur möglich.

Wir wollen uns rundum wohl fühlen, ein Gefühl des „wellbeing" haben.

Das Thema Glück hat sich ein Land sogar als Regierungsprogramm vorgenommen. In Buthan gibt

es sogar ein Glücksministerium und das hat Einiges an Glücksforschung ausgelöst. Dr. Ha Vinh Tho
(GNH Centre Bhutan) im Gespräch mit Claudia Stöckl über Gedanken & Ideen für eine lebenswertere Welt zum Thema Glück, erklärte, jeder sei ein Experte für sein Glück. Zusammengefasst gebe ich hier wieder, es gehe beim Glück darum, in den entsprechenden Zustand zu kommen. Man müsse dazu präsent sein, das Glück nicht verschieben, nicht sagen, „wenn, dann" oder „später", Glück gehe nur jetzt. Man habe in Buthan die Menschen nach ihrem Glück befragt. Als wichtigste Zutaten für ihr Glück gaben sie folgende Dinge an:

Natur, Gesundheit, Kultur, Zeit verwenden, Rhythmus, Leben in einer Gemeinschaft.

Zufriedenheit könne man nicht am Geld messen. Glück sei etwas, das ständig oder immer wieder geschieht und sich verändert, es sei aber nichts Statisches.

Was bedeutet das nun für dich?

Vieles, das glücklich macht oder offenbar viel dazu beiträgt, sich glücklich zu fühlen, kannst du teilweise sofort und ohne jeden Pfennig umsetzen.

Geld stellt somit keine Bedingung dar für dein Glück.

Natürlich macht Geld so vieles möglich. Es vereinfacht das Leben, es erkauft dir Freiheit, Zeit, Erleichterung, Beweglichkeit, teilweise auch Gesundheit. Beziehungen, die nicht durch hohe finanzielle Belastungen gefordert werden, verlaufen möglicherweise harmonischer. Menschen mit Geld haben den

Luxus, sich mehr mit sich und ihrer Kreativität zu beschäftigen.

Das Geld spielt eine Rolle. Aber es ist nicht die einzige Basis und Voraussetzung für Glück und Fülle.

Wenn Du aber das erschaffen willst, was dich wirklich glücklich macht, kann das Geld automatisch dazu kommen, du brauchst es aber nicht als Basis für dein Glück erschaffen.

Darin liegt nämlich ein massiver Unterschied und auch eine der größten Barrieren für den Erfolg und die Erfüllung vieler Menschen.

Warum?

Weil viele die Erfüllung ihrer Träume damit töten, zu sagen, dafür hätten sie das Geld nicht. In dem sie sagen, wenn ich genug Geld hätte, dann würde ich das tun, was mir Freude macht. Das Geld wird die größte Blockade zum Glück. Obwohl es das gar nicht sein müsste. Zuerst kommen die Entscheidungen und die Träume und dann folgt das Geld.

Geld ist ein Follower. Ein Hund, der neben dir „Platz" macht und dir folgt.

Du ahnst nicht, wie viel du schon ohne Geld tun kannst, um richtig Freude zu erleben oder um das zu tun, wofür du brennst. Vieles von den ganz großen Träumen, das angeblich nur mit Geld funktioniert, kann man mit einem ersten Schritt beginnen, der kein Geld kostet.

Das Geld folgt der Freude. Es folgt dir, wenn du glücklich bist. Es kommt zu dir, wenn du verstanden hast, dass du ein Geldmagnet bist, weil du es entscheidest. Es liebt dich, wenn du es liebst.

Es ist das gleiche Gesetz wie mit dem Erschaffen eines Partners. Wenn du nur dahin siehst, dass er noch nicht da ist, dann erschaffst du immer wieder, dass er nicht da ist.

Willst du deinen Geldmangel loswerden, hast du das Mückenknäuel dort geschaffen! Der Mangel bleibt oder wird grösser (siehe auch unter „Loslassen").

Geld ist einfach nur Energie. Diese folgt immer den gleichen Gesetzen. Wenn du verstehst, dass Geld nicht das Mittel zum Zweck ist, nicht das Mittel zum Glück, sondern eine Energie, die durch Glück vermehrt wird, dann kann sich etwas ändern.

Perfektionsanspruch und Warten auf den perfekten Zeitpunkt

Man kann sich mit einigen wenigen Dingen das Leben schwer machen.

Dazu gehört neben den Vergleichen auch der Anspruch auf Perfektion. Dahinter versteckt sich aber immer die Angst, nicht zu genügen. Entweder du meinst, wenn es nicht perfekt ist, dann ist es nicht gut genug, oder du schiebst den Anspruch auf Perfektion nur vor, damit du nie wirklich etwas fertig machen musst. Denn dann käme heraus, dass du es nicht kannst, du nicht genügst. Das Thema dahinter ist das gleiche.

Heilung erfolgt durch Bearbeiten der tief liegenden Blockade „Ich genüge nicht“, zum Beispiel durch die in den späteren Kapiteln vorgestellten Übungen und Rituale. Andererseits, indem man Dinge einfach tut und zu einem Ergebnis bringt, obwohl sie weit von Perfektion entfernt sind. Man trainiert sich selbst hin zur Einstellung „ Es ist gut genug“.

Der Leitspruch „Es ist gut genug“ (ich bin gut genug, ich bin schön genug, die Beziehung ist erfüllend genug) bringt unglaubliche Erleichterung und Befreiung und fördert das Tun und die Umsetzungskraft.

Ziel ist es dabei, einerseits mehr Freude am Tun zu haben, weil man es viel lockerer angehen kann und andererseits, endlich einmal Ergebnisse zu erzielen, auch wenn diese nur halb perfekt sind. Denn Ergebnisse bringen Befriedigung. Sie erfüllen einfach hundert Mal mehr als die ewige Vorstellung, wie das Ergebnis denn einmal sein und aussehen könnte.

Das Aufschieben von Taten und produktiver Tätigkeit, das Hinauszögern von kreativem Output (damit ist auch ein Kuchen oder eine Postkarte gemeint) führt zu einer Blockade der Lebensenergie, zum Mangel an Selbstwirksamkeit, zu einem Energiestau, und letztlich zu Erschöpfung und Depression.

Die Dinge wollen aus uns heraus, die Energie will fließen! Jedes noch so un-perfekte Ergebnis bringt uns mehr Freude und Kraft als hundert nicht zu Ende geführte Projekte mit Perfektionsanspruch.

Das erfordert Mut, aber man kann lernen, zu glauben, dass es funktioniert.

Glaube es mir jetzt einfach.

Bringe irgendetwas so schnell wie möglich zu Ende, auch wenn es gar nicht perfekt und gerade einmal gut genug ist. Die Freude daran wird dich zu mehr davon anspornen.

Das gleiche gilt für die Misere mit dem perfekten Zeitpunkt. Das Warten auf den perfekten Zeitpunkt ist wohl der Hauptgrund, warum die allermeisten Lebens- und Liebesprojekte auf dieser Welt scheitern.

Das Warten auf das Bereitsein, das killt alles schon, bevor es noch begonnen hat.

Hier ist eine Unterscheidung aber immens wichtig.

Wie auch im Kapitel zu den Essenzen des Erschaffens beschrieben, ist blinder Tatendrang, der nicht von positiven Impulsen herrührt, wenig zielführend oder immer mit zu viel Kraftaufwand verbunden.

Es ist entscheidend, einem inneren Kribbeln, einer inneren Freude zu folgen, einem starken Gefühl, es genau jetzt tun zu wollen.

Wie passt das jetzt zusammen, mit dem Hinweis, etwas gleich zu tun, auch wenn der Zeitpunkt nicht perfekt scheint und es nur gut genug ist?

Ganz einfach: Die positiven, guten Impulse und Zeichen deiner inneren oder einer höheren Führung, die kommen meistens zu Zeitpunkten, die dafür gar nicht perfekt erscheinen oder in Phasen, in denen man sich vielleicht nicht perfekt vorbereitet, bereit oder gut genug fühlt. Sie erzeugen aber eine Klarheit, einen Drang, eine positive Motivation, ein Kribbeln, sodass man es trotzdem tun will in diesem scheinbar ungeeigneten Augenblick. Man weiß es einfach, dass es Zeit ist.

Das ist das Geheimnis. Dem inneren Gefühl und Drang zu folgen, auch wenn der Zeitpunkt dafür nicht perfekt scheint.

Das Warten auf den perfekten Zeitpunkt ist meistens eine Ausrede und wird aus tiefer Angst vorgeschoben.

Das Warten auf die Perfektion des Zeitpunktes oder der eigenen Leistung unterbindet das lockere Tun und Befolgen innerer Impulse. Es verhindert den Lebensfluss, nach dem man Dinge zu Zeitpunkten tut, die dafür aus unserer jetzigen eingeschränkten Sicht gänzlich ungeeignet scheinen. Im Lebensfluss machen wir Dinge einfach, auch wenn sie gerade gut genug sind, manchmal nicht einmal das, weil es sich in dem Moment aus einem unerklärlichen Grund richtig anfühlt oder wir es einfach tun wollen und uns nichts mehr davon abhält, egal wie unperfekt es wird.

Der schlimmste Virus fürs Programm - Der Zweifel

Es gibt eine große Blockade, die alles torpediert, und die nicht zwingend mit unseren alten Glaubenssätzen zu tun haben muss.

Sie ist eine Blockade, die wir aus unserer Gesellschaft eingeimpft bekommen, wohin auch immer wir uns wenden. Eine Volkskrankheit, zumindest in manchen Kulturkreisen. Und das ist der Zweifel. Die Grundhaltung, dass man zuerst einmal alles in Frage stellt, dass man erst Beweise sehen will, dass alles gut berechnet, kalkuliert und geplant sein muss, dass man die Details und Abläufe, das Wie kennen muss, dass es ohne Planen nicht geht, und dass es eigentlich nur schwer gehen kann, denn alles, was leicht geht, kann ja nichts heißen und werden. Und dieser Boykotteur ist ein fieser Geselle, der nichts gelten lässt und umso stärker wird, je mehr wir uns in die Leichtigkeit bewegen. Er setzt sich wie ein Virus in unser Programm und frisst es auf.

Was gegen ihn hilft?

Ihn in die Ferien zu schicken und eine glasklare und bestimmte Entscheidung zu treffen, woran man jetzt einfach glauben will und dass der gute Herr Zweifel jetzt Zwangspause hat.

Im Kapitel Selbsthilfe und Apotheke findest du ein paar Rituale, die dich dabei unterstützen sollen, den lästigen Saboteur ins Aus zu schicken. Zumindest vorübergehend.

Er wird und darf schon wieder mal zu Besuch kommen. Aber nicht im Vorstand sitzen.

Es ist, wie bereits erwähnt, wichtig, mit unseren Schatten zu leben, sie zu akzeptieren, ihnen ihr Zimmer zu geben, ihren Platz, damit sie friedlich sind. Jedoch dürfen sie nicht aus Gewohnheit und gesellschaftlichem Druck Überhand nehmen. Und im Fall des Zweifels, anders als bei tiefliegenden Glaubenssätzen, hilft hier eine klare Entscheidung, Aufmerksamkeit und das rigorose Durchsetzen und Umsetzen der nachher genannten Maßnahmen. Die klare Entscheidung wirkt wie eine Firewall, der Virenschutz.

Setze den Zweifel vor die Tür, wenn es sein muss, mehrmals.

Er hat in der Zeit der Einübung nichts in deinen Reihen verloren. Stell ihn dir wie einen lästigen Mitarbeiter vor. Er darf bei der Firma bleiben, aber für die Zeit der Umgestaltung der Firma fährt er auf Urlaub und gibt Ruhe, sonst kannst du nicht richtig arbeiten und danach darf er wieder kommen, allerdings mit einem neuen Vertrag und in einem kleineren Büro. Er darf es sich dort ruhig nach seinem Geschmack einrichten und mitreden, aber er sitzt jetzt nicht mehr im Vorstand, neue Firmenleitung bist ausschließlich du und zwar zu 100%. Beteiligungen an der Kontrolle gibt es nicht mehr. Mitspracherecht durchaus, denn du bist ein kluger Firmenchef, der sich die Meinung der Mitarbeiter anhört und daraus lernt.

Ich bin nicht gut genug, ich genüge nicht

Das ist der am einfachsten und der am schwierigsten zu lösende Glaubenssatz.

Am einfachsten, weil es reichen würde, zu sagen, zu verstehen und zu glauben, „ich genüge, ich bin gut genug, so wie ich bin". Damit ist eigentlich alles gesagt.

Er ist aber der schwierigste, zu lösen, weil er am tiefsten sitzt. Dieser am meisten verbreitete und genährte Glaubenssatz tut am meisten weh, weil er von unserer Wahrheit so weit entfernt ist. Wir alle genügen von der ersten Sekunde unseres Lebens an vollkommen. Unser vollkommener Wert ist unser Geburtsrecht. Wir müssen ihn nicht erst beweisen.

Die Durcharbeitung des Buches und das Hinsehen auf diesen Glaubenssatz, von allen möglichen Seiten, helfen dir, ihn aufzulösen.

Du musst verstehen: Du genügst! Punkt. Genauso, wie du jetzt bist, egal wie du gerade bist. Wenn du aufhörst, falsche Maßstäbe anzusetzen, nicht glaubst, erst durch Etwas einen Wert zu bekommen (Aussehen, Fähigkeiten, Leistung, Erfolg, Partner, Familie, Eigenschaften), dann bist du befreit und entwickelst eine völlig neue Lebenskraft.

Beziehungsprobleme – die Kurzfassung

Bei Beziehungsproblemen und dem typischen Streit, der immer wieder zermürbend und in der gleichen Weise abläuft, helfen folgende Fragen:

- Was ist das grundlegende Problem - Die Essenz des Problems?
- Worum geht es wirklich?
- Welche alte Wunde platzt auf?
- Wo ist dabei mein eigener Schatten?
- Was spiegelt mir der andere, das eigentlich ich selbst tue?

Worum geht es wirklich?

Der Andere tut etwas nicht, was du von ihm möchtest oder dir stillschweigend erwartest. Was bewirkt das in dir? Ärger, Wut, Abhängigkeit. Was steht hinter dem Gefühl? Dass man dich nicht wertschätzt. Du fühlst dich nicht geliebt. Da ist der Haken. Die alte Wunde, dass man dich als Kind übersehen hat und dir keine Wertschätzung gezeigt hat, blutet wieder. Es geht um dein kleines, inneres Kind, das geliebt und gesehen und geschätzt werden will. Das ist es, worum es hier wirklich geht.

Dein Partner spiegelt dir deinen Schatten!

Du selbst kannst dich nicht wertschätzen. Der andere ist der Spiegel deiner inneren Haltung zu dir selbst. Du schätzt dich selber zu wenig und der andere zeigt dir das von außen. Er will das eigentlich gar nicht.

Die Dinge, die für dich Geringschätzung ausdrücken, sind vom Partner vielleicht ganz anders gemeint. Oder er muss, im Zuge des Resonanzgesetzes, ein wenig wertschätzendes Verhalten zeigen, weil du das auf deinem Sender hast und nur das Programm von ihm gespielt werden kann.

Die andere Seite ist, dass vielleicht Du in Wahrheit deinen Partner nicht richtig wertschätzt, diese Tatsache verdrängst und sie gespiegelt bekommst.

Menschen, die einen ambivalenten Partner haben oder einen, der sich anscheinend nie richtig für sie entscheiden kann, tragen eigentlich selbst diese Einstellung in sich.

Das heißt, es sind Menschen, die von Anfang der Beziehung am anderen zweifeln und sich selbst nicht für diese Beziehung innerlich entscheiden können. Das ist ihnen aber meistens nicht bewusst. Der andere zeigt dann nur, was sie selbst in sich tragen im Spiegel.

Sehr viele, die verlassen werden oder Partner anziehen, die sich letztlich nicht binden wollen, haben oft einen Freiheitswunsch, den sie bei sich selbst gar nicht wahrnehmen. Sie glauben, sie wollen unbedingt eine Beziehung. Tief in ihnen lebt aber der Wunsch nach Freiheit und Unabhängigkeit, eine zu große Nähe bedeutet für sie Einschränkung und Anstrengung. Viele kennen sich selbst zu wenig.

Du bist niemals das Opfer, du bist immer ein Täter! Schau genau hin!

Unter diesen Aspekten kann ein Streit jetzt ganz anders verlaufen.

Du kannst deinem Partner in einem normalen Ton und liebevoll sagen, dass du dich nicht wertgeschätzt fühlst und es dir daher wichtig gewesen wäre, er hätte etwas Bestimmtes getan oder gesagt. Vielleicht kommt dann zutage, dass der andere seine Wertschätzung auf seine Art ausdrückt und sich deiner Reaktion nicht bewusst ist.

Erkläre deinem Partner die Hintergründe, warum dich ein bestimmtes Verhalten verletzt und was du dir wünscht und vor allem, warum du dir das wünscht.

Weiters überlege dir, wie du deine Wertschätzung geben kannst. Gebe das, was dir anscheinend fehlt. So verdreht es klingt, oft ist genau das die Lösung!

Beginne um die Ecke zu denken. Nimm nichts mehr so hin, wie es bisher zu sein scheint. Gehe aus deiner Komfortzone und überwinde bisherige Denk- und Handlungsmuster. Immer gleiches Tun und Denken, bringt immer die gleichen Ergebnisse hervor.

Du willst etwas ändern. Fang damit bei dir an. Gib das, was du bekommen willst! Dir selbst und den anderen!

Alles, was ich dir hier mitgebe, wird dir auch für Beziehungen etwas bringen und viele wiederkehrende Probleme verändern.

Solltest du dich speziell mit dem Thema Beziehung oder einer fehlenden Partnerschaft intensiv auseinandersetzen wollen, kannst du dazu noch mehr in meinem Buch „Warum bin ich noch Single" erfahren (Infos zum Erscheinungstermin dazu findest du unter www.youcreatelife.com) Dort gehe ich noch genauer auf dieses Thema ein.

Sexualität

Sexualität ist unglaublich wichtig. Sie ist unser Haupttrieb und erhält unser Leben. Sexualität geht weit über den Geschlechtsakt hinaus. Sie kann sich in vielen Dingen im Leben ausdrücken. Trotzdem möchte ich darauf hinweisen, dass wir einen Körper haben und der liebt guten Sex. Wenn es einem möglich ist, sollte man dafür sorgen, dass man in seinem

Leben genug Sex hat. Falls nicht, kann man ihn mit den hier vorgestellten Methoden erschaffen.

Maria wünschte sich eine sexuelle Beziehung, gerne auch ohne feste Partnerschaft, traute sich aber nicht, das auszuleben. Sie fühlte sich nicht schön genug, war verunsichert und unerfahren. Sie bekam zwar hin und wieder Angebote von Männern, die sie aber alle ablehnte, aus einem inneren Widerstand heraus.

Sie litt unter ihrer ambivalenten Haltung dazu. Ihr Körper verlangte nach Sex, ihre Ängste hielten sie davon ab. Daher passierte auch nichts.

Sie kam zu mir und wir fanden schnell die zugrundeliegenden Glaubenssätze, sie würde nicht genügen und Sex sei an sich etwas Schmutziges, das sie sich nicht erlauben dürfe. Zudem blieb sie in einer loyalen Opferhaltung mit ihrer Mutter verbunden, die seit Jahrzehnten alleine lebte und selber keine erfüllte Sexualität leben konnte. Wir bearbeiteten die Glaubenssätze, machten das Ritual zur Rückgabe der Muster an die Mutter und mit dem essentiellen Erschaffen wünschte sich Maria einen Mann, der so beschaffen wäre, dass sie sich automatisch ganz frei in eine sexuelle Beziehung mit ihm fallen lassen könne, auch wenn sie unerfahren oder mit ihrem Körper nicht zufrieden sei.

Bei Maria ging es besonders schnell. Schon nach wenigen Tagen lernte sie Florian kennen, der mit seiner sehr direkten, aber unglaublich sanften Art und Weise, Maria jede Angst nahm. So wie Maria wollte er eine rein sexuelle

Beziehung, in der sich beide ausleben könnten. Wie noch kein Mann davor gab er ihr das Gefühl, dass sie sich ganz entspannt einlassen könne und an ihr alles genau richtig sei.

Störungen der Sexualität an sich oder in der Partnerschaft sind immer ein Ausdruck von Blockaden und dem fehlenden Lebensfluß. Die Hingabe an das Leben und was sich mir bietet, steht in engem Zusammenhang damit.

Das bedeutet, dass das Bearbeiten der Blockaden und das Durchführen der Übungen hier, dir sicher auch im Bereich der Sexualität weiterhelfen werden.

Essentiell ist es, dem Thema das Drama zu nehmen und es als etwas zu sehen, das als natürliches Bedürfnis zu unserem Menschsein gehört. Stehe zu deinen Bedürfnissen und bespreche mit deinem Partner offen deine Wünsche.

Ein schlechtes Sexualleben ist nichts, was du hinnehmen solltest. Es gibt viele Wege, zu einer Lösung zu kommen. Sei offen für das, was dir das Leben anbietet, sobald du an deinen tiefliegenden Glaubenssätzen gearbeitet hast und mit dem essentiellen Erschaffen beginnst.

Du hast eine erfüllte, liebevolle, angenehme, zu deinen Bedürfnissen passende Sexualität verdient!

Kanalisation negativer Energie

Kriminalität, Bösartigkeit - ist meiner Erfahrung nach zu viel verdichtete Energie, die sich nur in einem destruktiven Kanal entladen kann, weil man die Herzenergie nicht kennt und nicht gelernt hat, mit Schattenanteilen umzugehen.

Die Energie in uns, die nach Entwicklung drängt, ist so stark, ihre Ausdehnung muss kanalisiert werden. Das sollte sie im herzvollen Ausdruck können, sonst entsteht übermächtige Aggression.

Ich sage nicht, dass wir nicht aggressiv sein können oder sollen, auch das gehört zu unserer Natur. Wir müssen Grenzen setzen und eine gesunde Aggression zeigen. Problematisch wird es dann, wenn sie unkontrollierbar wird oder der einzige Weg des Ausdrucks ist.

Gerade in Beziehungen, wo es plötzlich zu Aggression, Vorwürfen und Streit kommt, scheinbar aus dem Nichts, wegen einer Kleinigkeit, geht dem immer eine längere Phase voraus, in der jemand seinen Ausdruck unterdrückt hat.

Ausdruck meint einerseits, sich in die Welt kreativ und konstruktiv einbringen und Liebe fließen lassen zu können, andererseits, seine Bedürfnisse auszudrücken.

Es ist wichtig, für seine natürliche Aggression Kanäle zu finden, wie durch Sport, kreatives Schaffen, Unternehmungen, aber auch durch das rechtzeitige Setzen von Grenzen.

Ich befürworte keine Gewalt und keinen Streit, aber ich sage auch, dass wir nicht nur Licht und Liebe sein können, sondern das aggressive Anteile und Verhaltensweisen zu unserer Natur gehören.

Eine gesunde Aggression, die sich in einer vernünftigen Abgrenzung, in einer guten Streitkultur und in einem reifen Diskurs zeigt, gehört zu unserem Leben mit dazu. Sie zu sehr zu unterdrücken, führt zu Krankheit und fehlgeleiteten Ausdrucksformen.

Manchmal muss man Zähne zeigen und sich verteidigen, laut werden oder unangenehm werden. Je eher man damit zu leben lernt, desto gesünder.

Traumata

Starke Traumata wirken nach den gleichen Gesetzen wie alles andere, nur dass sie viel intensiver wirken und auf der Seele liegen. Letztlich ist ihre Lösung aber genauso in den hier vorgestellten Mechanismen und Gesetzen verborgen.

Manche Seelen und Menschen wollen und brauchen eine extremere Erfahrung für ihre Entwicklung.

Für stark traumatisierte Menschen empfehle ich aber in jedem Fall einen spezifisch ausgebildeten Trauma Therapeuten, denn mittlerweile gibt es hierzu eine gute Wissenschaft und Schulung.

Solltest du zu jenen Menschen gehören, die überdurchschnittliche Belastungen erleben und tragen mussten, aber schon so weit sein, dass du dir selber mit Seminaren oder Büchern helfen willst, möchte ich dir sagen, dass ich absolut an deine Selbstheilungskräfte und an deine wunderbare Energie glaube.

Du bist ein besonderes Wesen, das einen schwereren Weg geht als andere. Ich bitte dich, deine ganze Energie und Liebe der Welt zu zeigen und zur Verfügung zu stellen. Du bist Heilung für sehr Vieles in dieser Welt. Scheinbar musste das Trauma etwas in dir hervorbringen oder dich auf deinen Weg leiten.

Nimm jede Hilfe in Anspruch, die dir nur zu Teil werden kann, auch wenn du selber stark bist.

Falls du kein Geld, keine Zeit oder keine Möglichkeiten hast, erschaffe sie dir mit den im Buch vorgestellten Techniken. Du bist ein Mastermind, das alles erschaffen kann, das es will, wenn du dein Trauma nicht mehr als Bürde und Strafe, sondern als etwas erkennst, das dich für deinen Weg auserwählt hat.

Ich bitte dich, an deinem Thema zu arbeiten und gleichzeitig, dich dem Leben und der Welt wieder zu öffnen. Gib dein Geschenk der Welt weiter.

Was dieses Geschenk ist, wirst du herausfinden, durch Zeichen, innere Bilder und ein tiefes Wissen, sobald du dich dem öffnest. Lass Heilung zu dir kommen, indem du dich einbringst in diese Welt.

Ich hoffe, dieses Buch kann dir Einiges an Inspiration geben. Gehe weiter in deinem Willen nach Heilung, glaube an dich und deine vollkommene Stärke. Du hast jedes Glück verdient. Du wirst dein Glück finden, wenn du dich in der Welt ausdrückst und zeigst.

Egal, was wir erlebt und hinter uns haben. Unsere Gedankenkraft kann uns in eine völlig neue Energie bringen. Durch deinen Fokus kannst du genauso erschaffen wie jeder andere auch. Deine Entscheidung ist das, was dein Leben verändern kann.

Die Hilfe von Engeln

Sich einfach nur den Engeln oder einer höheren Macht zu überlassen, hat meines Erachtens allein nicht die gleiche nachhaltige Wirkung wie den Verstand mit ins Boot zu holen.

Mein Verstand ist stark und legt immer wieder die alten Muster in den Weg. Daher muss er mitarbeiten. In dem Moment du die Geistige Welt und Engel um Hilfe bittest, tun sie automatisch das zu unserem höchsten Wohl, was sie in diesem Fall tun können. Neben dieser spirituellen Führung und Hilfe finde ich es aber noch wichtiger, unser alltägliches Denkverhalten zu überprüfen, da es sonst alle spirituelle Entwicklung oder Hilfe früher oder später sabotiert.

Energy Field Change

Zur Veränderung unserer Grundstimmung im Leben, die wir seit frühester Zeit in uns tragen, habe ich ein Modell der Aufstellung entwickelt, das deine grundlegenden Energiekoordinaten im Feld verändern kann. Diese Aufstellung biete ich derzeit nur in großen Aufstellungen live im Rahmen meiner Praxistätigkeit an.

Sollte dieses Aufstellungsformat „Energy Field Method“ unter meiner Anleitung einmal in einer anderen Form auch von der Ferne zugänglich werden, teile ich diese Information auf meiner Website www.youcreatelife.com.

Du kannst sie aber schon jetzt mit jemand anderem durchführen. Die genaue Beschreibung und Anleitung zur Energy Field Change Aufstellung kannst du über meine Webseite bestellen. Falls du einen erfahrenen Aufsteller findest, der dieses Modell für dich aufstellen möchte, kannst du die Beschreibung weitergeben. Anhand dieser genauen Anleitung kann ein Aufsteller für dich dein Energy Field umprogrammieren.

Meditation

Aufräumen mit einem Missverständnis

Meditation. Der Weg ins Glück oder in die Verzweiflung, wenn wir es nicht schaffen. Dabei ist sie ein grundlegendes Instrument unserer Schaffenskraft und für unser Wohlbefinden. Glaube mir, Meditation kriegst auch du hin und sie wird dir gut tun.

Hast du noch Zweifel oder eine Abscheu? Funktioniert das nicht bei dir? Du hast keine Zeit oder Geduld dafür? Das ist esoterischer Quatsch? Ich verstehe dich nur zu gut.

Aber du musst nicht Ohm singend im Schneidersitz an nichts mehr denken.

Immer noch wird vielfach erklärt, Meditation hieße den Geist frei zu machen, genauer, nichts mehr zu denken.

Dem Durchschnittsmensch gelingt es aber nicht, nicht zu denken, weil es meiner Meinung auch gar nicht geht. Unser Gehirn, unsere gesamte Körperchemie ist darauf ausgerichtet, unaufhörlich zu denken. So, wie wir nicht aufhören zu atmen oder unser Herz schlagen zu lassen, so wenig können wir aufhören zu denken.

Unsere Gedanken sind wie Ameisen, unser Gehirn wie ein riesiger Ameisenhaufen voller Gänge, Spuren, Höhlen und unterschiedlichen Ebenen. Wir kriegen es nicht hin, hier Alles in seiner natürlichen Bewegung kontrollieren oder verhindern zu wollen.

Es darf einfacher gehen. Du darfst ruhig Denken beim Meditieren. Es soll dich letztlich entspannen und dir nicht die Schweißperlen auf die Stirn treiben. Es geht nicht um Leistung. Du brauchst einfach nur zur Ruhe kommen, nach Innen sehen und dich auf das konzentrieren, was du erreichen möchtest.

Durchführung einer Meditation

Hilfreich ist ein Platz, an dem du es immer machst, weil du dann schneller in diesen Zustand kommst. Vielen macht es Freude, sich eine Art kleinen Altar einzurichten. Diesen kannst du mit Kerzen, Figuren, Blumen, Räucherstäbchenhaltern und Steinen schmücken. Es braucht keinen esoterischen Touch haben, wenn du das nicht möchtest. Der Platz sollte sich für dich einfach angenehm, friedlich, klar oder sehr wohltuend anfühlen. Freudvolle Gegenstände helfen dabei, die Frequenz zu erhöhen, sprich deine Energie in eine positivere Schwingung zu bringen.

Setze dich ruhig hin und nimm dir vor, dich jetzt zu entspannen und in dir zu versenken.

Stelle dir vor, wie dich eine unsichtbare Kraft umgibt, wie ein unsichtbares Feld, das dich umhüllt. Als ob ein unsichtbarer, überdimensionaler Würfel aus dichter Materie um dich entsteht.

Das Feld um dich weitet sich immer mehr aus. Es ist unendlich und du bist ein Teil von ihm.

Nimm über deine Gedanken oder über einen Lichtkanal Verbindung zu höheren Kräften auf, indem du sie um Kontakt, Kommunikation und Mithilfe bittest.

Dann lächle leicht und spüre in dich hinein, vielleicht kannst du in dir ein leichtes Kribbeln und Pulsieren erzeugen, um deine Frequenz anzuheben. Wenn das nicht geht, macht es gar nichts.

Dann stelle dir vor, du richtest in diesem unsichtbaren Feld deinen Blick jetzt dahin, wo du schon erfolgreich und superhappy bist. Lasse vor deinem inneren Auge Bilder auftauchen, wo du dich glücklich siehst. Das können Details sein, es muss aber nicht sein.

Das Wichtigste dabei ist, dass du dich hineinfühlst. Versuche so intensiv und stark du nur kannst, zu fühlen, wie du dich dort glücklich und erfolgreich anfühlst, wie du denkst, gehst, redest, tanzt, wie es riecht, wie es schmeckt.

In dir kann dabei ein positives Kribbeln oder sogar ein bebendes Gefühl entstehen. Bade dich darin ein paar Minuten. Wenn du nichts fühlst, ist das auch ok, bleibe in der Konzentration auf dich.

Du kannst dir aber auch Situationen vorstellen, die ganz selbstverständlich sind und kein besonderes Gefühl auslösen.

Dann entscheide, dass du dich schon jetzt und ohne Grund, nur weil du es entscheidest, gut fühlen willst. Bitte die geistige Welt, dir dabei zu helfen und dir entsprechende Zeichen und Impulse zu senden.

Eine weitere Variante ist, dass du dir vorstellst, dass du jetzt deine Gedanken, deine Gefühle, deine ganzen Energien und deinen Körper auf das Gewünschte ausrichtest.

Mir hilft da manchmal die Vorstellung, als würden vier breite energetische Bänder hin zu meinem Ziel ziehen. Ich richte die Energien dahin aus.

Dann konzentriere dich zum Beispiel auf die Vorstellung:

Ich bin glücklich mit mir und mit allem, was um mich ist.

Ich fühle mich total wohl mit mir und allem, was um mich ist.

Du kannst auch, wenn du es zum Beispiel um Geld geht, dich hineinfühlen, wie sicher und frei du dich damit fühlst. Du kannst dir Situationen vorstellen, die du dann erlebst, was du mit dem Geld machen wirst.

Denke daran, dass sich deine Vorstellungen gut und selbstverständlich anfühlen sollen. Dann bist du am richtigen Weg.

Bringe immer den Willen zu absoluter Gewissheit ein, dass es so ist, weil du es so willst. Du glaubst. Punkt.

Wenn du magst, kannst du diese Vorgänge mit einer Klangschale unterstützen, indem du in besonderen Momenten die Schale zum Klingen bringst und mit dem Ton eine zusätzliche Verstärkung und Verankerung erzeugst.

Klangschalen haben leider eine esoterische Schubladisierung erfahren. Letztlich sind sie nichts anderes als Klang- du damit

Schwingungserzeuger. Sie lösen wunderbare Impulse aus und ich empfinde sie als äußerst unterstützend und heilsam. Die Klänge und Vibrationen tun gut. Du erhältst Klangschalen im Fachhandel, so auch meistens in gut sortierten Esoterikläden. Es gibt sie in verschiedenen Größen und Materialien. Suche dir eine aus, deren Klang dich anspricht und der sich für dich gut anfühlt. Du kannst auch mehrere für unterschiedliche Stimmungslagen benützen.

Du kannst alle Hilfsmittel benützen, die dir Freude bereiten und deine Entspannung fördern.

Du kannst, wenn du tief entspannt bist, Botschaften aus deinem inneren aufsteigen lassen, Antworten auf Fragen oder Bilder und Ideen.

Am Ende der Meditation empfehle ich, für alles zu danken, was du kannst, bist und tun wirst. Du kannst auch nochmals um die Umsetzungskraft und Schaffenskraft als Schöpfer bitten und dafür danken.

Damit endet die tägliche Meditation.

Du kannst sie natürlich nach deinem Geschmack und anhand deiner Ideen erweitern. Auch ein normales Gebet kann dich in den Zustand der inneren Zentrierung und in den richtigen Fokus bringen.

Entscheidend ist: die Meditation oder dein Ritual soll dich für den Tag stärken und dir ein gutes Gefühl vermitteln. Du wirst danach in eine gute, konkrete Aktion gehen können.

Spiritualität oder Meditation soll weder Flucht noch Selbstzweck sein. Übertreibe es also nicht. Die Sucht nach spirituellen, esoterischen Handlungen kann einfach eine Flucht vor der Realität sein.

Eine Verklärung und eine Vergeistigung, die uns vom realen Leben abhält, das ist hier auf keinen Fall gemeint.

Wir sind Menschen auf der Erde, um zu erschaffen und auf der Erde zu gehen, mit Allem, was uns als Menschen ausmacht. Sonst hätten wir ja gleich Seele bleiben können.

Also, meditiere, aber dann gehe hinaus ins Leben und packe den Tag mit Freude und Mut an. Die Welt braucht dich. Du erzielst wahre Freude durch Ergebnisse in deinem realen Leben!

Trau dich. Alles ist wichtig. Kleinigkeiten zählen genauso wie die ganz großen Dinge.

Für mich bedeutet Meditation:

1. Ich gehe in mich und stelle zu meinem Inneren und einem höheren Bewusstsein eine Verbindung her. Das erreiche ich durch eine Mischung aus Entspannung und Konzentration. Ich bringe meine Gedanken in eine Richtung. Ich spüre die Verbindung zu etwas Größerem. Mein gesamtes System kommt zu einer gewissen Ruhe, die ich willentlich herbeiführe.
2. Ich nütze diesen Zustand, um mich im Bewusstseinsfeld zu bewegen und mich in andere Bewusstseinszustände zu versetzen. Das tue ich, um gezielt emotionales Erleben und damit energetische Veränderungen zu erzeugen.

3. Manchmal dient es nur dazu, dass ich zur Ruhe komme, wieder in meine Mitte, mich sammle, beruhige und spüre. Nicht mehr.

Der Sinn und Zweck ist eine Frequenzerhöhung, eine heilende Verbindung zu einer anderen Bewusstseinsebene und eine mentale Ausrichtung. Im Mindesten erfahre ich die wohltuende Wirkung einer guten Entspannung.

Gedanken frei zu machen bedeutet, nicht mehr so angestrengt an etwas zu tüfteln oder etwas herum zu wälzen, sondern in einen Zustand zu kommen, in dem du entspannt die Gedanken fließen lassen kannst. Damit ermöglichst du dir Flexibilität.

Es ist alles weit weniger kompliziert, als man denkt oder uns oft weismachen möchte.

Letztlich geht es für mich in der Meditation immer darum, mich mit dem allumfassenden Bewusstseinsfeld zu verbinden, meinen Fokus auf das zu richten, was ich manifestieren möchte und ein angenehmes, emotionales Erlebnis zu erreichen.

Nach der Meditation sollte ich mich gut geladen und frei fühlen. Vor allem kann ich die Verbindung zu mir und meiner inneren Führung besser spüren. Klarheit und Frische ist dann eine Folge davon. Sinnloses, verkrampftes Gedankenkreisen hat danach weniger Chancen. Man ist mehr da, klar und bei sich.

Daher empfehle ich dir, jeden Tag kurz zu meditieren. Das können auch nur ein paar Minuten sein.

DIE ESSENZEN ERFOLGREICHEN ERSCHAFFENS

Es gibt unzählige Bücher, Vorträge und Gurus, die uns lehren, wie man Wünsche manifestiert. Vielleicht hast auch du schon vieles davon gelesen und gehört.

Trotzdem scheint den meisten das mit dem Erschaffen nicht wirklich zu gelingen.

Die Gesetze und Regeln sind mittlerweile bekannt. Das geballte Wissen aus Hirnforschung, Quantenphysik, anderen Naturwissenschaften und den Informationen, die Medien über die geistige Welt erhalten haben, bietet uns bereits alles, was wir benötigen.

Was ist also der Grund, dass die Mehrheit noch immer wünscht und die ersehnte Fülle noch nicht erreicht hat?

Es ist wie bei einem Sport, zum Beispiel beim Tanz, der gewisse Abläufe und Fertigkeiten verlangt. Man lernt die Schritte und Figuren, beginnt zu üben, um irgendwann den ganzen Tanz zu beherrschen. Irgendwann aber kommt es zu Problemen, man stolpert über die Füße des Tanzpartners, die Figur läuft nicht rund, oder man weiß nicht, warum man immer an der gleichen Stelle den falschen Schritt macht.

An dieser Stelle braucht es einen Lehrer, oder jemanden, der von außen zusieht und dich korrigiert. Er muss dir erklären können, was du falsch machst, damit du es ändern kannst.

Er sieht dich von außen und kann beurteilen, wo du den Fehler machst.

Mit dem Erschaffen ist es ähnlich. Man bringt uns alles bei in Seminaren und Büchern, dann beginnen wir, es anzuwenden. Und hier ist der kritische Punkt: irgendwann im gewohnten Alltag schleichen sich die Fehler ein und es ist keiner da, um uns zu korrigieren oder uns klar zu machen, was da falsch läuft.

Vielen von uns geht es so, dass sie beim Lesen eines Buches oder nach dem Besuch eines Seminares ein paar Tage ein Hochgefühl erleben und sich alles zu ändern scheint. Bald ist dieses Hochgefühl wie eine Droge aber vorbei und es hat sich nicht wirklich etwas verändert. Entweder man gibt dann auf, oder man wird zum Junkie, der von Seminar zu Seminar oder beim nächsten Buch ein paar Stunden Glücksgefühl sucht.

Es ist absolut verständlich, aber letztlich der falsche Weg, der immer in eine gewisse Leere oder Enttäuschung führen muss.

Mein Wunsch ist es, dir hier mit diesem Buch zu erklären, was an Fehlern am Wahrscheinlichsten passiert, was die Gründe für dein Scheitern sind und vor allem, wie du dich in Zukunft selbst korrigieren kannst.

Ich möchte dir ein Werkzeug an die Hand geben, das dich ab jetzt unabhängig macht. Natürlich soll es dich auch zum Erfolg führen, den du dir schon immer wünschst.

Beginnen wir also mit dem, was ich an typischen Fehlern beobachtet habe und welche Gründe für den Misserfolg beim Erschaffen eine Rolle spielen.

Danach zeige ich dir, wie du das alles lösen kannst.

Vor allem zeige ich dir, wie du dich selbst korrigieren kannst.

Die typischen Fehler beim Erschaffen

1. **Unwissen über die Wirkungsweise der Gedanken im Feld und über physikalische Besonderheiten**
2. **Zeichen, Impulse, angebotene Schritte missachten und damit dem Weg zur Erfüllung nicht folgen**
3. **Nach dem Wie fragen**
4. **Fokus mehr auf dem Mangel und der aktuellen Realität haben als auf der Erfüllung**
5. **Zweifeln an der Machbarkeit und Erfüllung, fehlender Glaube und kein Vertrauen**
6. **Die Erfüllungsweise und deren Leichtigkeit in Frage stellen**
7. **Sich ständig in der falschen Frequenz aufhalten**
8. **Fehlende emotionale Verbindung als Brücke in diese Realität, Unwissen über schwingende Realitäten**
9. **Den Weg zum Ziel als Gerade betrachten und jede Schleife als Misserfolg werten**
10. **Tiefliegende Glaubenssätze als Blockaden, sich die Erfüllung zu erlauben und damit ambivalente Frequenzen**
11. **Selbstabwertung**
12. **Schuldgefühle**
13. **Die Angst vor Glück und Veränderung**

14. Fehlende Wiederholung und damit Rückfall in alte Denk-Gewohnheiten

1. Unwissen über die Wirkungsweise der Gedanken im Feld und über physikalische Besonderheiten

Du kannst nur dann erfolgreich erschaffen, wenn du weißt, was du tust. Wissen ist die Grundlage, um gezielt vorgehen zu können. Die meisten von uns wissen einfach zu wenig über die energetische Kraft ihrer Gedanken und über die Wirkungsweise vom Fokus im Quantenfeld. Wenn ich das Wissen habe, dann kann ich gezielt vorgehen und weiß genau, was ich tue. Dann kann ich auch eigene Fehler erkennen und sie korrigieren.

2. Zeichen, Impulse, angebotene Schritte missachten und damit dem Weg zur Erfüllung nicht folgen

Du wünscht dir zum Beispiel zwanzigtausend Euro in zwei Monaten auf deinem Konto, weil du das in dein Startup Unternehmen investieren musst.

Drei Wochen später lädt dich auf einmal deine Tante, die du lange nicht gesehen hast und die etwas weiter entfernt wohnt, zu sich ein. Diese Tante ist arm wie eine Kirchenmaus. Du freust dich über ihre Einladung und hättest große Lust, sie zu besuchen, weil du sie immer schon sehr gerne mochtest. Dein Verstand sagt dir aber, dass dieser Besuch viel Zeit in Anspruch nehmen würde und eigentlich keinen Sinn macht, du solltest dich besser um Wege kümmern, zu deinem Geld zu kommen.

Da ist diese Kunstausstellung in einem Bankhaus, wo du mögliche Investoren ansprechen kannst. Das wäre am gleichen Tag der Einladung bei deiner lieben, alten Tante. Dir ist nicht wohl bei dem Gedanken, dich bei der Ausstellung trockenen Bankern verkaufen zu müssen, aber als du angestrengt nach Möglichkeiten für Geldeinnahmen gesucht hast, ist dir nach langem Suchen eingefallen, dass ein Freund so einmal an Geld kam. Beim Gedanken an deine Tante hüpft dein Herz, aber es wäre verschenkte Zeit, denn bei ihr wirst du das Geld nicht kriegen.

Du gehst also mit Bauchweh zu der Veranstaltung anstatt mit Freude zu deiner Tante, im Glauben, das Geld käme über die Bankiers.

Damit hast du das wichtige Zeichen und die Einladung des Universums missachtet und die Wunscherfüllung abgebremst. Deine Tante hat viel angespart, nur weiß das keiner, weil sie so bescheiden lebt und nichts braucht. Außer Gesellschaft. Sie weiß gar nicht, wohin mit ihrem Geld, denn sie sitzt alleine am Land und langweilt sich zu Tode. Sie hat den Wunsch ans Universum gesendet, sie möchte wieder mehr Leben um sich haben. Da kam ihr die Idee, sie könnte doch alle Familienmitglieder, die sie ins Herz geschlossen hat, öfter zu sich einladen und mit ihrem Geld dem einen oder anderen unter die Arme greifen und sich so ins Leben einbringen. Als Gegenleistung bekommt sie hin und wieder Besuche oder Information darüber, was aus ihrer Investition wurde. Da du ihrer Einladung nicht gefolgt bist, denkt sie, du würdest diesen Kontakt nicht wollen und die Chance ist vertan, denn sie steckt kurz darauf ihr ganzes Geld in ein großes Projekt ihrer Großnichte.

Natürlich wirst du wieder Chancen vom Universum erhalten, sofern du es das nächste Mal kapierst. Worum geht es hier also? Wie erkennst du die richtigen Zeichen und Chancen? Das findest du unter den Regeln zum richtigen Erschaffen im Anschluss.

3. Nach dem Wie fragen

Wenn wir etwas erschaffen wollen, dann braucht es vom Moment der Entscheidung für diesen Wunsch an dein Vertrauen. Vertrauen, dass jetzt alles am Weg ist und für dich „gerichtet" wird, in einer Art und Weise, die du mit deinem kleinen Radar niemals überblicken oder erahnen kannst. Sich dem anzuvertrauen, was dann als Fluss angeboten wird, und sich darauf einzulassen, ist der Weg zum Ziel.

Was tun wir aber alle? Oder die meisten?

Wir überlegen, wie wir denn zum Ziel kommen könnten oder wie der Weg dahin aussehen muss. Wir fragen uns, warum es noch nicht eingetreten ist und damit steigen wir voll auf die Bremse und schwimmen in die entgegengesetzte Richtung. Das bedeutet großen Kraftaufwand.

Wenn wir uns aus unserer jetzigen Position überlegen, wie etwas gehen soll, ist es zum Scheitern verurteilt. Wir können uns das nämlich nicht vorstellen. Wir überblicken ein paar Zentimeter unseres Lebensmeeres. Das Universum sieht alles. Selbst wenn wir sinnvolle Überlegungen anstellen, fokussiert die Frage nach dem Wie letztlich auf den Mangel und die aktuelle Realität. Damit hältst du dich dort gefangen.

Uns fehlt der wahre Überblick. Du kannst dir das so vorstellen. Auf einem Schiff gibt es ein Radar. Das sendet elektromagnetische Wellen in das umliegende Meer, die von metallischen Gegenständen reflektiert werden, damit der Kapitän rechtzeitig sieht, ob ein anderes Schiff entgegen kommt oder etwas anderes in der Nähe ist.

Das Meer ist riesig, Der Radarbildschirm am Schiff bildet davon nur einen winzigen Ausschnitt des gesamten Ozeans an.

Sollte ein anderes großes Schiff irgendwo weit weg am Ozean daher schippern, würde das Radar es nicht am Schirm zeigen, obwohl es schon Kurs auf uns nimmt.

Und so funktionieren unsere bewusste Wahrnehmung und unser Verstand. Wir haben nur diesen Ausschnitt am Radarbildschirm zur Verfügung. Unser höheres Selbst hingegen überblickt den ganzen Ozean.

Es wäre also wirklich dumm, sich nur auf dieses kleine Radarfenster zu verlassen, wenn es etwas gibt, das das ganze Meer überblicken kann. Nicht?

Die Folge daraus ist, sich darauf zu verlassen, dass alles auf eine unüberblickbare Weise für uns organisiert wird und wir unserer inneren Führung vertrauen dürfen, da sie mehr weiß, als wir es bewusst im Alltag können. Sollte also etwas nicht funktionieren, dann hat das immer einen guten Grund.

Überlasse das Wie einzig und allein höheren Kräften, dem Universum, dem besten Manager für deine Angelegenheiten. Gebe es ab und kümmere dich niemals um die Details des Weges. Das ist nicht deine Aufgabe.

Wenn das Gewünschte noch nicht da ist und wir uns wundern, WIE es überhaupt in unser Leben treten soll, tun wir etwas, das uns im Mangel festhält. Wir sind gefühlsmäßig da, wo wir jetzt sind.

In diesen Bereich fallen auch typische Glaubenssätze wie „So einfach kann es ja wohl nicht gehen", „Was du dir da vorstellst, ist doch alles nur Träumerei", „Da könnte ja jeder kommen".

Die bisherigen Grenzen deiner Realität können sich niemals vorstellen, WIE dein großes Ziel aus der jetzigen Lage heraus verwirklicht werden können soll. Daher ruft die Frage nach dem WIE sofort die alten Grenzen deiner jetzigen Realität auf den Plan.

Die aktuellen Ergebnisse sind das, was du in der Vergangenheit erschaffen hast. Wenn du deinen Fokus auf diese Resultate lenkst, die du jetzt hast, oder wie du sie erreicht hast, erschaffst du wieder deine alte Realität.

Du musst also deine jetzige Realität gedanklich komplett außer Acht lassen. Dazu mehr in den Regeln, wie es wirklich geht.

Ebenso ist das Heranziehen der bisherigen Erfahrungen der Weg in den Misserfolg. Wenn du daran denkst, wie es bisher gelaufen ist, dann bist du wieder genau da, wo du jetzt bist.

Du willst dich ändern. Und damit wirst du auch alle Wege und Herangehensweisen ändern. Wenn etwas in der Vergangenheit eine bestimmte Zeit gebraucht hat, so mag das zu diesem Zeitpunkt so gewesen sein. Das muss aber für deine neue Realität nicht mehr gelten.

Vergiss daher deine bisherigen Maßstäbe und Erfahrungen.

4. Fokus mehr auf dem Mangel und der aktuellen Realität haben als auf die Erfüllung - damit senden wir gleichzeitig Ja und Nein

Wir lassen uns von den aktuellen Umständen beeinflussen und gefühlsmäßig leiten. Damit hängen wir emotional in der Frequenz dessen, wo wir jetzt stehen. Wir hängen im falschen Sender. Wir können uns nicht vorstellen, wie es realisiert werden soll und kleben damit an der Energie des Zweifels.

Du wünschst dir einen Partner und siehst um dich Pärchen. Du denkst dir, warum bin ich noch alleine, alle haben jemanden, nur ich nicht. Du klebst an deiner aktuellen manifestierten Realität und verstärkst sie immer mehr.

Du bist emotional nicht beim Wunsch und dessen Erfüllung, sondern in der jetzigen Realität oder dem Mangel des Wunsches.

Du fragst dich, wo dein Partner bleibt, wo du ihn finden kannst und sendest damit ständig aus: „Ich habe keinen Partner" Das Universum erfüllt dir das auch prompt. Denn es sagt einfach zu allem JA. Es wertet nicht und erfüllt dir das, was du aussendest. Deine Gedanken sind dein Radiosender. Wenn du immer das Programm laufen hast „Wo ist mein Partner, ich habe gerade keinen“, dann kommt als Antwort auf diese Frequenz auch das in deine Wahrnehmung. Mit deinem intensiven Wunsch nach einem Partner sendest du ein anderes Programm „Ich wünsche mir einen Partner an meiner Seite“. Du wechselst ständig die Frequenz. Wenn du das bei einem Radio machst, ertönt nur noch quietschendes Rauschen und kein klares Signal ist möglich.

5. Zweifeln an der Machbarkeit und Erfüllung, fehlender Glaube und kein Vertrauen, Ambivalenz im Wünschen

Wenn die Wunscherfüllung nicht eintritt, fangen wir an zu fragen, wann es denn endlich kommt. Wir beginnen zu zweifeln, weil es noch nicht da ist in unserer hier wahrnehmbaren Realität.

Wieder rutschen wir in den Fokus dessen, was jetzt nicht da ist und verstärken es, beziehungsweise bringen uns in dessen Frequenz und halten die Erfüllung von uns ab.

Dem Wann ebenso zu vertrauen wie dem Wie ist essentiell.

Viele sind in ihren Gefühlen, was ihre Wünsche anbelangt, ambivalent. Sie wünschen sich etwas, dann aber doch nicht so richtig, weil sie Angst davor haben oder es sich innerlich nicht erlauben. Sie senden ein ständiges Ja und Nein. Daher gibt es auch keinen Fortschritt und sie bleiben auf der Stelle.

6. Die Erfüllungsweise und deren Leichtigkeit in Frage stellen

Ein weiterer großer Fehler im Erschaffen ist es, bei ersten kleinen oder großen Erfolgen zu denken „Aber so einfach kann es ja nicht sein" oder „Was? Dieser Mensch soll das sein? Von dem soll es kommen, die Lösung? Nein, das stimmt sicher nicht" und schon haben wir wieder den Fuß auf der Bremse, obwohl wir vorher so schön in Fahrt und fast am Ziel waren.

Oft lassen wir die Wunscherfüllung nicht zu, wenn es scheinbar zu einfach geht oder wir die Wege, die sich im Fluss anbieten, in Frage stellen und dem Fluss nicht folgen.

Blinder Aktionismus fällt auch in diese Kategorie. Wir glauben, zu wissen, wie es gehen muss. Dann stürzen wir uns in Aktionen, oft krampfhaft und unter Druck. Doch so entstehen selten große Erfolge, zumindest müssen sie hart erkämpft werden.

Ich sage nicht, es brauche keine Leistung! Aber vom Universum unterstützte Leistung in der richtigen Energie fühlt sich trotz Anstrengung unglaublich gut und befriedigend an, während die falsche Aktion zur Knochenarbeit mutiert, die nur auslaugt und ermüdet.

7. Sich ständig in der falschen Frequenz aufhalten

Sich ständig in der völlig falschen Frequenz aufzuhalten und sich einfach nicht gut zu fühlen, hält mich von der Manifestation fern. Ich kann sie nicht empfangen.

Wenn mein Ziel ist, mich zu verlieben und Geld anzuziehen, werde ich das kaum erreichen, wenn ich mich mit Freunden ständig über deren Beziehungsprobleme und die Weltwirtschaftskrise unterhalte. Da kann ich früh morgens noch so angestrengt meditieren. Wir begeben uns durch Gespräche, Gesellschaft, Gedanken, Filme, Musik, und vieles mehr, in bestimmte Energiefrequenzen, die sich gar nicht gut anfühlen, schwingen schön brav in dieser Frequenz und wundern uns dann, wenn das, was sich gut anfühlt, einfach nicht in unsere Wahrnehmung kommen kann.

Die Manifestation kann nur geschehen, wenn der Widerstand gelöst und die entsprechende Frequenz vorhanden ist.

8. Fehlende emotionale Verbindung als Brücke in diese Realität

Die meisten haben inzwischen gelernt, dass Visualisieren der Weg zur Wunscherfüllung sein soll. Das ist aber nur die halbe Wahrheit. Alle Visionen, Vision-Boards (Collagen mit Bildern zur Erfüllung), Tagträume, Vorstellungen oder Bilder nützen nichts, wenn sie nicht mit den entsprechenden starken Gefühlen geladen werden.

Die Essenz des erfolgreichen Manifestierens ist, durch Emotion eine Brücke ins Hier und Jetzt zu bauen. Und diese Emotion ist einerseits das Hineinfühlen während des Visualisierens, aber darüber hinaus das ständige Vorfreuen auf die Realisierung. Das Hineinleben in dein anderes Ich, das den Erfolg schon lebt. Mehr dazu später.

Hier ist wichtig für dich zu wissen, dass du ohne Gedanken, die die richtige Emotion für dich erzeugen, nicht weiterkommen kannst. Oder einfacher - ohne die richtige Emotion kommst du nicht an dein Ziel.

9. Tiefliegende Glaubenssätze als Blockaden, sich die Erfüllung zu erlauben, Ambivalenzen

Tiefliegende Glaubenssätze und Blockaden können unsere Wunscherfüllung verhindern, auch wenn wir sonst alles richtig machen. Wir steigen mit teils bewussten, größtenteils unbewussten Überzeugungen auf die Bremse am Weg zum Glück.

Da sind innere Gefühle wie:

- Ich habe das gar nicht verdient
- Ich habe dafür nicht genug geleistet oder gelitten
- Für Erfolg muss man hart arbeiten
- Ich kann das nicht
- Ich will zu viel
- Jemand wie ich erreicht das nie
- Ich bin jemandem ein Opfer schuldig
- Ich darf jemanden nicht verraten
- Ich muss mich selbst bestrafen, weil ich schuldig bin
- Ich genüge nicht, schon gar nicht für das große Glück
- Man muss hart für Lohn und Glück arbeiten
- Es ist nie genug da
- Ich nehme anderen etwas weg
- Das Leben ist schwer und hart
- Geld wächst nicht auf Bäumen
- Und viele mehr in dieser Art

Scheinen manche dieser Aussagen absurd? Ja? Und doch treiben wir genau dieses unerkannte Spiel mit uns.

Und genau dazu ist dieses Buch da, um ein für alle Mal aufzuräumen mit diesen inneren Blockaden, die jedes Mal unseren Erfolg untergraben und verhindern, ohne dass wir es merken.

10. Gerade versus Schleifen

Wir bewegen uns im Leben und zu unseren Zielen in Schleifen, Kreisen und Bögen, nie in einer Schnurgeraden Linie.

Vielfach werden diese Schleifen am Weg als Misserfolg oder Bestätigung der Nichterfüllung fehlgedeutet, damit liegt der Fokus wieder am Zweifel und Mangel.

Manchmal sind scheinbare Rückschritte oder Umwege aber unbedingt nötig. Es geht dann darum, vollkommen im Vertrauen bleiben und nicht aufzugeben.

Wie das genau geht, erkläre ich später genauer. Das zu wissen wird dir bereits jetzt schon helfen.

Manchmal ist ein Rückschritt nur dazu da, um Anlauf zu holen!

11. Selbstabwertung

Wann immer du dich selbst abwertest, gehst du in eine Dissonanz, also Unstimmigkeit mit der Schwingung deines Erfolges. Der erfolgreiche

Mensch, der du sein willst, der wertet sich selbst nicht ab. Das passt nicht zusammen. Damit schwingst du im Mangel. Außerdem bringt dich das in eine schlechte Stimmung.

Selbstabwertung lässt dich auch nicht voll in deinem Gefühl von Mächtigkeit sein, das du aber zum erfolgreichen Erschaffen brauchst.

Die Selbstkritik kommt von einer falschen Sicht über dich selbst.

Achte darauf, ob du dich selber runter machst, dich selbst kritisierst, dich klein machst oder fühlst.

Dann blockierst du deine Fülle.

12. Schuldgefühle

Achte darauf, ob du dich schuldig fühlst. Das ist ein Klassiker unter den Fehlern beim Erschaffen.

Vor allem unbewusste Schuldgefühle.

Eva, eine Klientin, selbstständige Grafikerin und Werbetexterin, kam lange Zeit in ihrem Leben nicht von der Stelle. Als sie gewisse spirituelle Techniken zum Erschaffen gelernt hatte und diese anwendete, kam es zwar zu ersten, positiven Veränderungen, aber im beruflichen Bereich stagnierte es noch immer. Mit den Finanzen lief es einfach nicht gut. Ich begann mit ihr zu arbeiten und ihr Ziel und ihre Freude war es, in Freiheit arbeiten zu können und dabei genug Geld verdienen zu können, mit dem, was ihr Spaß machte. Das würde ihr Beruf schon bieten, meinte Eva, jedoch fehlten genug Aufträge. Sie hatte Angst, in ein Angestelltenverhältnis gehen zu müssen.

Nach einiger Zeit kam ich ins Grübeln, was bei ihr der Haken war. Auf die Frage nach Schuldgefühlen fiel Eva nichts Besonderes ein.

Ich bat sie, in der nächsten Zeit auf dieses Thema zu achten.

Eine Woche später kam der Anruf. Als sie morgens zum Yoga fuhr und sie sah, dass jetzt andere Menschen in eine ungeliebte Arbeit trotteten, wo sie auch noch wenig verdienten, bemerkte Eva ein ganz massives Schuldgefühl. Sie erkannte, wie schlecht sie sich gegenüber all jenen fühlte, die in einem unfreien Arbeitsverhältnis standen und Geld mit großer Anstrengung und ohne Freude verdienen mussten. Sie könnte es doch nicht so einfach und leicht haben, wenn so viele andere leiden mussten für ihr Überleben. Sie könnte doch nicht in Leichtigkeit und Freiheit viel Geld verdienen, wenn der Großteil der Welt schuften muss.

So konnte sie sich Erfolg nicht erlauben.

Als wir diese Schuld durch das Transformationsprogramm, Gedankenkontrolle und Rituale zur Auflösung bearbeitet hatten, kam Eva kurz darauf eine neue Geschäftsidee, die sich rasch zu einem großen Erfolg entwickelte.

Beachte, wo dich Schuldgefühle zurückhalten. Gegenüber einer bestimmten Person, Menschengruppen, der Gesellschaft oder dir selbst gegenüber.

13. Angst vor Glück

Ja, du liest richtig. Meiner Meinung nach haben wir in unserer westlichen Kultur, vielleicht sogar weltweit eine große Angst vor Glück.

Wenn Dinge eintreten, die wir immer wollten, erzeugt das oft Panik. Wir fühlen uns wie der Esel am Eis, weil wir mit Glück nicht umgehen können. Wir können es nicht glauben, wissen nicht, was wir damit machen sollen, haben Angst, es wieder zu verlieren. Ohne unsere gewohnten Sorgen, Ängste, den üblichen Leistungstrott und dem täglichen Druck, entsteht auf einmal eine große Leere.

Die Ängste, Sorgen und Grenzen des Alltags fallen auf einmal weg. Diese Leere muss erst einmal gefüllt werden. Wir kennen uns aus mit der Schwere, absolute Leichtigkeit ist für uns neues Terrain.

Es ist so als ob du ein Gasluftballon wärst, den man mit einer schweren Eisenkugel am Boden sein Leben lang festgekettet hätte. Wenn du dich auf einmal davon löst und unbeschwert in den Himmel fliegst, passiert folgendes:

Du fragst dich, wo bin ich hier? Die bisherigen Grenzen, die dir in deinem Leben die Struktur vorgegeben haben, fehlen plötzlich. Du fühlst dich orientierungslos, so als ob du den Boden unter den Füssen verloren hättest. So ist es ja im ersten Moment auch. Die bisherige Orientierung fällt völlig weg, der freie Himmel ist Neuland für dich und kann Schwindel auslösen.

Diese Phase der Angst - Wo bin ich? Was tue ich jetzt? Ich fühle mich schutzlos, leer oder orientierungslos! - die muss man kurz aushalten.

Die meisten tun im ersten Moment absoluter Leichtigkeit aber genau das: Sie rennen erschrocken und voller Angst zurück in ihr Schneckenhaus, weil sich das so gewohnt und sicher anfühlt. Die neue Weite der unbegrenzten Möglichkeiten hat ihnen zu viel Angst eingejagt, sie wussten zuerst nicht wohin. Dann lieber in die alte Gewohnheit der Sorge, Angst und Schwere, das kennt man.

Wer diese ersten Momente der Angst vor dem Neuland überwindet, der wird wirklich mit unermesslichem Glücksgefühl, Freiheit und Erfolg belohnt.

Man muss aber darüber Bescheid wissen, wie wir ticken und dass Glück auch erst einmal Angst machen kann. Das sagt uns nur keiner, auch, weil es die wenigsten bewusst erkennen.

Zum Zweiten sollst du wissen, dass in der Sekunde, du deine alten Glaubenssätze ablegst und dich in Neuland wagst, die alten Grenzen und Muster verstärkt versuchen, dich wieder in das gewohnte Terrain zurückzubringen. Sie wollen dich schützen. Das Altbekannte ist ja schließlich sicher, denn damit kennt man sich aus. Leider fallen dann die Meisten wieder in ihre alten Denkmuster und Verhaltensweisen zurück.

14. Fehlende Wiederholung und damit Rückfall in alte Denkgewohnheiten

Man kann es nicht oft genug betonen. Wiederholung ist ein Schlüssel zum

Erfolgreichen Erschaffen, denn nur dadurch können sich die neuen, nötigen Denkweisen etablieren.

Die Mehrzahl der Menschen beachtet diese Regel nicht. Es wird immer nach der schnellen Lösung gesucht, der einen Schraube, die man drehen muss und nach dem Trick und Geheimnis, das mir alle Arbeit abnimmt.

Solange man nicht bereit ist, seine bisherigen Denkmuster und Haltungen, die zu den bisherigen Ergebnissen geführt haben, aufzugeben und zu verändern, wird man sich nicht weiter bewegen.

Man fällt nur allzu leicht in die alte Gewohnheit zurück. Veränderung ist nur durch das wiederholte Einüben und Beschäftigen mit den neuen Denkweisen möglich.

Hier die Aufreihung möglicher Hindernisse für dein erfolgreiches Erschaffens. Schau sie dir immer wieder einmal an, um zu erkennen, wenn sich das eine oder andere einschleicht:

- Unwissen
- Missachten der Wegweiser
- Fragen nach dem Wie
- Zweifel
- Nicht daran glauben
- Fragen, wo es bleibt
- An die Abwesenheit dessen mehr denken als an die Erfüllung
- Fokus auf der aktuellen Realität haben

- Seine Emotionen durch die aktuellen Umstände bestimmen lassen
- Im Mangel schwingen/fühlen
- Sich nicht in den Wunsch einfühlen
- Sich nicht vorfreuen
- Auf die Bremse treten durch falsche Annahmen
- Selbstabwertung, dadurch Mangelgefühle
- Schuldgefühle
- Leichtigkeit nicht zulassen
- Innere Blockaden
- Ambivalent Wünschen: Gleichzeitig Ja und Nein senden
- Umwege als Rückschläge deuten
- Angst vor dem Glück haben

Erfolgreiches Erschaffen - Und wie geht es dann richtig?

Sehen wir uns jetzt an, wie man es richtig macht. Es funktioniert. Und du kannst das auch. Du kannst dich umprogrammieren.

Ich werde dabei nach und nach darauf eingehen, wie man mit den Fehlern umgeht, wie man sie erkennt und sie verändern kann. Denn du willst ja nicht mehr bremsen, sondern aufs Gas steigen, oder?

Deine Gedanken und mit ihnen deine Emotionen, deine Energien und dein Körper kreieren alles, was du bist und sein willst.

Wenn du diese Vier Aspekte Denken, Fühlen, Energie und Körper auf das ausrichtest, was du

möchtest, und das mit einem festen Glauben und über die Zeit, wirst du es erschaffen.

Das Allerwichtigste beim erfolgreichen Erschaffen ist das Hineinfühlen in deine gewünschte Realität, das Vorfreuen darauf und fördernde Glaubenssätze mit dem richtigen Selbstbild. Aufmerksamkeit und Wiederholung sind weitere Schlüssel beim Verändern deiner Realität. Ohne deinen Glauben geht das alles aber nicht.

Du erschaffst:

- Wissen was und Gedanken ausrichten
- durch dein Gefühl in die richtige Frequenz kommen
- Mit Vorfreude eine Brücke in die neue Realität schlagen
- Mit den entsprechenden Glaubenssätzen und dem richtigen Selbstbild, dieses Gefühl erzeugen
- Den Fokus immer am Ziel haben, dabei bleiben
- Glauben

Wie gelingt es nun, Die Schwingung des Gewünschten zu erzeugen?

Sehen wir uns alle Schritte genau an!

1. Wissen, was du willst, den Wunsch zulassen

Genau zu wissen, was du willst, ist der erste wichtige Schritt, dies beinhaltet vor allem, zu wissen:

Wie will ich mich fühlen, wenn ich das Gewünschte erreicht habe?

Fragen, die du dir zusätzlich stellen kannst:

Wer will ich sein?

Wie soll mein Leben aussehen?

Warum will ich das?

Manche wissen ganz genau, was sie erschaffen möchten. Viele andere behaupten, dass sie nicht einmal wüssten, was sie wollen.

Ich sage dir, dass du es letztlich immer weißt. Zumindest, wie du dich fühlen möchtest. Das würde auch schon genügen.

Im Grunde wollen wir uns alle gut fühlen. Punkt.

Für den Einen bedeutet es, zufrieden zu sein, für den Nächsten, sich erfüllt, euphorisch, verliebt oder erfolgreich zu fühlen.

Du musst nicht wissen, wie dein Leben genau aussehen muss, damit du dich gut fühlst.

Im Grunde wollen wir uns gut fühlen, mit uns selbst und mit allem um uns.

Vielleicht hast du aber sehr konkrete Wünsche, Große Wünsche, scheinbar unmögliche Wünsche.

Du darfst dir wünschen, was du dir wünschst. Viele Erfolge werden dadurch verhindert, dass du dir insgeheim denkst, du dürftest nicht das wünschen, was du dir ersehnst. Es könnte ja zu groß sein, du müsstest ohne dem glücklich und zufrieden sein, es wäre unrealistisch.

Das Wichtigste zu Beginn ist: ich darf mir das wünschen, was ich im tiefsten Herzen will. Punkt. Kein Aber. Keine Zweifel. Keine Bewertung.

Wenn du deinen Wunsch akzeptiert hast, sieh hinter deinen Wunsch und frage dich, warum du dir das wünscht. Was ist das Gefühl, das die Erfüllung deines Wunsches auslösen wird?

Sicherheit, Freiheit, Lebensgenuss, Zufriedenheit, Geborgenheit?

Du musst wissen, dass du das Werkzeug in der Hand hast und die Macht, dir den Wunsch zu erfüllen. Du kannst manifestieren, das ist dir angeboren. Stelle es nie wieder in Frage und vertraue, dass du es kannst. Weil du dich und die Regeln dazu jetzt kennenlernst.

Uneingestandene Wünsche können eine große Blockade sein.

Es gibt Sehnsüchte, die wir bei uns selbst noch nicht einmal bemerkt haben oder vor uns selbst nicht zugeben können.

Manchmal sind das Wünsche, die nicht in unser Lebensbild passen oder die gesellschaftlich vielleicht kein hohes Ansehen genießen.

Manchmal scheinen Wünsche unerreichbar und werden daher verdrängt.

Aber wie mit den Schatten ist es auch mit unseren verdrängten Wünschen. Sie treten als Saboteure wieder auf den Plan, wenn wir sie nicht achten.

Du kannst nicht nicht wünschen. Du kannst deine tiefsten Sehnsüchte nicht dauerhaft verdrängen, ohne dir oder anderen Schaden zuzufügen.

Hole alles ans Licht, was in deinen tiefsten dunklen Tiefen schlummert.

Wovon hast du früher geträumt? Was spricht dich immer wieder an? Wo tut dir Herz und Magen weh, weil die Sehnsucht unerträglich wird?

Sieh genau hin, Trau dich. Habe den Mut, deinen geheimsten Wünschen ins Auge zu sehen. Nur so kann es in dir heilen und zu einem guten Ende gebracht werden.

Viele scheinbar unlösbare oder nicht lebbare Wünsche können durchaus adaptiert oder abgeändert werden, um dann doch noch in etwas anderer Form gelebt und erfüllt zu werden. Das Universum kann Dinge arrangieren in einer Art und Weise von der du nicht einmal träumen kannst.

Wenn wir unsere Bedürfnisse nicht kennen und nicht für sie einstehen, dann übernehmen wir keine Verantwortung. Dann geben wir die Verantwortung anderen ab. Damit fühlen wir uns klein und abhängig und es überfordert jeden. Nur wir können dafür sorgen, dass wir das erschaffen, was wir möchten.

Wünsche zu unterdrücken ist auch ein Akt der Selbstsabotage, weil wir uns einen Teil von uns selbst einfach nicht erlauben.

Falls dein Wunsch etwas Destruktives beinhaltet, lies bitte das Kapitel zur Kanalisation negativer Energie. Dort habe ich beschrieben, wie man mit destruktiven Wünschen und Trieben umgehen soll. In jedem Fall muss man sich hier Hilfe holen, um das, was da in einem tobt in eine gesellschaftsfähige Form zu bringen, die niemandem mehr schaden kann. Wegsehen oder im Geheimen leben führt immer ins Desaster und zu großem Schaden für alle Beteiligten. Wünsche, die destruktiv sind, sind eigentlich fehlgeleitete Bedürfnisse und Energien. Im besten Fall findest du heraus, was eigentlich dahinter steckt. Wo ist sozusagen der positive, konstruktive Kern, der sich vielleicht hinter schädigendem Verhalten verbirgt?

Bei allen anderen, positiven Wünschen finden sich immer Wege. Das Universum findet sie. Auch dann, wenn du meinst, das wäre niemals möglich. Wenn du vertraust und es zulässt, werden dir Wege und Lösungen gezeigt werden, dann wirst du geführt.

Wie das geht? Öffne dich. Dem, was auf dich zukommt, dem was sich in Leichtigkeit ergibt. Achte auf Zeichen und Impulse. Achte auf das, was sich gut anfühlt.

Sorge dafür, dass es dir so gut wie möglich geht, indem du Dinge tust, die dir Spaß machen, die dir gut tun, die dir Freude machen. Indem du den Fokus auf positiven Dingen hast und den Fokus auf deine Wünsche richtest, während du dich auf ihre Erfüllung vor-freust.

Wünsche oder Träume aufzugeben, so zu tun oder sich einzureden, man wolle ja gar nicht, was man will, das funktioniert nicht. Man will, was man will. Punkt.

Lasse dir von niemandem einreden, die Erfüllung wäre nicht möglich.

Man darf den Fokus niemals auf die Abwesenheit lenken oder gegen sein Wünschen arbeiten.

Wenn ich einen bestimmten Song hören will, der auf einem Radiosender gespielt wird, dann werde ich nach der Frequenz suchen, auf der das Lied gespielt wird und nicht alle anderen Sender ausblenden, in denen es nicht gespielt wird! Ist ja logisch, denkst du?

Interessanterweise reden wir mit anderen meistens über die Sender, die es nicht spielen, anstatt den Sender zu suchen, der es spielt. Wir reden über das, was nicht da ist, was uns fehlt, was wir gerne hätten, aber ja nicht haben.

Diese Absurdität können wir uns nur schwer abgewöhnen, was auch die vielen Misserfolge im Erschaffen erklärt.

Erziehe dich, deinen Fokus auf das Programm zu richten, das dein Lied spielt.

Den Fokus auf das Programm richten, bedeutet, an das zu denken, was du möchtest, darüber zu sprechen, dich hinein zu fühlen, nach allen Beweisen zu suchen, dass es am Weg oder schon da ist und jedes Zeichen zu feiern, dass du dich dem Programm und deinem Wunsch näherst.

Solche Zeichen können neue Ideen, Begegnungen oder Hinweise sein. Du hörst etwas am Nebentisch, jemand erzählt Dir etwas, du siehst etwas im Fernsehen. Bleibe achtsam für solche Botschaften. Folge ihnen, wenn sie sich gut oder unausweichlich anfühlen.

Wie spricht man nun über einen Wunsch, ohne in den Mangel zu gehen?

Wenn du sagst, du brauchst etwas, du erbittest etwas vom Universum oder Gott, wenn du sagst, es wird etwas sein, dann gehst du von der Vorstellung aus, dass etwas noch nicht da ist und du derzeit an einer anderen Stelle im Feld bist. Diese Sichtweise wird dir dann aber auch laufend bestätigt. Du bleibst immer im Wollen, Bitten, Brauchen oder Warten. Das Universum sagt zu allem Ja, egal, was es ist.

Der Trick ist, zu verstehen, und jetzt höre ganz genau zu - ALLES IST BEREITS DA! Im energetischen, schwingenden Feld ist in einer schwingenden Realität bereits alles da, das du dir vorstellst, sogar DU SELBST BIST BEREITS die Person, die es lebt! Verwirre ich dich jetzt? Verständlich. Es ist nicht ganz einfach zu begreifen.

Also nochmal, weil es so wichtig und essentiell ist:

DU bist in deiner schwingenden Realität bereits die Person, die du in deinem erfüllten Wunschzustand bist, die bereits das Traumleben führt, den Reichtum besitzt, die gesund ist, einen Partner hat, usw.

Du bist es bereits!

Sobald du in deiner jetzigen Wahrnehmung und greifbaren Realität in die Frequenz deiner schwingenden Wunschrealität kommst, tritt es auch in deine greifbare Wirklichkeit ein.

Man kann es auch anders ausdrücken: Es gibt ein Meer, wie der Ozean, in dem alles schwimmt, was du dir erträumen und vorstellen kannst. Dort ist es vollkommen vorhanden und für dich bereit. Du musst nur in dieses Meer greifen und dir das herausnehmen, was du möchtest. Das tust du, indem du hineingreifst und daraus schöpfst.

Wie machst du das?

Durch deine Gedanken, in Folge durch das, was du sagst, fühlst, und letztlich dann auch tust.

Deine Gedanken sind die Form, mit der du alles, das du beschließt, aus diesem Meer schöpfst.

Diese Vorstellungen sind am Beginn nicht ganz einfach zu fassen.

Lass es sickern. Stelle es dir immer wieder vor.

Ich komme noch mehrmals darauf zurück, damit du es gut verstehen und anwenden kannst.

Zum Abschluss noch einmal der Hinweis:

Bleibe dabei, halte deinen Fokus auf dein Ziel in absoluter Gewissheit und sturem Glauben.

Wenn du deine Richtung ständig änderst, bleibst du im Hin und Her stecken.

Bleibe auf Kurs und glaube. Richte alle deine Aspekte Gedanken, Emotionen, Energie und Körper auf dein Erwünschtes aus.

Sehe dich ab sofort als Erschaffenden.

2. Eine intensive Entscheidung treffen

Entscheidungen sind eines der wichtigsten Werkzeuge im erfolgreichen Erschaffen. Ohne deine Entscheidung geht gar nichts. Ohne

Entscheidung läufst du kreuz und quer und kommst niemals an. Eine Entscheidung stellt dein inneres Navi ein.

Eigentlich wissen wir ja schon, dass Entscheidungen wichtig sind und einer Veränderung vorausgehen müssen. Wir haben auch vielleicht schon öfter gehört, wir müssen uns nur für das Glück entscheiden und dann kommt es auch.

Du entscheidest dich für Glück, für dich, für Liebe oder Reichtum. Und dann passiert genau nichts.

Was läuft da schief?

Das Geheimnis ist, Entscheidungen musst du richtig treffen! Sie müssen einen Ruck in dir erzeugen!

Was sich in unserem Körper verankert und in unserem Gehirn neue Spuren erzeugt, das sind zwei Dinge: starke Emotionen mit intensivem Erleben und Wiederholung.

Beim intensiven Erleben werden chemische Stoffe in unserem Körper ausgeschüttet, die wie ein Katalysator wirken und eine Veränderung in unseren Zellen bewirken und das Erlebte „einschweißen".

> Wenn ich jetzt nur im Kopf eine Entscheidung treffe, dann werden diese Botenstoffe nicht ausgeschüttet und es verpufft relativ wirkungslos.
>
> Wenn ich die Entscheidung aber mit einer intensiven Emotion oder intensivem Erleben kopple, dann passiert dabei etwas in meinem Körper, die Botenstoffe werden aktiviert und

meine Entscheidung als eine Veränderung in meinem Körper tatsächlich gespeichert. Das zeigt dann Wirkung und eine nachhaltige Veränderung.

Wie das geht?

Du musst es schaffen, der Entscheidung ein intensives emotionales Erleben zu geben.

Wenn du jetzt nicht gerade ein dich sehr bewegendes Ereignis zur Verfügung hast, indem du gleichzeitig diese Entscheidung treffen kannst, musst du dieses intensive Erleben, diese starke Emotion selbst erzeugen.

Das kannst du über den folgenden Weg erreichen:

1. Du musst dich in die emotionale Situation deiner gewünschten Veränderung so sehr gedanklich, mit inneren Bildern hineinsteigern, dass es dir so vorkommt, du würdest es tatsächlich schon erleben, du wärst schon die Person, die da ist, und das erlebt und du spürst diese Emotion in dir aufsteigen. Wenn dein Körper ganz stark vibriert in dieser Emotion und Vorstellung, dann triffst du die Entscheidung. Du musst wirklich spüren, wie eine Art Gänsehaut oder Schauer aufsteigt, wie es in dir einen richtigen Ruck macht und dann sagst du innerlich diese Entscheidung, sagst mit völliger Hingabe JA dazu.
2. Dann stehst du auf und schreist sie hinaus, als müsstest du als Redner vor einer Menge Zuhörer Überzeugungsarbeit leisten, als müsstest du die Zuhörer dazu bringen, etwas Weltbewegendes zu tun, du musst so euphorisch wie du nur kannst, deine

Entscheidung hinausrufen, immer wieder laut und immer lauter dir sagen, dass du das jetzt entscheidest und dass es jetzt so passiert!

Jetzt können die Botenstoffe laufen und ihren Dienst tun.

3. Zuletzt machst du mit dir selbst einen Vertrag und besiegelst die Entscheidung. Mache das schriftlich oder mit einem fiktiven Handschlag mit dir selbst.

Um in unserem Körper eine energetische Veränderung anzuregen, die in uns die entsprechende Frequenz aktiviert und in unserer Körperchemie etwas dahingehend verändert, den Wunsch anziehen zu können, braucht es intensives Erleben. Nur intensive Emotionen bewirken im Gehirn und in unserer Körperchemie eine Veränderung, die eine neue Realität entstehen lassen.

Der andere, ebenso wichtige Weg, um neue Verknüpfungen in deinen Nerven zu erreichen und damit erfolgreiche Veränderung zu erzielen, ist die Wiederholung!

Erinnere dich jeden Tag wieder an deine Entscheidung, beschäftige dich täglich mit dem beschäftigen, was dich weiterbringt und wo dein Fokus hin soll.

Alle hier im Buch vorgestellten Techniken und Erkenntnisse solltest du immer wieder neu aktivieren.

Lies dieses Buch oder andere Bücher, die dir diese Techniken vermitteln, immer wieder durch. Bringe dich mithilfe von Erinnerungen und Übungen immer wieder aufs Neue in den richtigen Mindset, also die richtige gedankliche Ausrichtung. Damit deine neue Ausrichtung in die tiefsten Nervenbahnen eindringen kann und deine Energie sich verändert.

3. Dein Selbstbild anpassen

Entscheidend für den Erfolg zur Umsetzung deiner Ziele ist auch dein Selbstbild. Denn Du musst die Person werden, die du bist, wenn du das Gewünschte schon erreicht hast.

Deine Schwingung dem anzupassen, was du manifestieren willst, heißt auch, zu dieser Person, zu diesem Ich zu werden.

Dem zugrunde liegt das Bild, das eine Person von sich hat.

Das bedeutet, es ist wichtig, zu hinterfragen, wie eine Person denkt und handelt, die das, was du willst, bereits erreicht hat und lebt.

Wenn das, was du dir wünscht, bereits real wäre, wie wärst du dann? Hättest du die gleichen Einstellungen wie heute? Würdest du über dich selbst das Gleiche denken?

Wenn du dich für klein, unbedeutend und unfähig hältst, für wertlos und nicht für Erfolg geschaffen, dann kannst du dich krank arbeiten und wirst letztlich nicht zu großem Erfolg gelangen.

Denn deine Gedanken halten dich stets auf dem Level, das du von dir selbst eingestellt hast.

Das, was du über dich denkst, funktioniert wie ein Tempomat im Auto. Egal wie sehr du aufs Gas steigst, du kannst nicht schneller fahren.

Daher ist es von großer Bedeutung, die Art und Weise, wie du dich selbst siehst in Richtung deiner Ziele zu verändern.

Willst du Millionen manifestieren, musst du dich zuerst als erfolgreichen, reichen Menschen sehen. Zumindest als einen Menschen, dem Reichtum jederzeit zur Verfügung steht.

Wenn Du einen tollen Partner haben möchtest, dann ist es an der Zeit, dich als Beziehungsmensch zu sehen.

Egal, was bisher war. Egal, wer du bisher warst.

Frage dich: **Wer will ich sein?**

Entscheide dich für ein neues Selbstbild. Du kannst es ändern.

Es passiert nur in deinem Kopf. Du brauchst es nur wollen und es passiert.

Deine Emotionen und deine Umwelt werden dem folgen, was du vorgibst.

Überlege dir, was ein Mensch denken und glauben muss, um das zu erreichen und zu leben, was du dir wünschst.

Ein weiterer wichtiger Baustein deines Selbstbildes sind **deine Werte.**

Werde dir bewusst, **was dir im Leben wichtig ist, was unbedingt in deinem Leben vorhanden sein soll.**

Werte können so etwas wie Vitalität, Gesundheit, Liebe oder Beitrag zur Gemeinschaft sein. Sie können Freundschaft, Hilfsbereitschaft, Bewunderung, Familie, Freude, Kreativität oder Geborgenheit beinhalten. Alles, was für dich essentiell wichtig ist und in deinem Leben eine tragende Rolle spielt, gehört hierher.

Werde dir klar über diese Dinge. Und frage dich, wie du diese lebst? Was es braucht, dass sie für dich erfüllt sind? Und wie du einen ersten Schritt zu ihrer Erfüllung tun kannst. Und wie du diese in deinem Leben, das du jetzt erschaffst, leben willst.

Deine Werte zu leben, ist wichtig und sie definieren deine Persönlichkeit.

Der Sinn des Lebens - wofür bin ich da? - ist eine wichtige Frage, die man sich immer wieder stellen sollte.

Dieser Sinn kann sich in Lebensphasen auch ändern.

So ein Sinn kann etwas sehr Einfaches sein: Freude verbreiten, anderen etwas vermitteln, Natur erleben, mit der Kreativität zum Leben beitragen (Kreativität heißt nicht nur Künstlerisches oder Neues, sondern alles, mit dem du etwas schaffst, egal wie klein es ist).

Diese Gedanken sollen dir helfen, ein Gespür zu bekommen, wer du sein willst. Lerne dich und deine Bedürfnisse kennen und dann kreiere die Person und das Leben, das dazu passt.

Deine Glaubenssätze kannst du im Programmteil genau kennen lernen und bearbeiten.

4. Hineinfühlen - hier und jetzt bereits erleben - Ganz selbstverständlich!

Das Hineinfühlen bedeutet, in deiner jetzigen Situation, völlig egal, wie diese aussieht, dich schon in deinen Wunsch hinein zu fühlen und emotional schon so viel wie möglich von der gewünschten Realität zu erleben.

Du musst einerseits **die jetzige Realität ignorieren.** Die aktuellen Umstände, die du verändern möchtest, lenken dich immer wieder in die aktuelle Schwingung. Gerade das willst du ja aber verändern. Daher ist es so wichtig, das JETZT zu ignorieren. Die aktuellen Ergebnisse sind die Manifestationen, die deine bisherigen Gedanken erschaffen haben. Wenn du dein JETZT verändern möchtest, musst du deinen Fokus woanders hinlenken.

Dein Fokus gehört ausnahmslos dorthin, wo du sein möchtest. Das geht, indem du dir **folgende Fragen** stellst und dich von den daraus resultierenden Vorstellungen leiten lässt.

- Wie würde ich mich fühlen, wenn ich schon erreicht hätte, was ich mir wünsche?
- Wie würde ich denken und handeln?
- Wie würde ich etwas im Leben und mit anderen Menschen anders machen?
- Welches Gefühl steckt hinter meinem Wunsch?
- Warum will ich das, was ich mir wünsche? Weil ich mich dann wie fühlen werde?

Gehe dann so gut du kannst in dieses Gefühl hinein. Dies erreichst du am besten und intensivsten mit einer Meditation. Du kannst das aber grundsätzlich immer und überall machen, wo es dir gelingt, das zu fühlen, was du dann fühlen wirst, wenn es eingetreten ist.

Frage dich darüber hinaus, **was davon kann ich jetzt schon realisieren?**

Wie würde ich als die Person, die ihre Wünsche bereits lebt, handeln? Welche Körperhaltung würde ich einnehmen? Wie würde ich mit anderen sprechen und worüber.

Stelle dir vor, du wärst schon diese Person, die den Erfolg bereits lebt, den Partner bereits hat. Stelle es dir so intensiv vor, wie du nur kannst. Ein großer Teil von dir lebt es tatsächlich schon. Deine Schwingungsenergie im Feld hat das bereits alles.

Freue dich an dem Gefühl und wisse, dass es im Quantenfeld bereits existiert. Du kannst dich mittels einer Meditation einfühlen, du kannst das aber mit Übung überall machen, in der U-Bahn, im Büro, im Wartezimmer. Stelle dir vor, du wärst am Ziel und versuche die Gefühle zu fühlen, die du dann hättest.

Das Entscheidende ist die Essenz. Die gute Essenz des Gefühls, das als Ergebnis aus deiner Wunscherfüllung resultiert. Probiere es bereits jetzt aus!

Verändere deine Körperhaltung, deine Stimme, wie du mit anderen umgehst.

Ein ganz besonderer Tipp: **Selbstverständlichkeit**

Wenn du dir vorstellst, diese Person zu sein, deine Erfüllung schon zu leben, das Erreichte zu fühlen, dann nimm es als so selbstverständlich wie nur möglich wahr. Fühle es, **als wäre es das Normalste der Welt**.

Es ist das Natürlichste für dich, dass du Millionär bist, es ist ganz normal, dass du dein Traumauto fährst.

Du kannst dir vorstellen, wie du damit irgendwo ausparkst und jemand hupt dich an. Mache es so alltäglich wie möglich!

Sollten Gedanken aufkommen, dass es ja aber noch nicht da ist oder Wehmut entstehen, weil du etwas vermisst, dann halte an der Stelle sofort an. STOP! Erinnere dich, dass du den Fokus auf die Erfüllung richten willst. Vertraue, dass dein Wunsch bereits für dich existiert. Versuche immer wieder neue Wege, die dir ermöglichen, dich ganz und gar und leicht und positiv in das Gefühl hineinzuleben, das da ist, wenn dein Wunsch bereits erfüllt ist!

Wenn du an einen früheren Partner zurückdenkst, den du sehr geliebt hast, mit dem es aber auch unschöne Erlebnisse gab, dann denke immer an die Essenz des Guten, das ihr hattet. Die Essenz des Gefühls, das dich mit ihm im Guten verbunden hat. Man kann sich sozusagen die gute Essenz aller bisherigen Partner wünschen.

Betrachte die Essenz als einen Tropfen, den du aus den schönsten Erlebnissen und Gefühlen extrahiert hast. Und diesen Tropfen, dieses Gefühl, das sollst du spüren. Damit ziehst du diese Essenz in dein Leben. Durch wen oder durch was sie zu dir kommt, brauchst du nicht zu wissen.

Manchem hilft es, sich Paralleluniversen vorzustellen. Letztlich sind alle Wahrscheinlichkeiten und Energievarianten im Quantenfeld auch so etwas wie parallele Schwingungsrealitäten, nennen wir sie parallele Universen, durch die wir uns ständig in hoher Geschwindigkeit bewegen. Wir merken das nicht einmal.

Unsere Wahrnehmung ist durch unsere Gedanken und Glaubenssätze so geschult, immer die gleiche Schwingung oder Realität wahrzunehmen, wie wir sie kennen. Sobald wir unsere Wahrnehmung verändern, könnte sich auch sofort unsere gesamte Realität verändern.

Stelle dir also bitte vor, es gibt ein DU, das bereits in einem Paralleluniversum so lebt, wie du das möchtest.

Es gibt ein Ich, das alles bereits hat, lebt, erfüllt bekommen hat. Den Reichtum, das Haus, den Partner, den Erfolg, die Gesundheit, die Familie, egal was es ist.

Dieses Ich lebt es schon.

Stelle dir das immer wieder vor, dass dein ICH in einem Paralleluniversum alles bereits hat und lebt. Und dann verbinde dich mit diesem Ich in deinen Gedanken und in deiner Vorstellung und mit deinen ganzen Emotionen. Wie geht es diesem Ich? Wie denkt, spricht, fühlt, handelt es?

Wie sieht es aus? Wie bewegt es sich?

Werde zu diesem Ich - schon hier und jetzt so gut du kannst.

Wie würde dieses Ich in deinem Traumleben mit deiner jetzigen Situation umgehen? Wie an Probleme oder Mangel herangehen? Wie schwierige Situationen beurteilen und lösen?

Wahrscheinlich anders als du jetzt.

Lebe dich ein, sei dein Ich, das die gewünschte Realität bereits lebt.

Halte dir vor Augen: Alles ist bereits da!!!!!!

Du brauchst dich nur schwingungsmäßig anpassen und nur noch das Gefühl zulassen, dass ALLES schon da ist und bereit steht für dich. Du musst nichts erfragen, erbitten oder etwas entwickeln. Es ist bereits. Du entscheidest, wann du es nimmst.

Damit bringst du dich in die Schwingungsebene dieser Realität und die Manifestationen beginnen.

Eine weitere Vorstellungshilfe zur Manifestation ist die **„Energieblasentechnik"**

Stelle dir vor, du bist derzeit in einer bestimmten Energieblase. Deine Wunschrealität ist in einer anderen Energieblase, gleich neben dir. So, als würdest du in einer Seifenblase stehen und dein Wunschleben und dein Wunsch-Ich in einer weiteren benachbarten Seifenblase.

Jetzt gehe gedanklich immer wieder an den Rand deiner Blase und greife zu der anderen Blase hinüber. Wenn man Seifenblasen sanft berührt, das kennst du vielleicht, dann lassen sie sich gummiartig bewegen, ziehen und verformen. Das kannst du mit deinen Blasen auch machen. Du drückst deine Blase in die andere Blase langsam hinein. Zuerst verbiegen sie sich leicht, dann beginnen sie miteinander zu verschmelzen. Stelle dir vor, wie die beiden langsam immer mehr zu einer werden.

Ebenso kannst du dir vorstellen, wie du mit der Hand aus deiner Blase in die andere Blase hineingreifst und spürst, wie es sich dort anfühlt.

Dann kommt der Arm und irgendwann dein Fuß und später der ganze Körper.

Oder - du kannst dir die Blase lebensgroß vorstellen - Du stehst außerhalb von ihr und gehst langsam auf sie zu, berührst sie von außen und dann, sachte und langsam, beginnst du dich in sie hineinzubewegen. In die Schwingungsrealität deiner Wunschrealität.

Solche und ähnliche Bilder können dir helfen, dich gedanklich in eine neue Schwingungsebene zu bewegen, hin zu deiner gewünschten Realität.

5. Vorfreude

Ich habe lange Zeit selber nicht verstanden, wie das mit einem Detail des Erschaffens genau gemeint war. Man solle sich einfühlen in das, was man sich wünscht. Man solle gleichzeitig im Hier und Jetzt mit allem zufrieden und dafür dankbar sein. Man solle loslassen und seinen Wunsch nicht mehr wollen, dann würde er kommen. Wenn ich etwas brauche, würde es nicht kommen.

Ich kannte mich nicht mehr aus, und schon gar nicht, wie das funktionieren sollte.

Meine Wünsche konnte ich nicht abstellen, den Gedanken daran schon gar nicht. Ich sah natürlich den Mangel, solange das Gewünschte noch nicht da war. Mich einfühlen konnte ich schon, aber was meinte die geistige Welt mit dem Freuen, als wäre es schon da? Wie sollte ich mich so über die Umarmung eines Mannes freuen, als wäre er schon da, wenn er aber nicht wirklich da war?

Es hat einige Zeit und viel Recherchen gebraucht, um die Lösung zu entdecken. Ich bemerkte, dass alles ein Missverständnis war und ich die Lehren zum Erschaffen teilweise falsch ausgelegt hatte.

Eines Tages schoss es in mich ein wie ein Blitz. Dann war auf einmal alles klar: Vorfreude. Es ging um Vorfreude!

Es ging um das Einfühlen in das, was wir wollen, um die Energie dessen in uns zu spüren, um uns dann darauf zu freuen. Mit der Sicherheit, dass es kommt. So, wie wir uns auf den nächsten Italienurlaub als Kinder gefreut haben. Wir wussten, wir würden wieder hinfahren. Wir mussten nicht dort sein, um den Strand zu sehen, das frische Brot der Bäckereien zu riechen, das Meer rauschen zu hören, das Salz auf der Haut zu spüren und uns lachend dort herum laufen zu sehen. Es mischte sich in diese Vorstellungen eine große Freude auf das nächste Mal.

Das bedeutet, ich muss nicht die Vorstellung einer Umarmung als Ersatz für den fehlenden Partner erfühlen. SONDERN Ich erfühle die Umarmung so gut ich kann, um mich ab dann so richtig darauf zu freuen, dass sie real da sein wird. Mit dem Wissen, dass das Universum jetzt gerade alle Hebel in Bewegung setzt, um ihn bald wirklich in meinen Armen liegen zu lassen.

Wünschst du dir etwas? Dann sei dir in dem Moment du das jetzt liest bewusst, dass eben gerade das Universum alles für dich arrangiert. Wahrscheinlich hast du bereits heute oder in dieser Minute ein paar Chancen verpasst, da du sie nicht wahrgenommen hast. Vielleicht erhältst du in den nächsten Minuten ein Zeichen, einen Impuls oder eine Idee, die Teil der Realisation deines Wunsches sind. Folge ihnen!

Dass der Partner noch nicht da ist, verliert damit an Bedeutung. Es ist wie das Wissen im Büro, man würde nächste Woche auf einen langen Urlaub fahren, den man sich schon lange gewünscht hat. Man weiß, nächste Woche ist es soweit. Man freut sich, kann es kaum erwarten, aber das bedeutet nicht, dass man jeden Tag im Büro mit anderen darüber spricht, warum der Urlaub noch nicht da ist, man liegt auch nicht im Bett und denkt sich, der Urlaub ist jetzt (noch) nicht da. Würde man das tun, würde man auch nicht fahren. Denn dann würde man erschaffen, dass er nicht da ist.

Man braucht also nur die Realität insofern zu ignorieren, als man ihr hinsichtlich des fehlenden Wunsches keine große Bedeutung beimisst und weiß, dass es sicher kommt.

Die Vorfreude füllt dann den Spalt zwischen tatsächlich eingetretener Realität des Wunsches und der jetzigen Realität, in der dieser Wunsch noch nicht manifestiert ist. Mit der Vorfreude bleiben wir in der Frequenz des Wunsches und blenden seine Abwesenheit aus.

Was man will, will man. Wünsche lassen sich nicht stoppen oder abdrehen. Das wäre reines Unterdrücken oder Selbstbetrug.

Du darfst dir wünschen, was du dir eben wünschst. Stehe dazu. Wichtig ist nur, dass sich der Wunsch richtig gut anfühlt. Und dann fühle dich ein und freue dich vor. Als wäre es besiegelt und bereits garantierte Sache. Fertig.

Wenn es noch nicht da ist? Na und? Es ist da, wenn es da ist, bis dahin wird vorgefreut.

Und eines ist besonders wichtig.

Ich wiederhole es an dieser Stelle gern: denke niemals an das Wie, Wer, Wann und Wo!

Keine W´s! das überlässt du schön dem Universum.

Sonst stehst du dir selbst im Weg.

6. Das Universum machen lassen, die aktuelle Realität ignorieren oder gestalten

Oft kommt die Lösung durch Gegebenheiten, Dinge oder Personen, von denen wir es niemals erwarten würden. Folge den Chancen, deinem Instinkt, deinen Impulsen, dem guten Gefühl. Öffne dich dem, was sich dir in Leichtigkeit, Freude und im Fluss anbietet.

Sobald du auf das Wie fixiert bist, schwimmst du gegen den Strom und behinderst die Arbeit deines Topmanagers, dem Universum!

Denke an das Radar. Du hast niemals den Überblick. Niemals so wie das Universum. Fixiere dich nicht auf einen Weg, einen Menschen, eine Situation. Es kann auf eine Art und Weise gehen, die du dir nicht hast erträumen können. Gib dich vertrauensvoll dem Fluss hin.

Ignoriere deine Realität da, wo es möglich ist. Das bedeutet, deinen Fokus auf das zu lenken, wo du hinwillst und nicht das im Jetzt anzusehen, das du so nicht haben willst. Wenn die aktuelle Lage nicht dem entspricht, was du dir wünscht, denke dir: ich ignoriere das jetzt und richte meine Aufmerksamkeit dahin, wo ich hin will. Es ist das Ergebnis meiner vergangenen Gedanken, was ich heute sehe, es hat keine Bedeutung, ich erschaffe ab sofort eine neue Realität.

Manche Dinge können wir nicht links liegen lassen. Sie gehören zu unserem Leben und brauche unsere Aufmerksamkeit. Hier geht es darum, dies so gut, angenehm und klug wie möglich zu gestalten.

Zunächst sollst du dich also vom Universum führen lassen. Gleichzeitig alles, was gerade nicht änderbar ist so gut wie möglich an dein Wohlgefühl anpassen.

Gehe jene Wege, die leicht gehen und die sich gut anfühlen. Folge allem, das dir richtig Freude macht.

Wenn etwas schwer geht und es sich nicht vermeiden lässt (sagen wir mal, deine Steuererklärung), dann achte auf Wege, die es leichter machen. Vielleicht gibst du es an einen Steuerberater ab, vielleicht bietet sich ein Freund an, es gemeinsam zu machen, vielleicht kannst du es in einer anderen Umgebung oder mit anderen Hilfsmitteln weit leichter gestalten. Oder du kannst dazu eine völlig andere Haltung einnehmen und den Stress, den du damit bisher verbunden hast, an etwas Höheres abgeben.

Rede dir gut zu, dass es diesmal auch leicht gehen darf. Versuche, wie du anders darüber denken könntest. Rede dir ein, du würdest es diesmal ganz anders, so leicht wie nie zuvor durchführen. Entspanne dich in dem Moment du dich normalerweise zusammenkrampfen würdest.

Lege Musik auf, backe einen Kuchen, trink etwas Besonderes. Zelebriere es auf eine ganz neue Art. Suche dir selbst einen Köder, indem du dich nachher dafür belohnst.

Denke während du etwas Unangenehmes tun musst, wie gut es sich anfühlt, dass du dich dem stellst und es einfach tust. Denke an das

Ergebnis und wie gut und geklärt du dich danach fühlen wirst. Teile die Arbeit in kleinere Happen. Hole dir Rat und Hilfe. Mach es dir so schön, so gut, so freudig und angenehm wie nur immer möglich!

Gerade bei ernsten, schwierigen, unguten Dingen solltest du besonderen Wert darauf legen, die Umstände so angenehm wie möglich zu gestalten und es dir so leicht wie möglich zu machen.

Leiden bringt nichts. Leichtigkeit gewinnt immer.

Auch hier gilt: Nimm das Drama raus!

Probiere es das nächste Mal aus. Egal ob du zum Zahnarzt musst, zu einer schlimmen Untersuchung, zu einem Gerichtstermin, etwas sehr Unangenehmen, selbst wenn du etwas Schlimmes erfährst - probiere, es so spielerisch wie nur möglich anzugehen. Fixiere dich auf das Gefühl, dass das alles ein Spiel ist und du heute alles spielerisch betrachten und behandeln willst. Das bedeutet nicht, unseriös zu werden, aber alles Ernste mit der nur irgendwie möglichen Leichtigkeit zu nehmen.

Wenn eine Zeit lang nichts zu passieren scheint, verliere deine Sicherheit und dein Vertrauen nicht! Im Hintergrund passiert immer sehr viel, von dem du gerade noch nichts ahnst.

Da das ein sehr wichtiger Punkt ist, gehe ich etwas später noch genauer darauf ein.

Es ist wie bei den Pflanzen. Du sähst den Samen, dann wartest du und irgendwann kommt die Pflanze aus der Erde. Bis sich das Grün über der Oberfläche zeigt, braucht die Pflanze aber eine gewisse Zeit unter der Erde. Obwohl du nichts siehst, passiert da unglaublich viel. Der Keim entwickelt sich, alles für die spätere, vielleicht riesige Pflanze oder Frucht wird angelegt und vorbereitet. Lass deinem Keim Zeit. Vertraue. Lass es unter der Erde arbeiten.

Wenn scheinbar nichts passiert - dann passiert oft am meisten!!! Und dann, wenn es soweit ist, kann alles sehr schnell gehen.

7. Gewissheit: Absolutes Vertrauen, Glauben, Abgeben und das spirituelle Muskeltraining

Das allerwichtigste sind Vertrauen und Glauben.

Ab sofort hast du die **sture Gewissheit**, dass es funktioniert.

Damit meine ich zum einen den Glauben, es entwickelt sich alles in deinem Sinn.

Gehe weg von der der Ohn-Macht, dem Gefühl, keine Macht über das Leben zu haben, was das Schlimmste Gefühl für uns ist, weil wir Erschaffende sind und Schöpfer. Es widerspricht unserer Natur, ohnmächtig zu warten und uns ausgeliefert zu fühlen. Gehe hin zur Macht. Wenn ich glaube, wird das, was ich glaube, realisiert.

Es geht nicht immer sofort, das mit dem Glauben. Sag dir, du wirst schon lernen, zu glauben. Du wirst lernen, dass sich alles ändern kann.

Üben Üben Üben das ist der Schlüssel.

Das Vertrauen bezieht sich auf das Verlassen auf eine höhere Macht, die uns führt, alles für uns zur Verwirklichung unserer Wünsche tut und uns die nötigen Hinweise liefert. Ebenso das Vertrauen, dass wir geliebt werden, wir unser Leben erschaffen und steuern und dass wir dazu das Universum auf unserer Seite haben. Es arbeitet für uns, immer, wir müssen allerdings ein paar Regeln beachten, dass es in unserem Sinne geschieht.

Gib die Details, das Wie und das Wann ab. Beschäftige dich nicht mit Lösungen und Hindernissen. Das ist nicht deine Aufgabe. Da stehst du nur im Weg.

Vertrauen, Glauben und das erfolgreiche Erschaffen sind eine Kunst, die gelernt werden muss. Wir haben die Macht und Fähigkeit dazu in die Wiege gelegt bekommen, wir haben aber die Kunstfertigkeit verlernt und durch falsche Gewohnheiten und Denkweisen überlagert. Es braucht Übung. Es ist wie ein Muskel, den du trainieren musst. Deshalb übe immer weiter und bleibe dran, auch wenn es nicht sofort gelingt!

Hindernisse, scheinbare Rückschläge, nichts darf dich mehr von deinem Glauben abbringen. Nichts. Du weißt es jetzt besser. Du trainierst jetzt deinen spirituellen Muskel. Du wirst immer besser und stärker darin, zu wissen, wie es funktioniert und dass das ganze Universum ALLES für dich bereithält. ALLES. Und JEDERZEIT. Du trainierst deine Muskeln, deine Fähigkeit, immer weiter dabei zu bleiben, deinen Fokus immer mehr da zu haben, wo du wirklich hin willst. Du wirst besser und besser darin, dir zu vergeben, wenn du es einmal nicht schaffst und du wieder in alte Denkgewohnheiten gefallen bist.

Du überlässt höheren Mächten das Arrangieren und Organisieren der besten Gelegenheiten und bleibst aufmerksam.

8. Impulse und Zeichen beachten, das gute Gefühl als Wegweiser

Die Grundregel lautet:

Folge dem guten Gefühl, dem hüpfenden Herz, dem guten Kribbeln, der Freude, dem Spaß oder dem Gefühl, etwas unbedingt und sofort tun zu müssen, auch wenn sich dir der Sinn im Augenblick verschließt und es scheinbar mit deinem Wunsch nichts zu tun hat.

Folge der Leichtigkeit und dem Strom. Das bedeutet, dass alles, was leicht geht, was ohne Aufwand von selbst dahinflutscht, auch dem Strom folgt.

Während alles, was mit großer Anstrengung und Verkrampfung, Bauchschmerzen und inneren Widerständen verknüpft ist, die falsche Richtung anzeigt.

Wenn du dich verläufst, macht nichts. Nütze die nächste Gelegenheit, wieder mit dem Strom zu schwimmen und in die Leichtigkeit und das gute Gefühl zu kommen.

Selbst, wenn deine Tante, die ich bei den Fehlern als Beispiel genannt habe, kein Geld hätte, wäre dir durch ihren Besuch eine lösende Idee gekommen oder du hättest am Weg jemanden kennen gelernt, der noch wichtig für dich geworden wäre.

Selbst wenn auf einer Party mit hundert Leuten dich nur der kleine Dicke anspricht, du aber Spaß hast, dich mit ihm zu unterhalten, vertraue und tu es. Vielleicht ist sein bester Freund dein Traummann. Der gutaussehende Mr. Super, der dich nicht beachtet, würde dich in Wahrheit zu Tode langweilen. Es hat seinen Sinn, wenn es nicht flutscht. Erzwinge es dann nicht und hab Spaß mit Mr. Wrong.

Du überblickst die Wege nicht. Also versuche nicht, diese Wege zu verstehen. Du kannst nur den Impulsen und Hinweisen folgen und dabei auf dein Gefühl hören.

Ganz wichtig ist es auch, nicht die Wege des Universums zu hinterfragen.

„Was, durch diese Person soll ich zu Geld kommen?" „Was, der soll ein potentieller Partner sein?" - damit schleuderst du dich selbst von der Straße zu deinem Glück. Ja, du sollst dem folgen, was sich gut anfühlt. Wenn sich also eine Situation oder Person gut anfühlt, dann vertraue, auch wenn sie oder er oder die Umstände anscheinend nicht zu deinem Ziel führen.

9. In der Frequenz des Wunsches aufhalten, sich generell so gut wie möglich fühlen und sich vorbereiten

Die Frequenz des Wunsches zu erreichen, das gelingt über verschiedene Wege.

Du kannst ja nicht stundenlang meditativ in diesen Emotionen verbringen. Es gibt einen Alltag. Und dafür kann man sich ein paar Tricks zunutze machen:

Tu so oft es geht als ob.

Du erinnerst dich, wie ich vorher beschrieben habe, schon dein anderes Ich zu sein, das bereits die erwünschte Realität lebt? Behalte das auch im Alltag immer im Auge.

Entweder du tust schon Dinge, die du tun würdest, wenn dein Wunsch schon erfüllt wäre, oder du redest darüber als wäre es schon da. Mit Menschen, mit denen es möglich ist, kannst du spielerisch so viel wie möglich davon herzaubern, dir im positiven Sinn etwas vormachen, davon sprechen, als ob es bereits existiert und vor allem über die Emotionen sprechen, wenn es erreicht ist.

Eine meiner Klientinnen antwortete auf die Frage, ob sie denn schon einen Partner gefunden hätte: „Er ist schon da, man kann ihn nur noch nicht sehen!"

Das kann man natürlich nicht jedem erzählen, ohne für völlig verrückt erklärt zu werden. Die Meinung anderer sollte dir aber ohnehin immer mehr egal sein.

Du könntest, anstatt davon zu reden, dass du dir einen Partner wünscht, davon reden, wie toll es ist, als Partner etwas gemeinsam zu erleben. Spreche in der Gegenwart. Zum Beispiel „Ich mag es total mit meinem Partner Essen zu gehen. Gemeinsam zu genießen erfüllt mich mit unglaublicher Freude" Das kannst du so allgemein halten, dass der andere denkt du redest über deine Vorlieben ganz allgemein. Du selbst solltest aber wissen, dass du bereits deine im Schwingungsfeld existierende Realität bezeichnest und hier schon der schwingende Teil deines Ich´s spricht, der bereits mit dem Partner sein Essen genießt.

Nütze auch alle Songs, Filme, Bücher, Menschen, Aktivitäten, Orte und Dinge, die dich dem Gefühl deiner Wunscherfüllung nahe bringen.

Suche in allen Dingen, Situationen, Menschen, die dir begegnen, positive Zeichen deines Glückes hin zur Wunscherfüllung. Wenn sich vor dir ein Paar küsst, freue dich über das gute Zeichen und diese Paar-Energie, die in deine Wahrnehmung kommt als erste kleine Manifestation deiner neuen Partnerschaft.

Ideen sind bereits Manifestationen!!

ALLES, ich betone ALLES, das irgendwie mit deinem Wunsch zu tun hat oder in die energetische Richtung dessen geht, ist bereits eine weitere Manifestation! Erkenne es! Feiere es! Freue dich! Damit verstärkst du es noch mehr und weiter.

Dies sind ebenso Zeichen, dass du am richtigen Weg bist in deiner Aufmerksamkeit!

Als nächstes solltest du dafür sorgen, dass du dich unabhängig von deinen Wünschen so gut wie nur möglich fühlst. Setze alles daran, dich gut zu fühlen. Sorge dafür und nütze jede Möglichkeit dazu. Am besten in Bereichen und Dingen, die nichts mit deinem Wunsch zu tun haben.

Du suchst einen Partner? Probiere einen neuen Sport aus oder renoviere deine Wohnung. Du wünschst dir Geld? Koche ein neues Gericht, überrasche Freunde mit kleinen Geschenken ohne Anlass, gehe ins Spa oder zur Massage.

Bereite dich auf deine Wunscherfüllung vor. Wenn der Wunsch sich manifestiert, wirst du vielleicht fit sein oder eine Sprache beherrschen oder ein bestimmtes Wissen haben wollen. Wenn dein Partner von heute auf morgen in dein Leben schneit, hast du dann schon eine Bettdecke für ihn? Und Platz in deiner Wohnung? Wenn dein Partner ein guter Tänzer sein soll, bist du selber ein guter Tänzer? Könntest du dich jetzt schon darauf vorbereiten? Mache alles, was du kannst, um dich vorzubereiten, als ob der Wunsch morgen schon in Erfüllung ginge.

Sich so gut wie möglich fühlen, hier ein paar wichtige Tricks und Regeln

Glücklich sein

Das Geheimnis ist ganz einfach und doch so unendlich schwer. Glücklich sein sollte man einfach, weil man es so entscheidet, egal was gerade ist! Das wäre das ganze Geheimnis. Das gelingt uns aber sehr selten bis nie.

Mein Vorschlag hier wäre eine Abänderung. Mache es dir zu deinem größten Anliegen, dich gut zu fühlen und deinen Fokus immer auf das zu richten, wohin du willst. Versuche, in jeder Situation die Dinge zu sehen, die gut laufen. Erschaffe dir egal in welcher Lebenslage durch deine Gedanken gute Gefühle. Erfinde Geschichten. Denke Gedanken, die dich lächeln lassen. Fühle dich in das ein, was du möchtest. Oder besser, in das Gefühl, das du hättest, wenn es schon da wäre.

Alles, worüber du jetzt tatsächlich glücklich sein kannst, darüber freue dich.

Werde aufmerksam für Alles, für das du dankbar sein kannst.

Werde aufmerksam für Alles, das bereits gut läuft.

Belohne dich immer wieder für Etappenziele und deine Leistungen!

Belohne dich für positive Veränderungen, wenn erste Manifestationen auftauchen oder wenn es zum Beispiel geschafft hast, mit einer Situation statt wie bisher mit Drama in einer neuen Balance umzugehen.

Von Null auf Hundert

Wenn du gefühlsmäßig auf null bist und dich elend fühlst, kannst du nicht im nächsten Moment auf 100 und super happy sein. Zumindest eher in ganz seltenen Fällen.

Du kannst aber innerhalb Sekunden dein Gefühl zumindest auf plus 3 bringen. Ein kleiner Schritt nach oben ist immer besser, als gleich 100 zu wollen und dann so zu scheitern, dass du dich noch mieser als mies fühlst.

Wut ist besser als Depression, weil Emotion in Fluss kommt und du in Bewegung und in die Macht kommst.

Manchmal geht nichts mehr und das ist in Ordnung so. Verlange viel von dir, aber nicht zu viel.

Der Anspruch, sich immer gut zu fühlen und immer Licht und Liebe auszustrahlen ist nicht machbar und in unserer menschlichen Existenz unrealistisch. Dieser zu hohe Anspruch erzeugt dann eher Versagensgefühle und Enttäuschung als dass es helfen würde.

Arbeite an dir, habe Selbstdisziplin in deinen Gedanken und darin, wie du mit dir umgehst, tue, was du kannst, aber verlange nicht Unmögliches von dir und schlage dich nicht selbst, wenn du etwas nicht schaffst.

Ein bisschen besser ist oft gut genug. Kleine Schritte sind besser als gar keiner oder ein zu großer, der dich zurückwirft.

Du bist wie ein Kind, das laufen lernt. Habe Geduld mit dir und ermuntere dich immer wieder, nochmal aufzustehen, vielleicht klappt es ja diesmal.

Soothing - Sich selbst trösten

Es ist ungemein wichtig, dass du prinzipiell äußerst liebevoll und wohlwollend mit dir umgehst. Achtsam mit sich zu sein, auf seine Bedürfnisse zu achten, ist ein Teil von Selbstliebe.

Worum es hier im Besonderen geht ist, sich nicht selbst zu strafen, zu verurteilen, zu kritisieren, wenn man Fehler macht und nicht zu streng mit sich zu sein, wenn man Rückschläge erleidet oder sich wieder nach alten Glaubenssätzen verhält.

Es darf dir auch einmal schlecht gehen. Wenn du es nicht schaffst, durch alle hier vorgestellten Kniffe und Methoden deine Laune zu heben oder der Schmerz einfach da ist, dann lasse es einfach auch einmal so sein. Das gehört zum Leben, zur menschlichen Natur und ganz speziell zu unserer Entwicklung. Es ist nichts an sich schlechtes. Es kann sogar von großer Wichtigkeit und von Vorteil sein, weil es heißt, dass eine Expansion im Gang ist. Lasse dich schwach sein und behandle dich so, wie du ein krankes Kind behandeln würdest. Versuche, dich mit lieben, positiven Gedanken aufzurichten.

Zum Beispiel sagst du dir:

Es ist ok, es darf jetzt sein, ich krieg das wieder hin, wenn es jetzt nicht geklappt hat, dann das nächste Mal.

Schau mal, was ich schon geschafft habe, da war ich gar nicht schlecht, immerhin breche ich jetzt nicht zusammen, das ist ein Fortschritt.

Dass ich mich selbst beruhigen kann ist ein immenser Fortschritt!

Ich kann erkennen, wenn ich falsch denke, das konnte ich bisher nicht und wenn es mir passiert, ist es auch in Ordnung. Das ist auch ein Teil von mir, der sein darf.

Bald oder gleich wird es mir wieder anders gehen und besser gehen.

Ich erkenne immer besser, welche Muster dem zugrunde liegen und wann ich in die alten Fallen laufe. Ich weiß immer schneller, wann ich mich wieder selber runter gemacht habe oder Zweifel an mir habe.

Ich weiß, dass ich nicht wissen muss, wie ich genau zu meinem Ziel komme. Ich vertraue darauf, dass es auf mich zukommt und ich im richtigen Moment die richtigen Aktionen setze, wenn ich darauf achte, gut zu mir zu sein und mich wohl zu fühlen. Bis dahin mache ich eben das, was mir einfällt oder gut tut, wenn es nur sitzen, lesen oder spazieren ist.

Ich bin wertvoll, einfach weil ich bin. Das genügt. Ich bin ab jetzt mein bester Freund. Was würde ein bester Freund jetzt zu mir sagen?

Ich darf auch schwach sein. Ich weiß, alles ist in einer ständigen Verwandlung. Auch ich verwandle mich gerade. Das ist gut. Ich verändere mich und das bedeutet, ich nähere mich meinem Ziel. Denn jetzt weiß ich mehr als vorher.

Schon morgen bin ich jemand anderer. Ich entscheide, wer ich bin. Und jetzt darf ich einfach einmal nur sein, so wie es gerade ist.

Im Notfall hilft tatsächlich ein Spaziergang, ein positives Buch, oder ein neuer Schritt, wie die Anmeldung zu einem Seminar, Kurs oder einer Gruppe, wo andere Menschen sind, wo etwas passiert, das du bisher noch nie versucht hast.

Du kannst in so einer Situation auch den „mein inneres Kind-Tag" machen. Das ist eines der heilsamsten Werkzeuge, die Übung findest du in der Selbsthilfe - Seelenapotheke Teil.

Oft hilft aber auch die Höhle des Löwen. Gehe mitten in das, was du so lange aufschiebst und das am Unangenehmsten ist. Für diesen Mut und diese Überwindung wirst du über alle Massen mit einem Gefühl der Zufriedenheit und

Erleichterung belohnt werden und deine Frequenz erhöht sich extrem!

Ein unangenehmes Gespräch, die fälligen Rechnungen, die Steuererklärung, die Untersuchung, die Insolvenz, die Trennung. Egal, was es ist, gehe es an. Manchmal ist der Weg ins Schwarze nötig. Der Geburtstunnel ist kurz eng und dunkel, aber danach bist du neugeboren!

Du spürst es daran, dass dich eigentlich nichts mehr freut, weil diese Sache wie ein dunkles Monster über deinem Leben oder deinen Gedanken hängt. Dann weißt du, der Zeitpunkt ist da, es zu erledigen. Dann spürst du auch den Drang, dass das endlich angepackt werden muss. Dann los!

10. Die aktuelle Realität ignorieren, den Fokus auf dem Gewünschten lassen und allem, was schon gut ist oder in diese Richtung geht

Wenn die aktuelle Realität nicht der der Wunscherfüllung entspricht, heißt es, den Fokus davon weg, hin zu deiner Erfüllung zu lenken - In deinen Gedanken und deinen Gefühlen. Sage dir, dass die Situation jetzt eben so und in Ordnung ist und du dich auf die Manifestation deiner Wünsche freust.

Danke für alles, was schon gut ist in deinem Leben und fühle dich so oft du kannst in das ein, was du möchtest.

Wenn etwas schmerzhaft ist derzeit, dann sage dir, es ist jetzt vorübergehend so, denn ich gehe geradewegs auf mein Ziel zu und ich spüre es schon, es ist energetisch schon da, auch wenn ich es noch nicht sehen oder angreifen kann, aber ich kann es schon fühlen. Es ist bereits wahr. Ich freue mich darauf und bin schon jetzt dankbar.

Das „Unabhängig machen" des eigenen Wohlbefindens vom Verhalten der anderen und den Umständen ist ein Schlüssel zu deiner Wunscherfüllung.

Sonst endet es im Teufelskreis und du erschaffst immer wieder die gleiche Abhängigkeit. Die anderen sind nicht dein Maßstab. Nur du bist dein Maßstab.

Die Umstände sind der Schnee von gestern. Deine jetzige Lebenssituation hast du in der Vergangenheit erschaffen. Jeder Augenblick bietet eine neue Chance, etwas anderes entstehen zu lassen.

Wenn du nur auf das blickst, was jetzt da ist, erschaffst du immer dieses wieder neu. Du musst also in deine Zukunft blicken, dahin, was du erschaffen möchtest. Denke an den Mückenschwarm! Wo sollen deine Mücken hinfliegen? Disziplinieren deine Gedanken!

11. Erste Manifestationen beachten und feiern

Beachte und wertschätze alles, was bereits Teil der Manifestation ist und erfreue dich daran

Schon kleine Hinweise, dass du manifestierst, sollten dich freuen. Beachte diese Hinweise. Bereits Ideen und Impulse sind erste Beweise deines Erschaffens. Ebenso, wenn du bei anderen das beobachtest, was du dir wünschst, kommt es bereits so in deine Wahrnehmung. Sehe dies als Beweis, dass du am richtigen Weg bist. Freue dich über jeden Film, jeden Song, jedes Wort, das in die Richtung deiner Wunscherfüllung weist.

Hat dein Nachbar ein neues, tolles Auto? Freue dich, dass dieser Wohlstand in deine Wahrnehmung kommt und erkenne als guten Hinweis, dass deine Energie der richtigen Spur folgt!

Wenn du neidisch wirst, weil er es hat und du nicht, dann bist du im Mangel. Wenn du dich mit ihm freust und es als Zeichen siehst, dass du solche Energien anziehst und dich auf dein Ziel fokussierst, dann schwingst du in der Erfolg-Energie!

Solange du dich gut fühlst und du in Vorfreude kribbelst, bist du am Weg und hast den Turbo eingeschalten!

Beachte und wertschätze alles, was an Erfüllung kommt, auch wenn es nur 85% sind.

Angenommen, du wünschst dir einen neuen, perfekten Partner. Dann lernst du jemanden kennen, der zwar 85% dessen erfüllt, was du dir wünschst. Einiges passt jedoch noch nicht, woran du erkennst, dass er nicht der Richtige sein kann.

Denke Dir nicht, warum fehlen da jetzt 15%? Sondern freue dich, dass du bereits 85%

manifestiert hast und gehe in die emotionale Essenz dessen, was diese guten 85% in dir auslösen.

Denke dir, wie schön es ist, dass bereits so viel dessen, was sich gut anfühlt, in deine Wahrnehmung und Realität kommt und vertraue, dass du auch noch 100% schaffst.

Sage dir: wenn ich 85% Prozent schaffe, dann schaffe ich auch 100%. Ich weiß, wie es geht, ich habe es mir gerade bewiesen, Ich werde immer besser darin, und ich genieße alles, was sich derzeit gut anfühlt.

12. Nütze alle Techniken der Frequenzerhöhung bei scheinbarem Stillstand, bei Rückschlägen & Widerständen

Der Weg zu einem Ziel ist nie gerade

Der Weg zum Erfolg ist nicht gerade und Dinge, die sich wie Rückschläge anfühlen, sind keine Fehler sind. Sie führen dich und sind deine Wegweiser. Sie bringen noch mehr Klarheit. Wenn du sie positiv nimmst, werden sie zum Turbo deiner Glücksmaschine.

Wenn du sie als Rückschläge oder einen Mangel betrachtest, katapultiert dich dein negativer Fokus zurück in den Mangel, dreht dein Boot und du ruderst wieder stromaufwärts.

Ich bezeichne Schmerz und unangenehme Erfahrungen, die ich erlebe, gerne als **Entwicklungs-Turbo, meine Phönix-Essenz oder meinen Manifestations-Beschleuniger**. Damit gebe ich Ihnen sofort eine neue Bedeutung und Energie, die mir nützen kann, anstatt mich zu bremsen.

Du kannst auch zu einem aktuellen Schmerz sagen: **meine Metamorphose, danke für deine Hilfe**.

Gerade Menschen, die dir wehtun, dich verlassen oder schlecht behandeln und dir scheinbar von außen Schmerz zufügen, kannst du ab jetzt als Katalysator betrachten.

Sehe diese Menschen ab sofort als Helfer, die in dir Entwicklung auslösen und dich auf den Weg hin zu deinem wahren Ziel bringen.

Wisse, den Schmerz erzeugst du selbst. Du machst dich von außen abhängig, das kannst du jederzeit ändern und frei werden. Du bestimmst den Schmerz, niemand sonst.

Das einzige Ticket in Richtung Glück ist das Vertrauen, dass du jederzeit am Weg bist und geführt wirst und dass du den Fokus auf das richtest, was du willst, egal was gerade los ist um dich herum.

Wie ich bereits erwähnte, entwickeln wir uns nicht in schnurgeraden Linien von A nach B, sondern in Kreisen, Spiralen und Bögen. Unsere ganze Wachstumsgeschichte ist sehr lebendig und teilweise scheinbar verworren. Das Einzige, was du daher machen kannst, ist, deinen Fokus auf dein Gewünschtes zu richten und dich dann von den verschlungenen Wegen dorthin überraschen zu lassen. Dabei darfst du immer und ausnahmslos vertrauen, dass du am richtigen Weg bist.

Ja – ausnahmslos vertrauen – dass du, egal was passiert, am Weg bist. Gerade in Situationen, wo du denkst, es ginge rückwärts oder du würdest dich vom Ziel entfernen.

Auch Rückschritte tragen enorm zu unserem Weg und unserer Zielfindung bei. Man darf sie nur nicht als einen Rückschritt sehen und sich damit vom Ziel entfernen. Betrachte es wie eine Steinschleuder. Es zieht dich noch einmal heftig zurück, um dich dann im hohen Bogen Richtung Ziel zu schleudern!

Alles, was du tust, gibt dem System einen Impuls. Sobald du deine Perspektive und Handlungsweise im System änderst, sind, wie bei einem Mobile, wo alles miteinander beweglich zusammenhängt, alle anderen Teile gezwungen, sich ebenso neu zu formieren und ihren Platz zu verändern. Das sind manchmal Millimeter und manchmal wahre Erdrutsche.

Alles, was du tust, hat Wirksamkeit im großen System und besonders im Subsystem deiner engsten Beziehungen.

Wenn anscheinend nichts passiert – Achtung! Falle!

Wenn vermeintlich nichts passiert, ist das nur ein Irrtum in deiner eingeschränkten Wahrnehmung deines Wachbewusstseins. Es passiert immer sehr viel und das Universum ist ständig in Arbeit, für dich neue Möglichkeiten zu schaffen und anzubieten und dir enorme Impulse zu liefern.

Du kannst dir das wie ein großes Hochzeitsfest vorstellen. Erst einen Tag vorher werden die Tische gedeckt, vielleicht erst am Tag der

Feier das Essen gekocht. In dem betreffenden Gasthaus ist einen Tag vor dem Fest nichts davon zu bemerken, dass hier vielleicht bald hundert Menschen essen, tanzen und lachen werden. Dem voraus ging aber wochenlange intensive Arbeit. Einladungen mussten verschickt werden, mit dem Pfarrer und anderen Angehörigen zigfach Gespräche geführt werden. Das Kleid, die Hochzeitstorte, der Menüplan, die Sitzordnung, der DJ und das Programm ausgesucht und besprochen werden. Und vieles mehr.

Und so ist es in unserer Entwicklung und mit unseren Zielen auch. Wenn wir uns einen neuen Partner wünschen, dann beginnt das Universum mit der Vorbereitung des Festes „neuer Partner".

Es tut sich unglaublich viel im Hintergrund, von dem du bewusst nichts mitbekommst. Es arbeitet aber fieberhaft, um dich bald auf dein Fest, in dem Fall zu deinem Traumpartner, zu führen.

Wenn du jetzt aber jeden Tag dein Leben anschaust und sagst und fühlst: da passiert ja nichts, da ist ja kein Fest, dann sendest du wie ein Radiosender stündlich das Programm „da ist kein Fest". In diesem Fall „Da ist kein Traumpartner".

Und hier beginnt das Desaster.

Du sendest dem Universum einmal „ich will ein Fest" - es beginnt die Vorbereitungen. Im nächsten Moment sendest du „da ist kein Fest" jetzt stoppt es die Vorbereitungen, weil es deinen Fokus „kein Fest" erfüllen möchte.

Mit deinem Wunsch nach einem Partner sendest du „Da ist ein Partner“. Mit deinen Gedanken, wieso ist noch keiner da, ich hab niemanden, das wird wohl nichts, warum haben andere, was ich nicht habe, ich vermisse einen Partner, sendest du übersetzt „Da ist kein Partner“.

Das bedeutet - du sendest - Ja Nein Ja Nein Ja Nein. Eine Endlosschleife, die sich nicht weiter bewegen kann.

Wie geht man mit dem um, was noch nicht da ist?

Man fühlt sich hinein, wie es wäre, wenn es schon da wäre. Man redet darüber, dass es energetisch schon da ist. Man spürt es schon, so gut man kann. Man vertraut darauf, dass es am Weg ist und durch nichts aufzuhalten.

Man denkt sich diszipliniert in die Vorstellung hinein: ich erschaffe mir einen Partner, ich habe schon einen Partner, er ist schon da im Feld, er ist schon da, man kann ihn nur noch nicht sehen, ich weiß, dass ich einen Partner erschaffe, zum richtigen Zeitpunkt ist er da, ich brauche nur in die richtige Frequenz gehen und er findet mich sofort. Ich sehe ihn, Er sieht mich. Ich erkenne ihn, sie sofort.

> Stefanie war schon einige Zeit lang Single, bis sie mit dem erfolgreichen Erschaffen und dem Programm begann. Sie fing an, ihre Gedanken zu verändern und mied ihre Single-Freundinnen, die ständig vor sich hin jammerten, wie schlimm das Leben alleine wäre und wie gut es die anderen hatten. Sie richtete ihren Fokus auf das Gefühl aus, das sie erleben würde, wenn ihr Partner schon

da wäre. Das tat sie jeden Tag mehrmals für ein paar Minuten. Nach einiger Zeit spürte sie durchgehend ein Kribbeln der Vorfreude. Zuerst sagte sie sich selbst, dass sie ihren neuen Partner schon spüren könne. Etwas später, wenn sie von Bekannten und Freunden darauf angesprochen wurde, wie es denn gerade mit ihrem Liebesleben aussehen würde, antwortete sie mutig: „Es gibt da jemanden, er ist schon da, man kann ihn nur noch nicht sehen!" Zugegeben, sie erntete manchmal verwirrte oder ungläubige Blicke. Die Meisten aber fragten nicht nach und lächelten. Stefanie war die Meinung der anderen egal. Sie fühlte, dass diese Vorgehensweise ihre Vorfreude steigerte und es der richtige Weg für sie war. Kurz darauf schneite Johann in ihr Leben. Sie hatte ihn ein paar Monate zuvor auf einem Workshop kennen gelernt. Damals schienen beide aneinander kein Interesse zu finden, Johann war auch noch vergeben. Bei dem neuerlichen Zusammentreffen flogen aber die Funken und Stefanie wusste ohne jeden Zweifel, dass er es war. Johann hatte sich mittlerweile getrennt und erzählte Stefanie später, dass es bei ihm plötzlich wie eine Bombe eingeschlagen habe. Er könne es gar nicht erklären.

Bisherige Erfahrungen entsprechen alten Grenzen und deinem alten Ich

Bisherige Erfahrungen stellen keinen Maßstab mehr da, vergiss, was wie in der Vergangenheit funktioniert hat oder wie lange etwas gebraucht hat. Du bist jetzt in einer anderen Frequenz und daher kann alles anders, schneller oder leichter funktionieren.

Bremse dich nicht mit den Annahmen, die dich bisher geleitet haben. Lass dich von einer neuen Welt überraschen. Deiner neuen Welt, die du dir jetzt aus dem Meer deiner Möglichkeiten nimmst.

Gedankenkontrolle bei aufkommendem Zweifel

Aufkommende negative Gedanken oder Zweifel solltest du rigoros und radikal hinterfragen und stattdessen gute Gedanken produzieren, die dich besser fühlen lassen. Bei negativen Gedankenkreisen, deute diese um, drehe sie, suche nach anderen Beweisen, tröste dich und rede dir alles ein, was dich besser fühlen lässt.

Lass dein Gehirn nach Beweisen für etwas Gutes suchen: dass du am Weg bist, bisherige Erfolge, Beweise, dass du deinem Ziel näher kommst, dass du dankbar sein kannst. Suche nach Dingen, die dir Freude bereiten.

Gegen Zweifel gibt es letztlich nur ein einziges Mittel: die rigorose Entscheidung für das, was man stattdessen will. Glauben an das Universum, Glauben an sich, Glauben an sein Ziel. Glauben, dass du nur mit guten förderlichen Glaubenssätzen deine Ziele erreichen wirst.

Wenn der Zweifel anklopft, dann sage dir: Hallo Zweifel, du schon wieder? Schon gut, aber ich mache es jetzt anders. Ich habe mich für einen neuen Weg entschieden. Einen Weg des Glaubens und Vertrauens. Vor allem an und in mich! Diesen Weg gehe ich jetzt. Ich bin fokussiert, ich weiß ganz genau, was ich will und ich kenne jetzt die Techniken des Erschaffens. Ich fühle es schon, ich bin schon dort und ich weiß, es geschieht und ALLES ist bereits da. Ab sofort bestimme ich.

Deine Gefühle als Navi - dadurch weißt du, wo du stehst

Deine Gefühle zeigen Dir, ob du am Weg bist und richtig denkst oder nicht.

Warum?

Weil deine Emotionen die Schwingungsebene anzeigen, auf der du dich befindest. Negative Gedanken erzeugen auch entsprechende Gefühle. Wenn du dich von deinem Weg oder Ziel entfernst, fühlst du dich nicht gut. Wenn du in alte Gewohnheiten schlitterst, zeigen dir das auch deine Emotionen.

Zwei Dinge bestimmen deine Emotionen.

1. Deine Gedanken
2. Die Umstände und alles, auf das du deine Aufmerksamkeit richtest

Emotionen entstehen gesteuert durch unseren Geist. Wenn Umstände Emotionen auslösen, dann sind es immer Emotionen, die wir gelernt haben. Wir reagieren automatisch auf bestimmte Situationen mit bestimmten Gefühlen. Der einzige Weg, das zu kontrollieren, passiert über unseren Geist, über unsere Gedanken.

Das bedeutet, letztlich lösen unsere Gedanken unsere Emotionen aus. Entweder jene, die wir bewusst denken. Oder jene Denkmuster, die unbewusst ablaufen und eine Reaktion auf uns bekannte Situationen darstellen.

Alles, was automatisch und unerkannt passiert, bietet die größte Falle für den Misserfolg.

Deshalb ist es so wichtig, dass du dir deiner Gedanken und Denkgewohnheiten bewusst wirst. Deshalb ist es so wichtig, dass du dich beobachtest, was deine Gedanken machen und wohin du damit steuerst. Deshalb ist es so essentiell für deinen Erfolg, dass du aufmerksam bleibst, wann du wieder mit gewohnten emotionalen Mustern reagierst, die einfach eingelernt sind und reine Interpretationen deiner Gedanken.

Allein dein erweitertes Bewusstsein ist schon eine große Veränderung.

Bleibe wachsam.

Achte darauf, wie du dich fühlst und erkenne, welche Denkmuster dahinter stehen und auf welche Umstände du deinen Fokus gelegt hast.

Dann wende alle Techniken an, um dich wieder besser zu fühlen.

Es geht letztlich darum, solche Gedanken zu denken, die dazu führen, dass du dich besser fühlst.

Und auch, wenn du für den Moment eine Geschichte erfinden musst, damit es dir besser geht, das ist erlaubt.

13. Löse deine inneren, unerkannten Blockaden und Saboteure auf

Dazu dient das im Anschluss vorgestellte Programm. Hiermit kannst du deine Blockaden und alten Glaubenssätze finden, sie transformieren und ihnen die Wirkung nehmen. Wenn wir uns selber die Erfüllung nicht erlauben, dann können wir noch so gut erschaffen, wir werden uns unbewusst immer wieder selbst boykottieren und den Erfolg verhindern. Das abzustellen und zu verändern, dazu dient das Programm zur Transformation deiner Glaubenssätze.

Unerkannte Glaubenssätze, gewohnte Denkmuster, sie können uns immer wieder abbringen und zurückwerfen.

Gerade dann, wenn wir beginnen, uns zu verändern, schlagen sie unerbittlich zu! Denn nichts ist für alte Glaubenssätze bedrohlicher als Veränderung.

Ihre einzige Aufgabe ist schließlich, für Sicherheit und den Fortbestand der gewohnten Situation zu sorgen.

Und wenn man aus diesen alten Grenzen ausbrechen will, dann bestrafen sie einen mit ANGST.

Oder sie verleiten uns zu einem Verhalten, dass Veränderung verhindert und uns schön wieder an den alten Platz zurückbringt.

Die gute Nachricht ist - du weißt es schon: Du kannst diese alten Glaubenssätze umschreiben. Du kannst alles bestimmen. Du hast deine

Veränderung immer in der Hand. Du kannst dich umprogrammieren!

Du kannst sie verändern. Jederzeit.

Ein ganz großes Thema und einer der größten Saboteure ist SCHULD: Oder zumindest das Gefühl, wir wären an etwas schuld.

Dazu habe ich in den Erklärungen am Anfang zur Schuld, die Meisterin der Blockaden, schon Einiges gesagt.

Schuld ist oft eine Folge falscher Glaubenssätze. Daher kann sie sich oft automatisch auflösen, wenn du an den Glaubenssätzen und deinem verzerrten Selbstbild arbeitest.

Ein Mensch, der erfolgreich und glücklich lebt, der verurteilt sich nicht und übernimmt eine gesunde Verantwortung für das, was er wirklich verschuldet hat, aber nicht für Dinge, die er sich unnötig auferlegt hat. Ein glücklicher Mensch weiß, dass er genug ist und genug leistet, dass er seine Zielerfüllung verdient hat und dass er in seinem vollen Wert steht.

Wichtig ist für dich, ein Selbstbild zu entwickeln, das dir ermöglicht, Schuld abzulegen, wo keine existiert. Du bist nicht schuld am Unglück deiner Eltern oder an vielem, das um dich passiert. Die kommenden Übungen helfen dir, dies umzusetzen.

Sollten weiterhin Schuldgefühle bestehen, findest du in der Seelenapotheke Rituale die du anwenden kannst.

14. Hol dir dein inneres Kind an deine Seite, damit es kooperiert

Bitte lese dazu das Kapitel zum inneren Kind im Anschluss an das Programm zur Veränderung deiner Glaubenssätze. Dort habe ich beschrieben, wie du großteils deine Erinnerung heilen und dein Kind an deine Seite holen kannst. Ein verärgertes, gekränktes, verletztes inneres Kind wird dich immer wieder boykottieren und an deiner Wunscherfüllung hindern, wenn es gegen dich anstatt mit dir arbeitet. Warum das so ist und wie du es ändern kannst, erfährst du dort.

Soviel sei gleich dazu gesagt: Erinnerung heilen und verändern ist grundsätzlich möglich. Sein verwundetes, inneres Kind, also den kindlichen Anteil in uns, zu trösten und zu beruhigen, ist machbar.

In dem Moment ich mir bewusst bin, dass dieser verletzliche Teil in mir da ist und beachtet werden will, ist schon ein großer Teil gerettet und deine Wunscherfüllung so viel leichter möglich.

Lerne diesen Anteil von dir kennen. Kümmere dich liebevoll um ihn und du wirst erstaunt sein, um wie vieles leichter dein Leben verläuft.

15. Spüren, als wäre es schon da und so tun als ob

Mache dir einen Sport daraus, über deinen Wunsch zu reden, allerdings nicht aus einem bedürftigen, jammernden Mangelgefühl heraus, sondern in der absoluten Vorfreude und Gewissheit, dass er realisiert wird.

Tu so oft wie möglich so als ob. Zieh dich schon so an, gehe an Orte, wo du hingehen würdest, lies andere Zeitungen, entwickle entsprechende Hobbies. Beschäftige dich mit allem, das mit dem Thema zu tun hat.

Mache eine Probefahrt mit dem Traumauto oder setze dich zumindest hinein und mache ein Foto von dir im Auto. Gehe in jenem Stadtteil, in dem du leben willst, spazieren oder essen. Verbringe einen Tag auf einem Yachthafen. Sprich mit jemandem, der dein Traumleben führt. Begib dich in die Umgebung dessen, was du dir wünschst. Spiele die Person, die du sein willst.

Mehr dazu findest du beim Kapitel Selbsthilfe und Seelenapotheke, da habe ich Rituale beschrieben, wie du in dieses Feeling „als wäre es schon da" kommst.

Sei kreativ, bitte Freunde, die das verstehen um deren Mithilfe. So kann man zum Beispiel mit Freunden Gespräche führen und Pläne schmieden, als wäre man schon Millionär. Man kann auch so tun, als hättet ihr schon eure Traumpartner und würdet jetzt über sie schwärmen. Beschreibe deinem Freund, deiner Freundin, wie gut du dich jetzt fühlst in deiner neuen Partnerschaft.

16. Frequenzerhöhung im Alltag

Achte wirklich auf die Kleinigkeiten.

Gehe aus dem Raum, wenn jemand negativ redet, meide Menschen, die dich runterziehen, lasse all das weg, das dir nicht gut tut, sofern du kannst. Versuche alles, was sich nicht vermeiden lässt in der angenehmsten Weise geschehen zu lassen, indem du die Umstände so angenehm wie möglich gestaltest oder deine Haltung dazu lockerst.

Fröhliche wohltuende Musik, Meditation, Sport, Tanz, gute Gesellschaft, schöne Orte und Natur sind prinzipiell immer ein sicherer Frequenzerhöher.

Achte auf Hygiene in deinem spirituellen Raum. Werde aufmerksam, was dir gut tut und was nicht. Und lerne, dich mit Gutem zu umgeben.

Wo du negativen Menschen oder Umständen nicht auskommst, kannst du folgendes tun:

- So gut und weit wie möglich ignorieren im Wissen, dass deine andere Realität in Kürze manifestiert sein wird
- Nur noch die guten Aspekte beachten und verstärken, den Rest eisern ausblenden oder so wenig wie möglich beachten
- Alles, was machbar ist, um es leichter oder schöner zu gestalten, auch umsetzen
- Dich durch eigene Freude und Meditation stärken, um in deinem Fokus zu bleiben
- Nur noch das zu verstärken oder zu belohnen, was gut ist (Ehepartner oder

Kinder für positives Verhalten belohnen, auf Negatives nicht mehr reagieren, dich selbst belohnen, wenn du gut gelaunt bleibst)
- Als dein neues Ich darauf reagieren

17. Die richtige Gesellschaft

Auch, wenn du in deiner Energie und deinem Fokus möglichst unabhängig werden sollst, so haben doch die Menschen und Energien um dich einen Einfluss. Vieles kann man gut ausblenden, aber manches drängt dann doch auf uns ein.

Es ist wichtig, dass du darauf achtest, mit welchen Energien du dich umgibst. Manches lässt sich aber gerade nicht ändern.

So sehr ich versuche, dir zu erklären, dass du die Realität ignorieren sollst, so schwierig ist das mit unseren Mitmenschen, die eng mit uns im Kontakt stehen. Familie und Arbeitskollegen kann man schwer ignorieren.

Rede mit all jenen, die das nicht verstehen würden oder die selbst extrem negativ sind nicht über deine Wünsche und dein Erschaffen. Falls es doch passiert, höre niemals auf deren Meinung, Kritik oder Ratschläge. Sie kennen nur ihre eigenen Grenzen.

Meide so gut es geht jede Form von negativer Diskussion und Kommunikation. Wechsle das Thema, sag, du willst nicht über Krankheiten reden, erfinde Ausreden, um die gemeinsame Zeit abzukürzen.

Im schlimmsten Fall, setze alles daran, dich nach so einer herunterziehenden Gesellschaft nachher sofort wieder in eine höhere Schwingung zu bringen.

Durch Musik, etwas, das du zu tun liebst, einen lustigen Film, Menschen, die positiv sind, Meditation, Bewegung, Sport und frischer Luft.

Denke dir immer: Sie wissen es nicht anders, du bist ihnen einen Schritt voraus.

Wenn du kannst, suche die Gesellschaft von fröhlichen, positiven, erfolgreichen Menschen.

Du kannst nicht immer vermeiden, dass dich jemand runterzieht oder deine alten Knöpfe drückt. Verurteile dich nicht dafür. Du kannst nicht alles lösen und vermeiden. Jeder von uns hat seine Themen. Bleib entspannt und gehe weiter. Das nächste Mal kannst du es besser.

Wenn es Personen gibt, die dich immer wieder in deine alte Rolle zurückfallen lassen, versuche deren Gesellschaft zumindest einige Zeit komplett zu vermeiden, bis du gestärkter bist in deinem neuen Ich. Ansonsten rede innerlich wie eine Gebetsmühle auf dich selbst liebevoll ein, dass dieser Mensch offenbar zu deinem Weg zur Erfüllung eine Rolle spielt, du es einfach so hinnimmst und alles daran setzt, dich trotzdem gut zu fühlen und stur auf deinem Weg zu deinem Ziel zu bleiben. Irgendwann wird sich die Situation von selbst ändern. Du wirst sehen.

Manche Personen verstehen aber mehr als man ihnen zutrauen würde. Da, wo es möglich scheint, rede über deine neuen Einstellungen und über die Kraft unserer Gedanken. Vielleicht machst du den anderen ja doch neugierig oder kannst ihn als Unterstützer an deine Seite holen.

Viele Menschen nehmen begeistert an einer Challenge Teil. Wenn du es als eine Art Wettbewerb mit einer Belohnung hinstellst, wird es interessant. Schlage zum Beispiel vor, dass einen Monat lang nur noch positiv geredet wird über eine Person oder Sache. Wer durchhält bekommt einen lustigen Preis. Damit bekommt das Ganze eine Herausforderung oder einen Spaßfaktor, auf den Manche gerne anspringen. Dies eignet sich besonders gut für Kinder oder leistungsorientierte Menschen.

Sei ein Fuchs. Sei kreativ. Du wirst bald auch eine unterstützende Umgebung manifestieren können! Das Universum schickt dir Ideen, wenn du offen und aufmerksam dafür bist.

18. DAS MACHEN! Die richtig Aktion, Leistung und Umsetzung

Natürlich fallen Dinge nicht einfach vom Himmel - manchmal schon - meistens werden Erfolge aber doch erarbeitet. Jedoch gibt es einen großen Unterschied, wann die Arbeit sich lohnt, wann sie stimmt und dem Ziel dient und wann sie das Gegenteil davon erzeugt.

Die Leistung, die dem Erschaffen dient, die von der richtigen Energie gesteuert ist und die du mit dem richtigen Fokus tust, die fühlt sich, auch wenn es anstrengend ist, letztlich gut und erfüllend an.

Die richtige Leistung, die dich geradewegs zu deinem Ziel führt, die sollte aus freudigen Impulsen und kribbelnden Ideen entstehen.

Leistung, die stimmt für dein Ziel, die fühlt sich immer gut an.

Es braucht keine harte Knochenarbeit, um Großes zu erreichen.

Das Erschaffen kann durch sehr wenig Anstrengung, in angenehmer Leichtigkeit erfolgen.

Das Ausmaß der Arbeit sagt Nichts aus über den Erfolg, den du damit haben wirst.

Glaube nicht, für größere Ziele härter arbeiten zu müssen!

Diese Relation existiert nur in den alten Grenzen und in unseren Köpfen.

Wenn dich keine zehn Pferde von etwas abhalten können, wenn es Spaß macht, wenn es befriedigend ist - dann bist du am richtigen Weg.

Dann ist Arbeit Freude.

Leistung darf und wird sein, aber nach neuen Maßstäben und in einer von höheren Kräften geführten Weise.

Sie wird zielgerichtet sein, weil du deinen Fokus jetzt ausrichtest.

Und sie wird in die Belohnung führen, wenn du deine alten Blockaden verändert hast.

Aber bitte Achtung!

Ich erinnere dich noch einmal, dass der Weg zu deinem Ziel möglicherweise anders verläuft, als du es mit deinem Gehirn, dem kleinen Radar, hier und jetzt begreifen und ausdenken kannst.

Vielleicht bringt dich gerade die Leistung in einem Bereich zum Erfolg in einem anderen Bereich. Folge daher immer den guten Impulsen, dem Flow, der Leichtigkeit und dem Kribbeln im Bauch.

Ich sage nicht, dass man nicht durchhalten und seinen Preis bezahlen muss, weil man zum Beispiel für ein wichtiges Projekt Zeit opfert, die dann an anderer Stelle fehlt.

Aber dieser Preis wird von dir gerne bezahlt werden, es fällt dir leicht, weil es sich so richtig anfühlt.

Du spürst einfach, wenn es klickt und richtig läuft.

Wir Menschen wollen tun, produktiv sein, umsetzen. Das liegt in unserer Natur. Jedoch darf dieses Tun freudig, leicht und erfüllend sein.

Selbst für große Ziele bedarf es keiner verkrampften Anstrengung.

Dein Gefühl sagt dir, ob die Leistung und Aktion, die du unternimmst, zu deinem Ziel fühlt.

19. Wiederholung,Wiederholung, Wiederholung

Nur die ständige Wiederholung der neuen Regeln, der neuen Denkweisen, das ständige

Beschäftigen mit deiner neuen Lebensweise, deinem neuen Selbstbild, deinem neuen Fokus bringt dich zum Ziel.

Es verlangt deine Entscheidung und Gedankendisziplin.

Wenn du bereit bist, dich ab jetzt täglich mit diesen Dingen zu beschäftigen und alles zu wiederholen, was du zum erfolgreichen Erschaffen benötigst, dann ist dein Erfolg garantiert.

Beschäftige dich täglich mit den neuen Denkmustern, aber auch mit dem Mindset anderer erfolgreicher, positiver Menschen.

Wiederhole täglich das, was dich in die richtige Schwingung bringt und dich unterstützt.

Sei dir täglich bewusst, welche Glaubenssätze die Person haben muss, die du sein willst.

Halte dir deine Werte vor Augen und lebe sie.

Lies dieses oder ein anderes Buch oder Passagen immer wieder durch, höre nicht mehr auf, dich mit diesem Wissen zu beschäftigen und es dir immer wieder in Erinnerung zu rufen.

Das wird dich weit bringen und deine Veränderung beschleunigen.

Und - es ist der beste Weg, um in deiner neuen Spur zum Erfolg zu bleiben!

Alles, was du für deine Persönlichkeitsentwicklung tust, fördert dich und deinen Weg.

Bleibe immer in der Hoffnung, dass du alles ändern kannst. Lass dir von niemandem etwas einreden!

Die anderen handeln meistens aus ihren eigenen Begrenzungen!

Mach dich auf Gegenwehr gefasst. Sowohl deine Umwelt als auch deine alten Glaubensmuster werden sich zur Wehr setzen. Nimm es als gutes Zeichen, dass du in Veränderung bist!

Stelle dir jeden Tag die Frage, wie kann ich mich heute weiter entwickeln, wie kann ich expandieren, Stück für Stück?

Am Ende stelle ich dir hier noch eine Abbildung (Abbildung 2) zur Verfügung, die dir eine Übersicht gibt, welche Punkte dazu führen, dass du wieder beim alten Zustand landest und den Fokus falsch ausrichtest und welche Punkte dich zum Erfolg führen.

Abbildung 2:

Quantenfeld Modell zum Manifestieren:

Do's and Dont's

Fokus alt (will weg von) **Fokus neu (will hin zu)**

Fokus alt:

Zweifel

Glaubenssätze

(nicht genug sein, nicht genug geleistet, ich habe es nicht verdient, so einfach kann es nicht gehen)

Die W's: WIE, WANN, WAS

Zeichen missachten

Blinder Aktionismus

Ungeduld

Fokus am Mangel

In niedriger Energie aufhalten

Schuld und Strafe

Bisherige Erfahrungen als Maßstab

Fokus neu:

Vision (-alisieren) und Fühlen

Glaube

Gewissheit

Vertrauen

Selbstverständlichkeit

Hineinfühlen, Vorfreuen

Sich generell gut fühlen

Passendes Selbstbild Glaubenssätze

Impulsen und Zeichen folgen

Leistung entsprechend Impulsen

Achtsamkeit

Sich selbst trösten und motivieren

Neue Glaubenssätze: ich bin genug, ich habe es verdient, Innere Blockaden wie Schuld und Ahnen gelöst

Die Absurdität des Glücks und des Wachstums

Was ich dir zum Abschluss sage, klingt jetzt völlig absurd, weil es scheinbar alles, was ich vorher erklärt habe, in Frage stellt. Aber warte ein wenig ab. Du wirst es verstehen.

Es gibt eine Absurdität im Glücksgeschehen, die man kennen muss. Manchmal erschaffen wir das, was wir wollen in Momenten, wo alles schief zu gehen scheint. Und oft entwickeln wir uns erst durch einen großen Schmerz dahin, wo wir hin wollen und fühlen uns dabei grässlich, als müssten wir uns häuten und einen zu klein gewordenen Panzer aufbrechen.

Die Erklärung ist folgende:

Manche unserer Wünsche sind so groß, stark und wichtig, dass sie von uns eine besondere Entwicklungsstufe verlangen, weil wir sie sonst nicht entsprechend erleben könnten. Oft sind dazu sehr schmerzvolle Erfahrungen nötig, weil nur sie uns dazu bringen, die alten Panzer aufzubrechen und abzuschütteln. Im Moment des Schmerzes können wir das natürlich kaum wahrnehmen oder akzeptieren, aber aus einer höheren Perspektive ist es nur die Vorbereitung auf das wahre Glück, das wir anpeilen.

Was in Zeiten, wo alles schief läuft und wir uns schlecht fühlen auch oft passiert, ist, dass wir alle inneren Widerstände aufgeben, wir kapitulieren sozusagen und geben damit den Weg frei, zu empfangen.

Lasse dich also von solchen Phasen und scheinbar widersprüchlichen Ergebnissen nicht irritieren. Bleibe bei deinem Glücksprogramm, bei deinem Fokus, bei deinem Glauben.

Alles entwickelt sich zu deinem Besten, das ist ab jetzt dein Mantra, auch wenn du gerade unten bist. Wisse, es ist nur ein Moment, schon im nächsten kann sich dein Leben wieder drehen.

Vertraue dir und der höheren Macht, mit der du verbunden bist. Und glaube an deine Fähigkeiten, die du jetzt besitzt.

Alles entwickelt sich zu meinem Besten

Wie du dich selbst korrigieren kannst

Wenn du alles befolgst, was ich dir vorher zum Erschaffen und den Fehlern erklärt habe, dann hast du mittlerweile genug Wissen und das Gespür, das du brauchst, um zu erkennen, wann es gut läuft und wann du Fehler machst.

Im Grunde genommen erkennst du, dass du dich korrigieren musst wenn:

- Du dich schlecht fühlst
- Du ständig gefühlte Rückschritte erleidest - du also großteils manifestierst, dir dann aber mehrmals alles wieder aus den Fingern rinnt oder du nie 100% erreichst. Hin und wieder Rückschläge, Fehltritte, nur 80%, das ist ganz normal, wie du inzwischen weißt. Falls das aber zur Norm wird, dann solltest du genau hinsehen, was du in Gedanken und mit deinen Gefühlen tust, um dich selbst zu boykottieren. Du steigst selber auf die Bremse.
  Mit der Hilfe des Buches und der Bearbeitung der Glaubenssätze wirst du dein eigener Detektiv und wirst genau wissen, wann du wieder in alte, sabotierende Glaubensmuster gefallen bist. Das kannst du nach der

Durchführung des Programmes zur Transformation deiner Glaubenssätze.

- Achte auf deine Sprache und deine Gesellschaft, bleibe aufmerksam für Zeichen in deiner Umgebung. Was begegnet dir, wie ist die Energie um dich? Mehrfach positiv? Hast du nette, anregende Erlebnisse? Gut so. Scharen sich um dich nur missmutige, schimpfende Menschen und tappst du immer wieder in schlechte Gespräche oder Situationen, ist es Zeit, an deiner Frequenz und deinem Fokus zu drehen und etwas zu tun, was dich wieder hinauf hebt!
- Achte als allererstes darauf, dass du dich gut fühlst. Das ist dein bester Gradmesser.
- Betrachte die Welt und die anderen als deinen Spiegel! Er sagt dir unverblümt, was mit dir und in dir los ist!
- Die Energie hinter deiner Sprache zählt mehr als die Worte selbst. Rede dir nichts ein. Fühle hinter die Worte und spüre nach, ob die Energie dahinter stimmt. Bist du in einem guten Fokus glaubst du daran? Oder blickst du wieder zum Mangel und spürst, was nicht da ist. In diesem Fall drehe es. Ändere deine Gedanken, gehe in dein neues Ich, in das parallele Universum, wo dein Traumleben bereist existiert. Fühle dich ein. Meditiere. Lasse dich von Vorträgen, Videos oder Büchern wieder in die richtige Energie bringen. Rede dir gut zu, dass sich Alles jetzt so fügen wird, wie du es möchtest.

Die Leere füllen, die Erfüllung der Seele, Fragen an die geistige Welt

Viele von uns kennen ab und zu, manchmal auch über längere Lebensphasen, ein Gefühl der Leere, das uns oft unerklärlich erscheint und das auch in Lebenssituationen auftreten kann, in denen es uns anscheinend gut gehen müsste.

Ich stellte der geistigen Welt für dich folgende Fragen:

- Was ist Leere?
- Woher kommt sie?
- Wie erklärt sie die Geistige Welt?
- Ist Aktion angebracht?
- Was ist die Lösung und wie finde ich die Fülle im Inneren?

Ich: Viele spüren eine innere Leere, egal ob sie nach außen hin Reichtum erlangt haben oder nicht, was könnt ihr dazu sagen?

GW: Die innere Leere ist immer der Verlust der Bindung und Beziehung zu sich selbst und das Wegschalten, das Leugnen des inneren Lichtes. Es wird verdrängt, weil man sich seiner eigenen Wahrheit und Natur nicht bewusst sein will, weil man glaubt, im Leben anders sein zu müssen. Es ist Selbst-Verleugnung. Wenn ich nicht weiß, was ich mit mir oder meinem Leben anfangen soll, dann habe ich den inneren Faden zu mir verloren, und die Verbindung zur Welt, die durch mein Inneres Sein entsteht. Ich habe dann nur eine hohle, leere Verbindung im Außen zu den anderen, aber keine echte, die sich anders anfühlt.

Ich: was ratet ihr, was ist die Lösung?

GW: sich ganz auf sich selbst einzulassen

Ich. Wie soll das gehen? Ganz konkret?

GW: Innenschau betreiben, mit sich sein, sich selbst kennen lernen, als ob man jemanden Daten würde, sich in sich selbst verlieben in der Art, dass man sich selbst entdecken möchte, neugierig darauf ist, wer sich im tiefsten da eigentlich versteckt und nachforscht, was man eigentlich will, mag und schön findet. Dass man sich etwas ausdenkt für sich selbst, sich überrascht, sich verwöhnt, sich liebevoll behandelt, wie einen Schatz. Die Selbstentdeckung geht über das Folgen von Impulsen, Herzenswünschen, Freude, Zeichen beachten, etwas anders machen als bisher, sich in neuen Dingen selbst neu entdecken.

Ich: Ihr habt mir geholfen, dieses Programm zu entwickeln und jetzt der Welt bekannt zu machen. In welcher Hinsicht kann dies helfen, die innere Leere zu füllen?

GW: wenn man sich selbst verleugnet, rührt das aus alten Glaubensmustern und Schmerzen. Wenn man diese aufdeckt und verändert, entsteht die Chance, die alten Grenzen, Wände und Barrieren, die man im Inneren um sein Licht gelegt hat, aufzuweichen oder zu sprengen, dann kann man sich wieder entfalten und ausweiten. Dann spürt man in sich Fülle. Der Mensch ist hier, um sich auszuweiten, in die Welt zu bringen, zu Sprühen, mit andern zusammen. Neue Glaubenssätze und ein neues Programm können dahin führen

Ich: wie steht es um Aktion und Taten?

GW: Der Mensch ist hier, um zu tun, um zu erschaffen, um Spaß mit andern zu teilen, sich und andere zu erleben und körperlich in der Welt zu erleben und zu spüren. Sinnlichkeit und Erschaffen, das ist ganz wichtig. Spirituelle Erleuchtung gibt es für die Seele, dies soll aber keine Endstation sein, sondern nur ein Auslöser oder Anzünder. Die Innenschau, das „Sich kennen lernen", das kann mit Meditation oder innerer Arbeit beginnen, aber es soll dann bald im Außen und im Leben aktiv passieren. Blinder Aktionismus hingehen bringt nichts. Dann macht ihr einfach nur und läuft noch mehr und weiter aus, das erfüllt nicht, nur zu tun, um etwas zu tun, das ist sinnentleert. Da kommt ihr wieder in die Leere. Tun aus einem vorher erfüllten Impuls bringt Fülle. Der erfüllte Impuls kommt aus Liebe. Liebe heißt hier: ich fühle mich, ich fühle meine Ganzheit, meine Weite, meine Vollständigkeit, mein Licht, ich spüre in mich, weiß und genieße, wie schön, richtig und vollkommen ich jetzt bin und immer war.

Ich: wie kommt man zu diesem Zustand?

GW: indem du es willst, indem du dich anleiten lässt. Es ist eigentlich ganz einfach, wenn man es glaubt, dieser Botschaft, wenn man sie annimmt, wenn man bereit ist, in sich hinein zu fühlen, dann kommt es, dann kann es geschehen die Erleuchtung. Erleuchtung heißt, ich spüre das Licht in mir leuchten, ich bin angezündet und leuchte von innen, das ist alles, ihr macht alles zu kompliziert. Es würde reichen, wenn man sich hinsetzte, ruhig wird, sich entspannt, liebevoll glaubt, dass es gehen wird und dann in sich hineinfühlt, nach oben öffnet, dem Kosmos, dem Universum, dem allem, was uns umgibt und dann hineinspürt mit dem Wissen, das einen Liebe, Wärme und Licht umgibt, dass wir daraus kommen und dann zu warten und in sich zu spüren, vor sich ein Bild entstehen zu lassen, wie in einem drinnen ein Licht leuchtet, dass wir im Ursprung sind, dass man sich vorstellt, wie man sich ausweitet, wie man Liebe verströmen möchte und es kann, wie weit und warm und liebevoll man ist und immer weiter werden kann. Das genügt schon, das erfüllt, wir sind bereits erfüllt, man muss nicht erst erfüllt werden. Man darf nur die innere Fülle nicht abschneiden, wegsperren und wegdrängen durch die falsche Lebensweise und Gedanken.

Auf das Finden unseres wahren Selbst gehe ich hier nicht näher ein, dazu gibt es unzählige Literatur und wundervolle Mediationen. Sie fungieren wie eine Seelendusche und tun gut. Im Fachhandel oder im Internet findest du viele schöne Anleitungen zur Begegnung mit deinem wahren Selbst und der Leuchtkraft im Inneren.

Dieses ist ein Arbeitsbuch, eigentlich eine Workshop zur grundlegenden Veränderung deines Lebensprogrammes. Daher beschränke ich mich jetzt hier auf die grundlegenden Schritte dieses Programmes.

Durch das Programm und die Anwendung des Triggers, der neuen Glaubenssätze und dem

„dich Führen lassen" von der neuen Software - was würde sie jetzt tun, sagen, denken - wirst du völlig neue Impulse in deinem Leben erhalten, die dich rasch erfüllen werden.

Wenn du offen bist und dem Programm folgst, sollten sich schnell Veränderungen einstellen, die in dir ein anderes Lebensgefühl erzeugen werden oder dich in einer Weise fühlen und denken lassen, die dich innerlich erfüllt und die neu für dich sind.

Eine wichtige Ergänzung von mir hier: Natürlich hat Fülle und erfüllt sein in unserem Menschsein sehr viel damit zu tun, was wir tun, welche Beziehungen wir führen und wie wir uns in die Welt einbringen. Und bei allem Wunsch, dass du dein inneres Licht spürst, das alleine reicht meiner Meinung nach hier auf Erden nicht. Es geht sehr wohl darum, was wir hier auf die Erde bringen, im wahrsten Sinne des Wortes.

Aktivität und Beziehungen können uns auf ungeahnte Weise erfüllen - ABER - das entscheidende sind zwei Dinge:

1. jede Aktion soll aus guten, wohlfühligen Impulsen stammen, damit sie zur Fülle führt. Tun, weil man getrieben ist, sonst nichts weiß oder weil man glaubt, nur dadurch zum Ziel zu kommen, wird weiter in die Leere führen. Tun aus einem Impuls, der sich freudig anfühlt, der kribbelt, der Spaß macht, dem wir aus einer inneren Gewissheit folgen, das ist eine andere Qualität der Aktivität.

2. Beziehungen dürfen uns erfüllen, aber wir dürfen nicht davon abhängig werden. Das gute Gefühl soll und muss in erster Linie aus uns selber stammen. Die Liebe muss aus unserem Innersten hervorquellen und sich in die Welt einbringen wollen. Von außen kann diese Liebe nicht in erfüllender Weise in uns gebracht werden. Das erzeugt nur Abhängigkeit. Die meisten mit Beziehungsproblemen, innerer Leere, Ohnmachtsgefühlen und Beziehungen, die sie abhängig machen, haben das gleiche grundlegende Problem: sie spüren keine Selbstwirksamkeit. Sie spüren nicht, wie sie sich in die Welt einbringen oder es könnten und damit wird ein ganz wichtiger Energiefluss nach außen blockiert.

Der gesunde und heilende Energiefluss nach außen erfolgt, wenn wir unseren ureigensten Wünschen, Träumen und Vorlieben folgen. Meistens blockieren wir diese aus unbewussten Mustern. Diese transformieren wir hier.

Jedoch boykottieren wir ihre Erfüllung noch ganz anders. Wir glauben, keine Zeit zu haben, wir denken, es gäbe keine Möglichkeit für uns, es zu leben, wir könnten etwas nicht, uns fehle dazu das Geld.

Egal welchen Traum du hast, du kannst immer, egal welche Fähigkeiten du besitzt und wieviel Geld du hast, noch heute mit der Realisation beginnen.

Erste Schritte wären, sich damit zu beschäftigen, Information zu sammeln, zu einem passenden Verein zu gehen, sich unentgeltlich zu melden, bei etwas mitzuhelfen, wo dieser Traum eine Rolle spielt, einen Bezugspunkt hat.

Überlege dir: was ist die Essenz meines Traumes? Welches Thema ist das Wichtigste dabei? Woran erkenne ich meinen Traum?

Du willst ein Segler sein? Was macht diesen Traum aus?

Am allerwichtigsten ist Wasser, dann käme das Boot. Weitere Aspekte sind Natur und Freiheit, Erlebnis in der Gruppe.

Was also kannst du sofort tun, um dem näher zu kommen? Selbst wenn du kein Geld für ein Boot oder einen Verein hast?

Du könntest sofort bei der örtlichen Segelschule nachfragen, ob man dort für etwas eine Aushilfe braucht. Falls du nicht am Wasser lebst, könntest du einen monatlichen Ausflug irgendwohin planen, wo man segelt. Du könntest dir Bücher darüber besorgen, Clubs und Gleichgesinnte finden, eine Gruppe für Segelfreunde gründen.

Wenn du dich einfühlst, warum du segeln willst und immer wieder dieses Gefühl spürst, dich daran freust und den Wunsch abgibst, während du dich in deinem Leben so gut wie nur möglich fühlst, alles vermeidest, was dich in den Widerstand bringt, alles verstärkst, was dich glücklich macht, egal was es ist, dann wird dir das Universum in kürzester Zeit ständig Ideen, Impulse, Möglichkeiten zeigen, wie du deinen Traum leben kannst, auch wenn du jetzt mittellos mitten im Ackerland sitzt.

Noch ein Hinweis. Hinter einem Wunsch steckt immer ein Gefühl. Man will eigentlich dieses spezielle Gefühl erleben. Beim Segeln will man sich frei, weit und leicht fühlen. Mit etwas Größerem, dem Meer, Eins werden. Manchmal braucht es gar nicht das Segeln, um dieses Gefühl zu erreichen. Vielleicht passt ein anderer Weg viel besser zu dir, du kennst ihn nur noch nicht. Lass dich vom Universum und dem Strom der Leichtigkeit dorthin führen, wo es für dich richtig ist. Vielleicht gibt es eine ganz andere, bessere Lösung und dein Traum vom Segeln hat sich nur deshalb nie verwirklicht, weil es nicht der Weg zu deiner wahren Wunscherfüllung ist! Sondern etwas anderes wartet, das dir noch weit mehr zu dem erstrebten Gefühl verhilft. Vertraue den Zeichen und deinem Weg.

DAS PROGRAMM ZUR TRANSFORMATION BLOCKIERENDER GLAUBENSSÄTZE

In den folgenden Übungen werden wir:

1. deine tief liegenden Glaubenssätze und Themen finden
2. An deren Ursprung zurück gehen und deinem Unterbewusssten zeigen, dass es eine Wahl getroffen hat, die nicht der Wahrheit entspricht und du heute jederzeit eine neue Wahl treffen kannst
3. Aus dem Quantenfeld eine neue Software laden, die jenem Leben zugrunde liegt, das du dir tief im Innersten wünscht
4. es in deinem Körper triggern und es somit jederzeit abrufbar machen
5. Die Glaubenssätze in ihr Gegenteil verkehren und sie zu etwas Positivem umformulieren
6. Dir Verhaltensweisen, Gedankenmuster und Tricks als Handwerkszeug geben, um eine neue Spur in deiner Gefühlswelt zu legen, neue Muster entstehen zu lassen und diese auch zu leben

   Dazu erhältst du im letzten Kapitel

7. Einen Selbsthilfekoffer an Ritualen, Übungen und Weisheiten, die Dich immer dann retten sollen, wenn Du entweder einen Rückfall hast, Du in deine alten Gewohnheiten fällst, Du Unterstützung brauchst, oder einfach ein Seelenbad benötigst.

Wie funktioniert es?

Grundlage ist das Modell, dass wir eine inkarnierte Seele sind, oder anders, ein allumfassendes Bewusstsein, etwas Göttliches, ein Alles, das in dieser menschlichen Inkarnation sich als Mensch und Körper erleben will.

Wir sind quasi Seele, Bewusstsein, das sich einen Körper „mietet", als Tempel benützt, um Menschsein zu erleben und damit auf sich selbst schauen zu können, sich zu erkennen, aber auch um sich auszuweiten.

Bis heute ist mir nicht bis ins Letzte klar, was genau die Seele will und ob sie vorhandene Pläne mitbringt. Ich habe mich damit abgefunden, nicht alles zu wissen und gebe mich mit ungefähren Modellen zufrieden, die sich auch wieder ändern können. Ich will alles nicht so eng sehen, denn wir sind in ständiger Entwicklung, es ist nie zu Ende, alles ein Prozess und jeder Moment ein vorübergehender.

Morgen kann alles anders sein und deshalb empfiehlt es sich, gerade bei spiritueller Arbeit, nicht alles in menschliches Verstehen pressen zu wollen, denn das übersteigt unseren irdischen Horizont. So sehe ich diese Modelle, mit denen wir alle arbeiten, lediglich als Hilfsmittel, als Hilfsmodelle, um uns zu orientieren.

Nichts hat hier Anspruch auf irgendeine Wahrheit, jedoch kann ich mit Überzeugung sagen, dass es sich für den jetzigen Zeitpunkt gut und sinnvoll anfühlt, damit zu arbeiten. Es soll nur dazu dienen, dass wir miteinander arbeiten können, sodass jene Informationen und Energien zu dir und mir transportiert werden, die uns in unserer Entwicklung, unserer Fülle und unserem Glück fördern.

Ich verbinde mein höheres Selbst mit deinem und diese beiden gemeinsam stehen in Verbindung zum Höchsten. Man könnte sich das auch wie ein Dreieck mit einer Spitze vorstellen.

In Einzelsitzungen in meiner Praxis oder weltweit über Skype bitte ich dein höheres Selbst, mir jene Blockaden zu zeigen, die du kennen sollst, die für dich jetzt wichtig zu wissen sind. Dann sehe ich kurze Sequenzen wie filmartige Szenen ablaufen und erhalte dazu Informationen wie Alter und Geschehnisse. Dabei fühle ich teilweise, was du als Kind oder später in dieser Situation gefühlt hast. Manchmal erhalte ich einzelne Wörter oder Bilder. Dann erfahre ich die Glaubenssätze, die du daraus entwickelt hast.

Wie kann man das nun in dieses Buch bringen?

Hier funktioniert es so, dass ich über den energetischen Imprint in die Zeilen des Textes in jeder Übung zu deinem höheren Selbst Kontakt aufnehme. Es wird sich durch die energetische Schwingung, die ich in diese Zeilen eingebunden habe, angesprochen fühlen und diese energetische Information verstehen, während du es liest.

In Wahrheit habe ich bereits zum jetzigen Zeitpunkt mit deinem höheren Selbst Kontakt. Im Quantenfeld ist das möglich. Im Bewusstseinsfeld ist Zeit und Raum ausgeschalten. Dein höheres Selbst kann also in diesem Moment mit mir kommunizieren. Ich schreibe diesen Text auch, weil ich schon jetzt von den zukünftigen Lesern, also auch von dir, den Auftrag dazu habe und die Verbindung spüre. Wenn dein Verstand jetzt rebelliert, lass ihn und ignoriere es.

In jedem Fall wird dein höheres Selbst und mit ihm dein Unterbewusstsein, das an einen großen Wissenspool angeschlossen ist, die Auswahl der Nummern vornehmen, denen Glaubenssätze hinterlegt sind, die ich im Laufe meiner Arbeit als die Wichtigsten gesammelt habe.

Dein Unterbewusstsein ist jener Teil von dir, der durch Vergessen und Verdrängen aus dem Bewussten einerseits und Mechanismen unseres Gehirns und unserer Wahrnehmungsfähigkeiten andererseits, entsteht.

Wir nehmen unglaublich viel wahr. Unser Gehirn kann in Schnelligkeiten und einer Kapazität arbeiten, die unser Wachbewusstsein und unsere Gewohnheiten des Alltags so weit übersteigen, dass es eben „un- bewusst“ abläuft. Wir nehmen es nicht wirklich wahr. Es passiert aber trotzdem.

Dein höheres Selbst, deine Seele, ist der Anteil des allumfassenden Bewusstseins, das eine irdische Ebene übersteigt und es ist die Gottesebene aus der wir alle kommen.

Das Unterbewusstsein ist irdisch, gehört zum Menschen, seinem Körper, dessen Fähigkeiten, zu unseren Erinnerungen und zu dem, was wir als Menschen erschaffen. Das kann zwar ebenso Feinstoffliches beinhalten und unermessliche Größe und Fähigkeit haben. Es integriert alles, was wir Menschen, seit wir hier sind, erschaffen, gedacht und getan haben, aber es ist nicht die Seelenebene. Dein Unterbewusstsein ist alle deine Erinnerungen und gespeicherte Emotionen und auch die der anderen, mit denen du in Verbindung stehst.

Jedenfalls wird unter der Anleitung des höheren Selbst, das den Überblick über alles hat und weiß, worum es geht und was du alles angestellt hast, diese Wahl für dich getroffen (Meditation 1). Das Unterbewusstsein als deine alten Erinnerungen, das geteilte Wissen, deine nicht bewussten Wahrnehmungen und Fähigkeiten, unterstützt den Prozess. Es ist so etwas wie der Assistent des höheren Selbst.

Dann wirst du entdecken, welche Blockaden bei dir wirken.

Die erste Erkenntnis alleine bewirkt schon etwas. Manches wird dir bereits bewusst und bekannt sein, manches aber nicht. Etwas, das dir bekannt ist, erscheint vielleicht in einem neuen Licht, erhält neue Aspekte und Erklärungen. Selbst, wenn man etwas ahnt, es schwarz auf weiß zu sehen, das löst schon mehr in dir aus.

Ab da beginnt der Veränderungsprozess. Wichtig ist, dass du hier nicht stehen bleibst, sondern jetzt diese Welle nützt und mit ihr surfst!

Es geht weiter, indem ich in der Ursprungstransformation (Meditation 2), mit deinem höheren Selbst, dem Unbewussten und mit dir, also deinem Wachbewusstsein, zu den Ursprüngen zurückkehre, wo all diese Glaubenssätze entstanden sind. Wir werden nicht zu allen einzelnen zurückgehen. Das mache ich auch nicht in den Einzelsitzungen.

Es wird allgemein zusammengefasst und der Ursprung aller gleichzeitig verändert. Ich zeige deinem Unterbewusstsein, dass es eine Wahl gehabt hat und es jetzt eine neue Wahl treffen kann. Damit bist du frei.

Dann finden wir eine Abmachung, dass du ab sofort anders denken, handeln und fühlen kannst und wirst, sofern du dich dafür entscheidest.

Damit sind diese Ursprünge in ihrer Wirkung geschwächt oder verändert. Dein Unterbewusstes erkennt, dass es kein festgeschriebenes Gesetz ist, was du geglaubt hast und diese Regeln und Wahrnehmungen von damals nicht der Wahrheit entsprechen.

Der nächste Schritt in diesem Programm ist sehr wohltuend -

Das Laden der neuen Software(Meditation 3).

Wie du inzwischen weißt, speichern wir unsere Erinnerungen, die unserer Vorfahren, unser Erlebtes, unsere Gefühle in unserem Körper ab. In Spuren im Gehirn, in den Amygdala, wo schon im Embryo diese emotionalen Grundstimmungen festgelegt werden, in unseren Körperzellen und in unserer DNS.

Überall schwingt Information, wie wir unser Leben lenken. Unsere Glaubensmuster, Denkweisen und Erinnerungen wirken wie ein Programm, das uns steuert. Wie wir in bestimmten Situationen reagieren, wie wir uns, andere und das Leben erleben, wie wir fühlen, wenn wir etwas sehen und erinnern, das folgt meistens diesem Programm.

Die gute Nachricht ist, man kann das verändern, in dem man diese Spuren und Speicher überschreibt oder neue Programme und Spuren legt und diese grösser und stärker macht, sodass die alten Programme nicht mehr wirken.

Wir sind dem nicht ohnmächtig ausgeliefert.

Wir können uns entscheiden, es zu ändern. Das funktioniert hauptsächlich über Gedankenkontrolle, denn die Gedanken lösen unsere Gefühle aus.

Das Problem sind die ewig dahin laufenden Glaubensmuster aus frühen Zeiten, weil sie so unbemerkt und vergessen in uns arbeiten. Sie wirken, weil wir, selbst wenn wir sie kennen, uns ihnen so ausgeliefert und machtlos gegenüber fühlen. Das stimmt so aber nicht. Wenn man sie erkennt, ist die erste Gefahr gebannt, denn der heimliche Autopilot treibt sein Spiel nicht mehr ohne Kontrolle. Wir können das Steuer wieder selbst übernehmen.

Die scheinbare Übermächtigkeit der Gefühle liegt einzig und allein in unserer Fehleinschätzung und falschen Wahrnehmung, weil wir sc sehr daran glauben, dass die Gefühle und die Schlussfolgerungen, die wir einmal gezogen haben, wahr sind. Sobald wir erkennen, dass es eine Lüge und letztlich eine Illusion ist und wir unsere Welt und selbst unsere Erinnerung vollkommen neu gestalten können, dann beginnt unsere Macht, unsere Kraft, und unser neues Leben - die Transformation.

Die Seele schwingt sehr hoch, der Körper schwingt tiefer und ist schwerfälliger, das ist der Preis der Inkarnation. Unsere Seele könnte sich sofort für neue Gedanken, neue Gefühle, ein neues Leben, für Fülle entscheiden, aber unser Körper tappt immer wieder in die alten Fallen und Gewohnheiten. Warum?

Weil unsere bisherigen Denkmuster richtige Rillen, ja Autobahnen erzeugt haben, in die wir jetzt immer wieder hineinrutschen, auf denen wir bequem fahren, ohne nachdenken zu müssen. Wenn wir das nicht mehr wollen, müssen wir neue Straßen bauen. Das ist der Punkt, den die meisten nicht schaffen. Wieso nicht?

Weil wir keine Gedankendisziplin üben und aus einem Missverständnis - nämlich dem Glauben, dass das, was wir bisher fühlten und dachten sei wahr und die einzige Möglichkeit.

Wir können auf keine andere Straße wechseln, weil wir nicht wissen, wo die sein oder wie die aussehen soll.

Wir wissen also, wir wollen unsere Gedanken ändern, aber uns fehlt meistens die Idee oder die Vorlage, wie und wohin wir sie ändern sollen.

Ich habe einen Weg in Zusammenarbeit mit der geistigen Welt gefunden, dir und deinem Körper ein neues Programm, eine neue Software anzubieten, eine Vorlage, eine neue Blaupause, die du und dein Körper dann mit Leben und neuen Denk- und Fühlgewohnheiten füllen können. Es dient wie eine Gebrauchsanleitung.

Im Quantenfeld gibt es weder Zeit noch Raum, alle Potentiale sind zeitlich unbegrenzt vorhanden. Ein Teil von dir besitzt die Fähigkeit, wie bereits erwähnt, an einen Punkt

dieses Feldes zu reisen und dort eine Information abzuholen. Nämlich jene Gedanken, Verhaltensweisen, Gefühle und Glaubenssätze, die deinem erfüllten, glücklichen Leben zugrunde liegen. Diese Information wird dann in deine jetzige Inkarnation, in deinen Körper geladen. Ich kann dir nicht erklären, wie das geht. Ich habe lediglich die Information, dass es möglich ist, einfach weil dein höheres Selbst dies möchte, es für dich abholt und erledigt.

Deine Seele und das allumfassende Bewusstsein unterstützen das, dein Körpersystem kann das aufnehmen, als eine energetische Info, eine Schwingung, die ihm in dem Moment der Verbindung und dieser Intention von deinem höheren Selbst übermittelt wird. Es scheint, als ob diese Information im zeit- und raumfreien Feld ebenso in deine Körperzellen gelangen kann wie alles andere Urwissen auch, das wir vererbt bekommen oder als archaisches Urbewusstsein mit uns tragen.

Offenbar ist der körperliche Kontakt dazu nicht nötig, wie zur Mutter oder der Zelle. Deine Glaubenssätze waren auch nur Gedanken und Denkmuster, die dann im Körper nachweisliche Veränderungen hervorgerufen haben. Scheinbar kann frei schwingende Information, vergleichbar mit Gedanken und Gefühlen, eben eine bestimmte Frequenzabfolge, vom Körper als Schwingung aufgenommen werden wie Radiowellen.

Dass dies in den Übungen so schnell und spurlos geht, das hat wohl mit der Einbindung der höheren Energien, des höheren Selbst und dem

Unterbewussten, das in diesem Moment dafür geöffnet ist, zu tun.

Der Körper braucht dann allerdings länger, um diese neue Information sickern zu lassen. Es braucht Zeit, um sie einzuüben und wie die alten Spuren im Körper zu formen und einzubrennen. Das heißt, zunächst ist die Information als eine freie Schwingung in deinem System. Sie bietet eine Möglichkeit, nach der du jetzt dein Denken und Handeln ausrichten kannst, bis es wirklich im Körper implementiert ist.

Das ist die heikle Phase an diesem Programm!!

Du hast nach der Ladung die Vorlage für eine neue Software. Du hast ein Update zur Verfügung, jetzt musst du auch neu starten, also hoch und runter fahren, um es auch wirklich lebendig werden zu lassen.

Die neue Software steht schon zur Verfügung, du kannst sie bereits verwenden, du kannst sie fragen, erspüren, einüben, weiter hochladen lassen.

Dann greift sie und damit kreierst du das glückliche, erfüllte Leben, das du dir im tiefsten wünschst.

Wenn die Ladung erfolgt, wirst du gebeten werden, einen **Triggerpunkt** zu drücken, das bedeutet, eine Stelle am Körper wird gedrückt. Dies wird deinen Körper in Zukunft daran erinnern, wie es zum Zeitpunkt der Ladung war, welche Schwingung vorgeherrscht hat, wie sich diese neue Software anfühlt und erinnert dich und ihn daran, diese als Vorlage zu verwenden.

Du wirst dann im Alltag deinen Punkt, zum Beispiel dein Handgelenk, drücken und sofort wieder in der Situation des Ladens sein, es hilft dir, die neue Software abzurufen.

Sobald die Ladung beendet ist, kann es sein, dass in dir ein oder mehr Sätze auftauchen, auch Bilder oder Worte - diese sind Verstärker und Leitsätze. Notiere dir alles auf, denn das wird dir helfen, dein Programm zu leben, dir gut tun und dich stärken. Es sollten in jedem Fall positive Sätze oder Kraftworte sein. Wenn etwas Negatives hochkommt, dann funkt dein alter Verstand dazwischen, ignoriere es.

Der Körper kann etwas verwirrt sein, wenn dein Verstand nicht wahrhaben will, was da passiert. Er kann es nicht verstehen, deshalb will er vielleicht alles boykottieren.

Während des Ladens bleibe bitte entspannt und offen, denke dir, dass du nach oben offen bist, ein Lichtstrahl aus deiner Schädeldecke hinauf geht zur deiner Quelle und auch wieder zurück zu dir führt, wie ein Verbindungsstrahl in den Kosmos. Atme ruhig, entspannt und tief. Achte darauf, dass dein Brustkorb weit und frei bleibt, ebenso dein Beckenbereich.

Du kannst etwas spüren oder auch nicht, in jedem Fall werden dir eine Veränderung und eine neue Matrix angeboten. Wenn du dich entscheidest, es anzunehmen und du es willst, wird auch eine Ladung stattfinden. Wie stark und wie schnell, das bestimmt dein jetziger Entwicklungspunkt, deine Offenheit, dein Vertrauen und wie sehr du derzeit eine nachfolgende Veränderung aushältst.

Wenn nicht viel passiert, macht das nichts, dann kannst du zu einem späteren Zeitpunkt „nachladen"

Ich verbinde mich in der Meditation oder über den energetischen Imprint im entsprechenden Absatz im Buch mit deinem höheren Selbst. Die geistige Welt oder das allumfassende Bewusstsein wirkt automatisch mit. Denn das höhere Selbst ist mit dem ihm übergeordneten allumfassenden Höchsten in Verbindung, denn daher stammt es ursprünglich.

Als letzter Schritt erfolgt die **Anwendung und Einübung im Alltag**, das ist jener Teil, wo DU gefragt bist und wo es wirklich auf dich ankommt, ob du es willst. Du kannst diese Option verschenken, vergeuden und sie ungenützt vorbeiziehen lassen, du kannst es aber auch wirklich wollen, ernsthaft ausprobieren und staunen, welche Veränderungen und Ergebnisse dann auf dich zukommen.

Wenn du dich einlässt und mit Disziplin und Aufmerksamkeit weiter arbeitest, dann ist eine Veränderung garantiert.

Vorbereitungen

Bitte bereite **etwas zum Schreiben** vor, einige Blätter Papier (A4), einen Stift, ein Lineal und **ein Gefäß wie eine Schüssel** oder eine Vase, aus der Du später die Nummern ziehen kannst.

Bitte teile ein A4-Blatt in 2X2 cm große Teile ein, mit dem Lineal, einem Gegenstand oder freihändig, wenn du es halbwegs regelmäßig hinbekommst. Ziel ist es, am Ende 100 gleich große Schnipsel zu haben, auf die du dann die **Nummern 1-100** einträgst, um sie später wie Nummernlose aus dem Gefäß zu ziehen. (den Nummern sind bestimmte Glaubenssätze zugeordnet).

Am Ende des Buches findest Du auch eine Tabelle mit den Nummern zum Ausdrucken und ersparst Dir das Aufzeichnen.

Wenn es dir gar nicht möglich ist, diese Lose selbst auszuschneiden, kannst du - aber bitte nur, wenn es gar nicht anders geht - das Blatt in 100 Kästchen unterteilen. In diese Kästchen trägst du in ungeordneter Reihenfolge die Zahlen 1-100 ein.

Statt die Lose aus einer Schüssel zu ziehen, tippst du dann mit geschlossenen Augen mit einem Stift irgendwo auf das Blatt und siehst nach, auf welche Zahl du getippt hast. Bei Mehrfachnennung bedeutet das einfach, dieser Glaubenssatz mit dieser Zahl ist besonders wichtig für dich. Wenn du genau auf der Linie landest, tippe noch einmal.

Ich rate dir aber, dir die Nummernlose auszuschneiden und dann aus dem Gefäß zu ziehen. Natürlich kannst du auch einen Block mit sehr kleinen Blättern verwenden und hundert einzelne Blätter beschreiben. Das bleibt dir überlassen.

Du sollst am Ende jedenfalls 100 gleich große Nummernzettelchen haben. Mehr dazu später.

Ich bitte Dich weiters, unabhängig davon, einmal die **Zahlen von 1-10 je auf kleine Zettel (oder ebenfalls Schnipsel)** zu schreiben, und diese Zettel dann gleichartig zu falten. Diese wirst du später auch in eine Schüssel geben, sodass du daraus „ziehen" kannst, wie für eine Losziehung.

Dieser Weg, die Nummern zu ziehen, hilft Dir dabei, deinen Verstand zu umgehen und dein höheres Bewusstsein wählen zu lassen.

Ich bitte dich, die Anweisungen zur Vorgehensweise wirklich zu befolgen, damit du den besten Nutzen daraus ziehen kannst. Natürlich kannst Du mogeln, etwas bewusst herbei führen wollen, dir vorher die Glaubenssätze ansehen und die Zahlen gut einprägen, die Augen beim Auswählen offen lassen - damit schadest du dir aber selbst, weil dein Ergebnis verfälscht wird und deine bisherigen Überzeugungen wieder als Saboteur eingreifen werden.

Daher lade ich Dich ein, ganz frei und offen auf die Aufgabe zuzugehen, vorher die Zahlen und Sätze nicht wirklich zu studieren und bei der Auswahl die Zahlen mit geschlossenen Augen und der linken Hand zu wählen.

Wenn du gar keine Möglichkeit hast, dir Zettel mit Nummern zu basteln oder nichts aufschreiben kannst, dann gibt es eine Notlösung. Diese ist aber sehr anfällig, durch deinen Verstand und dein waches Denken beeinflusst zu werden. Wenn du schon geübt bist, in dir Informationen aufsteigen zu lassen und du spirituell sehr offen bist, wird dir besser gelingen, dich der Führung deines höheren Selbst einfach so zu überlassen.

Die Notfallvariante wäre, dass du einfach, nachdem ich mit dir die Verbindung zu deinem Höheren Selbst in der Meditation 1 hergestellt habe, die Zahlen einfach in dir aufsteigen lässt. Aber bitte nütze, wenn du kannst, die Form der Losziehung.

Wichtig ist folgendes: Du solltest mindestens **zwei Stunden ungestört sein, um die Meditationen und Übungen vollständig und in Ruhe durchführen zu können,** das ist entscheidend für den Erfolg der Meditationen und Programmschritte.

Bitte starte immer mit der Basismeditation, um Dich zu entspannen und zu öffnen. Du kannst sie hier als Text lesen. Die Basismeditation wird dich zuerst nur in einen entspannten Zustand versetzen, es ist keine Trance nötig.

In der Meditation 1 werde ich mit deinem höheren Bewusstsein Kontakt aufnehmen. Mit Hilfe deines höheren Bewusstseins oder Selbst wirst du dann durch die Ziehung der Nummern herausfinden, welche Glaubenssätze als grundlegende Blockaden in deinem System wirken. Dein höheres Bewusstsein, dein höheres Selbst, kennt alle deine Blockaden und Erlebnisse. Wenn ich mich mit ihm verbinde und es bitte, kann es dir die richtigen Blockaden aussuchen helfen, indem es dich zu einer Zahl leitet, die für einen Glaubenssatz steht.

Erklärung der einzelnen Schritte bei der Durchführung

Achtung - Führe es jetzt noch nicht gleich durch, das ist nur die Beschreibung der gesamten Vorgehensweise, lese zuerst einmal alles in Ruhe durch. Im Zuge der Meditation (im Text), werde ich Dir sagen und Dich anleiten, wann genau du ziehen sollst. Das sollte erst passieren, wenn ich mich mit deinem höheren Selbst verbunden habe.

Vorbereitung Einstimmung durch die Basismeditation

SCHRITT 1 Glaubenssätze auswählen - Meditation 1

Im ersten Schritt ziehe aus den 10 vorbereiteten Nummern eine Zahl. Dies ist die Zahl deiner Glaubenssätze, die Du später aus allen Glaubenssätzen (100) aussuchen sollst. Wenn es nur einer ist, dann wundere dich nicht, dann sollst du heute nur einen erfahren, der jetzt am wichtigsten für dich ist. Dein höheres Selbst zeigt dir das an, was jetzt im Moment für dich am wichtigsten ist und zur größten Blockade führt. Manchmal ist es nur eine Überzeugung, die uns am Fluss des Lebens hindert, und dann muss auch nur diese bearbeitet und verändert werden. Die höchste Anzahl an Glaubenssätzen, die Du hier bearbeitest, sind 10 Glaubenssätze, alles andere wäre zu viel.

Jedenfalls sagt dir diese Nummer von 1 bis 10, wie viele Glaubenssätze du im nächsten Schritt aus den 100 Zahlen ziehen sollst.

Entleere dann den Behälter, und gib die anderen Zahlen von 1 bis 100 hinein. Mische sie gut durch.

Das heißt, du ziehst zuerst zum Beispiel aus 1 bis 10 die Zahl 4. Das bedeutet, du sollst in der zweiten Ziehung aus den Zahlen 1 bis 100, vier Zahlen ziehen.

Dann gibst du die Zettel mit den Zahlen 1 bis 100 in die Schüssel und daraus ziehst du jetzt 4 Zahlen (Zum Beispiel 5, 34, 78 und 96).

Weiter hinten findest du die Hinterlegung der Zahlen mit den Glaubenssätzen. Du kannst in dieser Liste der Glaubensätze nachlesen, welche Glaubenssätze diesen Nummern zugeordnet sind.

Es ist nicht ratsam, die Übung gleich mehrmals hintereinander zu machen. Das verfälscht und verflacht das Ergebnis. Es geht darum, in einem Moment wirklich offen und konzentriert, der Führung vertrauend, die für dich wichtigen Sätze zu ziehen. Wenn du es zum Spaß, oder zum Test öfter machst, dann bist du nicht mehr mit der ursprünglichen Intention bei der Sache oder machst es, weil du etwas anderes hervorbringen möchtest. Das ist wie Schummeln. Und hilft dir nicht weiter. Das erste Ergebnis ist jenes, das du wissen sollst.

Solltest Du unterbrochen werden oder aus anderen Gründen abbrechen müssen, dann wiederhole die Übung sobald es Dir in Ruhe möglich ist. Solltest Du schon mit der Auswahl begonnen und Zahlen vorliegen haben, dann notiere Dir diese und lese auch diese bei der Wiederholung der Übung nach.

Grundsätzlich kannst Du weitere Ziehungen nach einem gewissen Zeitraum, wenn die erste Bearbeitungsphase von drei bis mehr Wochen vorüber ist, wiederholen. Dann können andere Glaubenssätze wichtig werden, denn durch die Bearbeitung der ersten hat sich bereits etwas in Dir verändert, was zu einer neuen Ausgangslage führt.

Du kannst auch zu verschiedenen Lebensbereichen oder aktuellen Problemen eine Ziehung machen, um zu sehen, welche Glaubenssätze dem zugrunde liegen und an welchen hindernden Denkmustern und Überzeugungen du arbeiten solltest. Dann stelle innerlich die Frage oder richte deine Intention darauf aus, den aktuellen Problembereich zu beleuchten, und bitte dein höheres selbst zu ziehen.

Grundsätzlich kannst du jederzeit wieder ziehen. Allerdings ist dann die Wirksamkeit in Frage gestellt. Denn die Umarbeitung und die Veränderung von Glaubenssätzen braucht schon etwas Zeit.

Wenn ein ganz starker Impuls da ist, wenn es Zeichen dafür gibt, wenn die Veränderung nach dem ersten Mal sich gar nicht einstellt oder weil du die Aufgaben nicht befolgen konntest, dann macht eine neuerliche Ziehung Sinn.

SCHRITT 2 Glaubenssätze durchlesen

Nach der Ausführung der Meditation 1 hast du jetzt also die Glaubenssätze, Muster und Grundthemen vor Dir liegen, die Dich innerlich und unbewusst blockieren und deinen Erfolg sabotieren.

Wenn du deine Glaubenssätze ausgewählt hast, schaue unter der Zahl nach, welcher Glaubenssatz ihr zugeordnet ist, was dein höheres Selbst Dir an Botschaft zeigen möchte.

Du findest auch Ergänzungen zu den Glaubenssätzen. Darin wird beschrieben, zu welchen Ergebnissen sie wahrscheinlich führen, wie das im Leben wirkt und was dabei als Folge typischerweise auftritt. Das hilft Dir, ein besseres Gefühl dafür zu bekommen.

Dazu findest du weitere Beschreibungen, wie sich so ein Glaubenssatz äußern kann oder was typische Folgen sein können. Vielleicht kommt Dir da etwas bekannt vor. Natürlich können nicht alle Varianten und Lebensentwürfe hier erfasst werden. Das ist auch nicht nötig. Es geht um die Grundschwingung und die Grundaussage.

Bei Glaubenssätzen, die unlogisch wirken, wie zum Beispiel: Ohne Kinder bin ich nicht vollständig, du hast aber bereits Kinder, heißt das nur, dass in dir ein Programm läuft, das deinen Wert von einer Bedingung abhängig gemacht hat. Auch wenn du Kinder hast, bedeutet das nicht, dass du deinen eigenen, wahren Wert annehmen kannst und stattdessen alles von deinen Kindern abhängig machst. Wenn du ein Mann bist und du wählst, Weiblichkeit ist Schwäche, so bedeutet das in deinem Fall, dass du alles in dir, das Weiblichkeit repräsentiert ablehnst, wie auch diese Eigenschaften an anderen Frauen.

Zu den Glaubenssätzen 1-100 findest du auch positive Umformulierungen. Das sind Beispiele, die Du verwenden kannst, die Dir aber einfach als Leitbild dienen können für eine eigene Idee. Wichtig ist, dass du bei Umformulierungen den Fokus immer und ausschließlich auf etwas Positivem hast und dahin, wo du hinmöchtest. Es sollte nichts enthalten sein, was die Aufmerksamkeit erst wieder auf das lenkt, wovon du dich verabschieden möchtest. Etwas loswerden funktioniert nicht. Zu etwas anderem hinwenden ist die Lösung. Jedoch kommt die Umformulierung jetzt noch nicht dran. Lese dir nur einmal die dich betreffenden Glaubenssätze, die deinen ausgewählten Zahlen hinterlegt sind durch, mehr nicht.

SCHRITT 3 Ursprungstransformation - Meditation 2

!Wichtig! Bitte mache gleich im Anschluss die Meditation 2, mit der wir an den Ursprung der Entstehung dieser Glaubenssätze zurückgehen. Mithilfe deines höheren Bewusstseins werden wir deinem Unterbewusstsein zeigen, dass du nur eine Wahl aus unendlichen Möglichkeiten getroffen hast und dies nicht die einzige und für immer gültige Wahrheit bleiben muss.

In dieser Sequenz wird zuerst die Verhaftung an diesen Ursprung gelöst und dem Unterbewussten gezeigt, dass es Entscheidungsfreiheit gibt. Das dient dazu, damit du wieder in deine Beweglichkeit und Freiheit kommst, neue Glaubenssätze zu wählen und zu leben.

Darüber hinaus ist es wichtig, dass ein Teil von Dir erfährt, dass dies damals eine Wahrnehmung war, die aber nicht die allein gültige Wahrheit darstellt. Die Bewertungen, Annahmen und Rückschlüsse, die Du daraus gezogen hattest, entsprechen nicht der Wahrheit über Dich.

Darin werde ich dich auch dahin führen, ab sofort diese alten Verhaltensmuster und ihren

Wahrheitsgehalt in Frage zu stellen und dir damit Raum für neue Entscheidungen zu geben.

Es geht darum, ab sofort zu erkennen, wann du nach alten, unbewussten, gewohnten Mustern agierst, ob diese dich leiten und Du wie immer die gleichen Reaktionen zeigst.

Danach sollst du eine Entscheidung für ein neues Programm treffen! Für neue, andere Gedanken und Verhaltensmuster und damit neue Emotionen.

SCHRITT 4 Laden neue Software - Meditation 3

Im letzten Schritt verbinde ich mich mit dem Teil in Dir, der sich im Quantenfeld frei bewegen kann und dein erfülltes Leben als Erinnerung und eine neue Software abholen kann, um sie dann in dein aktuelles, inkarniertes Körper- und Wahrnehmungssystem zu laden. Wir laden gemeinsam eine neue Software, die dir dann ab diesem Moment als Option zur Verfügung steht.

Mit einem Trigger verankern wir das Programm in deinem Körperempfinden, sodass du es immer abrufen kannst, wenn du es brauchst.

Nach der Meditation 3 sind in dir vielleicht Bilder, Worte oder Sätze aufgestiegen, die du dir gleich **notieren** solltest. Verwende diese als deine **Leitsätze**, die dir Kraft geben sollen in der nächsten Zeit und dir helfen, das neue Programm zu verankern, zu leben und einzuüben.

Mache die Meditationen an einem Ort, an dem Du dich möglichst wohl und entspannt fühlst. Ob Sitzen oder Liegen ist egal, so wie es für dich besser ist. Achte darauf, dass der Raum wohl temperiert ist, wenn Du leicht frierst, decke dich zu, denn es wäre schade, wenn die Übung darunter leidet, dass dein Körper auskühlt.

Stelle dir ein Glas Wasser bereit.

Es kann manchmal passieren, dass du einschläfst. Achte also bitte darauf, dass dies möglich ist. Lasse keine Kerze brennen oder etwas auf dem Herd stehen.

Mache diese Übungen nur, wenn du in einem psychisch und physisch gesundem Zustand bist. Falls du eine aktuelle Diagnose hast, an Angststörungen leidest oder krank bist, dann mache die Übungen bitte nur mit jemandem zusammen und bespreche es vorher mit dem behandelnden Arzt oder Therapeut.

Ich weiß, ich verlange viel von dir.

Vorbereitung, Ruhe, Bedachtheit, Konzentration, Arbeitswillen und einige Schritte.

Ich weiß, vieles ist sehr abstrakt und wenig greifbar, bringt dich vielleicht an deine Grenzen, was du noch glauben kannst oder willst. Ich verstehe dich gut.

Trotzdem kann ich nur wiederholen, dass ich diesem Programm vertraue, weil es über lange Zeit entwickelt wurde, weil es schon vielen geholfen hat und weil ich den eindeutigen Auftrag habe, es so an dich weiter zu geben. Es hat also einen tiefen Sinn und guten Grund, der uns zur Expansion verhelfen soll.

Manchem muss man einfach vertrauen. Mache es aber nur, wenn du dich prinzipiell gut dabei fühlst. Du kannst misstrauisch sein oder dir denken, wie soll denn das gehen, das ist völlig ok. Wenn du aber Bauchschmerzen dabei hast oder sich was ganz komisch anfühlt, dann lasse es lieber bleiben oder wende dich dem zu einem anderen Zeitpunkt zu. Nicht alles passt für jeden. Vielleicht brauchst du eine andere Methode oder Energie oder eines meiner anderen Bücher ist für dich derzeit viel wichtiger. Folge deinem inneren stärksten Impuls, deiner freudigen Neugier und deinem guten Bauchgefühl.

Nach der Durchführung aller Schritte in den Meditationen oder anhand der Erklärungen im Buch, die damit enden, dass Du eventuell noch Leitsätze notiert hast, jedenfalls nachdem du das neue Programm geladen hast, bitte ich Dich nun folgende Dinge zu beachten.

Gleich nach dem Laden des Programmes

Die Veränderung ist für Dich vielleicht gleich deutlich spürbar, manchmal gibt es einen richtigen Ruck und Du erlebst tatsächlich etwas um dich neu oder Dich selbst anders. Das ist der optimale Fall. Das passiert, wenn dein Körpersystem sehr offen dafür war, du das Programm leicht aufgenommen hast und du schon lange bereit bist, deine Glaubenssätze endlich hinter Dir zu lassen.

Menschen, die viel Erfahrung mit Spiritualität und Meditation haben, erzielen hier oft sehr starke, rasche und deutliche Ergebnisse, die sofort spürbar sind. Besonders, wenn Du während des Ladens körperliche Sensationen hast, den Ladevorgang in einer Veränderung deiner Emotion oder in körperlichen Symptomen wie Kribbeln oder Gänsehaut wahrnimmst, bedeutet das, dass dies sehr rasch und stark bei dir wirken kann.

Wenn du gar nichts spürst, heißt das aber nicht, dass du nichts aufnehmen kannst oder dass es nicht funktioniert. Oft erfolgt die Ladung der neuen Software ganz still und nicht spürbar. Manchmal kann der Körper auch nicht so schnell und viel aufnehmen. Das genügt dann für dich in diesem Moment.

Wichtig ist jedoch, dass du dich öffnest und nicht durch Denken den Kopfbereich total blockierst. Nimm dir einfach vor, offen zu bleiben. Das genügt.

Wenn du in der ersten Zeit (Stunden oder Tage) gar keine Veränderung im Fühlen oder Denken bemerkst, arbeite trotzdem aktiv und achtsam an deiner Veränderung mit, um nicht in deine alten Bahnen zurückzufallen.

Die Phase nach dem Abschluss der Übungen ist die alles entscheidende. Zusammengefasst geht es darum, dass du

1. bewusst nach Möglichkeiten suchst, dein neues Programm anzuwenden, das heißt, du neuen Verhaltensweisen, Denkmustern und Glaubenssätzen folgst
2. alte Gewohnheiten in dem Moment, in dem sie dir auffallen, sofort korrigierst
3. immer wieder abfragst, was das neue Programm jetzt tun würde
4. dich in das Glücksgefühl des bereits gelebten, tollen Lebens hineinfühlst
5. so oft es geht den Trigger anwendest.

Das findest du noch ausführlicher im Kapitel
„Nach dem Programm - der Veränderungsprozess im Alltag“

Falls Du Angst davor hast, etwas zu laden oder Dich einer höheren Macht zu übergeben, sei beruhigt. Es kann nichts geschehen, nichts in dich gelassen werden, was du nicht willst, selber möchtest und zulässt!

Dein höheres Selbst dient immer deinem höchsten Wohl, ebenso die geistige Welt. Es würde nie zulassen, dass bei so einem Vorgang etwas geschieht, das dir schadet.

Ich kann dir nicht gegen deinen Willen etwas zuführen, was du nicht möchtest. Das hier stellt keine Hypnose und keine Trance dar. Was Du zulässt und was Du im Anschluss daran damit machst, liegt ganz allein in deiner eigenen Verantwortung.

Bezüglich aufkommender Gefühle beim Laden oder Bearbeiten der Glaubenssätze bitte ich Dich, im Falle etwas sehr intensiv wird, deine Empfindungen wie bei einem Lautstärkeregler am Radio einfach etwas herunter zu drehen. Das funktioniert sehr gut. Wie bereits gesagt, falls du eine aktuelle Diagnose hast, emotional labil bist, bespreche das hier mit deinem Arzt oder Therapeuten und lasse Dich im Fall von jemandem dabei begleiten.

Die Meditationen - Die Durchführung des Programmes

Du bist vorbereitet und hast alle Erklärungen erhalten. Dann kannst du jetzt beginnen!

Lege bitte die Nummernlose 1 bis 10, die Nummernlose 1 bis 100 und ein Gefäß zurecht, aus dem du dann gleich die Nummern ziehen wirst.

Basismeditation zur Einstimmung

Die Basismeditation kannst du im Liegen oder Sitzen ausführen, Hauptsache, es ist bequem.

Schließe deine Augen. Entspanne deinen Körper. Atme ein paar Mal bewusst langsam und tief ein und aus. Beobachte deinen Körper, wo er sich noch verkrampft.

Lasse die Augenmuskulatur locker, die Stirne, die Kaumuskeln, den Schultergürtel, den Rücken.

Wenn Du das Gefühl hast, Du bist locker und es fühlt sich angenehm an, dann stelle Dir vor, wie aus deiner Schädeldecke ein Lichtstrahl in den Kosmos strahlt zu deiner Quelle und von dort der Lichtstrahl auch wieder zu Dir zurückkehrt.

Zudem stelle Dir vor, wie in Höhe deines Solar Plexus, also wo das Brustbein beginnt, ein Licht brennt, dieses Licht leuchtet warm, golden, hell und angenehm. Es strahlt über Dich hinaus und um dich herum, es wird immer grösser und weiter, breitet sich immer mehr aus, Du kannst Dir vorstellen wie Du einen Meter um Dich, dann einen Kilometer, dann den ganzen Ort mit diesem Licht bestrahlst.

Lasse dir so viel Zeit du benötigst, um in dieses Gefühl zu gehen. Du kannst dein Licht auf Länder, die Welt und das Universum ausweiten, soweit es geht und du dich gut fühlst. Stelle dir vor, wie dein Energiemantel, ein Energienebel um dich, immer weiter und grösser wird, du fühlst dich immer leichter und weiter.

Das Ziel ist, dass Du dich so weit, frei, leicht und entspannt wie möglich fühlst. Wenn es dir nicht gelingt, dann lass es einfach so, wie es eben geht. Atme ruhig und tief. Das ist keine Prüfung, auch kein Zwang, nur eine Hilfestellung. Es geht auch, wenn Du es nicht hinkriegst. Wichtig ist nur, dass du die Augen schließt, in Dich gehst und ganz bei Dir bist, dass du ruhig wirst und den Atem regelmäßig und ruhig fließen lässt. Dein Brustraum soll weit werden und sich entspannt anfühlen.

Sei ganz ruhig und im Vertrauen. Es geschieht alles zu deinem Besten. Atme. Langsam. Ruhig. Spüre deinen Körper.

Jetzt bitte dein höheres Selbst Dir zu helfen, das zu erkennen, was jetzt für dich wichtig und zum Besten ist.

Frage es laut oder still. Stelle dir vor, wie ein höheres Wesen Dir jetzt zur Seite steht und dich führt, hinführt zu dem Wissen, das du jetzt in diesem Moment brauchst und das es dich wissen lassen will. Habe Vertrauen, auch wenn Du keine Vorstellung von deinem höheren Selbst hast oder keine Ahnung, wie das alles funktionieren soll. Wenn dein Verstand dazwischen plappert, dann lass ihn einfach, komme immer wieder zu dir und dieser Konzentration auf dein höheres Selbst zurück, auf den selig entspannten Zustand im Licht. Denke dir mit einem Lächeln, dass du das schon hinkriegst, dein Verstand Pause hat und du das jetzt machen willst.

Wenn du dich frei, entspannt und locker fühlst, gehe zu Meditation 1 über.

Meditation 1 - die Auswahl

Wenn du dich entspannt und locker fühlst, lies Dir dann bitte die folgenden Zeilen durch.

Das ist ein Textabschnitt mit einem energetischen Imprint, der dein höheres Selbst direkt über die energetische Ladung dieser Zeilen und Worte anspricht, während du das liest:

Höheres Selbst, deines Menschen, höheres Selbst aus unserer Gemeinschaft, wir bitten Dich jetzt für unser aller Wohl und das Wohl dieses Lesers, zu helfen, die wichtigen und richtigen Glaubenssätze und ihre Anzahl auszuwählen. Während diese Zeilen geschrieben werden, werden sie versiegelt und geladen mit einer energetischen Schwingung, die bereits jetzt von meinem höheren Selbst zu deinem kommuniziert, und die jedes Mal wieder aktiviert wird, wenn es jemand liest und diese Übung ausführen möchte. Hilf bitte, die

Entwicklung voranzutreiben, das nötige Wissen zu vermitteln, um die Expansion in die Fülle voranzutragen.

Ich bitte dich jetzt, höheres Selbst von (setze hier deinen Namen ein)____________ , so, wie du es schon weißt und die Energie bereits fühlst, ich bitte dich, gemeinsam mit meiner Energie und ________(dein Name), jetzt die Information herauszusuchen, die für _________(dein Name) wichtig ist zu wissen, die ihm/ihr weiterhilft, seinen/ihren Weg zu gehen und zu finden, ein neues Leben zu leben, in seine/ihre Fülle zu kommen, die alten Blockaden zu transformieren und eine neue Wahrheit zu erkennen. Ich bitte dich Höheres Selbst, wähle jetzt aus, du weißt es, du kennst alles, du kannst auf diese Art wählen, ich bitte dich jetzt darum. In Dankbarkeit und Verbundenheit.

Jetzt beauftrage still oder laut dein höheres Selbst für dich die Auswahl der Blockaden und Glaubenssätze zu treffen, Zuerst die Anzahl, dann die Sätze.

Ziehe ganz entspannt, mit geschlossenen oder offenen Augen, wie du es lieber möchtest, zuerst eine Zahl aus den ersten 20 Nummernlosen. Damit weißt du, wie viele Glaubenssätze du im Anschluss aus den 1 bis 100 Nummern ziehen sollst.

Danach gib die Nummern 1 bis 10 auf die Seite. Gib die Nummernlose 1 bis 100 in das Gefäß und ziehe jetzt so viele Nummern, wie dir vorher von 1 bis 10 angezeigt wurde.

Jene Sätze, die diesen Zahlen aus der zweiten Ziehung aus 1 bis 100 zugeordnet sind, entsprechen deinen Themen und Glaubenssätzen, die dich blockieren.

Bedanke dich bei deinem höheren Selbst.

Lies Dir die Themen und Glaubenssätze, die zu deinen Zahlen gehören, in Ruhe durch. Vielleicht fühlst du dich sehr angesprochen, es kommt dir bekannt vor und du weißt es längst oder hast es geahnt. Vielleicht fängst du damit aber nicht viel an oder lehnst es komplett ab.

Vertraue darauf, dass diese Themen jene sind, die eine Rolle für deine Probleme spielen.

Je mehr du sie ablehnst, desto mehr sind sie in die Verdrängung gegangen.

Wenn sie dich völlig unberührt lassen, dann liegt das meistens daran, dass dieser Glaubenssatz auf eine sehr subtile Art und Weise wirkt, die du nicht bewusst spüren kannst.

Es gibt Glaubenssätze, die durch solche Kleinigkeiten entstehen oder solche Kleinigkeiten betreffen, dass du ihnen emotional keine Bedeutung mehr schenkst. Sie wirken aber trotzdem in dir. Auch wenn sie mit keinen besonderen Emotionen verbunden sind, haben sie sich als ein Lebensgesetz in uns eingenistet und wir folgen ihnen blind, aus Gewohnheit.

Manche Themen, die wir gut erinnern, die einmal eine große Bedeutung für uns hatten, wurden oft schon sehr gut aufgearbeitet und spielen keine so große Rolle mehr, wie wir oft denken.

Lese jetzt also zunächst die Glaubenssätze und die Texte dazu durch, um wahrzunehmen, um was es geht.

Halte dich aber bitte nicht zu lange damit auf, es geht nur um einen ersten Eindruck, dass du sie einmal wahrnimmst.

Im Anschluss daran mache bitte gleich die zweite Meditation.

Es ist wichtig, gleich weiter zu machen, damit du nicht zu lange mit dem Fokus und der Konzentration auf den vergangenen Blockaden hängen bleibst. Es kann einerseits sein, dass man sich dabei nicht gut fühlt, was wir so schnell wie möglich auflösen wollen, andererseits verstärkt man alles, worauf man seine Aufmerksamkeit richtet. Daher empfehle ich, von hier so rasch wie möglich weiterzugehen, um in einen positiven Fokus zu kommen!

Warum du dann überhaupt dahin schauen sollst, wenn es eigentlich negativ ist? Nicht hinzuschauen und nichts zu wissen, führt leider meistens dazu, dass diese Dinge unbemerkt und unerkannt in uns weiter wirken. Die torpediert und sabotiert eine positive Ausrichtung immer wieder. Es reicht oft schon, etwas zu erkennen, daher ist ein kurzer Blick zurück sinnvoll, wenn er eben nicht zu lange ausgeführt wird und gleich in eine Transformation gehen kann.

Zuerst möchte ich wieder mithilfe deines höheren Selbst und diesmal auch deines Unterbewusstseins eine Art Bereinigung und Veränderung der Erinnerung herbeiführen. In dem Sinne, dass ich mit Hilfe deines höheren Selbst und deiner bewussten Konzentration, deinem Unbewussten zeige, dass es jetzt eine neue Wahl treffen kann und damals auch nur eine Wahl aus vielen getroffen wurde, dass es niemals die eine Wahrheit gegeben hat und daher alle Schlussfolgerungen auch nur für den einen Moment für dich gegolten haben, aber keine gültige Wahrheit oder Folge mehr darstellen.

Im nächsten Schritt werden wir eine neue Software aus dem Quantenfeld laden, von jenem Leben, das dich absolut erfüllt, das im Flow ist, wo deine Wünsche wahr werden, du dich im gewünschten Maß entwickelst und du dein Leben steuerst, bewusst und als der Erschaffende deines Lebens.

Hier folgt wieder ein Anweisungstext mit energetischem Imprint, das heißt, obwohl ich nicht bei Dir bin, nimmt mein höheres Selbst über die Schwingung, die ich in diesen Text lade, Verbindung zu deinem höheren Selbst auf.

Höheres Selbst von ____________(dein Name), ich bitte Dich jetzt mir und ________(dein Name) zu helfen und seinem/ihrem Unterbewussten zu zeigen, wie damals der Ursprung der Entstehung der Blockaden in Wahrheit zu verstehen war und ist. Ich bitte Dich, zusammen mit mir, dem Unterbewusstsein von ______(dein Name)zu zeigen, dass es eine Wahl hatte und hat. Bitte gehe jetzt mit mir und dem Unterbewusstsein von ________ (dein Name) zurück zu allen Zeitpunkten der Entstehung hindernder Glaubenssätze, die jetzt nicht mehr dienen. Bitte zeige dem Unterbewussten, es hätte eine andere Wahl gehabt, es hat aus unendlichen Möglichkeiten gewählt, es kann sich jederzeit neu entscheiden. Die damals wahrgenommene Wahrheit ist nicht absolut, es hat vielleicht damals in dem Moment gedient, aber danach war es nicht mehr dienlich und zielführend, bitte lass das Unterbewusste jetzt verstehen, dass es vorbei ist, dass es jederzeit eine neue Wahl treffen kann. Nichts von dem, was damals an Schlussfolgerung entstanden ist, muss wahr sein oder muss heute gelten, es darf sich sofort verändern und auflösen. Bitte gehe zurück in alle Zeiten, gehe bis in das Embryonalstadium zurück und zeige ________________(dein Name), dass er/sie die Muster seiner/ihrer Mutter übernommen hat, die nicht seine/ihre waren, die übernommenen Muster jetzt abgeben kann und seine/ihre ganz ureigenen Muster wählen kann. Bitte gehe zurück an alle Ursprünge entstandener hindernder Glaubenssätze und lasse das kleine Kind in __________(dein Name) wissen, dass es etwas gewählt hat, das in Ordnung war, aber keiner Wahrheit entspricht über ihn oder andere und es jederzeit frei ist, neu wählen kann, um frei und in Fülle zu leben, um sich zu leben. Jetzt. Löse die damaligen Entscheidungen bitte auf.

Ab sofort, kann __________eine neue Wahl treffen. Ab sofort kann __________sich neu verhalten und das Leben neu und anders erleben, wenn er/sie das möchte. Er/Sie versteht jetzt, dass es eine Entscheidung gibt, unendlich viele Möglichkeiten, alles offen steht und er/sie bereit ist, weil die Macht des Erschaffens wieder in seinen/ihren Händen liegt.

Ab sofort können die alten Muster sein gelassen werden und sie dürfen sich zum Besten aller transformieren. Ab sofort kann __________(dein Name) eine Entscheidung für sein/ihr Glück treffen und die Fülle, und tut es auch, und die Verbindungen, die nicht mehr dienen, dürfen sich jetzt in voller Dankbarkeit für das, was gut war, lösen, denn in Liebe bleibt alles verbunden, was verbunden bleiben soll und was in der Liebe war. Jetzt. Es passiert jetzt ein Wandel, ____________(dein Name) wird sich ab jetzt neu verhalten, das Leben anders wahrnehmen können, voller Kraft und Liebe in das Leben gehen, eine neue Sicherheit und ein neues Vertrauen erfahren und sich einbringen, so wie er/sie das möchte, zu seinem/ihrem Wohl und zum Wohle aller. Jetzt. Danke.

Jetzt atme tief durch und stelle Dir vor, wie deine alten Glaubenssätze am Punkt der Entstehung (du musst nicht wissen wann und wie das passiert ist) sich auflösen und verändern oder ihre Wirkung im Jetzt verloren haben. Stelle Dir weiter vor, wie Du als kleines Kind jetzt auch die Information erhältst, dass du dein Bestes getan hast und es nicht wusstest, aber jetzt die Erleichterung eintritt, dass es nicht so bleiben muss und du ganz neue Wege gehen wirst, wann immer du das möchtest.

Schließe kurz deine Augen und lass dies ein paar Momente wirken.

Du kannst jetzt die Entscheidung treffen, die Glaubensmuster und Empfindungen deiner Kindheit in der Vergangenheit zu lassen und jetzt eine völlig neue Wahl zu treffen, wie du über dich denken und empfinden möchtest.

Du warst immer ein vollkommenes Geschöpf, das absolut liebenswert war und ist. Du hast Zugang zur Liebe, jederzeit, jetzt.

Atme.

Du kannst alles haben, es steht dir zu. Du bist genug. Du kannst Liebe haben. Du hast ab sofort Zugang zu allem. Du kannst dich frei und neu entscheiden.

Meditation 3 - Laden der neuen Software

Jetzt gehen wir ans Laden einer neuen, fördernden Software, die dein Handeln und Denken in bester Weise für dich unterstützen wird.

Stelle dir vcr, wie ich jetzt mit Hilfe deines höheren Selbst den Teil in dir, der das kann, bitte, deine neue Software abzuholen aus dem Quantenfeld.

Folge dazu dem Text mit dem energetic Imprint weiter unten - Lese ihn durch. Danach halte die Augen wieder geschlossen und stelle dir vor, wie das neue Programm in deinen Körper fließt.

Wichtig: DER Trigger!! während du mit geschlossenen Augen sitzt oder liegst und das neue Programm empfängst, bitte ich Dich, gegen

Ende der Zeit, also wenn DU das Gefühl hast, jetzt ist es genug (nach frühestens 3 Minuten, nach spätestens 5 Minuten - du brauchst nicht genau auf die Uhr zu sehen, es sind nur ungefähre Angaben, um dir ein Gefühl zu geben, wie lange so etwas dauern kann). Drücke bitte eine Stelle an deinem Körper, die Dir angenehm ist, das kann das Handgelenk sein, der Ellbogen, das Ohrläppchen, die Schulter. Es sollte eine Stelle sein, die Du auch im Alltag oder in Gesellschaft unauffällig drücken oder berühren kannst. Gut eignet sich das Ohrläppchen, das Handgelenk, ein Finger, der Ellbogen. Denn diese Stelle zu drücken wird das Gefühl der Ladung in deinem Körper verankern, sodass du sie immer sofort wieder abrufen kannst, wenn du sie brauchst.

Folgender Text dient der Ladung, lese ihn zuerst durch und dann stelle es dir vor. Lies zuerst den ganzen Text durch, dann schließ deine Augen und empfange. Halte dabei deine Handflächen nach oben gedreht. Irgendwann während des Ladens drücke dann einen Triggerpunkt.

Text mit Energetic Imprint - Laden:

Höheres Selbst dessen, der das hier liest, oder dessen, der diese Übung machen möchte, ich bitte dich, dich mit meinem höheren Selbst zu verbinden, ich bitte die geistige Welt und alle Helfer des Lichtes jetzt mitzuhelfen, ein neues Programm zu laden, eine neue Information, die dem erfüllten , glücklichen Leben von (dein Name)________zugrunde liegt. Im Quantenfeld, das keinen Raum und keine Zeit kennt, wo es unendliche Möglichkeiten und Potentiale parallel gibt, da gibt es auch einen Punkt, wo das erfüllte, glückliche, strahlende, wunderbare, befriedigende, wohltuende, alle Wünsche erfüllende Leben im Flow von ___________(dein Name) liegt. Dessen Grundlagen, dessen Software, die dies hervorbringt, das Muster an Gedanken und Verhaltensweisen und Glaubenssätzen, die das Glück, die Fülle, die Erfüllung ermöglichen, erschaffen und umsetzen in Leichtigkeit, Freude und Harmonie zum Wohle und Besten aller. Ich bitte jetzt, den Teil, der das kann, den Teil von (dein Name) ___________, zu diesem Punkt zu gehen, jetzt und das Programm, diese Software, dieses glückliche, erfüllte, schöne Leben als Information und Erlebtes abzuholen, hierher zu bringen und in das Körpersystem, in diese Inkarnation von (dein Name) ___________zu bringen und in ihm/ihr zu laden, ihm/ihr zu übermitteln, in ihn/sie und sein/ihr System energetisch und später körperlich einfließen zu lassen, bitte, JETZT!

Jetzt wird geladen. !!!.

Bleib entspannt, öffne dich, nach oben, stell dir vor, es fließt wundervolle Info und Energie in dich ein, von der Schädeldecke, bleibe im Hals und Becken frei und locker, lass es geschehen. Bleibe so für ungefähr 3 bis 5 Minuten mit geschlossenen Augen sitzen und öffne dich, sodass eine neue, hohe Energieinformation in dich einfließen kann. Gedanken lasse einfach kommen und gehen. Sie spielen beim Laden keine Rolle.

Bitte drücke den Trigger, da, wo es dir angenehm ist, während du in der Ladung bist, um die Softwareladung zu verankern.

Halte die Augen eine Weile geschlossen und lasse laden.

Die Info deines erfüllten Lebens fließt jetzt ein.

Spüre am Ende nochmals in dich hinein, ob du noch eine Botschaft bekommst, die dir jetzt weiterhilft.

Ein Leitsatz oder Leitwort, ein Bild, ein Spruch, oder etwas, was du tun sollst, das dir in den kommenden Tagen und Wochen weiterhelfen wird, das neue Programm zu implementieren.

Notiere es dir gleich. Wenn nichts kommt, spielt das keine Rolle.

Wenn du magst, schließe nochmals die Augen und stelle dir vor, wie die neue Software aus dem Quantenfeld in dich hineinfließt. Lasse es zu und öffne dich dem einfach.

Beende dann das Laden nach deinem eigenen Gefühl.

Danke dem höheren Selbst für seine Hilfe.

Damit wären die Meditationen der Wahl, der Ursprungstransformation und der neuen Ladung beendet.

Bitte notiere alle Sätze oder Bilder, die in dir aufgestiegen sind. Falls nichts gekommen ist, macht das nichts.

Jetzt wird energetisch viel passieren und es ist die Grundlage gelegt, wirklich etwas in deinem Leben und Erleben zu verändern. Atme tief durch und sei stolz auf diese energetische Leistung. Du hast viel Arbeit geleistet gerade!

Lass es jetzt wirken.

Was kommt jetzt?

Wenn Du es nur dabei belässt, wird sich weit weniger tun, als möglich ist, wenn du damit weiter arbeitest.

Denn erst die Umsetzung im Alltag, wie ich sie dir jetzt beschreibe, bringt die neue Software zur Blüte und verändert deine Glaubenssätze, die dich bisher behindert haben dauerhaft!

Eine bewusste Einübung im Alltag kann deinen Körper dahingehend verändern, nachhaltig deine Gedankenmuster und Verhaltensweisen, die dich bisher blockiert haben, endgültig zu transformieren.

Es dauert meiner Erfahrung nach ein paar Wochen, um es dauerhaft in dein System einzubringen.

Wenn du dazu bereit bist und sagst, ja, ich will endlich Veränderung und Ergebnisse, ich will endlich erschaffen, was ich möchte, dann lies weiter.

Die wacklige Übergangsphase

In der ersten Phase sind zwei unterschiedliche Schwingungen in deinem System - die alten Muster schwingen noch nach, denn der Körper ist schwerfälliger in seiner Anpassung, und was jahre- bis jahrzehntelang in ihm energetisch präsent war, das schwingt noch eine Zeit, bevor die neue, höhere Schwingung ihren Platz ergreifen und sich durchsetzen kann, bis sie die dominante Schwingung wird.

Dein Körper kennt das Alte nur zu gut, an das Neue muss er sich erst gewöhnen, es sind für ihn fremde Sequenzen, die auch erst einmal argwöhnisch betrachtet werden. Du musst ihm daher nahe bringen, dass es etwas ist, was ihm gut tut. Eine Zeitlang kannst du dich etwas „unrund" fühlen, ambivalent oder verwirrt, eben nicht vollständig klar und gut. Ich bitte dich, diese Tage auszuhalten und nicht in die Flucht zu gehen, also nicht in alte Programme zu flüchten, die sich so vertraut und gewohnt, daher auch bequem anfühlen.

Bleib bitte im Neuland und vertraue darauf, dass sich in Kürze die Verwirrung legen wird, um einer völlig neuen, stärkenden Klarheit und einem nie dagewesenen Wohlgefühl zu weichen. Die neuen Spuren müssen erst im Körper gezogen werden. Bis dahin fährst du wohl noch hin und wieder auf den alten Bahnen. Dann wieder auf den neuen. Gib dem Chaos eine Chance und nimm es nicht zu schwer oder ernst. Alles ist gut.

Es kann aber auch sein, dass du dich sofort sehr leicht, frei und wohl fühlst - dann genieße es und verstärke dieses Gefühl durch neue, positive Denkweisen und neue Glaubenssätze.

Die Anwendung des Programmes - der Veränderungsprozess im Alltag

Das wohl Wichtigste an diesem Programm ist die Phase, in der die Veränderung von dir täglich im Alltag umgesetzt wird. Da liegt es nur an Dir, dabei zu bleiben, achtsam zu sein, zu üben und nicht aufzugeben. Jene Klienten, die das ernsthaft gemacht haben, hatten umwälzende, positive Veränderungen und Ergebnisse.

Neue Glaubenssätze finden und Leitsätze bestimmen

Jetzt bist du gestärkt genug, um deine alten Glaubenssätze, die du gezogen hast, nochmals bewusst umzuformulieren.

In der Glaubenssatzliste habe ich zu jedem Glaubenssatz positive Umformulierungen angehängt. Du kannst einen dieser Vorschläge verwenden, wenn er dich anspricht oder deinen eigenen erfinden.

Wichtig ist immer, ihn positiv zu formulieren (keine Verneinungen, kein nicht) und niemals ein „ich will weg von", sondern immer ein „Hin zu" in der Formulierung zu beachten. Das bedeutet, dass der Glaubenssatz nicht ausdrücken soll, wovon du weg willst, sondern beinhalten soll, wohin du willst.

Habe diese positive Umformulierungen, also deine **neuen, positiven Glaubenssätze**, am besten immer griffbereit, um sie jederzeit abrufen zu können. Du kannst auf einer kleinen

Karte deine neuen Glaubenssätze aufschreiben, die du dann in deiner Geldtasche mit dir trägst.

Leitsätze sind jene Sätze, die dir jederzeit Kraft und Hilfe geben. Worte und Bilder, die eine starke, positive Wirkung auf dich haben und dich sekundenschnell an dein neues Ich erinnern.

Sie können aus einer Umformulierung eines alten Glaubenssatzes entstehen oder sie werden dir als Idee vom höheren Selbst geschenkt. Da tauchen dann plötzlich Worte auf oder du liest irgendwo einen Satz, der dich anspringt und dir gut tut. Alles, das dein neues Leben repräsentiert und dich stärkt, ist geeignet.

Trage auch diese Sätze mit in der Geldtasche, schreibe sie zu Hause auf den Spiegel, drücke deinen Trigger und denke an die Sätze.

Trigger

Der Trigger hat die Funktion, die neue Software, und damit dein neues Ich und Denksystem, das dein Körper geladen hat, jederzeit mit einem Druckpunkt wieder abrufbar zu machen. Das hilft Dir, das neue Programm in deinem Leben umzusetzen.

Zum anderen erinnert dich dieser Trigger daran, dass du jetzt deine Glaubenssätze ändern willst!

Wenn Du in Situationen kommst, in denen Du dein typisches, bisher übliches Verhalten zeigst und Du gewohnte Gedanken und Gefühle bemerkst, drückst Du den Trigger. So kannst du das neue Programm ins Körperbewusstsein rufen.

Frage dich, was das neue Programm jetzt fühlen, tun oder sagen würde. Du kannst dir auch vorstellen, wie dein Ich, die Person in diesem neuen, perfekten Leben handeln, sein und fühlen würde. Schau welche Vorschläge aus deinem Inneren auftauchen, folge diesen Impulsen, Zeichen und Ideen.

Manchmal reicht es, den Trigger zu drücken, um zu wissen und sich bewusst zu sein, dass man jetzt anders handeln und denken möchte als bisher und dass man das Steuer neu übernimmt und sich nicht mehr vom Autopiloten passiv lenken lässt.

Drücke immer wieder den Trigger, um dich an das neue Programm zu erinnern und deinen Körper und die Ladung in Erinnerung zu rufen.

Wenn du in eine Situation kommst, wo du dir Veränderung wünscht, drücke den Trigger. Wenn es sich gut anfühlt, bist du in der Regel am richtigen Weg. Wenn es sich schlecht anfühlt, ist das ein Hinweis, dass da etwas an deinem Vorgehen nicht stimmt. Hast du wieder die alten Gedanken gedacht? Hast du dich schlecht behandelt, dich abgewertet oder verglichen? Hast du nicht genug Geduld mit dir selbst? Sind das Gedanken des neuen Programms oder schleicht sich Zweifel ein?

Es ist essentiell und der Kernpunkt, seine Gedanken, sein Verhalten und seine Emotionen genau zu beobachten.

Du musst ein Detektiv für deine Gedanken werden. Spüre jeden Saboteur auf, jeden

Gedanken, der dich runterzieht und entlarve ihn, stelle ihn zur Rede. Nimm ihm das Drama und stelle ihn solange in Frage, bis er sich auflöst.

Beobachte dich ganz genau, wann wieder die alten Glaubenssätze ihr Spiel treiben. Du weißt jetzt immer besser, wie du diese hinter dir lassen kannst, während du sie durch neue ersetzt.

Glaubenssätze und Verhaltensweisen transformieren - dein neues Ich

Alte Glaubenssätze können zu Beginn vermehrt wieder auftauchen. Auch später einmal werden einzelne Menschen immer noch Knöpfe bei dir drücken und alte Muster damit auslösen. Wir können nicht alles lösen und heilen und nie wieder angreifbar werden.

Leg dir daher schon vorher zurecht, wie du alte Glaubenssätze drehen kannst, wenn sie dich wieder überraschen oder die Führung übernehmen.

Das wichtigste ist, die Gedanken zu entdecken, die dich boykottieren und dich schlecht fühlen lassen und dahinter die alten Glaubenssätze zu erkennen. Danach geht es darum, diese zu stoppen, ihre Wahrheit rigoros zu hinterfragen und sie dann wie nur irgendwie möglich, zu drehen.

Hinweise auf alte Muster sind vor allem dir bekannte, unangenehme Gefühle, aber auch das Gefühl „Ja, das kenne ich, das fühlt sich vertraut an, ich bin wieder sicher, da kenne ich mich aus!"

Willst du dich entwickeln und deine Wünsche manifestieren oder wieder in die alte Sicherheit zurück taumeln?

Noch ein Hinweis: Du kannst natürlich alle Glaubenssätze verändern, die dir bekannt sind und die dich nicht mehr unterstützen.

Du kannst also neben jenen, die du über das Programm gefunden hast, ebenso mit allen, die dir bewusst sind oder die du selbst entdeckst, genau so verfahren und sie auflösen.

Der Weg der Auflösung geht immer über den Fokus auf das, was du stattdessen willst!

Wege zur optimalen Transformation in dein neues Leben - Glaubenssätze ändern:

1. Achte ab sofort, wann Du wieder die alten Gedankenmuster und Glaubenssätze hervorholst, wann diese wieder wirken und dein Fühlen oder Handeln bestimmen. Fokussiere sofort auf die neuen, positiven Glaubenssätze. Achte darauf, wo du deine Aufmerksamkeit hinlenkst!
2. Habe deine positiven neuen, umformulierten Glaubenssätze und deine neuen Leitsätze (Kraftsätze) immer mit dabei. Denke an sie und fühl dich in sie ein, wenn die alten Spielverderber wieder in die alte Spurrinne fahren wollen. Am besten schreibst du dir, wie schon erwähnt, die wichtigsten neuen

Glaubenssätze deines neuen Ich´s auf eine kleine Karte, die du immer mit dir trägst und immer wieder in die Finger kriegst.

Schau auf deine Karte, drücke den Trigger, denke neue, positive Gedanken. Verwende alle Techniken, um dich daran zu erinnern, wo du deine Aufmerksamkeit hinlenken willst und wohin du gehen und denken willst.

3. Wenn Du Dich schlecht fühlst, gehe in Dich und suche, welche Gedanken dazu geführt haben und ob du auf eine aktuelle Situation reagierst.
   Meistens haben wir abwertende, uns schlecht machende Gedanken gedacht, haben uns negativ verglichen, oder unser innerer Kritiker hat wieder unzählige Kritikpunkte an uns gefunden - stöbere deine Negativgedanken auf und dann hinterfrage sie radikal und suche sofort und unbedingt nach neuen Gedanken, die sich gut anfühlen.

   Radikal hinterfragen bedeutet:
   - Was habe ich gedacht?
   - Ist dieser Gedanke über mich oder den anderen wirklich wahr?
   - Kann ich mir ganz sicher sein, dass das so ist und so sein wird?
   - Kann es nicht ganz anders sein?
   - Wer sagt das? wo sind Beweise? Woher will ich das wissen?
   - Kann ich Beweise für das Gegenteil finden?
   - Ist das nur die Meinung anderer?

- Sind das die begrenzten Überzeugungen meines alten Musters, die mich so denken und fühlen lassen?
- Womit habe ich mich abgewertet?
- Was habe ich gedacht, das meinen alten oder hindernden Glaubenssätzen entspricht?
- Spielt das überhaupt eine Rolle?
- Was kann und will ich stattdessen denken und glauben?

Dann drehe es:

- Finde ich Gegenbeweise und Gegenvorschläge?
- Welche Gedanken kann ich finden, die mir gut tun
- Wie könnte es ganz anders gehen, wie könnte ich anders denken?
- Was würde mein perfektes Leben, mein neues Ich, die neue Software zu diesem Gedanken sagen? Und stattdessen denken?
- Was muss jemand, der so ein Leben führt, wie ich es mir vorstelle, denken?
- Wie sehe ich das unter dem Aspekt meines Zieles und neuen Fokus?
- Was denke ich, der/die ich bereits mein Trauleben führe darüber?

Sei wachsam, wann du aus alten Glaubenssätzen heraus agierst. Werde aufmerksam und decke auf, wann du wieder wie durch deinen Autopilot reagierst.

Hilfe kommt durch die Frage „Was sind die neuen Glaubenssätze?"

Frage dich immer „welchen neuen Glaubenssatz kann ich dem entgegenhalten? Zu welcher neuen Überzeugung hin will ich mich lieber orientieren? Was sind meine neuen Leitmotive, die für diese Situation und Lebenslage einsetzbar sind?"

Keine Sorge, du musst das jetzt nicht ewig so konzentriert machen, das gilt nur so lange, bis du dich an das Neue gewöhnt hast und dein Denken und dein Körper automatisch deine neuen Glaubenssätze und Denkmuster ausführen.

Es ist eine Entscheidung, die du treffen musst. Du kannst beschließen, anders über dich zu denken, einfach, weil du es so willst. Und es wird funktionieren!

Suche immer nach Gedanken, die dich erleichtern, nach Gegenargumenten, nach anderen Beispielen, die einen besseren Vergleich zulassen, alles, was dich wirklich besser fühlen lässt, ist geeignet.

Dabei geht es nicht darum, die negativen Gedanken zu verdrängen, sich etwas schön zu reden oder einzureden. Es muss wahrhaftig und überzeugend sein. Das heißt, den negativen Gedanken verdrängst du nicht - du siehst ihm ins Gesicht, aber hinterfragst seine Allgemeingültigkeit, seine Wahrheit, seine Bedeutung. Du nimmst ihn damit nicht mehr wichtig und veränderst ihn in seiner begrenzenden Wirkung.

Du drehst das, was du über dich denkst, in eine neue Richtung:

Manfred, ein arbeitsloser Klient, berichtete, dass er bei U-Bahnfahrten jedes Mal eine Enge in der Brust spüre und eine leichte Panikattacke aufkäme. Da er bereits seine Gedanken zu hinterfragen gelernt hatte, fiel ihm diesmal auf, welche Selbstabwertung dem vorausgegangen war.

Er dachte, er würde so labil und emotional wie er sich derzeit fühle, niemals einen Job finden. Er könne nur eine Arbeit bekommen, wenn er stark und überlegen sei.

Sofort hinterfragte er den Wahrheitsgehalt dieser Gedanken und suchte Gegenbeispiele und Gedanken, die sich gut anfühlten, dabei drückte er den Trigger und dachte an sein neues Programm.

Er sagte sich, dass viele Arbeiten gerade jemanden erforderten, der sensibel genug sei, sich in andere einzufühlen und dass gerade auch kreative Arbeiten mit Emotionalität verbunden seien. Seine angebliche Labilität konnte er aufgrund seiner geladenen Beziehungssituation als ganz normale Anspannung sehen und nicht mehr als chronische Schwäche. Sie als vorübergehende Verstimmung zu erkennen, die jedem so passieren könne, nahm ihr sofort das Drama.

Er sah seine Emotionen auf einmal als Stärke für seinen Beruf, wo er mit Menschen arbeiten wollte.

Wende diese Technik auch für dich an. Deine Brust wird eng, du fühlst dich schlecht?

Hinterfrage sofort was du jetzt oder zuletzt gedacht hast, entdecke die Botschaften, zerklaube sie, nimm ihnen das Drama, suche nach positiven Gedanken. Fokussiere auf das, was gut ist und dahin, wo du hin möchtest und wer du sein willst.

4. Wann immer Du kannst, setzte deinen Trigger, neue Leitsätze und umgewandelte Glaubenssätze ein.

5. Suche nach Beweisen für deine Ziele, neuen Inhalte und für deine Veränderung. Wenn du nach Beweisen suchst, schickst du dein Gehirn auf Suche und es wird wie ein Spürhund beginnen, das Gute zu finden. Damit richtest du deinen Fokus optimal aus.

6. Frage Dich immer wieder im Alltag - was würde das neue Programm, meine neues Ich, jetzt machen?

7. Wenn Dich etwas verletzt, Dich etwas stört - frage dich, wie das neue Programm darauf reagieren würde, wie das neue Programm, dein neues Ich, diese Situation beurteilt. Mit deinem neuen Ich aufgrund der neuen Software kannst du eine völlig neue Perspektive einnehmen, die alles verändern kann, auch deine bisherigen Bewertungen. Über Situationen, andere, aber auch dich selbst.

8. Beobachte Dich, ob Du nach den alten Gewohnheiten automatisch reagierst. Entscheide, alte Reaktionen zu beenden

und etwas anders zu machen als bisher. Entscheide Dich, dein neues Ich zu sein. Ignoriere die aktuelle Realität, wenn sie dich schwächt und stärke dich mit dem Wissen, dass du alles verändern kannst, wenn du dich und deine Energie änderst.

9. Mach einen Stopp mit anschließender Kehrtwende und einem völlig neuen Verhalten, egal wie eigenartig es sich im ersten Moment anfühlt, auch wenn es weh tut. Damit meine ich einen wirklichen Stopp. Unterbreche deine Bewegung, deine Gespräche, dein Denken. Gehe wenn möglich aus der Situation und versuche, etwas ganz anders zu machen als bisher. Statt deinen Partner wie gewohnt anzuschreien und dann schmollend aus der Tür zu laufen, setzt du dich wieder hin und sagst ruhig, dass du deinen Anteil am Streit genauer anschauen und lösen willst. Statt wie sonst in einer unangenehmen Situation mit einer Arbeitskollegin alles runterzuschlucken, sprichst du klar aus, wo deine Grenzen liegen und was du dir wünschst.

10. Stelle alle bisherigen Bewertungen, Wert-Urteile, Gefühle vehement in Frage. Nimm nichts mehr einfach so gegeben hin wie bisher.

11. Vorübergehend Akzeptieren.
Wenn du dich weiter schlecht fühlst und du dir mit nichts helfen kannst, dann lass es zu und akzeptiere es für eine Weile. Denke Dir, das Gefühl wird in Kürze

besser werden. Alles ist in Veränderung und das permanent. Schon in Stunden kann sich alles geändert haben.

12. Tröstende Selbstgespräche
Beginne ein tröstendes Selbstgespräch siehe dazu „Soothing" in den Essenzen des Erschaffens oder „Selbstgespräche" im Selbsthilfeteil.

Schlage nicht auf dich ein, weil du dich schlecht fühlst. Gehe liebevoll mit dir um, sage dir, es ist ok, es darf auch sein. Hin und wieder gehört das dazu. Es ist ein Zeichen für meine Entwicklung. Es ist ein Zeichen, ein Kompass, dass ich am falschen Weg bin mit meinen Gedanken, mit dem, was ich gerade mache, da stimmt was nicht, sonst würde ich mich gut fühlen. Dann überlege weiter, ganz sanft und liebevoll, ob du an deinen Gedanken etwas drehen kannst, an der Beurteilung der Situation und wie du dich trösten könntest.

Schmerz kannst du auch immer als Metamorphose, als Entwicklungsturbo sehen. Wie schon beschrieben ist Schmerz immer ein Zeichen für Expansion. Meine Lieblingsbetitelung für Schmerz ist „Phönix-Essenz".

13. Das Drama nehmen.
Drama hat eine große Anziehungskraft. Lass dich nicht dazu verleiten, in Dramen hineinzugehen, nur weil sie sich intensiv

anfühlen und für starke Gefühle sorgen, letztlich ist es eine Abwärtsspirale.

14. Triggern.
Hole dir mit dem Trigger und den neuen Leitsätzen immer wieder das neue Bewusstsein in die aktuelle Situation

15. Entwicklung in Kreisen und Schleifen.
Lass dich von Rückschlägen nicht beirren, das ist ganz normal. Wir entwickeln uns in Kreisen und Schleifen, nie in einer ganz geraden Linie.
Außerdem gehören zu unserer Entwicklung auch immer wieder Widerstände und Schwierigkeiten. Wie gesagt, sie dürfen nur nicht überhand nehmen und der Ausgleich durch Fülle soll in Relation überwiegen.

16. Die alten Wunden. Wenn alte Wunden hochkommen und sehr schmerzhafte Gefühle durch eine Situation ausgelöst werden, dann helfe dir zusätzlich mit den Übungen im Selbsthilfeteil.
Vor allem gehe zurück zu deinem inneren Kind, gebe ihm Trost und lasse es und dich selbst wissen, dass du genug, in Ordnung, vollständig bist und dass dein Wert von keiner Person der Welt da draußen bestimmt wird. Mache dir selbst und deinem kindlichen Anteil immer wieder klar, dass dein Wert ein dir von Gott geschenktes Geburtsrecht ist, das du immer schon hattest. Du musst nichts leisten, tun oder beweisen, du musst nur sein und dein Licht strahlen lassen.

Lass deine Schuld frei und gehen, denn du hast sie fälschlicherweise angenommen.

17. Folge neuen Impulsen, Zeichen und Ideen. Zeige Aktion dann, wenn sie sich gut anfühlt. Gehe neue Risiken ein, im Sinne, da probiere ich etwas Neues aus. Manchmal fühlt sich das am Anfang fremd oder komisch an, aber das ist normal.

18. Angst versus Aufregung

Verwechsle bitte nicht das neue Gefühl beim Ausprobieren neuer Verhaltensweisen und Gedanken mit Angst oder Schwäche. Angst und Aufregung verwechselt man gerne.

Schlechte Gefühle wie Angst und Schmerz fühlen sich massiv eng an, nehmen die Luft zum Atmen, bedrücken, erschweren, belasten, machen traurig, eng und dunkel. Das sind Warnzeichen, dass du am falschen Weg bist und auf jeden Fall falsch gedacht hast, also negativ, dich selbst abwertend oder deinen Fokus auf der alten Situation oder Unangenehmen hattest. Meistens stecken alte Programme und Gedankenmuster dahinter.
Davon zu unterscheiden ist die natürliche Aufregung und das etwas befremdliche Gefühl, das man hat, wenn man im Leben etwas ganz Neues macht und sich Neues traut. Das ist auch eine Art Angst, aber das ist eher wie Lampenfieber, sich in die Hosen machen, eine Art ziehender Aufregung. Das kann ein Zeichen sein,

dass du dich richtig forderst und an der Schwelle zu einer neuen Entwicklung stehst.

19. Vertraue! Vertraue auf dich und das Universum. Es zeigt dir immer „hierher“. Folge ihm!

Wie kann ich ein neues Verhalten im Alltag zeigen?

Überlege am besten täglich, wie du konkret das neue Verhalten zeigen kannst.

Durch was äußern sich die neuen Glaubenssätze? Wozu führt das neue Leben in meinem Verhalten?

Was würde mein neues Programm jetzt tun? Wie fühlt sich mein neues Leben an?

Würdest du lächelnd durch die Gegend laufen? Würdest du Ordnung schaffen? Würdest du jemanden, der dich beleidigt, nur noch anlächeln, weil es dir gut geht und es dir daher völlig egal ist? Hättest du für deinen Ex-Partner nur noch Gefühle der Sympathie, aber keinen Herzschmerz mehr, weil du längst in einem neuen Leben und einer neuen Liebe zu dir angekommen bist? Würdest du vor Lebensfreude und innerem Glow so sprühen und strahlen, dass du ein Magnet für andere Menschen wärst? Wen würdest du sofort anrufen oder einladen? Wen würdest du ganz locker ansprechen? An welche Orte würdest du gehen? Würdest du in anderen Lokalen essen? Andere Unternehmungen machen? Was lässt sich jetzt schon verwirklichen? Was käme dem am nächsten? Suche nach Möglichkeiten, Dinge jetzt schon zu verwirklichen oder verhalte dich zumindest so, als würdest du sie schon verwirklichen.

Würdest du freundlich sein und gelassen? Würdest du kreativer sein und das tun, wozu du Lust hast? Hättest du längst die Reise unternommen, den Kurs besucht, den Blog geschrieben, die Ausstellung gemacht, deine Schwester besucht, den Termin in der Kinderwunschklinik gemacht, den Segelturn organisiert, das Auto gekauft, wärst umgezogen?

Spiele, wo immer möglich, eine Rolle, rede über Dinge, als wären sie schon da. Mache mit Freunden, mit denen das möglich ist, ein Spiel daraus und erfinde Geschichten, tu so als ob es bereits Realität wäre.

Folge Impulsen für reale Aktionen, wenn es sich gut anfühlt.

Wenn gar nichts passiert - Nachladen

Nehme unbedingt Druck raus! Betrachte es so: Alles ist im Werden, einmal geht es schneller, dann dauert es länger, auch die schlechten Phasen sind ein Gewinn, weil daraus oft eine besonders große Entwicklung entsteht.

Wenn scheinbar nichts passiert, dann tut sich im Hintergrund immens viel. Das Universum arbeitet immer. Ich betone: immer. In jedem Moment. Wenn du vertraust, dann liefert es auch.

Wenn du dir einen Partner wünschst, dann kreiere dich selbst zu dem Partner, den du dir für dich wünschst.

Lies dazu bitte auch im Kapitel erfolgreiches Erschaffen nach. Am besten immer wieder!

Gerne kannst du die neue Software sinnvollerweise nach ein paar Wochen immer wieder einmal nachladen. Dazu mache einfach die Meditation 3 - Laden der neuen Software nochmals.

Manchmal öffnet man sich beim Laden noch zu wenig, dann hilft es auch sehr, Nachzuladen.

Bei einigen meiner Klienten hat erst das Nachladen den großen Durchbruch gebracht. Es gab nach der ersten Ladung eine erste gute Entwicklung, dann schien bei manchen etwas zu stagnieren, weil sie sich nicht an die Regeln hielten, das heißt, den Trigger und die bewussten Verhaltensänderungen nicht anwendeten und in alte Gewohnheiten zurückfielen.

Das Nachladen öffnet sie wieder und bringt den neuen Fokus wieder stärker hervor, weil die Energie des erfüllten Lebens ihr System wieder neu anregt.

Für Menschen, die nur negativ berichteten, lief es ab einem bestimmten Punkt nicht mehr weiter. Sie hatten ihren Fokus genau da, wo sie nicht sein wollten und waren in ihren Gedankenmustern wieder ganz bei den alten Gewohnheiten, ohne das überhaupt zu bemerken.

Auf Nachfrage stellte sich immer heraus, dass sie in keiner Weise an etwas gearbeitet hatten, nicht beobachteten und einen immensen Zweifel aufbauten, ob sie jemals etwas verändern können würden.

Sie hatten trotz allem nach der ersten Ladung des Programmes tolle Fortschritte gemacht, die dann aber abgeflacht waren, als sie sich wieder so wie immer verhalten hatten.

Das erkläre ich hier, weil es bedeutet, dass das Programm nur wirken kann, wenn es auch implementiert und im Alltag angewendet und eingeübt wird.

Es ist wie ein Kurs nach einem Software-Update, man muss sich an ein paar neue Features, an eine paar Neuerungen gewöhnen und sie einige Male anwenden, bevor sie in Fleisch und Blut übergegangen sind.

Das kann ich Dir nicht abnehmen. Wenn ich die Wunderpille hätte, den einen Schalter, würde ich nichts lieber tun, als es uns allen möglich machen, in Sekunden das Leben unserer Träume vor die Nase gestellt zu bekommen. Aber so läuft es nicht. Und nach Aussagen der geistigen Welt wollen wir das gar nicht. Wir wollen die Entwicklung dahin und auch die Schritte, die uns zum Endziel führen erleben und bewusst erschaffen.

Es kann im Prinzip trotzdem einfach gehen, doch müssen wir ein paar Gesetze und Prinzipien kennen, diese anwenden und unsere Gedanken und Verhaltensweisen kontrollieren. Es geht. Es kann sich alles ändern. Es kann schneller und leichter gehen, als du es dir erträumst, aber Du musst mitmachen und es ernst meinen.

Wann andere einweihen

Denen Du sehr vertraust und die offen genug sind, die kannst Du einweihen und um ihre Mithilfe bitten. Erkläre ihnen, dass du an alten Mustern arbeiten willst, die dir nicht mehr dienen und dass Du ihre Aufmerksamkeit benötigst, falls Du in alte Gewohnheiten fällst. Auch sporne alle um dich an, die dafür passen, dir mit guten Ideen zur Seite zu stehen. Sie können mit dir herausfinden, welche neuen Verhaltensweisen zu deinen neuen Glaubenssätzen passen und wie sich das neue Programm eines erfüllten, erfolgreichen Lebens jetzt verhalten würde. Macht ein Spiel daraus. Und helft Euch gegenseitig.

Man kann dieses Programm auch sehr gut zusammen machen und sich damit gegenseitig pushen und bestärken.

Ihr werdet damit alle zu einer Keimzelle guter Energie und tragt die Information für erfolgreiche Veränderung hinaus in die Welt.

Ihr könnt durch ein gutes Beispiel voran gehen, wie an seine Macht als Erschaffer wieder zurückgewinnt und sich von der Ohnmacht du der Begrenzung durch alte Glaubenssätze befreit.

Kritiker

Kritik kann jetzt zweierlei bedeuten. Dein innerer Widerstand und Zweifel zieht im Außen die Schatten an, die Du nicht sehen willst. Du kritisierst Dich selbst und glaubst nicht daran, so begegnet es dir im Außen.

Der andere Grund kann sein, dass eben noch eine Zeitlang deine alten Schwingungen sich mit den neuen vermischen und die Kritiker sozusagen nur noch Altlasten aus deinem vorigen Leben sind, das du gerade zu einem neuen veränderst. In dem Fall heißt es einfach weiter machen, die Kritiker als Altlasten in ihrem Drama abschwächen und sie wie vorübergehende Wolken weiter ziehen lassen.

Wenn andere in deiner Umgebung nicht mittun, dich belächeln oder kritisieren, macht es das nicht einfacher. Wenn du eher kritische Menschen in deiner Umgebung hast, rate ich dir, vorerst nicht über dieses Programm zur reden und erst durch deine Änderungen, die auch auf die anderen wirken werden, zu beobachten, wie sich die anderen dazu äußern.

Wenn deine neuen Verhaltensweisen in Frage gestellt werden, kann das folgende Gründe haben:

- Du löst damit Unsicherheit aus
- Menschen, die nicht zu dir passen, entfernen sich zu deinem Wohl oder du wirst dir dessen erstmals bewusst
- Die anderen wissen nicht, wie sie damit umgehen sollen, weil du anders bist
- Sie spüren Veränderung und das kann oft Angst auslösen

Rede mit denen, die Dir wichtig sind und in die du weiter dein Vertrauen setzen willst. Erkläre den Prozess und dass du dich zu deinem Vorteil entwickeln willst. Nimm ihnen die Angst, dass du sie jetzt nicht verlässt oder etwas Negatives der Grund ist. Bitte um Unterstützung.

Rückschläge

Du wirst immer wieder in Altes zurückfallen können, lass dich davon nicht beirren, das ist normal. Erinnere Dich: es geht nicht von jetzt auf gleich und wir entwickeln uns in Kreisen und nicht in einer schnurgeraden Linie. Das Wichtigste ist, wieder aufzustehen und weiter zu machen. Entscheidend ist, dass du hinsiehst, was es ausgelöst hat und wie du es jetzt besser und anders machen kannst und willst.

Bei mehrfachen Rückschlägen, lade noch einmal nach, sieh dir die alten Glaubenssätze und die neuen noch einmal an und finde heraus, wo du vielleicht noch immer gedanklich faul bist und in alten negativen Gefühlen schwelgst und badest, weil sich das so vertraut anfühlt.

Negative Ergebnisse

Wenn sich gar nichts entwickelt, eher nur negative Ergebnisse passieren, dann kann folgendes dahinter stecken:

Du agierst in einem inneren totalen Widerstand, du willst dir oder mir oder anderen beweisen, dass das gar nicht funktionieren kann.

Dahinter liegen wiederum folgende Glaubenssätze: Nichts darf einfach gehen, alles muss hart erarbeitet und erkämpft werden, ich darf mich keiner anderen Kraft anvertrauen, es gibt nichts neben uns Menschen, es gibt nicht das Universum, Gott, eine allumfassende Kraft, nur unser Verstand lenkt alles, ich bin so schuldig und unwürdig und nicht genügend, dass ich mit aller Kraft verhindern muss, dass es mir zu gut geht, denn ich muss mich selbst bestrafen.

Diese Glaubenssätze wirken dann noch so stark und sabotieren alles, wenn Du während der Meditation oder dem Anwenden des Programes und des Ladens innerlich total zugemacht hast und eigentlich nicht wirklich offen warst.

Trotzdem entstand in Dir der Wunsch, diese massiv selbstverletzenden und blockierenden Muster endlich zu verwandeln, denn sonst würdest du das hier nicht lesen!

Es hat etwas in Dir gewirkt, denn Du bist hierhergekommen zu diesen Worten und damit auf dem richtigen Weg. Bleibe dran, mache das Programm nochmals, gib dich dem hin in dem Wissen, dass völlig falsche Annahmen über dich und das Leben dich von dem, was du bist, komplett entfernt haben, du willst wieder nach Hause kommen! Folge dieser inneren tiefen Sehnsucht nach einem freudigen, leichten Leben.

Mache noch einmal die Meditationen. Du kannst auch die sofortige Bearbeitung und Transformation einzelner starker Glaubenssätze durchführen, wie ich es für Glaubenssatz 0011 weiter hinten beschreibe. Das wird Dir helfen, deren starke Wirkung aufzuweichen, um dann bessere Ergebnisse zu erzielen.

Zuletzt kannst du auch alle Techniken des erfolgreichen Erschaffens noch weiter anwenden und intensiv in Meditationen dein neues Ich erfühlen!

Manchmal hat es aber auch einen anderen Grund, wenn sich keine Entwicklung zeigt.

Dann ist etwas in uns nicht bereit für Veränderung. Es gibt ein höheres Bewusstsein, das uns auf einen guten Weg bringen will, zu unserem Wohl und unserer Entwicklung beitragen möchte. Vielleicht ist aber zum jetzigen Zeitpunkt eine Entwicklung für dich nötig, die dich mehr mit negativen Aspekten auf deinen richtigen Weg bringt. Das kann sein und es ist die härtere Version, aber ebenso zielführend.

Wichtig dabei ist, dich weder selbst zu verurteilen, über dich zu ärgern oder das Programm oder deine Veränderung aufzugeben und dich nicht zu schlagen für vermeintliche Misserfolge.

Betrachte negative Erlebnisse und Ergebnisse als ganz wichtige Hinweisschilder, um dich dahin zu bringen, dich so entwickeln, wo du hin willst. Indem Du erkennst, dass auch Negatives zum Weg gehört und es annimmst als etwas Gutes, das Dich voran bringen will, nimmst Du den Widerstand und die Schwere heraus und beginnst Dich für dein wahres Sein zu öffnen. Die Abwehr vor negativen Erlebnissen zieht diese in deine Wahrnehmung. Hab keine Angst vor Negativem und sehe es nur noch als Lehrmeister und Hinweisschild, um zu deinem Ziel zu gelangen. Nimm diesen Dingen das Drama und schreite weiter kraftvoll auf deinem Weg voran! Wenn du die Lernaufgabe annimmst, aus negativen Erfahrungen immer das Beste für dich ziehst, nachschaust, was es dir beibringen will und daraus etwas Gutes machen willst, dann gewinnst du.

Bei Schmerz und Negativem stelle dir bitte IMMER SOFORT die Frage: was kann ich daraus machen? Was nützt es mir? Was will mir das zeigen? Was spiegelt mir das? Damit kommst du in deine Kraft und kannst die negative Situation für dich arbeiten lassen.

Achte darauf, mit dem Leben im Strom mitzugehen und nicht dagegen anzukämpfen und stromaufwärts schwimmen zu wollen, das ist viel zu anstrengend.

Stromaufwärts schwimmen (Widerstand) heißt:

- Dinge erzwingen wollen, die einfach nicht funktionieren, sich schlecht anfühlen oder die sich deiner Kontrolle entziehen
- sich nicht einer höheren Kraft anzuvertrauen, sondern sich den Kopf über mögliche Wege und mögliche Ergebnisse zu zerbrechen
- kontrollieren zu wollen, was man nicht kann: das Verhalten anderer, die Liebe anderer als Beispiel
- verkrampft kämpfen zu wollen und hart für etwas zu arbeiten, obwohl das der falsche Weg ist
- sich selbst kritisieren und verurteilen

- voller Ungeduld etwas zu erwarten mit dem gleichzeitigen Zweifel, ob es denn überhaupt eintrifft
- Hinweisen, Zeichen, Impulsen nicht zu folgen und statt dessen nur auf seinen kühlen Verstand zu hören
- Seine Intuition zu missachten
- Seine Gefühle nicht ernst zu nehmen
- Im Drama zu baden
- Sich von anderen runterziehen und beeinflussen zu lassen
- Sich in schlechter Energie aufzuhalten (Filme, Gesellschaft, Nachrichten, Erinnerungen)
- Den Zweifel gewinnen zu lassen
- Sich ständig zu fragen, warum etwas nicht da ist
- Kein Vertrauen zu haben und nichts an Oben abzugeben

Mit dem Strom schwimmen (im Flow sein) heißt:

- Zeichen, Impulsen und seiner Intuition zu folgen
- Wenn sich etwas gut anfühlt, mutig zu sein und neue Wege zu gehen
- Chancen, die sich ergeben, gleich zu ergreifen und nicht aus irgendwelchen Gründen auf später zu verschieben
- Aufgaben, die sich ergeben und sehr gut anfühlen, zu erledigen, ohne groß zu hinterfragen, auch wenn es gerade keine Priorität zu haben scheint
- Der inneren Führung vertrauen
- Dem Wissen und der Verbindung zu einer höheren Instanz folgen
- Lebendigkeit, Abwechslung zu leben

- Das Auf und Ab als Grundrhythmus zu akzeptieren
- Dinge die sich einem anbieten, zu nehmen, wenn sie sich gut anfühlen, auch wenn sie nicht der Vorstellung der Lösung exakt entsprechen
- Sich überraschen zu lassen
- Die Natur zu spüren
- Dem zu folgen, das sich gut anfühlt
- Das zu wählen, was sich besser anfühlt
- Den Dingen zu folgen, die leicht gehen
- Das zu beachten, was Klarheit und Freude bringt
- Sich selbst aufzubauen
- Sich selbst ein guter Freund zu sein

Das innere Kind

Erinnerung verändern - Besuch beim kleinen Kind

Wir können unsere Erinnerung verändern, denn unser Gehirn kann nicht unterscheiden zwischen richtig Erlebtem und einer intensiven realen Vorstellung. Sobald es mit intensiver Emotion gefüllt wird, wird es auch gespeichert und eine neue Spur (Nervenverknüpfungen) entsteht. Neue Spuren können die alten Spuren sinngemäß überschreiben.

Wir spüren, dass dieses kleine Kind von damals noch immer in uns steckt. Jedoch trennen wir damals und heute. Die Seele und das Quantenfeld kennen aber Raum und Zeit nicht. Das bedeutet, ein Weg zu heilen besteht darin, sich vorzustellen, gestern wäre heute. Es macht keinen Unterscheid. Es reicht, mit deinem inneren Kind zu sprechen. Du kannst auch meditativ eine Reise in die Vergangenheit machen. Es geht einfacher als du vielleicht denkst.

Als Kind hätten wir damals jemanden gebraucht, der uns zur Seite steht und unseren Eltern einmal erklärt, wie sie gefälligst mit uns umzugehen haben! Wie schade, dass keiner da war.
Aber heute, hier und jetzt, können wir das nachträglich ändern. Dein Gehirn kann nicht unterscheiden, was tatsächlich erlebt ist oder nur intensiv eingebildet. Diese Funktion können wir nützen. Wir können tricksen und unsere alte Geschichte neu schreiben.

Dazu kannst du folgende Übung machen:

Versetze dich in einen meditativen, entspannten Zustand. Dazu kannst du dich vorbereiten wie zur täglichen Meditation oder lies einfach die Basismediation durch. Es genügt manchmal schon, sich an einem ruhigen Ort hinzusetzen und die Augen zu schließen.

Bitte dein höheres Selbst um Führung und Hilfe.

Wenn du ganz entspannt bist, lasse eine Situation deiner Kindheit mit deinen Eltern oder deinen wichtigen Bezugspersonen auftauchen. Beobachte kurz, wer dort ist, sieh dir die Situation kurz von außen wie ein Beobachter an.
Sehe dich als kleines Kind von damals.
Dann gehe als Erwachsener, der du heute bist zu deinen Eltern und lese ihnen mal die Leviten. Sage ihnen, wie man das richtig macht mit so einem schutzlosen, liebenswerten, kleinen Geschöpf. Sage ihnen, was du gebraucht hättest und übernehme die Anwaltschaft für dich kleines Geschöpf.

Dann nimm das kleine Kind, das du damals warst, bei der Hand und sage ihm:

„ Du kommst jetzt mit mir mit, ins Hier und Jetzt. Du bekommst Aufmerksamkeit, Anerkennung, ich nehme Dich wichtig, ich beschütze dich, ich gebe dir alles, was du brauchst, ich bin jetzt deine Eltern. Du bekommst viel Liebe und Spaß. Unter meinem Dach gilt aber für dich, was ich sage. Ich bin jetzt dein Erziehungsberechtigter und wenn mir etwas gegen den Strich geht, dann werde ich dich begrenzen. Ich sorge ab jetzt dafür, dass es dir gut geht. Dafür musst du aber dein Gequengel und deinen Boykott aufgeben, darfst auch ein bisschen mittun und mir helfen. Wir ziehen an einem Strang. Auch, wenn dir nicht immer gefällt, was ich sage, du kannst mir vertrauen, dass ich weiß, was für uns richtig ist. Ich werde auch manchmal auf dich hören. Deine damaligen Eltern darfst du, wann immer du es brauchst, gerne besuchen. Aber ab jetzt bin ich für dich verantwortlich und zuständig".

Dann nimmst du das Kind und in deiner Vorstellung fährst, fliegst oder gehst du mit ihm ins Hier und Heute, „teleportierst" es quasi ins Jetzt. Hier lebst du ab nun mit ihm.

Hole dann ein paar tiefe Atemzüge und komme zurück in deine Gegenwart. Werde dir des kindlichen Anteils in dir bewusst, für den du nun liebevoll Sorge trägst, der aber deinen Regeln zu folgen hat.

Du sollst und brauchst keine zwiegespaltene Persönlichkeit werden, aber du sollst trennen zwischen dem kindlichen Teil in dir und dem erwachsenen Ich. Du darfst lernen zu verstehen, wer die Kontrolle übernimmt und was los ist, wenn der kindliche Teil zu zicken, spinnen, schreien, treten und boykottieren beginnt. Dann wurde er schlichtweg vernachlässigt.

Mit solchen Übungen und der Bewusstheit für den kleinen, verletzten, bedürftigen Anteil in dir, kannst du ab jetzt erkennen, ob du als Erwachsener handelst oder wieder der Kleine, die Kleine, die Führung übernommen hat.

Ein verwundetes Kind sehnt sich nach der bedingungslosen Liebe seiner Eltern. Es hat große Wunden, die geheilt werden möchten. Wenn wir in dieser Rolle ins Leben gehen oder an den Partner Erwartungen eines Kleinkindes stellen, dann bekommen wir ein Problem. Kein Partner der Welt, kein Chef kann uns die Eltern ersetzen oder unsere alten Bedürfnisse erfüllen.

Wenn du bemerkst, das Kind spielt wieder Kapitän auf deinem Schiff, gibt es folgende Lösungen:

1. Gehe sofort in dich und überlege schnell, ob du deinen kindlichen Anteil total vernachlässigt hast. Sprich, allein gelassen hast. Das bedeutet
   . Nichts gemacht hast, was wirklich Spaß macht
   . nicht auf deine Bedürfnisse nach Sicherheit, Schlaf, guter Nahrung, frischer Luft, Bewegung, Geborgenheit, Zuwendung oder Zeit geachtet hast. Das passiert immer dann, wenn wir uns antreiben, zu lange Zeit über unsere Grenzen gehen, nicht auf Ausgleich achten, lieblos mit uns umgehen, unseren Körper wie eine Maschine oder ein Möbelstück behandeln.

. Wenn Spiel, Spaß und Freude im Alltag zu lange zu kurz kommen, revoltiert das Kind in uns. Es ist noch immer da. Sollte so eine Phase einmal ausnahmsweise wegen einer Verpflichtung, zum Beispiel einem Abgabetermin, nötig sein, muss man das vorher mit dem inneren Kind aushandeln und danach eine große Belohnung fürs Warten versprechen, diese dann aber unbedingt, egal was kommt, auch einhalten!

. Auch, wenn Du als Erwachsener zu lange auf die Erfüllung deiner wahren Bedürfnisse verzichtest, kann sich dann als revoltierendes Kind in dir äußern. Meistens sucht man dann in Nebenschauplätzen Konflikte, Streit oder Krankheit, um ersatzweise doch noch das zu bekommen, was man sehnlichst wünscht. Achte also auf Spaß, Erholungszeiten und Belohnungen!

2. Wenn es einen Partnerkonflikt betrifft, wo zum Beispiel im Fall einer Frau die verletzte Zwölfjährige in ihr Bedürfnis nach Nähe, Anerkennung und Wichtigkeit nicht erfüllt sieht, kann das so vor sich gehen. Nehmen wir einmal an, du wärst diese Frau:

   Die Kleine in dir beginnt, den Mann, also den Partner an der Seite der erwachsenen Frau, mit aggressiven Attacken zu beschießen. Denn die Kleine bekommt vom Papa (Verwechslung mit dem Partner) nicht die Zuwendung, die sie so dringend gebraucht hätte.

Du als Erwachsene merkst, das bist jetzt nicht du als Frau, die hier den Ton angibt. Das ist deine enttäuschte Kleine in dir, die viel zu wenig Aufmerksamkeit bekommen hat.
Was kannst du tun?
. Gehe sofort aus der Situation, wenn du kannst, also auf die Toilette, in ein Nebenzimmer oder ins Freie
. Nimm in Gedanken dein inneres Kind wie ein verärgertes, störrisches, verletztes Kind zur Seite und halte Zwiesprache.
. Erkläre ihm, dass du vielleicht zu wenig auf es geachtet hast und es nicht wichtig genug für dich war. Dann beruhige es, indem du ihm versprichst, dass, wenn du dir die Wunden und das Thema angesehen hast, du gerne mit dem Partner sprichst, als Erwachsene, weil du das besser kannst als das Kind. Rede ihm gut zu, dass du es lösen wirst, nur nicht in diesem Moment. Versichere ihm, dass, was immer der Andere macht oder nicht macht, überhaupt nichts mit dir, deinem Wert, deiner Bedeutung oder der Liebe zu dir zu tun hat und schon gar nicht mit dem, was damals in der Vergangenheit passiert ist. Dann sag ihm auch, der Partner ist nicht dein Papa. Ich sorge jetzt für dich. Wir finden einen Weg, dass dein Bedürfnis nach Wichtigkeit und Wahrnehmung erfüllt wird, ok? Ich überleg mir was!

Dieses Beispiel kann man auf jede Person erweitern, für den Mann kann das ebenso gelten, hinsichtlich seiner Vater- oder

Mutterthemen, ebenso für andere Beziehungen.

Du solltest dann in den nächsten Stunden und Tagen auf Impulse und Ideen achten, während du wirklich den Wunsch hast, dir selbst diese Wahrnehmung und Anerkennung zu erfüllen. Triff die Entscheidung, dass du es verdient hast, dass diese erfüllt wird. Wenn es der Partner nicht kann, dann kann es von einem anderen Menschen oder einer anderen Aktivität erfüllt werden. Zu allererst musst du es dir aber selbst geben. Sei kreativ.

Wo und wie kannst du dir das geben?

Es geht nur darum, sich selbst wichtig zu nehmen und sich zu sagen: "Ich nehme mich wichtig!".

Nimm wahr, was du jetzt brauchst, folge dem und sei achtsam mit dir.

Frage dich:

Brauche ich jetzt Gesellschaft? Einen Spaziergang? Will ich ein Buch lesen, ein Bad nehmen, brauche ich eine Aufgabe? Wie kann ich in meinem Leben in einer konstruktiven Art für genug Aufmerksamkeit sorgen? Wo und wie kann ich mich einbringen, um meine Bedeutung zu fühlen? Sorge für dich und nimm dich ernst!

Geborgenheit und Zärtlichkeit verbinden wir immer mit anderen Personen. Aber auch hier kann man viel für sich selbst tun. Sorge für eine kuschelige Umgebung oder zumindest eine Ecke in deinem Wohnbereich. Was würdest du für ein

Kind tun, damit es sich geborgen fühlt? Du kannst an Orte gehen, wo du dich wohl fühlst, dich mit Freunden treffen und dich umarmen lassen. Wenn jemand fehlt, der dir eine Umarmung geben kann, lass dich massieren. Öle dich selber mit warmen Ölen ein. Nimm ein heißes Bad. Mache Sport, um deinen Körper auszupowern und die wohlige Entspannung danach zu fühlen.

Natürlich kann man sich nicht alles selbst geben, aber die Entscheidung, dich um dich selbst so gut du kannst zu kümmern, verändert dein inneres Programm! Dann kommt es zwingend auch von außen auf dich zu.

Ganz wichtig hier ist, dir auch die Geborgenheit vom Universum und der geistigen Welt zu holen. Wenn du die Augen schließt und danach fragst, dich dem hingibst, kannst du wundervolle stärkende Energien erhalten und dich geliebt fühlen. Lass dich von dieser Welt tragen, dir Lichtduschen schicken. Nach der Geborgenheit des Allumfassenden, deiner Quelle zu fragen und suchen kannst du jederzeit und dir wird immer geantwortet.

3. Du darfst deinem Kind klar machen: Es geht auch anders! Ich zeige es dir jetzt!
   Das Kind, das in alten Ängsten gefangen ist, das kriegt nie genug. Tief verunsichert kann es nie genug Sicherheit haben. Es hat eine nie enden wollende Sehnsucht, weil nichts, was jetzt passiert, die Liebe der Eltern von damals erfüllen kann.

Die Heilung kann nur darin bestehen, dem Kind klar zu machen, dass der Schmerz der fehlenden Liebe nichts über seinen Wert aussagt und es jedes Recht hat, unendlich geliebt zu werden. Dass die fehlende Liebe und der Schmerz von damals zwar wehtun, aber der viel schlimmere Schmerz jener ist, den man jetzt immer wieder neu erzeugt. Der Preis, dass man als Erwachsener zahlt, weil man das immer wieder durchmacht, ist zu hoch.

Ziege deinem Kind, dass es jetzt anders gehen darf!
Erkläre ihm, dass es keine Schuld hat und nichts dafür kann, wie es einmal behandelt wurde.

Vergeben heißt hier - gib deinen Eltern ihr Schlammassel und ihren Kampf zurück, ver- gebe es an andere, wo es hingehört. Es war und ist nicht deines, du hast es nur übernommen. Warum? Aus Liebe! Weil du so liebesfähig bist und immer warst. Du hast nur die falschen Schlüsse gezogen.

Kann man mit der Wunde und diesen Entbehrungen von damals leben?

Ja, man kann es, wenn es vorbei sein darf. Wenn man nicht immer diesen Schmerz wiederholt. Das passiert, indem man so vieles, das einem widerfährt, aus den Augen des Kindes interpretiert und damit in der alten Situation zu sein scheint. Als das Kind will man unbewusst ewig diese Situation wieder herstellen, um endlich das zu bekommen, was einem damals gefehlt hat.

Die große Erlösung entsteht, wenn man akzeptiert, dass man es in dieser Form nie mehr erhalten wird. Man darf sich sagen: Mir hat etwas Essentielles gefehlt. Es tat weh und tut weh, wenn ich daran denke und es wieder fühle. Aber auch wenn es mir damals gefehlt hat, muss es das jetzt nicht mehr.
Vergessen funktioniert nicht, man wird sich immer daran erinnern, aber man kann sich klar machen, es darf vorbei sein und muss nie mehr wiederholt werden, weder in Situationen noch im inneren Erleben. Du darfst ab jetzt neu bestimmen, alles anders zu erleben. Du kannst dir das holen, was du möchtest.
Du kannst sagen: Ich habe damals etwas nicht bekommen. Das muss mich jetzt nicht mehr bestimmen. Ich betrauere, dass es mir nicht geschenkt wurde. Ich muss nicht wissen, warum es so war. Ich nehme es einfach so an, weil ich mich befreien möchte. Ein Teil in mir trägt Trauer. Ich richte in meiner Innenwelt eine Trauerecke und einen Gedenkaltar ein, an die verlorenen Dinge meiner Kindheit. Ich gedenke dort an das, was ich nie erleben und haben durfte. Das mache ich bewusst an einem Trauertag. Und dann lasse ich es gut sein. Ich entscheide mich, dass diese Wunde existieren darf, ohne mein Leben weiter zu bestimmen.

Ich akzeptiere von nun an, dass ich keinen guten Vater oder keine gute Mutter hatte, so wie ich es gebraucht hätte.
Ich gebe ihnen aber ihre Themen und Geschichten zurück, denn ich kann nichts dafür. Ich sehe, dass sie es aus eigenen Zwängen und Verletzungen getan haben und dass mein Vater oder meine Mutter auch ein verletztes Kind war, das nie die Chance hatte, es anders zu erkennen, so wie ich jetzt diese Chance bekomme.

Wenn du dir überlegst, du würdest heute mit jemandem zusammen leben, der dich ständig tyrannisiert, dich runterzieht, der immer leidet, obwohl es keinen Grund mehr dafür gibt, der dich nicht wachsen lässt. So einen Menschen würdest du verlassen oder ihm Grenzen setzen und ihm das nicht mehr erlauben.

Dein inneres Kind verhält sich zwar genauso so, wie oben beschrieben, du kannst es aber nicht verlassen. Höchstens Verdrängen. Das probieren sehr Viele und es rächt sich bitterlich. In Misserfolg, Krankheit und schlechten Beziehungen.

Die Lösung ist, mit ihm zusammen leben, aber nach deinen Regeln! Es heißt, dem inneren Kind die Grenzen aufzuzeigen. Die Tyrannei der alten Angst und Wunden zu beenden. Glaube mir, damit hilfst du auch dem inneren Kind. Es war bisher maßlos überfordert, dein ganzes Erwachsenenleben zu bestimmen und zu führen. Es will ja nur Kind sein dürfen. Lass es zu und nehme das Steuer in deine Hand.

Lasse die Wunde einfach Wunde sein und beschließe, dass es ab sofort nicht mehr dein Leben bestimmen darf. Du hast genug geblutet. (Mehr zu diesem Thema findest du in meinem Buch „Die Vaterwunde". Es ist zwar speziell für Frauen geschrieben, die keinen Vater hatten, aber auch als Mann, dem der Vater gefehlt hat, wirst du hilfreiche Methoden und Denkmodelle für dich finden, Erscheinungstermin und Erwerb findest du auf meiner Website www.youcreatelife.com).

Wenn zum Beispiel mit dem Partner an deiner Seite ein Gefühl von Kleinheit und Schwäche hochkommt, du ärgerlich wirst und merkst, etwas stimmt nicht. Dann nehme dein inneres Kind, gehe mit ihm aus der Situation und erkläre ihm, was Sache ist. Ich beschreibe es dir jetzt weiter in der Ich Form, damit es eingängiger wird.

Ich erkläre meinem inneren Kind, dass ich als Erwachsener da bin, alles anders ist als damals, dass der Partner nicht mein Elternteil und ich kein kleines Kind mehr bin, dass ich jetzt auf meine Bedürfnisse achte und diese schütze und es nicht mehr nötig ist, in diesen ärgerlichen Zustand zu gehen, es das nicht mehr braucht und die Situation zwar eine Erinnerung weckt, aber nicht mehr so ist wie damals, sich nur so anfühlt, dass ich aber jetzt die Gefühle bestimme. Ich werde dann gute Gedanken finden, die mein Gefühl verändern. Zum Beispiel: Die Distanz des anderen hat nichts mit mir zu tun. Ich bin sehr feinfühlig, das ist in Ordnung. Habe ich meine Bedürfnisse in letzter Zeit ausgedrückt? Habe ich meine Emotionen ausgedrückt? Kann ich dem anderen ruhig sagen, dass ich etwas spüre, aber davon ausgehe, dass es nichts mit mir zu tun hat?

Der Weg ist, aus der Situation zu gehen oder sich zu sagen: Es hat nichts mit mir zu tun. Mein Wert bleibt unangetastet, egal was hier passiert. Ich werde es überleben, falls das schief geht, ich ruhe in mir. Alles ist gut. In jeder Beziehung geschieht Distanz und Nähe. Wo und wann habe ich mich vergessen? Habe ich genug auf mich geachtet? Habe ich mich unabhängig gemacht in meinem Leben? Was zeigt mir der Andere als mein Spiegel? Wo gehe ich auf Distanz? Habe ich Angst, mich zu zeigen? Habe ich Angst und Unsicherheit - wovor? Ist sie berechtigt? Oder koche ich die alte Suppe wieder auf? Ist es eine alte Geschichte? Erinnert es mich nur an eine alte Wunde oder ist es etwas Aktuelles? Hat das etwas mit damals zu tun? Wie kann ich mir anders helfen, als mich klein und schwach wie ein Kind zu fühlen oder abhängig? Wie kann ich jetzt gut für mich sorgen und den anderen damit in Ruhe lassen? Wie mache ich mich von meinem Partner so abhängig? Wie kann ich ab sofort meine Bedürfnisse anders erfüllen oder erfüllt bekommen? Und so fort.

SELBSTHILFE UND SEELENAPOTHEKE

Hier findest du Übungen, Rituale und Texte, die dich dabei unterstützen sollen, wenn du in eine Schieflage gerätst, es dir einfach nicht gut geht, du etwas tun möchtest, um dich noch besser zu fühlen oder dich weiter zu entwickeln.

Zudem sind hier einige wertvolle Rituale beschrieben, wie zum Beispiel jene zur Schuldauflösung, die ich dir besonders ans Herz legen möchte.

Die Notfalltexte für Herzschmerz und Depression sollen dir Trost spenden und dich im besten Fall wieder an das erinnern, was du wirklich bist, sodass es dir gleich besser gehen kann.

Nütze diese Übungen zur Entwicklung oder zum Trost, aber auch, um etwas in dir in Fluss zu bringen.

Die Liebesrituale haben schon so manchen Partner ins Leben dessen gebracht, der sie angewandt hat.

Es soll neben dem Wissen und dem Programm, das ich hier vermittelt habe, dir Werkzeuge an die Hand gegeben werden, mit denen du dir jederzeit, in allen Lebenslagen, selbst helfen kannst.

Ich weise dich darauf hin, dass du dir bitte Hilfe suchen sollst, wenn du das Gefühl hast, alleine nicht weiter zu kommen, wenn es dir besonders schlecht geht oder du Ängste hast. Im Zweifelsfall wende dich immer an einen professionellen Helfer, dafür ist er da und es ist viel klüger, sich im richtigen Moment helfen zu lassen, als sich alleine weiter ins Schlamassel zu reiten. Man kann nicht alles alleine hinkriegen und muss es auch nicht!

In jedem Fall wünsche ich dir aber, dass du immer mehr lernst, die Verantwortung für dich zu übernehmen und in deiner Liebe dir selbst gegenüber immer freier wirst.

Indem du dich gut behandelst und dich mit dir auseinandersetzt, wirst du auch immer unabhängiger und stärker im Erschaffen des Lebens, das du wirklich möchtest.

Morgenritual - Deine Frequenz erhöhen

Ich empfehle dir dringend und aus vollem Herzen ein Morgenritual, mit dem du dich schon am Beginn des Tages in eine gute Stimmung oder in eine möglichst hohe Frequenz bringst. Du kannst selber etwas entwickeln oder dir Inspiration von anderen holen. Suche dir etwas aus, das dir gut tut, gute Stimmung erzeugt und das du jeden Tag ein paar Minuten lang machen kannst.

- Meditation
- Zu einer bestimmten fröhlichen Musik tanzen
- Etwas schreiben (was mir Spaß macht, wie ich erfolgreich bin, wofür ich dankbar bin)
- Klangschalen Ritual
- Gebet

- Dich in deinem neuen Leben vorstellen und einfühlen
- Überlegen, wer du heute sein willst und welche Glaubenssätze diesen Tag begleiten sollen
- Bewegung und Natur erleben
- Besondere Frühstückszubereitung
- Besondere Pflegeartikel am Morgen verwenden

Das muss nicht esoterisch sein. Es geht nur darum, dass du dich in einen „Gut-Fühl-Modus" bringst und dich auf das fokussierst, was du erschaffen und sein willst.

Der Experte für mein Leben

Wir alle tragen das Wissen unseres höheren Selbst mit uns und sind mit dem allumfassenden Bewusstsein verbunden.

Das können wir in einer Übung für uns nützen.

Ich habe auf Basis der systemischen Aufstellungsarbeit einige neue Modelle entworfen. Eines dieser Modelle ist der „Experte für dein glückliches Leben". Der Experte ist jemand, der alles über dich, deine tiefsten Wünsche und deine Entwicklung weiß. Er ist mit umfassenden Kräften und allen Bewusstseinsebenen verbunden. Er weiß genau, was für dich am besten ist und was dich zu deinem Glück führt. Darüber hinaus weiß er konkreten Rat für alle aktuellen Lebenslagen und Probleme. Wer dieser unfassbar tolle Experte sein soll? Der bist eigentlich du. Genauer gesagt, der Teil in dir, der mit etwas höherem und allen Ebenen verbunden und in Einklang ist.

Du hast oft nur keinen Zugang dazu, weil dein Verstand und dein weltliches Ego sich dazwischen stellen, die dieses Wissen nicht erfassen können oder wollen.

Mit dieser Übung zapfst du diese tiefe Wissensquelle in dir an und umgehst alle verstandesmäßigen Barrieren.

Vertraue einfach, dass es funktioniert. Lass dich darauf ein, öffne dich dem und lass dich führen. Du wirst erstaunt sein, welche Weisheiten zutage treten und in dir schlummern.

Stelle zwei Stühle auf.

Auf einen Stuhl legst du ein Blatt mit der Aufschrift deines Namens. Auf den anderen Stuhl ein Blatt mit der Aufschrift: Experte für das glückliche Leben von ____________(dein Name).

Setze dich zuerst auf den Stuhl mit deinem Namen.

Stell Dir vor, da würde dir jetzt tatsächlich ein Experte gegenüber sitzen. Vergiss für diese Übung, dass es ein Teil von dir ist. Denke dir eine externe Person, die alles weiß, was dich und deine Zukunft betrifft.

Nun frage innerlich oder laut um Rat und stelle die Fragen die du beantwortet haben willst.

Du kannst dir vorstellen, ihr wärt in einem Büro, einem Meeting Raum oder in einer Fernsehsendung vor Publikum, wo dieser Experte zum Interview für dich geladen wurde.

Dann stehst du auf und gehst ein wenig auf und ab. Versuche jetzt in deiner Vorstellung dieser Experte zu werden, einfach in dem du dir es vornimmst und dir es vorsagst: ich bin jetzt der absolute Experte für das glückliche Leben von __________(dein Name).

Wenn es dir noch nicht gelingt, dich in die Rolle einzufühlen, dann macht es nichts. Vertraue dem Prozess. Du wirst hineinfinden. Gib di Zeit.

Setze dich dann auf den Sessel des Experten. Schließe die Augen und vertraue, dass du jetzt, in dieser Position sitzend, alles Wissen und alle Information zur Verfügung gestellt bekommst und dass es automatisch in dir da sein und aufsteigen wird. Du kannst nichts falsch machen. Aber achte darauf, dir nicht etwas angestrengt mit dem Kopf auszudenken, sondern schau, was einfach und leicht von selbst an Gedanken und Antworten kommen will. Lasse Bilder, Gedanken, Worte aufsteigen, bildlich oder als eine innere Stimme.

Lass dir Zeit, entspanne dich und denke nur, ich bin jetzt auf diesem Stuhl der Experte und weiß alles, das wichtig ist.

Wenn du soweit bist, antworte auf deine Fragen, die du vorher aus der Position deines Ich gestellt hast oder sage als Experte einfach, was wichtig ist, zu sagen.

Stelle dir vor, eine Person sitzt gegenüber im Stuhl (dein Ich)und hört aufgeregt und gespannt zu, was du deinem Ich als Experte Wichtiges für dein Leben zu sagen hast.

Das können Hinweise und Tipps sein, Anweisungen, was zu tun ist, was die Person denken oder tun soll oder Information, wie eine Entscheidung getroffen werden kann.

Versuche dabei, so konkret wie möglich zu werden.

Wenn du einfach nur sagst: Entspann dich und sei glücklich, dann weiß dein Gegenüber nicht so genau, was das konkret bedeuten soll.

Besser wäre zu sagen, welche genauen Handlungsschritte jetzt günstig wären, wo der Fokus liegen soll, mit welchen Verhaltensweisen oder Gedanken dieses Glücklich sein gut zu bewerkstelligen wäre.

Manuel machte diese Übung bei mir. Sofort schoss es aus dem Experten heraus, er solle alles einmal lockerer sehen und sich nicht so fertig machen. Das war zu ungenau. Auf Nachfrage, ob der Experte das genauer erklären könne, formulierte Manuel es dann in der Rolle mehr aus: Du brauchst keine perfekte Küchen- und Wohnungseinrichtung und es tut nichts zur Sache, wenn einmal ein Griff fehlt, du kannst ihn auch eine Woche später besorgen. Du musst nach außen hin keine Perfektion in deinen äußeren Angelegenheiten zeigen, sondern kannst auch Fehler zulassen. Mache dich nicht selbst wegen jeder Kleinigkeit runter, sondern konzentriere dich auf alles, was du gut gemacht hast und was du schon geschafft hast. Gehe öfter spazieren und tu etwas für deinen Körper.

Damit konnte der Manuel, der diese Frage gestellt hatte, schon viel mehr anfangen.

Im Anschluss an die Übung vereinbarten wir für die darauffolgenden zwei Wochen ein Verhaltenskonzept. Dies war einerseits eine Anmeldung im Fitness Studio und drei Spaziergänge bis zum nächsten Beratungstermin, sowie das bewusste Aushalten eines fehlenden Küchengriffes, den die Firma nicht mitgeliefert hatte. Er sollte jemanden zu sich einladen, obwohl seine Wohnung sich noch im Umzugschaos befand und nicht perfekt eingerichtet war. Dabei sollte er sich selbst beobachten, wie er auf den Besuch reagierte und ebenso dieser auf seine Wohnung, wenn er dachte, es wäre nicht alles perfekt.

Zudem schrieb er zwei Wochen lang auf, wann er sich besonders hart selbst abwertete und kritisierte und er versprach, sofort den Trigger zu drücken und eine gegenteilige Argumentation gegen seine eigene Kritik zu finden.

Mittlerweile hat Manuel erkannt, dass Perfektion nicht nur unnötig ist, sondern ein gewisses Chaos durchaus seine Reize haben kann und den Menschen um ihn herum egal ist. Im Gegenteil, manche Freunde sagten ihm auf einmal, es wäre jetzt viel gemütlicher und angenehmer in seiner Gegenwart und Wohnung.

Immer öfter kann er sich jetzt selbst beruhigen und helfen, wenn er sich plötzlich mies und deprimiert fühlt oder eine Panikattacke aufkommt. Er kann seine inneren Attacken entlarven und aufdecken. In Minuten schafft er es mittlerweile, sie in eine neutrale oder sogar positive Meinung über sich selbst zu drehen.

Man kann nicht verhindern, dass wieder etwas passiert, das man vermeiden möchte. Die Frage ist nur, wie geht man damit um und was macht man daraus.

Zwei Stühle - Ich spreche mit

Diese Methode kannst du auch für alle möglichen anderen Themen und Symptome anwenden. Du kannst Kopfschmerzen befragen, was sie dir sagen wollen. Du kannst dein Problem selbst sprechen lassen und um eine Message bitten, was dahinter liegt.

Du kannst dein inneres Kind am anderen Stuhl Platz nehmen lassen und einmal in dessen Rolle schlüpfen. Du wirst erstaunt sein, was es dir zu sagen hat.

Positive Muster laden und um Rat fragen

Wenn du das Laden des Programmes durchgeführt hast und gespürt hast, wie es funktioniert, kannst du es jederzeit auch etwas adaptiert anwenden und dir bestimmte positive Muster aus dem Quantenfeld laden. Du stellst dazu die Verbindung zu deinem höheren Selbst vor. Du gehst in eine tiefe Entspannung und in einen meditativen Zustand (zum Beispiel durch das Hören einer CD oder mittels der Basismeditation). Dann bittest du den Teil in dir, der das kann, im Quantenfeld das gewünschte Muster (zum Beispiel „Ich bin gesund") für dich abzuholen und zu laden. Öffne dich dann ganz der Vorstellung, dass jetzt etwas von dir sich ins Quantenfeld bewegt und dort eine Information abholt (Matrix, Codes, Frequenzen) und sie in dich einfließen lässt. Öffne dich dem einfach und stelle dir vor, wie diese Ladung als Licht oder schwingende, fließende Energie in deinen Körper, deine Aura und dein Energiefeld sinkt. Mache dies so lange du es brauchst und es sich gut anfühlt. Dann sage dir still oder laut, dass du ab sofort das neue Muster „ich bin gesund" integrieren möchtest und zu deinem neuen Muster machen wirst. Indem du in diesem Moment einen Trigger drückst und es verankerst, unterstützt du dein Vorhaben, dich jetzt danach zu verhalten und kannst mit dem Drücken des Punktes am Körper jederzeit dieses Muster abrufen.

Dann sage, ich richte jetzt und in Zukunft einen Fokus und meine Beobachtung auf diesen Punkt im Feld, um ihn ab sofort zu manifestieren!

Eine zusätzliche Variante ist, zwei Stühle einander gegenüber aufzustellen. Auf einen Stuhl legst du ein Blatt mit deinem Namen und auf den anderen ein Blatt mit der Aufschrift: Das Muster „ich bin gesund" für ____________ (dein Name) im Quantenfeld (auf das ich meinen Fokus richten werde). Setze dich zuerst auf den Stuhl mit deinem Namen und sage zum anderen Stuhl:

„Liebes Muster „ich bin gesund" ich richte meinen Fokus auf dich, ich will dich manifestieren, ich bitte dich jetzt, sprich zu mir und lasse mir alle Information zukommen, die ich brauche, um dich zu leben, zu manifestieren und zu integrieren".

Dann wechselst du auf den anderen Stuhl. Stell dir vor, wie du zu dem Muster wirst, das irgendwo im Quantenfeld bereits existiert. Spüre einfach hinein, lass dir Zeit, denke nicht nach, sei nicht logisch, sondern lasse Bilder, Sätze, Worte, Information aufsteigen. Lasse dich darauf ein. Versuch, dich ganz in diese Rolle einzufühlen (Hineindenken kannst du dich nicht. Das übersteigt das Ego und deinen Verstand). Dann rede als das Muster zu dir, der du gegenüber sitzt am anderen Stuhl und sage (in dem Fall zu dem Blatt Papier mit deinem Namen) was du tun und denken sollst.

Die Übung geht natürlich wesentlich einfacher mit einer anderen Person, die diese Rolle übernimmt und sich auf dieses Aufstellungsspiel einlassen kann. Fähig dazu ist jeder, der sich dafür öffnet und nicht zwanghaft nachdenken will, sondern sich dem öffnet, was da aus der Tiefe von selber kommt.

Mit dieser Übung fokussierst du gut und erhältst wichtige Informationen. Du kannst das Muster fragen nach Vorgehensweisen, Verhaltensweisen, Entscheidungen, was immer Dir einfällt.

Mein zukünftiges Ich

Hier geht es darum, aufzuschreiben, wie du bist, wenn du schon erfolgreich bist.

Was mache ich, Wie denke ich, Wie fühle ich? Diese Fragen beantwortest du bitte für dich.

Überlege dir, gerne in einer Meditation oder schriftlich, wie du denken, handeln und fühlen würdest, wenn du schon erfolgreich und glücklich, an deinem Ziel angekommen wärst. Was würdest du anders tun oder wie dich verhalten? Was davon könntest du schon sofort umsetzen? Versuche so viel wie möglich von dem bereits jetzt zu tun, was du als erfolgreiche Person tun würdest.

Beispiele: Lächelnd durch die Gegend gehen, zu vielen deiner Mitmenschen freundlicher sein, dir viel mehr egal sein lassen, auf andere zugehen, mehr unternehmen, gesünder essen, mehr Sport betreiben, dich anders oder schöner anziehen, mehr in Gesellschaft gehen.

Einen Tag so leben, als ob alles absolut perfekt wäre

Lebe einen Tag so, als ob dein Leben, wie es jetzt ist, perfekt wäre! Im Gegensatz zum Spiel, du sollst so tun, als ob du glücklich wärst und die Realität total dabei ignorierst, ist es hier anders:

Du siehst die Realität und nimmst sie voll wahr, wie sie ist, aber du tust so, als ob es genau das Leben wäre, das du wolltest. Als wäre es dein Traumleben und du würdest nichts daran ändern wollen, weil alles so für dich perfekt ist. Probiere das einen Tag lang aus.

Dein Traumleben schon jetzt führen

Tu für ein paar Stunden so, als ob du dein Traumleben schon leben würdest. Was könntest du tun? Schon jetzt in eine teure Champagnerbar gehen? Einen Kaffee in der Lobby eines Luxushotels trinken? Eine Golfausrüstung ansehen? Einen Teuren Wagen Probe fahren? Mit jemandem telefonieren und imaginäre Geschäfte besprechen? Einen Brief an deine imaginären Mitarbeiter schreiben? Dich wie ein berühmter Schriftsteller zum Schreiben hinsetzen?

Schatten und Wunden - Einladen, auf Urlaub schicken, Integrieren

Wunden unserer Kindheit müssen wir deshalb beachten und besprechen, weil sie uns immer wieder begegnen werden. In dem Moment ich sie verdrängen will, so wie meine ungeliebten Schattenseiten, werden sie sich rächen, indem sie entweder umso massiver nach oben drängen und meine Erfolge sabotieren, oder mir im Außen begegnen, durch Menschen und Beziehungen, die diese Wunden zutage bringen und meine Schatten hervorholen.

Die Lösung liegt darin, sie anzuerkennen und zu integrieren. Das bedeutet, sich mit ihnen anzufreunden und sie da sein zu lassen.

Mit Schatten und Kindern verhält es sich gleich. Sie brauchen Aufmerksamkeit aber auch ganz starke Regeln und Grenzen sowie jemanden, der bestimmt, wo es lang geht.

Im Laufe des Buches hast du schon gelernt, wie du damit umgehst. In dem Maße du dich selbst stärkst und gut behandelst, verhältst du dich automatisch richtig und wirst aus einem Instinkt wissen, was zu tun ist.

Alle hier angeführten Übungen und Rituale werden dir helfen, deine Kindheitswunden und Schatten zu integrieren.

Manchmal hilft es, Dinge eine Weile auf Urlaub zu schicken oder sie um Ruhe zu bitten, mit der Aussicht auf eine anschließende Belohnung, die man dann aber auch unbedingt einhalten solle.

Man kann zum Beispiel seine Schattenseite, enormen Jähzorn zu entwickeln, wenn es nicht nach eigenen Regeln geht, bitten, sich für die Zeit der Verhaltensänderung ruhig zu stellen, dafür gibt es dann an einem ausgemachten Termin eine Belohnung. Vielleicht eine Box-Probetraining, ein Improvisationstheater, wo man herumschreien darf, die Erlaubnis, jemandem gesittet aber klar die Meinung zu sagen oder sich auf andere Art und Weise, die niemandem schadet, mal richtig auszutoben. Allerdings bei Gleichzeitigem Hinsehen, was die Ursache des Jähzornes ist. Man sollte hinsehen, warum ständig so viel Wut unterdrückt wird, welcher Frust chronisch im Leben hängt und wie man das bearbeiten könnte.

Es wird immer Punkte geben, die man bei uns drücken kann. Wir werden nie frei sein von Dingen, die uns hin und wieder zurück werfen in alte Rollen, Muster oder Emotionen. Das Entscheidende ist, ihnen jetzt nicht mehr hilflos ausgeliefert zu sein, sondern genau zu wissen, wie du mit ihnen umgehen kannst.

Im ersten Moment ist es entscheidend, dass du dich dafür nicht verurteilst und denkst, was du schon wieder falsch machst, Erkenne, dass es ganz normal ist, dass Menschen oder

Situationen manchmal bei dir die alten Knöpfe drücken können. Dann gehe so gut du kannst aus der Situation oder verspreche dir selbst, es dir zu einem geeigneten Zeitpunkt anzusehen, was es ausgelöst hat und was da an die Oberfläche kommen will. Beruhige dann bei der nächsten Gelegenheit dein inneres Kind, sie hin, wo du dich selbst vernachlässigt hast oder welche alten Muster da wieder mal Chef spielen wollten. Sage dir, es ist ok, sich kurz mal wieder so zu fühlen, aber bleibe nicht in dem Gefühl, sondern tue alles, damit du deine Frequenz wieder erhöhst. Mittlerweile hast du hier viele Werkzeuge kennen gelernt, wie das geht. Du kennst dich selbst viel besser als vorher und weißt, was dir gut tut. Nimm es so locker wie möglich und beschäftige dich mit dem Fokus auf deine Wünsche.

Nimm jeden scheinbaren Rückschlag als kleinen Umweg, der dir etwas zeigen sollte. Mache das Beste für dich daraus. Suche in jedem Schlamassel den versteckten Diamanten und fordere dich selbst zum Wachstum heraus.

Sage Hallo zu deinen Schatten, klopf ihnen auf die Schulter, höre, was sie dir zu sagen haben, schreibe es auf oder führe ein Zwiegespräch, lass dir von deinen Wunden helfen. Dann schicke sie mit Dank und Anerkennung zurück in ihr Zimmer und nimm das Steuer wieder in die Hand.

Bei hartnäckigen Konsorten wie Zweifel, Panik oder Depressionen, versuche ein Urlaubsabkommen. Schicke sie für einen Monat auf Urlaub. Dann dürfen sie wieder kommen. Aber einen Monat sind sie einfach außer Haus.

Ihr Vertreter für diese Zeit ist ihr genaues Gegenteil und mischt den Laden mal so richtig auf. Du holst dir Herrn Locker, Spielerisch oder EasyPeasy ins Haus. Der hat mal einen Monat das Sagen.

Betrachte die Welt durch deren Brille einmal ganz anders und schau, was passiert.

Tritt in Verhandlungen mit deinen inneren Anteilen.

Ängste sind oft ein gutes Zeichen, dass du dich enorm entwickelst und am Weg zum Erfolg bist. Sie tauchen nämlich besonders gerne vermehrt auf, wenn du nahe am Ziel bist und dich immer besser fühlst. Da denken die alten Haudegen, da stimmt doch was nicht, wir werden hier ja wohl nicht überflüssig werden? Die haben Angst um ihren Job und machen einen Aufstand. Weise sie in ihre Schranken und versichere ihnen, dass sie nach deinen Regeln bleiben dürfen, wenn sie dich nicht weiter boykottieren.

Lade deine Panikattacken oder was immer da im Dunkel lauert auf eine Tasse Tee ein und sprich mit dem Anteil in dir. Er hat dir sicher etwas zu sagen oder will einmal deine Gesellschaft und Aufmerksamkeit. Das kannst du in deiner Vorstellung machen, aber du kannst auch tatsächlich Tee kochen und wie in der Übung mit den zwei Stühlen einen Zettel für deine Angst hinlegen. Stell ihr eine Tasse hin. Werde ruhig, vertraue dem Prozess und einer inneren Weisheit und lausche, was sie dir zu sagen hat. Wenn das nicht klappt, setze du dich auf den Zettel Angst und spüre, ob da Bilder oder Worte kommen. Achte auf die Hinweise, die dir etwas mitteilen wollen, das dir auf deinem Weg weiterhilft.

Mein „inneres Kind" Tag

Wie bei der Übung „Zwei Stühle - Ich rede mit" beschrieben kannst du auch mit deinem inneren Kind reden, indem du es auf einem der Stühle Platz nehmen lässt. Du wirst erstaunt sein, was es dir zu sagen hat.

In meiner Arbeit mit Klienten, die diese Übung machten, hat sich etwas ganz deutlich gezeigt, das offenbar alle inneren Kinder gemeinsam haben.

Der kindgerechte Spaß und Zeit für sie, kommt immer zu kurz im Erwachsenenleben. Es wird ständig auf später vertröstet und versprochene Belohnungen werden nicht eingehalten. Das führt irgendwann zu einem trotzigen Kind, das Erfolge sabotiert.

Daher habe ich die Idee des Tages für das innere Kind entwickelt.

Das bedeutet, an einem fixen Tag im Monat oder zumindest alle paar Wochen, zum Beispiel an einem Sonntag, den Tag für das innere Kind zu planen.

An diesem Tag wird ausschließlich das gemacht, was dein inneres Kind möchte. Du folgst dabei deinen inneren Impulsen, ohne groß nachzudenken. Meistens will das Kind einfach einmal losgehen, in den Zoo, ins Kino oder ein Eis essen. Sich treiben lassen mit Spaß und zwischendurch mal was Gutes zum Essen, macht dem Kind immer Freude.

Stelle dir vor, du würdest etwas mit deinen Kindern, wenn du welche hast, oder mit dem Kind von jemand anderem, auf das du aufpasst, unternehmen. Dann fallen dir genug passende Dinge ein. Du machst das ganz alleine. Du, der Erwachsene mit deinem Kleinen, deiner Kleinen in dir drin.

Das Kind bestimmt, wo es hingeht. Natürlich im sicheren Rahmen.

Du wirst erstaunt sein, wie viel Freude das macht und wie du innerlich einen ganz neuen Bezug zu dir aufbaust. Damit hast du diesen inneren kindlichen Anteil dann auf deiner Seite, was dir in Sachen „Erfolg" in allen Lebenslagen zum Vorteil gereichen wird.

Vielleicht kommt dir diese Übung am Beginn komisch vor. Alleine Sachen zu machen, die ein Erwachsener nicht und schon gar nicht alleine machen würde, kann am Anfang gewöhnungsbedürftig sein. Gerade Frauen sind es nicht gewohnt, Dinge alleine zu machen. Überwinde deine Scham und die Vorstellung, du könntest es nicht. Glaube mir, es geht und es tut dir gut.

Natürlich verlangt niemand von dir, alleine in eine Spielecke für Kinder bei Ikea zu gehen, dich dort in die Bälle zu werfen und die armen Kinder zu erschrecken. Auch eine Kinderrutsche am Spielplatz, wenn er gerade brechend voll ist, würde vielleicht dazu führen, dass man den Arzt oder die Polizei holt.

Wähle also bitte Tätigkeiten, die mit gesellschaftlichen Grenzen im Grunde genommen gut vereinbar sind: Ausstellungen besuchen, Museen, Kinobesuche, Spaziergänge, Kletterparks, Tanzstunden, und vieles mehr ist hier gut umsetzbar.

Auf den Spielplatz zu gehen bietet sich dann an, wenn dort gerade niemand ist, den du erschrecken würdest.

Probiere aus, was dir gut tut. Die Tätigkeiten müssen nicht unbedingt denen eines Kindes entsprechen, es geht nur darum, dass das Kind sie machen will, Spaß daran findet und dass du dich vor allem einfach einmal treiben lässt und siehst, wozu nur du mit dir alleine Lust hast.

Wenn ein ganzer Tag aus Verpflichtungen nicht möglich ist, dann nimm dir wenigstens ein paar Stunden Zeit oder plane eine fixe Unternehmung ein.

Selbstgespräche? Unbedingt!

Lies dazu bitte auch „Soothing“ im Kapitel Erschaffen!!

Ja, du sollst Selbstgespräche führen. Damit sind nicht jene gemeint, wo du vor dich hinmurmelst, welchen Tee du jetzt trinken willst. Wobei du das natürlich auch tun kannst.

Damit meine ich, dir gut zuzureden, sobald du dich aus irgendeinem Grund schlecht fühlst. Dich selbst zu beruhigen, wann immer es nötig ist. Dich aufzubauen und zu motivieren.

Setze dich irgendwo ungestört hin und rede laut mit dir. Sage dir, was alles gut läuft oder gelaufen ist. Was das Gute an dieser Situation sein könnte. Es kann Klärung bringen, Entwicklung, es bringt dich noch mehr zu dem, was du wirklich willst, es ist etwas in Bewegung. Sage dir, dass es auch wieder anders oder besser werden wird, weil du schon so viel weißt und jetzt immer mehr weißt über das Erschaffen, das Leben und dich, daher wirst du jetzt alles hinkriegen. Es braucht vielleicht etwas mehr Zeit.

Sage zu dir, es ist ok wie es jetzt ist, auch wenn es gerade belastend ist, dies ist nur eine Phase, schon in Stunden oder Tagen kann sich alles verändern und besser werden.

Tröste dich. Lasse nicht zu, dass du in die alten Muster verfällst. Lese dir selbst die Leviten. Sei dein eigener Mentor.

Wichtig dabei ist, dass du laut sprichst. Hier sollst du nicht innerlich in Gedanken versinken und in innere Zwiegespräche verfallen, sondern laut und deutlich reden. Das hat enorme Wirkung und löst oft einen Schub in Richtung Wohlbefinden oder Motivation aus.

Vertrag mit sich selbst machen

Du kannst jederzeit als Unterstützung deiner Veränderung einen Vertrag mit dir selbst machen. Setze dazu wirklich ein Schriftstück auf, wie von einem Anwalt, indem du detailliert und offiziell beschreibst, was jetzt deine Entscheidungen, Aufgaben und Veränderungen sein werden und dass du ein bestimmtes Ziel erreichen wirst.

Du kannst auch einen Vertrag mit dir abschließen, ab sofort die erfolgreiche Person „XY" zu sein, und alle alten Handlungen und Muster zu unterlassen. Dafür ab sofort nach bestem Wissen und Gewissen neue Verhaltensweisen anzuwenden.

Deiner Fantasie sind keine Grenzen gesetzt.

Unterschreibe den Vertrag.

Initiationsritual - der magische Beginn

So wie eine emotional geladene Entscheidung mehr Wirkung erzielt, so kann eine Ritual zum Beginn einer erwünschten Veränderung deren emotionalen Gehalt stärken und die Chance auf Gelingen massiv erhöhen. Es wird damit eine andere Qualität einer neuen Phase eingeleitet.

Wenn man sich die meisten Initiationsrituale der Kulturen ansieht, dann wird entweder etwas gefeiert, oder man muss eine Prüfung bestehen, sich zu etwas überwinden oder es wird ein Fest gefeiert, immer in Verbindung mit besonderem Schmuck eines Tisches, Hauses oder Altars. In jedem Fall begleitet eine Zeremonie den Beginn einer Phase.

Da es für dich möglichst einfach umsetzbar sein soll und mit positiven Emotionen verbunden, macht es am meisten Sinn, hier mit Schmuck, Gebeten und einem schönen Erlebnis den Beginn deines neuen Lebens zu markieren.

Man kann an einem Tag Abschied nehmen vom Alten (siehe Abschied und Trauer Rituale) und am nächsten Tag den neuen Abschnitt begrüßen und einleiten.

Du kannst dafür einen Ort in der Natur wählen oder zu Hause ein Ecke dafür einrichten.

Einen Tag so tun, als wäre ich total glücklich

In dieser Übung geht es darum, eine Rolle zu spielen, wie ein Schauspieler. Du musst dich nicht glücklich fühlen, nicht einmal einfühlen, um diese Übung zu machen.

Du tust nur so als ob.

Stelle dir vor, du bist ein wahnsinnig guter Schauspieler, ein Profi und Perfektionist, der einen Tag lang einen total glücklichen Menschen darstellen soll.

Das bedeutet, du musst dir überlegen, was denn ein Mensch sagt, tut, denkt und fühlt, der total glücklich ist.

Versuche einen Tag lang, solange und so oft du nur kannst, es durchzuhalten und tue so, als ob du total glücklich wärst.

Du musst es nicht wirklich fühlen, du spielst es nur.

Ziel dabei ist es, zu sehen, wie die Umwelt reagiert, was sich verändert, was anders ist, welche Veränderungen du bei dir oder bei anderen bemerken und beobachten kannst.

Zudem entdeckst du neue Verhaltensweisen.

Wenn es dir gelingt, dich sogar in das Glücklich sein einzufühlen, umso besser, es ist aber für diese Übung nicht nötig.

Dann schaue, was passiert.

Ritual zur Schuldauflösung gegenüber den Eltern

Die Schuld, die Wut, die Hassgefühle, die dafür nötige Strafe, der Verrat an den Eltern - das alles kannst du in einen Brief schreiben oder gedanklich in einen Stein fließen lassen, indem du es hineinatmest.

Den Brief kannst du verbrennen und diese Themen einer höheren Macht zur Transformation übergeben.

Den Stein kannst du der Natur zur Verwandlung übergeben, indem du ihn an die Wurzeln eines Baumes legst und die Erde um Lösung bittest. Bitte sage dazu, dass der Stein für einen möglichen Finder neutral ist. Die Natur übernimmt dann die Belastung und transformiert sie für dich.

Für die Eltern zünde eine „Liebeskerze" an, die du ein paar Stunden brennen lasst, darunter lege einen Zettel mit den Worten

„Ich habe alles aus Liebe getan, auch, wenn es falsch war. Ihr habt das meiste aus Liebe getan, und das, was nicht in der Liebe war, habt ihr getan, weil ihr selbst verletzte Kinder wart. Ich möchte mein verletztes Kind integrieren. Ich danke Euch. Ich darf einen anderen Weg gehen als ihr."

Wenn du möchtest, kannst du auch die Übung mit den zwei Stühlen machen (siehe Kapitel Selbsthilfe „die zwei Stühle") und in der Kindposition einen Brief lesen, den dein erwachsenes Selbst vorher geschrieben hat. Der Brief hat den Titel „Ich zeig dir meine neue Welt". Darin beschreibst du dem Kind, wie es dir jetzt geht, was du alles geschafft hast, was du an Erfahrungen und Erkenntnissen mitbringst und wie du ihm die Welt jetzt zeigen möchtest. Du kannst ihm darin erklären, dass es auf die Eltern wütend sein darf, dass sie nicht alles richtig machen, du als Kind aber keine Schuld trägst. Erzähle ihm, dass es auch anders gehen kann und es dir jetzt gut geht.

Ritual zur Auflösung von Selbstbestrafung als Opfergabe für die Eltern, Ahnen oder andere Bezugspersonen

Hier geht es darum, mit den Eltern oder einer anderen wichtigen Bezugsperson noch durch Aufopferung verbunden zu sein. Entweder ist man durch das Opfer, das man den Eltern bringt, mit ihnen verbunden oder man bestraft sich mit seinem Opfer für etwas. Die Folge ist, dass es einem nicht besser gehen darf als den Eltern und man sich daher selbst boykottiert, um nicht glücklicher als die Eltern zu werden.

In der Opferhaltung übernehmen wir etwas für die Eltern. Deren leid, deren Grenzen, deren Schicksal, deren Unglück, deren Glücksniveau.

So kommen wir nicht in unser eigenes Leben und in unseren eigenen Erfolg.

Ich habe es hier im folgenden Text für deine Mutter beschrieben, du kannst das Gleiche mit deinem Vater oder jeder anderen wichtigen Bezugsperson durchführen, für die du noch etwas zu übernehmen glaubst.

Zünde eine Kerze an, mach die Basis-Entspannungs-Meditation. Dann stelle dir einen inneren Raum vor. Das kann ein Ort sein, so etwas wie ein Kraftplatz, ein besonderer Raum oder ein Tempel. Wähle den Ort oder Platz, der sich für dich gut, kraftvoll und stimmig anfühlt. Lasse ihn in deinem Inneren einfach auftauchen. Dort sehe deine Mutter sitzen und dich erwarten. Wie bei einer Audienz gehst du zu ihr. Du kannst je nach Bedürfnis vor ihr knien, stehen oder sitzen. Habe aber immer Respekt, egal was jemals zwischen euch vorgefallen ist. Sie hat dir das Leben geschenkt. Dann sprich zu ihr die Worte:

> Mutter, ich wollte dir dienen, in Liebe, aber ich habe da etwas verwechselt. Ich habe dir versucht, mit Leid zu dienen. Das hat uns verbunden, weil auch du gelitten hast. Ich wollte gleich sein und nicht besser als du. Ich möchte dir jetzt anders dienen. Die Liebe zu mir zeigt mir einen anderen Weg und sie sagt mir, er ist auch für dich besser. Meine Schuld werde ich mir selber vergeben und sie transformieren in etwas, das uns allen dient und Gewinn bringt. Mich zu bestrafen, hat uns beiden nichts gebracht. Mein Erfolg bringt dir mehr

Heilung. Ich nehme jetzt den Opferstein der Schuld und des Versagens an mich und werde es für mich und dich auflösen. Dir gebe ich den Stein meiner Macht, damit du sie fühlen kannst, halte ihn eine Weile für mich, bis wir geheilt sind. Wir beide sind mächtig, unser Schicksal und unser Leben anders zu gestalten als bisher. Wir haben uns geirrt, Mutter. Jetzt erst sehen wir klar, welche Lügen wir über uns geglaubt haben. Ich will jetzt meine Wahrheit sehen und meinen Weg gehen. Du spürst meine Liebe im Erfolg noch viel mehr als durch jede andere Verbundenheit, die auf falschen Annahmen beruhte. Ich danke dir, ich bin dankbar für das Leben und dass es mich gibt. Du hast mir das Leben gegeben, um das Leben zu leben und nicht, um in deinem Schatten nachzulaufen oder deine Bürden zu übernehmen. Jetzt darf sich alles lösen. Wir kennen einander. Die Liebe weiß Bescheid. Jetzt brechen wir auf in die Macht und Kraft.

Stelle dir vor, wie du den Opferstein von deiner Mutter nimmst, um das Opfertum und eure ungesunde Opferhaltung endlich aufzulösen. Dann lege ihr den Machtstein zu Füssen, damit sie die Macht von dir spüren kann, um sich daran zu erfreuen.
Dass du den Opferstein nimmst, heißt, dass du jetzt hinsiehst, ihn annimmst, nicht, um ihn zu tragen, sondern für dich zu transformieren. Du musst deiner Mutter nicht mehr das Opfer bringen, du kannst jetzt damit machen was du willst. Sie hat den Opferstein nicht mehr in ihren

Händen. Du befreist sie und dich davon. Stattdessen gibst du ihr jetzt deine Macht und Stärke, die sie so spüren kann.

Den Opferstein legst du dann in deine Hände, hältst ihn gegen den Himmel und bittest eine höhere Macht, diesen nun zu erlösen und zu verwandeln zum Besten aller. Dann sieh, wie golden weißes Licht von oben kommt, den Stein einhüllt und der Stein und damit das Opfer, sich darin auflöst.

Im Regelfall wird das im System etwas auslösen und hat Wirkung.

Du kannst dieses Ritual auch im wahren Leben mit der Person machen, wenn sie dafür offen ist und du das möchtest. Hier kannst du zwei beliebige Steine verwenden. Den Opferstein kannst du dann gemeinsam mit der Person der Natur zur Transformation übergeben und um Lösung bitten. Den Machtstein soll deine Mutter oder die betreffende Person als Zeichen deiner Stärke und deines Erfolgsweges an einem Ort respektvoll verwahren und durch ihn an Macht und Stärke von euch beiden erinnert werden.

Schuld auflösen und abgeben hinsichtlich wichtiger Partnerbeziehungen

Monika, 75 Jahre alt, verlor ihren Mann durch einen plötzlichen Herztod im Alter von 70 Jahren. Seit fünf Jahren war sie alleine und seit zwei Jahren wuchs in ihr der Wunsch, einen neuen Partner für ihre letzten Lebensjahre zu finden. Sie fühlte sich sehr einsam in einem riesigen Haus am Land. Scheinbar war es unmöglich für sie, dort jemanden kennen zu lernen. Schließlich versuchte sie es mit einem Online-Dating-Portal. Leider aber funktionierte da irgendetwas nicht. Sie bekam sehr wenige Partnervorschläge und jene, die sie kontaktierte, antwortete gar nicht oder brachen den Kontakt nach kurzem wieder ab. Monika war eine sehr schöne Frau, für ihr Alter sehr jung geblieben, voller Lebensfreude und Vitalität. Von außen betrachtet hätte sie viele Verehrer um sich scharen müssen. Schließlich tat sich irgendwann gar nichts mehr und Monika verzweifelte. Der einzige Mann, der um sie warb, war ein vergebener Mann, der eigentlich nur eine platonische Freundschaft eingehen wollte. Monika wandte sich an mich. Sie sagte, sicher wäre ihr Alter schuld, mit 75 Jahren gebe es eben keinen Mann mehr, der eine gleichaltrige Frau suchen würde. Ich fragte sie, ob sie sich nach der jahrzehntelangen Ehe mit ihrem Mann von diesem schon frei fühlte, was sie bejahte.

Ich sah mir die Situation energetisch an. Dabei wurde ich sofort auf zwei Themen hingewiesen.

Als Medium erhielt ich die Information, dass sie eine große Schuld mit sich trug und sich jetzt mit der Einsamkeit selbst bestrafte. Diese Schuld hatte etwas mit ihrem verstorbenen Mann zu tun. Zudem würde sie jeden neuen Mann in ihrem Leben sofort mit ihrem Ehemann vergleichen, wobei niemand diesem Vergleich standhielt.

Auf das angesprochen sprudelte es aus Monika heraus, wie sehr sie sich schuldig fühle, da sie ihren verstorbenen Mann hätte überreden sollen, zum Arzt zu gehen, da er schon Symptome einer Herzkrankheit gezeigt hatte und diese Krankheit in seiner Familie schon mehrmals vorgekommen war. Sie hätte vieles anders tun müssen, und warf sich vor, mit schuld an seinem überraschenden Tod zu sein. Dass sie jeden mit ihm verglich, war ihr nicht bewusst gewesen, aber als sie darüber nachdachte, wurde klar, dass in ihr der Gedanke lief, keiner könne jemals so wunderbar sein wie ihr ehemaliger Mann.

Ich beauftragte Monika, sich ihre Schuld von der Seele zu schreiben, in einem Brief an ihren verstorbenen Mann, in dem sie ihm sagte, wie sehr sie sich schuldig fühlte, dass sie sich aber nicht länger bestrafen wolle und ihn um seinen Segen für eine neue Beziehung bat. Diesen Brief sollte sie anschließend mit dem tiefen Wunsch nach Freiheit und Selbstvergebung in der Nacht im Freien verbrennen.

In drei aufeinanderfolgenden Nächten stellte sie eine Kerze und eine Karte ans Fenster, worauf zu lesen war: „Lieber neuer Mann, du kannst jetzt kommen, ich vergleiche dich nicht mehr, ich nehme dich genauso wie du bist".

Eine Woche später meldeten sich zwei der alten Kontakte plötzlich wieder und diesmal kam es erstmals zu Treffen, die schließlich in einer liebevollen Beziehung mit einem der Männer mündete.

Gerade bei Beziehungen sieht man das Prinzip sehr oft - wenn du keine Beziehung hast, obwohl du dir eine wünscht, dann willst du tief drinnen keine Beziehung. Du willst sie nicht, weil du sie dir nicht erlauben darfst. Die Gründe liegen in unbewussten Glaubenssätzen, die dir nach wie vor einflüstern, eine Beziehung wäre für dich schlecht, bedrohlich oder du hast sie nicht verdient. Oft ist es eine Strafe. Ich darf keine haben, denn ich war böse. Das klingt für dich absurd?

Das mag sein, aber glaube mir, in unserer Psyche ist vieles Unlogische möglich, das unser Verstand und unser bewusstes Ego so nie freiwillig entscheiden würden.

Da wirken tiefe emotionale Bindungen und Fehlannahmen, gegen die unser wacher Verstand erst einmal keine Chance hat.

Mithilfe des Buches und der Auswahl an Glaubenssätzen kannst du deinen versteckten Fehlannahmen auf die Spur kommen.

Mithilfe des Programmes und der Meditationen kannst Du eine Veränderung einleiten.

Zudem kannst Du die „Liebesrituale" durchführen, die sehr viel Erlösung und Erleichterung bringen werden.

Als zusätzliche Möglichkeit bietet sich an, nur zum Thema Beziehung dein höheres Selbst die Zettel ziehen zu lassen. Du gehst gleich vor wie in den Übungen beschrieben. Du stellst an dein höheres Selbst nur explizit die Frage nach der Blockade für deine Beziehungsfülle.

Ganz wichtig ist es im Zusammenhang mit Beziehungen, einerseits dem inneren Kind klar zu machen, dass es in Ordnung war, so wie es damals war, egal was alle um es herum gemacht oder unterlassen haben. Es ist zudem ganz wichtig, sich selbst als Erwachsenen in einer Art Gehirnwäsche immer wieder selbst klar zu machen, dass der eigene Wert ein Geburtsrecht ist, der unangetastet bleibt, egal wie sich andere verhalten, und du es verdient hast, geliebt und sehr gut behandelt zu werden.

Zuletzt begegnete mir bisher bei Menschen mit nicht gelingenden Beziehungen immer und ausnahmslos das Thema Schuld. Hier arbeiten die „Schuldrituale" sehr stark für dich und der Wunsch, sich selbst zu vergeben, Schuld wieder an eine höhere Macht abzugeben, und die immer wieder eingeübte Einsicht, dass Schuld etwas ist, das wir nur erschaffen, weil wir Dinge in einer Form bewerten. Das hat viel mit Perspektive zu tun. Sobald ich die Perspektive wechsle, ändert sich oft auch die Bewertung.

Bei der Schuldfrage hat sich auch bewährt, zu verstehen, dass du in dem Moment du etwas getan hast, dein Bestes getan hast, weil du es nicht anders wusstest oder nicht anders konntest.

Nehmen wir das Beispiel mit Monika. Sie wirft sich vor, ihren Mann nicht genügend zum Arztbesuch gedrängt zu haben. Damals konnte sie nicht mehr tun, denn damals wusste sie, dass er einen Arztbesuch strikt abgelehnt und er sich diesem Thema völlig verschlossen hatte. Kein noch so gut gemeinter, vehementer Druck hätte ihn dazu überreden können, im Gegenteil, es hätte zu ewigem Streit geführt. Im Nachhinein hat man das Gefühl, man hätte es durchsetzen müssen oder können, in dem aktuellen Moment aber wäre es nicht möglich gewesen.

Es gibt immer ein Zusammenspiel komplexer Faktoren, die zu einem Ergebnis führen. Wir können diese alle niemals überblicken. Daher ist es ratsam, sich einer Führung anzuvertrauen und einfach jeden Tag das zu tun, von dem man meint, es sei das Beste, was man gerade tun könne. Manchmal ist das nur sehr wenig, dann ist es auch in Ordnung.

Wir können niemals die Folgen einer Handlung vollkommen abschätzen. Dazu fehlt uns der Überblick. Wie schon beim erfolgreichen Erschaffen beschrieben, kannst du dir dein Gehirn und deine bewusste Wahrnehmung wie ein Radar auf einem vorstellen. Ich wiederhole die Erklärung hier noch einmal. Das Radar sendet elektromagnetische Wellen in das umliegende Meer, die von metallischen Gegenständen reflektiert werden, damit der Kapitän rechtzeitig sieht, ob ein anderes Schiff entgegen kommt oder etwas anderes in der Nähe ist.

Das Meer ist riesig, Der Radarbildschirm am Schiff bildet davon nur einen winzigen Ausschnitt des gesamten Ozeans an.

Sollte ein anderes großes Schiff irgendwo weit weg am Ozean daher schippern, würde das Radar es nicht am Schirm zeigen, obwohl es schon Kurs auf uns nimmt.

Und so funktionieren unsere bewusste Wahrnehmung und unser Verstand. Wir haben nur diesen Ausschnitt am Radarbildschirm zur Verfügung. Unser höheres Selbst hingegen überblickt den ganzen Ozean.

Es wäre also wirklich dumm, sich nur auf dieses kleine Radarfenster zu verlassen, wenn es etwas gibt, das das ganze Meer überblicken kann.

Die Folge daraus ist, sich darauf zu verlassen, dass alles auf eine unüberblickbare Weise für uns organisiert wird und wir unserer inneren Führung vertrauen dürfen, da sie mehr weiß, als wir es bewusst im Alltag können. Sollte also etwas nicht funktionieren, dann hat das immer einen guten Grund.

Wenn du dich wirklich schuldig gemacht hast, durch eine schlimme Tat zum Beispiel, hilft es dir und allen Menschen um dich trotzdem nicht, wenn du in Selbstbestrafung dein Leben weiter in den Morast fährst. Die Abkehr von der Schuld, indem man sie sieht, bejaht, aber dann auch wieder sein lassen darf und die Hinkehr zu einem neuen Leben, indem man seinen ursprünglichen Wert wieder aufleben lassen will, ist die einzig gewinnbringende Lösung für alle um dich und diese Gesellschaft. Ich meine damit nicht, Straftäter sollen nicht zur Verantwortung gezogen und entsprechend bestraft werden. Ich rede von der Innenwelt des Täters und wie er nach seiner Strafe mit sich und dem weiteren Leben umgeht.

Das bedeutet, falls du ein Täter bist, zu erkennen, was dich an Selbstabwertung, Verdrängung, Verzweiflung und falschen Annahmen über dich dazu gebracht hat, so in die Schuld zu kommen. Den Willen zu haben, dies zu bearbeiten und zu verändern. Das Ziel dabei ist, als ein sich selbst wertschätzender

Mensch immer und zu jeder Zeit dienlicher zu sein und mehr gut machen zu können, als sich weiter selbst zu bestrafen und damit in der Abwärtsspirale hängen zu bleiben.

Die Entscheidung, sich von Schuld zu befreien, kann man daher unter dem Aspekt tun, für das Leben aller mehr beitragen zu können, wenn man sich als Gewinn einbringt und in einem Selbstwert etwas zu dieser Gemeinschaft beiträgt, als sich Dinge, die wertvoll und schön sind, vorzuenthalten.

Ritual zur Verabschiedung

Wenn du dich von einem Menschen oder einer Situation verabschieden möchtest, kann dir dieses Ritual helfen:

Schreibe demjenigen oder der Situation oder einem alten Verhaltensmuster einen Abschiedsbrief. Darin solltest du erklären, dass du jetzt Abschied nehmen möchtest, eventuell auch warum. Füge unbedingt einen Teil dazu, indem du deine Dankbarkeit ausdrückst. Entweder hebst du noch einmal hervor was schön und gut war, oder du dankst für die Klarheit, aus dem Erlebten heraus jetzt genau zu wissen, was du willst.

Zünde dann eine Kerze an, lies den Brief und stelle dir vor, wie der andere den Brief erhalten hat und ihn jetzt auch liest.

Dann nimmst du den Brief und eine Blume. Lege die Blume an eine Stelle mit dem Brief und gehe noch einmal in eine Dankbarkeit für diese Begegnung oder sage Danke für das, was dir diese Situation oder dieser Mensch gelehrt hat.

Dann sage, du möchtest jetzt in deine Freiheit gehen und du sagst in Frieden Lebe wohl. Dann verbrenne den Brief. Am besten im Freien in einem Topf. Die verbliebenen verbrannten Teile oder die Asche kannst du entweder vergraben und somit der Natur zur Wandlung übergeben oder nach dem sie erkaltet ist, in den Restmüll geben. Am meisten Wirkung haben Lösungsrituale in einer Neumondnacht, du kannst sie aber zu jederzeit durchführen.

Wenn du möchtest, kannst du Erzengel Michael bitten, die noch bestehenden energetischen Verbindungen zu trennen.

Manchmal braucht es im Anschluss noch einen Trauertag. Stelle einen Gegenstand, der dich an das, wovon du dich verabschiedet hast, erinnert oder ein Bild der Person auf, davor eine Kerze und eine Blume. Dann betrauere bewusst diesen Abschied. Sage: Ich gehe jetzt auf etwas Neues zu, wenn etwas geht, kommt etwas Neues. Heute betrauere ich das, was geht, öffne mich aber gleichzeitig dafür, was kommt. Morgen werde ich das Neue mit offenem Herzen empfangen. Ich danke dem, das da war und mir gedient hat.

Am nächsten Tag räume alles weg, was dich an die Trauer und den Abschied erinnert.

Stelle an einer schönen, geeigneten Stelle eine weiße oder rosa Kerze auf, wenn du möchtest eine freundliche Blume dazu, und sage: Ich bin bereit, ich empfange das Neue, das jetzt in mein Leben treten möchte. Danke. Lasse die Kerze an dem Tag immer wieder brennen. Solltest du Angst vor brennenden Kerzen haben, kannst du auch nur etwas Rosafarbenes hinstellen, das einen Neubeginn symbolisieren könnte und stelle eine Lichtquelle dazu. Es hilft auch ein Fenster, wo die Sonne hin scheint.

Ritual zur Auflösung – Gefühle, Belastungen, Muster, Verbindungen

Auflösen funktioniert sehr gut, indem man aufschreibt, was man verändern möchte und es anschließend verbrennt und einer höheren Macht übergibt und die Reste vergräbt.

Tue dies immer mit einem Aspekt der Dankbarkeit dafür, was dir diese Erfahrung geschenkt hat. Was immer es war. Auch schmerzvolle Erfahrungen bringen dir Entwicklung, Klarheit und Bereicherung.

Weiters kann man das, was man auflösen möchte, in einen Stein hauchen und diesen Stein der Natur übergeben, indem man ihn an die Wurzeln eines ausgewählten Baumes legt und die Natur bittet, dies im Stein zu transformieren (bitte sage dazu, dass der Stein für denjenigen, der ihn findet, neutral ist)

Vielfach bewährt hat sich auch eine geführte Meditation, wo man die Sache, die man lösen will, in einem inneren Raum trifft und um Veränderung bittet.

Bringe dich durch die Basismeditation in eine tiefe Entspannung.

Bitte Helfer des Lichts um Beistand und dein höheres Selbst um Hilfe zur Auflösung dessen, was gehen und sich verändern darf.

Lass dann ein Bild von einem Raum in dir auftauchen. Es kann auch ein schöner Platz oder Ort sein. Nimm das, was auftaucht und sich stimmig anfühlt.

Dann bitte das, was du befreien oder von dir trennen möchtest, was immer es ist, eine Sache, ein Problem, ein Thema, ein Muster oder eine Person, in diesen Raum oder an diesen Ort. Warte entspannt bis es kommt.

Das alles geschieht in deiner inneren Vorstellung.

Vertraue dem Prozess.

Dann stelle dich gegenüber und danke für das, was Euch im Guten verbunden hat und für das, was du daraus gelernt hast. Danke für das, für das es da war. Wenn du es benennen kannst, dann sprich es aus, ansonsten danke, für was immer es ist, auch wenn du es nicht kennst.

Wenn es für dich passt, kannst du dich verneigen als Zeichen der Anerkennung und des Friedens.

Dann sage, dass du nun diese Verbindung lösen möchtest und sie transformiert werden soll.

Bitte Helfer des Lichts um Hilfe bei der Verwandlung dieser Verbindung, und jetzt das zu trennen, was getrennt werden kann, was nicht mehr zu dir gehört.

Gib dann alles um diese Sache, diese Beziehung, in Liebe und Friede an ein helles Licht zur Transformation ab.

Vielleicht sagt dir die Sache auch etwas, oder diese Person.

Falls sie sich wehrt, bleibe ruhig und bestimmt, dass du sie anerkennst und die Lernaufgabe annimmst, dass du jetzt aber deinen Weg weiter gehen willst ohne sie oder in einer anderen Form.

Du gibst sie oder es frei und lässt alles bei der Person, Beziehung oder der Sache, das nur zu ihr gehört und nicht zu dir. Atme aus und schicke es zurück.

Nimm alles zu dir zurück, was nur zu dir gehört - atme ein.

Dann stelle dir nochmals bestimmt vor, wie du dankbar aber bestimmt jetzt deinen eigenen Weg gehst und diese Sache/Person freigibst und hinter dir lässt.

Alles darf sich transformieren.

Du kannst dir euch beide von hellem, goldenen Licht durchdrungen vorstellen.

Denke dir dabei:

„Über alle Zeit und allen Raum darf alles gelöst werden, in Liebe, Anerkennung und Dankbarkeit, für das es jetzt Zeit ist. Alles darf sich wandeln zum höchsten Wohle aller in Frieden und Liebe".

Dann lasse die Person oder die Sache aus dem Raum gehen.

Falls das nicht geht, dann verabschiede du dich in Frieden und mit Leichtigkeit, dreh dich um und gehe in dein neues Leben.

Voller Mut und in guter Absicht.

Ritual zum Loslassen der Ahnen

Gehe dazu bitte so vor, wie ich es in der vorhergehenden Übung beschrieben habe.

Nur, dass du jetzt viele Ahnen vor dir auftauchen lässt. Du musst sie nicht gekannt haben, um das machen zu können. Du musst dir auch keine genauen Gesichter vorstellen. Es reicht, wenn du dir eine große Gruppe Menschen, die deine Vorfahren waren, schemenhaft als gesamte Ansammlung vorstellst.

Wenn es dir hilft, kannst du auch ein Wesen bitten, deine gesamten Ahnen zu vertreten.

Stelle dich nun deinen Ahnen gegenüber.

Verneige dich vor Ihnen und danke, dass das Leben von Ihnen zu dir geflossen ist.

Dann bitte um ihren Segen, dass du jetzt deinen eigenen Weg gehst.

Stelle dir vor, dass du alle Verbindungen, die du noch unnötigerweise in deinen Händen hältst, jetzt einfach loslässt.

Sage:

In Liebe bleiben wir immer verbunden, ich gehöre dazu, auch wenn ich meinen eigenen Weg gehe. Ich bestimme ab hier und jetzt neu. Ich gebe mich frei.

Lass dir den Segen geben.

Sage: Euch zu Ehren, für unser aller Freude und für Heilung gehe ich jetzt in meinen Erfolg und in mein glückliches Leben.

Ich bin frei, zu entscheiden. Ich darf das. ich danke Euch.

Es gereicht uns zum Wohl, wenn es mir gut geht.

Für Eure Geschichten stelle ich mich nicht mehr zur Verfügung. Ich gebe mich frei.

Verbeuge dich noch einmal und danke für Alles, das du von ihnen bekommen hast.

Sie dürfen auch gerne als wohlwollende Beobachter an deiner Seite bleiben. Wenn du ihre Hilfe brauchst, kannst du sie dir holen. Du bestimmst.

In der Ehrung ihres Schicksals, in der Achtung und in Liebe und Frieden drehe dich dann um und gehe imaginär einen Schritt in dein Leben.

Spüre, wie sie hinter dir stehen und lasse dir von ihnen Kraft zu dir fließen. Sie darf dich stützen.

Doch du bist in deinem eigenen Leben und du bestimmst, wie es aussehen soll und wer du ab jetzt bist.

Stelle dich stolz und gerade hin und freue dich auf deine Zukunft, die du ab jetzt bestimmst.

Du kannst das auch in etwas abgewandelter Form machen, wenn es um Ahnen geht, die du kennst oder gekannt hast. Du kannst ein Foto von ihnen hinstellen oder sie dir im Raum vorstellen.

Zünde eine Kerze an oder ein Räucherstäbchen, um es feierlich zu machen.

Dann sprich mit Ihnen (den Fotos oder ihrer vorgestellten Energie)

Sage die Sätze wie oben bei der Ahnengruppe, dass du jetzt deinen Weg gehst und deine eigenen Regeln aufstellst. Dass du dich nicht mehr für ihre Schicksale zur Verfügung stellen willst.

Achte Sie und danke Ihnen, aber sage, dass du jetzt frei bist, das Leben zu leben, so wie du es beschließt.

Sage ihnen, dass du von jetzt an alle Schuld frei geben willst, die du dir aufgeladen hattest.

Jeder hat das getan, was er tun konnte. Bitte um Vergebung für alle, von allen und auch für dich. Vergib dir auch selbst.

Sage: ich achte ab jetzt das Leben, das ich von Euch bekommen habe. Und weil ich es achte, mache ich jetzt etwas Gutes daraus. Auf meine Art.

Du kannst hier Alles ansprechen und aussprechen, was du möchtest. Bleibe nur in einer wohlwollenden, friedlichen und dankbaren Haltung. Wenn du wütend bist, ist das in Ordnung, du darfst das aussprechen, aber bitte dann um Veränderung dieser Gefühle in etwas Produktives, das allen nützt.

Manches darf auch einfach so sein. Groll darf sein. Trotzdem darfst du auch dankbar sein für das, was gut war, und wenn es nur dein Leben ist.

Wenn du dich soweit öffnen kannst und willst, kannst du auch Zwiesprache halten, in dem du

Fragen stellst oder hörst, was sie dir zu sagen haben. Die Antworten tauchen in deinem inneren als Bilder oder Worte oder Empfindungen auf.

Im Zweifelsfall lass immer alles in hellem Licht baden, bitte um Lösung und Transformation und gehe immer in das Gefühl des Wohlwollens. Denn du willst in einer guten Energie sein und dein Leben zum Besten für dich wenden. Denke an dieses Ziel.

Es darf Leichtigkeit einkehren.

Erlaube sie dir.

Selbstbestrafung auflösen

Lies bitte alle Rituale zur Auflösung von Schuldthemen durch. Dann hast du schon eine gute Basis, wie du Schuld gut verwandeln und auflösen kannst.

Darüber hinaus bleibe dir bitte bewusst, dass du die Selbstbestrafung für dich in deinem Leben nicht mehr als Option akzeptierst.

In deinem täglichen Ritual kannst du immer wieder laut aussprechen oder denken:

Ich lasse die Selbstbestrafung jetzt hinter mir. Das darf vorbei sein. Ich lasse Schuld und alle Folgen hinter mir. Auch sie darf vorbei sein. Ich gehe frei und neu bestimmt weiter. Ich bin jetzt frei. Ich bin es wert. Ich habe alles verdient. Ich bin in meinem Wert und habe Alles verdient, das ich sein, tun und haben will. Mit Leichtigkeit und Freude. Ich danke für das tägliche Neugeboren werden in meine Expansion zu einem freien, mächtigen Schöpfer. Ich schöpfe aus dem unendlichen Meer an Möglichkeiten, das für mich bereit ist, und ich entscheide.

Denke daran, dass wir uns oft gegenüber anderen in der Gesellschaft schuldig fühlen, wenn sie es schwerer haben. Wir denken, wir dürfen nicht so leicht das haben, was wir wollen, während andere es nur schwer erkämpfen oder in Armut leben müssen.

Du nützt niemandem, wenn du leidest und dich für deinen leichten Erfolg bestrafst.

Du darfst es haben.

Durch deinen Erfolg kannst du in der Welt und zur Gesellschaft mehr beitragen als in Kleinheit und Armut.

Werde zu einem Geschenk für diese Welt. Werde zu jemandem, der etwas zum Guten verändert.

Sich Glück erlauben - die Glücksstrasse freiräumen

Die Beschreibung dieses Rituals findest du im ersten Kapitel unter „die geistige Welt erklärt, wie man sich Glück erlauben kann" - dort ist die Übung ganz genau beschrieben.

Der Trauertag für die Kindheit

Du kannst einen Trauertag für das abhalten, was du in deiner Kindheit nicht bekommen hast.

Zünde eine Kerze an, male ein Bild, versehe dieses oder ein altes Foto mit einer schwarzen Trauerschleife. Schreibe auf, was du betrauerst und dann verbrenne es. Sag dir einen Tag lang: Ich trauere um mein Kindheitsglück.

Bestimme einen Tag im Jahr, an dem du diese Trauer und dem Vermissten in deiner Kindheit gedenken willst.

Dann hat dieser Schmerz einen Platz, er darf da sein, er hat ein begrenztes Anerkennungsfeld bekommen. Dann kann er in der übrigen Zeit besser Ruhe geben.

Wegdrängen hilft nicht. Den Verlust total ersetzen oder ausheulen geht meiner Meinung nach nicht. Aber den Schmerz als das akzeptieren, was er war, ihn zu entdramatisieren, hilft.

Es ist besser, nicht mehr mit dem Gedanken herumzulaufen, was eigentlich hätte sein sollen. Stattdessen bringt es mehr, zu sagen:

Es war Schieße, ja, aber so war es. Ich will jetzt aufstehen, mich abputzen und weiter gehen, ohne es vergessen zu müssen. Ich gebe dem keine Macht und Kraft mehr. Einfach, weil ich will, dass es mir gut geht. Wenn das damals schon nicht geklappt hat, dann eben heute, weil ich das kann und ich mein Leben jetzt steure.

Wenn Gefühle des Schmerzes und der Trauer plötzlich wieder hoch kommen, kannst du sagen:

> Hallo Schmerz, da bist du wieder. Ich weiß, dass du da und wichtig bist. Ich nehme dich als Warnzeichen wahr, dass ich offenbar in alte Denkweisen rutsche und das verletzte Kind in mir leidet, zu viel

Macht bekommt und alles kontrollieren will. Danke, dass du mich erinnerst, wer der Kapitän ist. Ich nehme das Steuer wieder an mich!

Dann wende dich dem verletzen Kind zu und beruhige es:

„Heute ist es anders. Du bist verletzt worden. Ich kann nur jetzt dafür sorgen, dass es dir besser geht. Ich kann dir alles geben, was ich habe. Dazu musst du mich aber machen lassen und mir das Steuer geben. Ich brauche deine Mithilfe. Du kannst mir vertrauen, dass es schöner, leichter und erfüllender gehen kann.

Du bestimmst, was du fühlst und wie dein Leben aussieht! Komme aus der Ohnmacht des Schmerzes in die Kraft des Erschaffens, in die Macht der Entscheidung und Selbstbestimmung. Das funktioniert, hilft und heilt. Das ist genau das, was du damals nicht konntest, selbst alles in die Hand zu nehmen, jetzt kannst du, darfst du und sollst du es! Genieße dein Gefühl der Stärke und der Selbstbestimmung. Genieße das Wissen, dass du alles ändern kannst, in jeder Sekunde, in der du deine Gedanken neu ausrichtest, in der du deine Gefühle lenkst, hin zu einem Leben, das du für dich willst! Egal welche Kindheit du hattest, egal wie tief die Wunden sind, auch wenn es schmerzt, es hat keine Auswirkung auf deine Schaffenskraft. Es hindert dich in keiner Weise am Erschaffen deines Traumlebens! Es geht nur um deine Entscheidung, dich davon nicht mehr runterziehen oder abhalten zu lassen und in deine volle Größe zu gehen.

Wenn du merkst, dass du dich gefühlsmäßig oder konkret von einer anderen Person oder Personen abhängig machst oder dich so fühlst, weil diese wieder deine Bedürfnisse nicht erfüllen, dann schau dir das als ein souveräner Erwachsener an, nachdem du dein aufgeregtes Kind beruhigt hast.

Frage dich:

- Was kann ich machen, um selbst etwas zu erfüllen?
- Was habe ich eventuell dazu beigetragen, dass es nicht erfüllt wird? (war ich zu fordernd, aggressiv oder im Gegenteil ablehnend oder habe meine Wünsche nicht artikuliert?)
- Was könnte ich als Erwachsener klar und auf einem ruhigen Weg einfordern?
- Kann der Andere wissen, was ich brauche, möchte und denke?
- Ist die Person, von der ich etwas Bestimmtes erwarte, einfach die falsche, weil sie das nicht geben kann oder niemals will. Habe ich mir, weil mein Kindheitswunsch so sehnsüchtig Druck macht, den falschen Menschen dafür ausgesucht? Gibt es nicht vielleicht viele andere, die nichts lieber würden, als es mir zu erfüllen?
- Fixiere ich mich komplett auf die falsche Person und Lösung, aus Angst, es anders nicht zu bekommen?
- Wenn ich die Brille des enttäuschten Kindes abnehme, wie schätze ich die Situation dann ein?

- Wenn ich alles komplett ent-dramatisiere, wie könnte ich die Situation dann anders sehen?
- Ist es wirklich so, wie ich denke?
- Will der andere nicht? Oder kann er nicht?
- Kann ich mich mit dem Gedanken anfreunden, dass die Nichterfüllung durch den Anderen nichts mit mir und meiner Attraktivität, Wichtigkeit oder Bedeutung für ihn zu tun hat?
- Kann es ein, dass ein massives Kommunikationsproblem der Grund ist, weil man Sachen vereinbart hat, die jeder anders verstanden hat?
- Hat man vielleicht nichts vereinbart und jeder geht von etwas anderem aus?
- Vermischen sich da Regeln, die nicht zusammenpassen oder nie besprochen wurden?
- Kann ich mich mit dem Gedanken anfreunden, dass die Nichterfüllung durch den Anderen mein Glück ist, weil etwas viel Besseres und Passenderes für mich bereit steht, das ich nur bisher nicht wahrnehmen konnte?

Zuletzt ein ganz wichtiger Punkt:

Sage deinem Kind immer wieder in der Stille:

> „Es geht gut aus, auch wenn alle Bedürfnisse erfüllt werden! Es darf sein und es soll sogar sein! Du darfst Glück und Erfüllung erleben und alles geht gut".

Denn die Kinder glauben immer, sie sind am Unglück der anderen Schuld oder es hat einen guten Grund, warum die anderen so zu ihnen sind. Wir erleben als Kinder viel zu oft, dass Dinge nicht gut ausgehen. Außerdem tragen wir ganz viel Schuld mit uns herum. Denn oft haben wir unsere Eltern gehasst, verwünscht und waren wütend auf sie. Diese tief sitzenden Schuldgefühle verlangen nach Busse, Ausgleich und Strafe, dann erlaubt man sich die Fülle nicht.
Oft erlebt man als Kind auch, dass etwas schief ging in einem Moment, als man sich gerade über etwas freute oder Spaß hatte. Manchmal sitzt ein Schock sehr tief. Der plötzliche Tod eines nahestehenden Menschen, ein Unfall und vieles mehr. Diese Unberechenbarkeit kann dazu führen, dass das Kind sich absichern will, indem es nie wieder so enge Bindung oder wahre Freude zulässt - denn dann kann wieder etwas passieren. Und dann hat es Angst, das nicht zu überleben.
Zeigen sie ihrem Kind und sich selbst, dass es gut ausgehen kann! Es darf und kann! Was gestern war, ist vorbei. Jetzt darf es anders sein!

Honiggefühl

Du weißt nicht, was du willst? Oder wie du dahin kommst? Dann folge dem Honiggefühl. Das Leben sollte sich so oft wie möglich wie Honig anfühlen, weich, süß, fließend, angenehm, wohltuend.

Folge allem, was sich für dich so anfühlt. Sammle Dinge, die für dich mit dem Honiggefühl verbunden sind und erkenne aus ihnen, was dir Freude macht.

Achte bei Menschen, Tätigkeiten, Ideen, Impulsen, Entscheidungen, Plänen, Aktivitäten auf das Honiggefühl.

Wolkenbad

Dieser Begriff stammt von der geistigen Welt. Er triggert etwas in uns. Nimm öfter ein Wolkenbad.

Hier geht es um die Vorstellung und das Gefühl, auf Wolken zu liegen und zu fliegen. Du kannst es auch tun, indem du dir selbst etwas Gutes tust, dir etwas Besonderes gönnst und dich verwöhnst.

Trage dir in den Kalender dein Wolkenbad ein und schau, welche Ideen bis dahin auftauchen, um dich zu fühlen, als würdest du auf Wolken liegen.

Ich: **Geistige Welt, bitte, wie nimmt man ein Wolkenbad?** Ich kann mir darunter nichts vorstellen?

GW:

Indem du ganz ganz ganz liebevoll zu dir bist und dich an diesem Wolkenbadtag fragst, was ist das Beste, das ich an diesem Tag für mich tun kann und es dann den ganzen Tag durchziehst.

Frage dich, wie kann ich mich am allerliebevollsten behandeln, das Beste ist gerade gut genug. Was kann ich jetzt für mich tun, das eine ganz liebevolle Geste mir gegenüber ist. Eine Tätigkeit, eine Pflege, ein Getränk, ein Essen, eine Gesellschaft, oder ich lasse alles beiseite, von dem ich spüre, das passt nicht.

Wasser laden mit Info

Es gibt inzwischen viele Versuchsreihen dazu, wie Information auf Wasser wirkt und wie sich Energie oder Information telepathisch von einem Wasserglas zum anderen übertragen lässt. Die Ergebnisse dieser Studien sind erstaunlich. Da ich ihre genaue Anordnung nicht kenne, kann ich über die Aussagekraft in wissenschaftlicher Hinsicht leider nichts sagen. Gehen wir aber einmal davon aus, dass alles Schwingung ist und sich Energiefrequenzen wellenartig ausbreiten. Sie treffen auf andere Wellen und diese beeinflussen sich dann.

Im Grunde ist es immer besser, eine hohe Frequenz beeinflusst eine niedrigere dahingehend, höher zu schwingen als umgekehrt.

Wasser scheint nach bisherigen Erkenntnissen ein ausgesprochen guter Energieträger zu sein, beziehungsweise verändert sich sehr stark in Richtung der Energie, der es ausgesetzt ist, es ist also energetisch sehr anpassungsfähig.

Dies kann man sich zunutze machen, indem man Wasser mit guter, heilender, hochschwingender

Information lädt und diese Schwingung dann durch Trinken oder Baden in sich aufnimmt.

Wir selber bestehen ja zum Großteil aus Wasser. Daher gilt es auch immer zu bedenken, dass wir als „Wasserträger" auch sehr schnell Information aufnehmen und laden, einerseits von unserer Umgebung, andererseits von unseren Gedanken und Gefühlen.

Du solltest bitte immer darauf achten, dass du, wenn du negativer Schwingung eine Zeitlang ausgesetzt warst - negativ denkende Menschen, negative Orte, Filme, Stimmungen, Gefühle anderer - dich nachher wieder reinigst, indem du deinem Wasser in dir schnell positive Information zuführst.

Dies erreichst du, indem Du:

1. An deinem Körper mit den Händen von unten nach oben entlang fährst, dabei die Finger auf deiner Körperoberfläche leicht trommeln lässt und dabei positive Gedanken denkst und deinem Körper positive Botschaften übermittelst „Ich gehe jetzt in eine hohe Schwingung, ich transformiere alles zu einer höheren Schwingung, ich bin gute Energie, ich bin frei schwingende Liebe, ich bin Licht". Alles, was sich für dich kribbelnd gut anfühlt, ist erlaubt und wirksam.
2. Du stellst dich auf ein Blatt mit der Aufschrift: Lichte, hoch schwingende, fröhliche Energie, Freude, Klarheit, Kraft, Fülle, Glück
3. Du stellst einen Krug Wasser auf ein Stück Papier mit der Aufschrift „Schwingungs-Heilwasser"

Grundsätzlich kannst du Wasser, Trinkwasser oder Badewasser immer mit guter Information und Schwingung laden. Entweder du stellst das Wasser auf positive Symbole oder Worte (Liebe, Heilung, Gesundheitswasser) oder du segnest das Wasser.

Zum Beispiel vor einem Bad:

Du bist Liebe, du bist Heilung, du bist Wohlgefühl, Du bringst mir Liebe und Wohlgefühl, ich bade in deiner heilenden Schwingung.

Du darfst probieren und nach Herzenslust deine richtigen Worte und Wege testen. Es macht Spaß, das zu finden, was einem so richtig gut tut.

Bei Liebeskummer lade dir ein „Herzschmerz-Heilwasser, Liebesglück". Dazu halte deine Hände über das Wasser und segne es, indem du sagst: ich lade dich jetzt auf, ich lasse heilende Lichtenergie und Liebesglück in dich fließen. Tauche dabei das Wasser vollständig in rosa Licht.

Essen segnen

In vielen Kulturen oder Familien, die noch ihre Religionstradition pflegen, ist es üblich, das Essen zu segnen oder ein Tischgebet zu sprechen.

Leider hat durch die Abwertung religiöser Sitten bei uns dies an Bedeutung verloren oder einen Beigeschmack der Biederkeit und falschen

Frömmigkeit bekommen. Das ist deshalb schade, weil diese alten Bräuche durchaus Sinn machen und in ihrem Ursprung eine sehr positive Überlegung hatten.

Es geht letztlich darum, zwei Dinge zu erreichen: Einerseits dankbar und präsent hinsichtlich der Fülle zu werden (= der Fokus liegt auf dem, das man hat, was es vermehrt) und andererseits, durch die Verbindung mit einer höheren Energie dessen gute Schwingung in die Mahlzeit und den Essenden zu bringen. Was den Wert der Mahlzeit sehr verbessert.

Fange wieder an, bewusst dein Essen zu segnen. Dadurch wird es oft sogar bekömmlicher, manchmal können damit sogar Allergien besänftigt werden.

Halte dazu entweder deine Hände über das Essen oder tu dies in deiner Vorstellung. Stelle dir vor, wie du dich mit einer höheren Quelle verbindest und durch dich segnende heilende Energie in das Essen fließt. Du kannst die Augen auch geschlossen halten oder Worte sprechen. Es reicht auch, wenn du einfach in dich gehst und dankbar für dein Essen bist. Dazu sage dir innerlich: Das tut mit jetzt gut, danke.

Dadurch erreichst du eine neue Qualität für deine Mahlzeiten.

Wenn es deine Umgebung zulässt, kannst du auch wieder ein Tischgebet einführen. Du kannst gemeinsam mit deinen Kindern die Hände über das Essen halten und es mit ihnen segnen, das wird ihnen großen Spaß machen und die Zusammengehörigkeit stärken.

Dazu muss man keiner Kirche oder Religion angehören. Man kann auch eigene Gebete erfinden. Es geht um Sammlung, gute Energie und Fokus.

Nütze es für dich!

Amen.

Lichtduschen

Wenn es dir aus irgendeinem Grund sehr schlecht geht, vielleicht, weil etwas vorgefallen ist oder wenn du krank bist, dann kannst du dir immer sofort mit Lichtduschen helfen.

Du kannst dazu entweder Kontakt zu Engeln aufnehmen und sie bitten, es für dich zu machen oder du verbindest dich mit der gesamten geistigen Welt und stellst dir einfach vor, wie heilendes Licht in der Farbe, die du gerade brauchst, über dich herab strömt, als würdest du im Licht duschen.

Die Kontaktaufnahme zu den Engeln oder zur geisteigen Welt erfolgt immer ganz einfach. Das ist kein Hokuspokus und nichts, was du nicht kannst oder das man erst lernen muss. Der Trick ist, sich einfach dafür zu öffnen und zu vertrauen, dass wir sowieso diese Fähigkeit und Verbindung haben und sie nur herstellen brauchen.

Dies machst du am besten, indem du dich entspannt hinsetzt oder hinlegst, die Augen schließt und zur Ruhe kommst. Du solltest locker und entspannt sein. Dann gehst du in dich und bittest innerlich um Kontakt und

Hilfe. Das kannst du machen, wie du möchtest. Manche begrüßen die Engel oder die geistige Welt, manche rufen sie zu sich.

Es reicht, wenn du sagst, du bittest um Kontakt und Hilfe und beauftragst sie jetzt, dir zu helfen.

Dann bitte um eine heilende Lichtdusche. Vielleicht tauchen innere Bilder in dir auf, wie das geschieht. Du siehst innerlich, wie in einem Traum, dass Licht in dich einströmt und du fühlst sofort Erleichterung. Vielleicht kannst du dir nichts vorstellen. Dann vertraue einfach darauf, dass es trotzdem geschieht, indem du darum bittest und dich dafür öffnest. Das machst du einige Minuten oder solange es dir gut tut.

Egal ob mithilfe der geistigen Welt oder nur du alleine. Stelle dir vor, dass aus einer höheren Energiequelle Licht auf dich zufließt, in dich hineinfließt, dahin, wo es gebraucht wird und dass dieses Licht weiß, was es zu tun hat und du an eine höhere Kraft angebunden ist, die dich heilt. Ganz von selbst.

Bei Liebeskummer ist meistens rosa Licht sehr hilfreich und wohltuend. Stelle dir vor wie aus dem Kosmos und deiner Urquelle von oben herab heilendes, wohltuendes, rosafarbenes Licht auf dich strömt, dich einhüllt, in deine Zellen eindringt, deinen ganzen Körper durchflutet und alle Schmerzen vor allem das Herzeleid besänftigt, streichelt, entspannt, umhüllt und gesund macht.

Erlebe einfach das wohltuende, weiche, entspannende Gefühl und gib dich ihm hin. Stelle dir vor, wie dein schmerzendes Herz entspannt, weich und weit wird, sich anfüllt mit dem rosa Licht wie Medizin.

(auf meiner Webseite www.youcreatelife.com erhältst du Info zu Videos von mir zu diesem Thema)

Grünes Licht hilft sehr gut, wenn du dich krank fühlst oder Schmerzen hast. Bitte das grüne Licht überall dort zu wirken, wo du es brauchst, stelle dir vor, wie die schmerzende Stelle umhüllt und geheilt wird. Bade darin wie in einer Wanne aus grünem Licht.

Leuchtendes, gelb-weißes Licht, das glitzert und wie kleine Kristalle aussehen kann, gibt Kraft und Energie, es reinigt und belebt.

Silber löst und reinigt.

Violett verwandelt.

Orange kann auch ein sehr guter Verwandler sein, indem es die Energie hebt, Frieden und Lösung bringt.

Gerade bei Partnerproblemen oder Themen, die dich gerade belasten ist es sehr hilfreich, die Person oder das Thema in oranges Licht zu tauchen, täglich, immer, wenn man an denjenigen oder die Sache denkt. Das hilft dir und bringt Schwung in die Sache.

Jede Lichtfarbe ist erlaubt. Lass aus deinem Inneren aufsteigen, welche Farbe du gerade brauchst. Lasse dich von deiner Intuition leiten.

Vertraue deiner inneren Weisheit und Heilkraft!

Dein Licht strahlen lassen

Diese Übung kann dir helfen, ein weites, leichtes Gefühl zu bekommen, was sehr wohltuend sein kann und deine Schwingung erhöht.

Stelle dir vor, wie du dein inneres Licht strahlen lässt. Im Bereich des Solar Plexus, wo dein Brustbein endet, ungefähr eine Handbreite über dem Nabel, siehst du vor deinem inneren Auge eine Lichtkugel, die ein warmes, helles Licht verströmt und in dir leuchtet. Versuche, es in dir zu spüren.

Gehe ganz in dieses Gefühl und in die Vorstellung, wie diese Lichtkugel in dir strahlt und aus deinem Körper hinausstrahlt. Dann lässt du dieses Licht immer grösser werden und immer weiter strahlen. Du weitest es immer mehr aus und auch du wirst dadurch immer weiter, leichter und freier. Du atmest weiter und leichter.

Genieße diese Weite und Leichtigkeit und kehre dann zu deinem normalen Wachbewusstsein zurück.

Du kannst diesen Gedanken aber auch abrufen, wenn du unterwegs bist und einfach in die Welt dein Licht strahlen lassen.

Sich selbst einen Brief schreiben

Klingt lustig und ist es auch. Bevor du sagst, was soll denn der Blödsinn, probiere es einfach aus und spüre die Wirkung.

Du kannst Dir selber einen Brief schreiben, indem du dir mitteilst, was dir gerade wichtig ist, worauf du deinen Fokus richten willst, was jetzt im Leben zählt und wohin die Reise gehen soll.

Du kannst dir einen Brief von deinem zukünftigen erfolgreichen Ich schreiben, das bereits alles erreicht hat und dir jetzt aus der Zukunft schreibt. Einerseits, um dir zu beschreiben, wie toll jetzt alles ist und wie dein Leben jetzt aussieht, oder auch, um dir Mut zuzusprechen, dass in der Zukunft alles zu deinem Besten geregelt ist.

Als dritte Möglichkeit kannst du dir selber einen Liebesbrief schreiben. Einen Liebesbrief, wie du ihn dir von einem liebenden Partner oder Freund wünschen würdest.

Den Brief zu schreiben, bewirkt schon einen Impuls und Perspektivenwechsel in Dir, ihn dann nach einiger Zeit in der Post zu haben und noch einmal mit Abstand zu lesen, gibt einen weiteren Wachstumsimpuls.

Der innere Kritiker spricht

Unser innerer Kritiker, der ist gut trainiert und wohlgenährt und lässt sich nicht so leicht aufs Abstellgleis schieben. Er wird früher oder später wieder auftauchen und versuchen, dich klein zu machen oder dir etwas zu versauen.

Sei darauf vorbereitet, dann trifft es dich nicht so überraschend.

Es gibt eine gute Methode, dieser Stimme das Drama und die Ernsthaftigkeit zu nehmen. Lasse diesen inneren Kritiker in einer für dich lächerlichen Art und Weise oder Sprache reden.

Meinen Klienten hilft es sehr gut, den Kritiker wie einen Bayern oder in Schweizer Deutsch reden zu lassen. Dann kann man darüber lachen und ihm sofort die Schwere nehmen.

Mir persönlich hilft es sehr gut, dem Kritiker eine sehr hohe, piepsende MickeyMouse -Stimme zu verleihen, so als würde man sie zu schnell abzuspulen.

Was immer du dir ausdenkst, es soll dir helfen, diesen inneren Schwall abzuschwächen und ins Lächerliche zu ziehen.

Mit einem Baum reden

Du kennst sicher die Empfehlung, einen Baum zu umarmen. „Bäume umarmen" hat leider mittlerweile das Etikett der „esoterischen Spinnerei" abbekommen und wird oft als Tätigkeit erwähnt, um esoterische Haltungen oder Vorgehensweisen ins Lächerliche zu ziehen.

Das ist deshalb schade, weil einen Baum zu umarmen eines der kraftvollsten und schönsten Dinge ist, die man tun kann. Auch wenn es bescheuert aussieht.

Die Kraft und Ausstrahlung, die von diesen wundersamen Pflanzen ausgeht, ist sofort spürbar, enorm heilsam, anregend und tut einfach gut. Nicht umsonst klettern Kinder so gerne auf Bäumen herum. Das hat vor allem energetische Gründe. Sie haben noch den Instinkt, sich dabei energetisch aufzuladen und Kraft zu holen.

Warum es für alle in der Gesellschaft in Ordnung ist, Spaziergänge oder den Aufenthalt in der Natur als so kraftgebend und gesund zu bezeichnen, es aber als esoterischen Quatsch abzutun, wenn man einen Baum berührt, das entgeht meinem Verständnis.

Ich rate dir, auf die Meinung anderer zu pfeifen und in diesem Fall deine eigene Meinung zu bilden.

Ich gehe hier sogar noch weiter. Du sollst den Baum nicht nur umarmen, sondern auch mit ihm sprechen und dir die Weisheit und das Wissen der Natur dadurch als Hilfe holen, wann immer du es brauchst und willst.

Die Natur ist immer bereit, mit dir zu kommunizieren, das funktioniert hier auch über Schwingung, die von dir dann in Gedanken und Sprache übersetzt wird.

Du stellst dich an einen Baum und legst eine Hand auf ihn, spürst ihn, verbindest dich gedanklich mit ihm und bittest, mit dir zu kommunizieren. Stelle ihm dann Fragen und lausche in deinem Inneren, was an Antworten kommt.

Falls das nicht funktioniert, weil du dich dem noch nicht öffnen kannst, dann lehne dich einfach an ihn und empfange alle seine gute Energie und Kraft. Denke dir einfach nur „Ich lasse heilende Kraft in mich strömen und nehme seine Urkraft in mich auf".

Es erhöht in jedem Fall deine Schwingung, dich mit Pflanzen und vor allem Bäumen zu verbinden, vor allem körperliche Berührung wirkt hier sehr stark.

Der Aufenthalt in der Natur ist eine der wichtigsten Kraft- und Glücksquellen für uns.

Mache das zu einem fixen Bestandteil deines Lebens. Du bist ein Teil der Natur und du brauchst sie wie Essen und Trinken.

Solltest du in einer Großstadt leben und keine Ausflüge ins Grün möglich sein, gehe zumindest in einen Park spazieren. Das Minimum ist, einfach draußen zu sein, Frischluft zu tanken und den Boden unter den Füßen zu spüren und darauf zu gehen (auch wenn es nur Asphalt ist).

Denke Dir dabei bewusst „ich gehe auf dieser Erde und verbinde mich mit ihr".

Wenn Selbstmitleid aufkommt

Das Selbstmitleid ist unser bester Freund, wenn es darum geht, uns noch tiefer ins Verderben zu reiten. Selbstmitleid ist der Kumpel, der nur darauf wartet, dass es uns schlecht geht, um sich dann mit uns in der Kneipe zu betrinken und über das Leben zu jammern, bis von uns nichts mehr über bleibt. Es ist ein Blutsauger und Energieräuber, der sich an unserer Verzweiflung labt.

Sich selbst Leid zu tun, das hat eine süße Versuchung an sich, es hüllt einen ein und gibt zuerst einmal etwas Geborgenheit. Kurz darauf aber hinterlässt es uns ausgespuckt und leer, wir fühlen uns noch mieser.

Sich selbst zu bemitleiden, ist verführerisch und ich warne davor. Denn es führt zu nichts, außer zu Depressionen und Schwäche. Daraus ist noch nie etwas Gutes entstanden. Es verursacht Kosten (Energie, Lebenskraft, Freude, Tatkraft und Beziehungsglück) und bringt nichts außer Probleme.

Wenn du dich selbst bemitleidest - ziehe sofort die Notbremse, lache dem Selbstmitleid ins Gesicht und frage dich, wo deine Verantwortung daran liegt, dass du dir jetzt selber leidtun willst.

Es liegt nämlich allein an dir. Niemand tut dir etwas Böses an, ohne dass du damit etwas zu tu hättest. Denn der andere ist immer ein Spiegel dessen, was du mit dir selber tust oder ein Spiegel deiner eigenen Themen und Schatten, die du zu verdrängen suchst!

Niemand kann dich ins Selbstmitleid zwingen, dich so verletzen, Außer du lässt es zu und hast dich lange vorher selbst verletzt, dich selbst erniedrigt, dich selbst verlassen, deine eigenen Grenzen selbst überschritten, dich klein und wirkungslos gemacht.

Sie ganz genau hin. Was hast du selbst dir angetan?

Damit kommst du wieder in deine Macht.

Sobald du die Entscheidung getroffen hast, dass Selbstmitleid auch selbst verschuldet ist und du es jederzeit wieder ändern kannst, du willst, dass es dir gut geht, in dieser Sekunde kannst du das Ruder nehmen und das Boot drehen.

Wie, das weißt du inzwischen, wenn du das Buch schon durchgearbeitet hast.

Alles hat einen Sinn - oder der Blick vom Happy End

Das ist eine kleine Zauberformel für tiefes, ruhiges Glück und innere Zufriedenheit.

Viele von uns kennen noch den Ausspruch der Großmutter „Wer weiß, wofür es gut ist". Diese Einstellung sollte helfen, mit Problemen besser umgehen zu können, indem man ihnen einen tieferen Sinn zuordnete und darauf vertraute, dass es im Großen und Ganzen eine Funktion hatte, die einem höheren Ziel diente.

Die Vogelperspektive kann uns helfen, gewisse Vorkommnisse in Relation zum Ganzen anders zu sehen und weniger dramatisch zu bewerten.

Die beste Methode sehe ich darin, immer und vollkommen an ein Happy End zu glauben und jedes Problem wie eine Verwicklung in einem Kinofilm zu betrachten, die letztlich zu einer glücklichen Lösung geführt wird. Nimm einfach an, dass für dich ein Happy End vorgesehen ist und das derzeitige Problem nur ein Teil des Films ist, der letztlich zur Lösung führt.

Sobald du darauf vertraust, dass alles, was geschieht, Sinn macht und Teil des Weges ist, der dich zum Glück führt, dann fällt es dir sofort leichter und Du kannst im Flow bleiben.

Katharina war als Singlefrau immer sehr verstört gewesen, wenn sie ein Mann, mit dem sie sich ein Date wünschte, sich nicht meldete oder nach einem Date nicht mehr um sie bemühte. Sie sah es als Zeichen für ihre Wertlosigkeit und drehte sich immer tiefer in der Spirale des Erschaffens von Männern, die sich abwendeten. Warum? Erstens strahlte sie aus, wie wertlos sie sich selbst empfand, was Männer anzog, die sie nicht wertschätzen. Zweitens verstärkte sie ihren Fokus auf den Mangel, wenn sie die Absagen negativ bewertete. Sie vertraute nicht und wehrte sich gegen den Strom, den ihr das Universum vorschlug.

Hätte sie stattdessen erkannt, dass eine Absage eines Mannes Teil ihres Happy Endes war, wäre sie in eine entspannte und positive Haltung gekommen und hätte auch keinen Zusammenhang mit ihrem Selbstwert mehr herstellen müssen.

Wenn sie sich sagt, dass alles zu ihrem Besten geschieht und der beste Mann für sie schon da ist, dann ist die Absage eines Mannes ein klares Zeichen, dass er nicht ihr Happy End darstellt, jedoch ein wichtiger Wegweiser auf dem Weg zum Traummann sein kann.

Das Geheimnis liegt in der vollkommen anderen Energie, die man ausstrahlt und in der tiefen Entspannung und Leichtigkeit, die man sich selbst schenkt, wenn man einfach jedes Ereignis als Mosaikstein auf der Glücksstraße willkommen heißt.

Es wird immer leichter, je mehr man das trainiert.

Als ich mit Katharina arbeitete, gelang es ihr, Absagen oder Terminverschiebungen mit einem Lächeln hinzunehmen und sich selbst dabei zu sagen: „Ich weiß zu hundert Prozent, dass das einen Sinn hat und mir zum besten Wohl dient. Es hat einen Grund, den ich nicht durchschaue, aber ich will an mein Happy End denken und glauben. Wie auch immer, diese Absage führt mich genau dorthin. Ich muss es nicht verstehen, aber ich gebe mich dem Strom hin und vertraue einfach. Danke, lieber Mann, dass du mich zu meinem wahren Glück führst."

Sie entspannte sich und wurde dadurch im Umgang mit anderen sofort lockerer.

Wir erarbeiteten, dass ihr Selbstwert niemals von einer Person im Außen bestimmt werden kann, und dass es Menschen gibt, die einen toll finden und andere nicht. Es würde aber von ihr selbst abhängen, welche Menschen sie mehr in ihr Leben ziehen würde. Es hinge sehr stark davon ab, wie kompromisslos sie für sich selbst entschied, für sich einstand und ihren Wert selbst schätzen lernte.

Sie behandelte sich liebevoll und aufmerksam. Sie achtete darauf, zu tun und zu leben, was ihr gut tat. Sie beendete die Kommunikation oder Verbindung mit Männern, die sie nicht gut behandelten sofort.

Innerhalb weniger Wochen konnte sich Katharina vor Dates nicht mehr retten, ihr Umgang mit Männern war fröhlich, herzlich und würdevoll. Sie traf immer mehr Männer, die sie auf Händen trugen.

Bis schließlich nach wenigen Monaten Sebastian in ihr Leben trat, mit dem sie jetzt eine glückliche, tiefe und erfüllende Partnerschaft lebt.

Abgeben

Um die Aufmerksamkeit wegzulenken vom Schmerz, sage sofort Stopp zum Hineinsteigern und ständigen Durchüberlegen. Sage dir, „Nein, ich muss jetzt nicht wieder daran denken. Woran will ich lieber denken?"

Entwickle einen unbändigen Willen zur Leichtigkeit.

Was nicht will, lasse gehen oder stehen, drehe dich in Richtung dessen, was jetzt kommt, intensiviere und zelebriere das Vorfreuen auf das, was du möchtest!

Gehe in die Essenz guter Erfahrungen. Alles, was du Gutes und Lustiges erlebt hast, hole es dir in Gedanken her und gehe in das Gefühl.

Sage Dir, dass egal, was gerade passiert oder Dir angetan wird, es nichts mit dir, deinem Wert, deinem Weg, deiner Wichtigkeit zu tun hat. Du bleibst unangetastet in deinem Sein!

Wisse, dass es einfach eine Phase ist, die vorbeigehen wird.

Frage dich:

Was ist mein Anteil? Ich bin kein Opfer. Wo habe ich etwas gemacht, das mir gespiegelt wird oder durch dieses Problem gezeigt wird? Was habe ich kommuniziert?

Wodurch erzeuge ich selbst diese Situation und das immer wieder? Welche Gedanken führen mich zu diesem Ergebnis? Was muss ich gedacht haben, dass dieses Ergebnis möglich wird? Was will ich sofort und ab jetzt stattdessen denken?

Und dann:

Gib das Schlamassel an dein höheres Selbst ab und sage, es soll sich gefälligst darum kümmern, du hast jetzt Wichtigeres zu tun!

Klärung statt Ungewissheit

Gerade in Beziehungen ist Stolz eine Falle und bedeutet Widerstand. Ich sage nicht, wir sollen bestimmte Spielregeln missachten und es gibt immer noch ein bestimmtes Verhalten zwischen Mann und Frau. Der Mann erobert die Frau. Das liegt in unseren Genen. Ab einem gewissen Punkt der Nähe und Beziehungstiefe muss der Stolz aber oftmals überwunden werden, um auf den anderen zuzugehen. Wenn völlige Unklarheit im Raum steht, gehört eine reinigende Klärung her. Dazu muss einer den ersten Schritt machen.

Ob dieser Schritt jetzt richtig ist, erfährst du, wenn du in dich hineinfühlst.

Was fühlt sich besser an? Es zu klären? Aufeinander zuzugehen? Oder abzuwarten? Wo wird es eng in dir und wo wird es weit in dir. Weite bedeutet, du bist am richtigen Weg, auch wenn er vielleicht Schmerz bedeuten könnte.

Es heißt, die Zeichen zu beachten, die sich Dir zeigen. Zeichen erfolgen in Form von Hinweisen in deinem Leben. Gespräche, die du irgendwo hörst, etwas, das dir jemand sagt, eine Werbung, ein Song, ein Schild, einfach etwas, das deine Aufmerksamkeit auf sich zieht und in dir das Gefühl auslöst, dem folgen zu wollen.

Ist es an dir Initiative zu zeigen? Braucht es einen Wandel der Beziehung und daher eine Änderung in deinem Verhalten?

In Zeiten des Stillstandes können dir folgende Gedanken helfen:

Es wird sich klären, wenn nicht jetzt, dann bald.

Ich bin ruhig, ich vertraue, wenn es passt, wird es sich einrenken, ich halte die Ungewissheit aus, im Vertrauen, es kommt Klärung zur rechten Zeit!

Wenn der Drang und Impuls dazu ganz klar und unausweichlich da ist, werde ich Initiative zeigen. Ich werde diesen Moment klar erkennen und wissen, wann es soweit ist.

Ich habe mich entwickelt. Es darf sich jetzt anders lösen als bisher.

Ich bin wichtig. Ich bin jemandem wichtig, mein Handlungen und Nicht-Handlungen sind wichtig und haben ihre Wirkung!

Liebesrituale

Um deinen Wunschpartner anzuziehen, tust du schon am meisten, wenn du deine alten Muster und Wunden kennst, diese bearbeitest, und die Essenzen erfolgreichen Erschaffens befolgst. Das bedeutet, du fühlst dich in deine Traumpartnerschaft ein, als wäre sie schon da, freust dich darauf und lässt es dir bis zur Manifestation in deinem realen Leben so richtig gut gehen.

Ergänzend helfen Rituale, die uns stimmungsmäßig daran erinnern, wo wir hin wollen.

Die Kerze am Fenster

Schreibe einen kurzen Brief oder eine Karte, die du ans Fenster stellst. Schreibe deinem zukünftigen Partner, dass du für ihn bereit bist, dass er jetzt zu dir kommen kann und du dich für ihn jetzt durch diese Kerze im Fenster sichtbar machst.

Stelle an drei Abenden, wenn es dunkel ist, für eine Stunde eine brennende Kerze ans Fenster mit der geschriebenen Botschaft.

Du kannst auch andere Botschaften verfassen, achte nur darauf, dass sie positiv, liebevoll und voller Vorfreude sind.

Liebesaltar

Richte eine Ecke in deiner Wohnung für eine Zeitlang als einen Liebesaltar ein, wo du der Liebe und Partnerschaft ein Heiligtum einrichtest. Dazu brauchst du eine Partner-Figur, Kerzen, frische Blumen, Rotwein oder wenn du keinen Alkohol trinkst oder zu Hause haben willst, einen roten Fruchtsaft in einer schönen Flasche. Du kannst dort noch alles hinzufügen, was sich für dich schön und wertvoll anfühlt.

Gehe jeden Tag zu dem Altar, zünde eine Kerze an, sage danke für deine erfüllte Partnerschaft und fühle dich ein. Geh in das Gefühl, wie es sich anfühlen würde, wenn dein Partner schon bei dir wäre: angekommen, sicher, zufrieden, erfüllt, kribbelnd, geborgen, sinnlich, vertraut, aufregend, zärtlich, warm, herzlich, leicht, frisch, erhebend, schwebend, weit, froh, voller Tatendrang, gestärkt, angenommen, fließend, erhebend, wohlig, samtig, euphorisch, frei, ausdehnend, sexy, knisternd, liebevoll, zusammengehörig, verbunden, ausgeglichen,……und so fort.

Du kannst an besonderen Abenden dort ein Glas Wein einschenken oder ein Glas Wasser, das du zuvor mit Liebesenergie energetisiert hast. Du kannst es auch der Liebe zum Genuss hinstellen, oder in Gedanken mit deinem Liebsten schon anstoßen.

Diesen Altar kannst du so lange haben, wie es dir gut tut. Du wirst spüren, wann es Zeit ist, ihn wieder aufzulösen. Das hat keine Auswirkung darauf, ob dein Partner kommt. Der Altar dient allein dazu, dich in die richtige Liebesenergie zu bringen.

Alte Verstrickungen, Glaubenssätze und Schuld in Sachen Liebe auflösen

Schreibe dir alle deine Ängste und Sorgen von der Seele, schreibe alle Glaubenssätze auf, die du von dir kennst, schreib auch in diesen Brief, dass du alle bewussten und unbewussten

Verstrickungen mit deiner Familie und deinen Ahnen jetzt auflösen willst.

Dann verbrenne den Brief in einer Neumondnacht im Freien oder am Fenster in einem Topf. Die erkaltete Asche kannst du irgendwo vergraben, in ein Beet kippen oder ins Klo geben. Tue das mit dem Wissen, dass du es der Erde übergibst, die alle Reste transformiert.

Während des Verbrennens, bittest du die geistige Welt, all das jetzt von dir zu nehmen und für dich aufzulösen, die Engel bittest du, jetzt alle energetischen Verbindungen, die dir nicht mehr dienen, zu trennen.

Bitte um Reinigung.

Zur Auflösung von Schuld kannst du das Steinritual machen.

Als weltlichen Teil, den du eigenverantwortlich übernimmst, entscheidest du dich ab sofort ein für alle Male neue Glaubenssätze über dich und Beziehungen anzunehmen. Überlege dir, wie eine Person denken muss, die eine glückliche Beziehung anzieht und führt. Wie geht so jemand mit sich um? Was glaubt er über sich?

Fange an, Gutes über Beziehungen zu denken und zu sagen.

Du weißt, es geht um eine Entscheidung!

Dein Herz öffnen, alte Verletzungen frei geben

Schreibe auf ein Blatt Papier „meine alten Verletzungen und Ängste"

Zünde eine Kerze an.

Meditiere kurz über deinem Wunsch, dich jetzt von alten Verletzungen und Ängsten zu lösen und sie frei zu geben. Stelle dir vor, dass dies vom Universum für dich unterstützt wird. Du wirst den Zettel dann später verbrennen.

Nimm dir darüber hinaus vor, jetzt dein Herz frei zu machen und zu öffnen, sodass du bereit bist, Liebe zu empfangen. Sie kann jetzt zu dir fließen.

Stelle dir dann vor, wie rosa Licht deinen Herzbereich heilt und deine Liebesenergie ganz weit wird und sich ausdehnt.

Danke dafür, dass du so viel Liebesenergie in dir trägst.

Sage: „Und so, wie die Liebe jetzt frei aus mir hinausfließen darf, so darf sie auch zu mir fließen, ich bin bereit, Liebe zu empfangen. Über Raum und Zeit und in allen Ebenen darf die Liebe alles heilen. Ich empfange Liebe".

Atme tief ein und aus. Lasse das Gefühl wirken.

In diesem Gefühl nimm das Blatt Papier und verbrenne es in einem Topf. (Übergib die Asche der Erde oder werfe die abgekühlte Asche in den Müll oder ins Klo).

Beim Verbrennen stelle dir vor, wie sich diese alten Verletzungen und Ängste jetzt durch deine Gedankenkraft und deinen Willen auflösen und sie frei werden, um sich zu wandeln. Bitte auch das Universum, dir alles abzunehmen, was noch an Widerständen da ist, an alten

Verletzungen und Ängsten. Es soll dich frei machen und dich öffnen für Liebe.

Sage dir laut oder innerlich „In Liebe lasse ich euch frei und in Liebe dürft ihr euch verwandeln."

Dann denke noch einmal an dein weites Herz und die starke Liebesenergie, die jetzt in beide Richtungen fließen darf.

Sage laut:

„jetzt bin ich frei für die Liebe!

Meine Liebesenergie ist stärker als meine Angst. Ich habe mich befreit, Ich bin frei, zu lieben und geliebt zu werden. Weil ich es will, weil ich es sage und weil ich es glaube. Amen"

Dich und Dein zu Hause partnerfit machen

Dein zu Hause: könnte da ein Partner kommen? Zu Besuch oder einziehen? Gibt es Platz für jemanden in deinem Bett, auf deiner Couch, im Bad? Hast du ein Handtuch und eine zweite Zahnbürste? Hast du genug Bettzeug? Wo kann er oder sie Schuhe und Jacke ablegen? Würde sich ein Partner bei dir wohlfühlen oder ist alles vollgeräumt oder unordentlich?

Sei du der Partner, den du dir wünschst. Du willst doch sicher jemanden an deiner Seite, der gepflegt ist, halbwegs ordentlich, der sich selbst wertschätzt, der etwas für seinen Körper tut oder zumindest eine Basis an Aufwand für sich und sein Leben betreibt. Jemand der fröhlich ist, sich gerne unterhält, der sowohl kuschelt, als auch aktiv ist? Nein? Dann überlege dir, was du möchtest und dann sei das selbst.

Du musst kein Fitnessfreak sein und schon gar nicht durchtrainiert oder schlank, um eine erfüllte Partnerschaft zu leben. Aber du sollst dich mit dir und in dir so gut wie möglich fühlen. Ein Körper, der nicht bewegt wird, ist wie ein Auto oder Fahrrad, das nur im Schuppen steht. Es verrottet. Unser Körper ist für Bewegung gemacht. Punkt. Das diskutiere ich nicht, denn so sind wir geboren. Du kannst dir einreden, was du willst, wenn du dich weiter selbst belügen möchtest. Das ist dann deine Entscheidung. Ich kann dir nur raten, komm in die Gänge und tu was für deinen Körper und wenn es nur Spaziergänge sind. Ein vernünftiges Training, das deine Muskeln fordert, ist aber in jedem Fall effektiver und gesünder. Suche dir einen Verein, einen Trainingspartner, ein Studio, einen Personal Trainer oder Gleichgesinnte. Es gibt überall Angebote, die realisierbar sind.

Pflege dich. Achte auf dein Äußeres. Nicht in einem übertriebenen Schönheitswahn. Sondern in der liebevollen Aufmerksamkeit die dein heiliger Tempel Körper verdient. Gutes Essen, frische Luft, Bewegung und Entspannung. Hautpflege, Maniküre und Pediküre, frisch gewaschene Haare, saubere, frische Kleidung. Saubere Zähne. Wenn du jetzt lachst, weil das für dich als normal gepflegter Mensch selbstverständlich ist, kann ich dir versichern, dass viele sich dahingehend extrem vernachlässigen. Ich sehe viele Männer, die obwohl gut situiert und die tollsten Maßschuhe am Körper, mit ungepflegten Fingernägeln oder

Zähnen durchs Leben laufen. Ich sehe wunderschöne Frauen, die mit dicken Schrunden an den Füssen oder Körpergeruch zeigen, dass sie nicht auf sich achten. Das haben du und dein Körper nicht verdient.

Du kannst fett, aber gepflegt sein. Du kannst trotz Kilos Bewegung machen. Du kannst, egal wie fit du bist, dich eincremen, deine Haare pflegen und auf saubere Kleidung achten.

Mir geht es aber viel mehr um etwas anderes: Es geht um die Freude an sich selber. Um die Liebe zu sich selber, die sich in der eigenen Pflege ausdrückt und widerspiegelt. Das Ziel ist, dass es dir gut tut, dich um dich zu kümmern. Ich wünsche dir, dass du erfährst, wie wohltuend es sein kann, wenn du dich zum Beispiel mit einem angewärmten Öl selber am ganzen Körper liebevoll berührst. Wenn du das noch nicht kannst, gönne dir eine Massage. Die muss nicht teuer sein, Inzwischen gibt es so viele günstige Angebote, die nicht mehr sehr viel kosten.

Gehe jetzt sofort los und kümmre dich um Bewegung und deine Pflege. Hol dir Hilfe, falls du es selbst nicht kannst.

Solltest du selbst ein höchst gepflegter, trainierter Mensch sein, dann gratuliere ich dir, dann kommst du schon in den Genuss, der damit verbunden ist und dein Weg zum Partner ist bereits abgekürzt. Jedoch mache ich dich hier auf das andere Extrem aufmerksam. Sich damit so sehr unter Druck und in einen Perfektionsanspruch zu begeben, erzeugt nur Stress.

Auch Körperpflege und Fitness brauchen nicht perfekt zu sein. Du bist genau richtig, so, wie du bist. Dein Wert als Mensch ändert sich nicht, auch wenn du schwarze Fingernägel hast. Das einzige, um das es hier geht, ist, wie sehr du dich wertschätzt und liebevoll zu dir selber bist.

Dann darf das im Außen durch einen liebevollen Partner auch zu dir kommen. Sei streng mit dir und erlaube dir nur das Beste für dich.

Selbst wenn du krank bist, kannst du in deinem möglichen Rahmen etwas tun. Eben so viel geht, das reicht.

Beende den Raubbau an dir durch zu viel Alkohol, Zigaretten, Fernsehen, Computerspiele, Herumsitzen, Stress, Überarbeitung, schlechtes Essen und zu wenig Schlaf. Triff jetzt eine Entscheidung. Heute! Leite sofort etwas in die Wege, beginne den ersten Schritt zu einem vitalen Leben, indem du dich wieder spürst, dich in dir so richtig wohl fühlst, Bäume ausreißen könntest, mehr Lebensenergie zur Verfügung hast und richtig schön bist. Jeder Schritt zählt. Eine Anmeldung, ein Telefonat, eine Recherche, ein Tag in der Woche, wo du etwas anders machst als sonst.

Ritual Energiespirale und Gefühlsgenerator

Es gibt viele Wege, deine Energie zu erhöhen. Es gibt darunter auch einen, den ich im besten Sinne als „mechanisch" bezeichnen möchte.

Es ist das gewollte Erhöhen deiner Energie, in dem du dir vorstellst, dass du dich auf einer Energiespirale befindest, die sich nach oben dreht. Du bist entweder inmitten der Spirale oder sitzt gedanklich an ihrem Rand und wirst durch die Drehbewegung nach oben gehoben.

Die geistige Welt gab mir einmal dieses Bild, als ich in einer schwierigen Lebenssituation steckte.

Sie sagte mir, ich sei auf einer Energiespirale schon so weit nach oben gekommen und würde immer stärker werden und höher schwingen, ich solle in dieser Vorstellung bleiben, mit dieser Spirale immer höher zu wandern, also darin hochgetragen und dabei immer stärker zu werden.

Dieses Bild möchte ich auch dir mitgeben, denn es kann große Kraft erzeugen.

Ebenso stelle dir vor, dass du in dir einen „Gefühlsgenerator" hast. Eine Art starkes Gerät, das in dir jede Emotion erzeugen und verstärken kann. Werfe diesen Generator an, wenn es dir vielleicht einmal nicht so gut geht. Stelle dir vor, wie in dir Gefühle der Liebe, des Prickelns, der Freude, der Leichtigkeit brummend erzeugt werden und von deinem inneren Kern heraus nach draußen wirken und schwingen. Vielleicht gelingt es dir sogar, durch diese Vorstellung und ein leichtes Lächeln, tatsächlich ein Vibrieren in deinem Körper zu erzeugen.

Manchmal gibt es Situationen im Leben, das gelingt es uns schlecht, uns gut zu fühlen, weil wir mit zu vielem belastet sind.

Gerade in schwierigen Beziehungen oder bei Trennungen kann uns das Gefühl zu einem Menschen sehr einengen und aus der Bahn werfen.

Damit du trotzdem an deinem Programm weiter arbeiten und dich auf deine Ziele fokussieren kannst, möchte ich dir die Technik des Wartezimmers vorschlagen.

Gleichzeitig spielt hier oranges Licht eine große Rolle, da es einerseits kraftvolle, sonnige Energie in die Situation bringt, aber auch gleichzeitig löst, verwandelt und Dinge auflockert.

Jemanden in oranges Licht zu tauchen kann deiner Energie zu diesem Menschen sehr helfen!

Oft ist es am besten, wenn man ein Problem, um das man sich jetzt nicht kümmern kann oder will oder das einem immer den positiven Fokus vermiest, in ein imaginäres Wartezimmer schickt. Dort soll das Thema, das Problem oder die Person so lange warten, bis man sich ihrer oder dessen wieder annehmen kann.

Während dieser Zeit des Wartens wird das Thema oder die Person heilsam in oranges Licht getaucht.

Dies hat zwei Vorteile:

Man muss etwas nicht sofort klären oder beenden und macht es später besser in einer höheren Energie.

Es kann sogar im Verlauf geschehen, dass sich das Problem von selber löst, weil du dich in einer anderen und höheren Energie befindest!

Darüber hinaus ermöglicht diese Technik den Fokus viel leichter weg davon und hin zu etwas anderem zu lenken, als wenn man sich zwingen will, gar nicht mehr hinzuschauen oder etwas ganz los zu lassen.

Du weißt, das mit dem Loslassen funktioniert nicht.

Die Tatsache, dass da etwas im Wartezimmer Platz nehmen kann, ist meistens beruhigend und weicht die emotionale Lage stark auf.

So kannst du viel entspannter deine Aufmerksamkeit auf andere Sachen lenken, weil du weißt, du kannst dich dem jederzeit wieder widmen, wenn du soweit bist.

Dankbarkeit - Ritual

Du kennst sicher viele Techniken, um dich in die Energie der Dankbarkeit zu bringen.

Ich habe für mich eine gefunden, die mir mehr gebracht hat als viele andere. Weil sie so intensiv in meinem ganzen Körper wirken kann.

Egal, welches Ritual ich am Morgen ausübe. Am Ende kommt meine Art der Danksagung.

Ich knie mich auf den Boden und dann lehne ich meinen Oberkörper weit nach vorne und strecke die Arme auf dem Boden aus. So ergebe ich mich mit meinem ganzen Körper in voller Demut einer höheren Kraft.

Und dann danke ich mit allem meinen Sinnen, dass ich ICH sein darf, hier, als das, was ich bin.

Ich danke für mein Leben, meine Fähigkeiten und das, was ich bin und tun werde.

Wenn ich das voller Hingabe mache, erfahre ich jedes Mal einen Energieschauer und eine tiefe Freude.

Probiere es aus.

Wenn du es derzeit nicht kannst oder willst, stelle dir vor, dass du ein so tolles Leben lebst, dass du aus lauter Freude und Dankbarkeit jeden Tag auf die Knie sinken willst!

Du musst es nicht machen. Denk nur an ein Leben, das so gut ist, dass du es automatisch tun willst.

Das genügt!

Festgefahren, Frustriert und Leer - lass Dich in das Leben einfließen

Wenn du das Gefühl hast, du steckst fest, du bekommst keine Luft, du spürst unangenehmen Druck, du weißt nicht weiter, du fühlst dich leer und gelangweilt, müde oder sinnlos - dann mache bitte folgende Übung:

Überlege dir, wie du dich in das Leben einfließen lassen kannst.

Dich fließen zu lassen ist die größte Heilung für deine Energien und für dein Sein.

Wie das geht?

Indem du einen Weg findest, dich der Welt zu schenken. Etwas von dir herzugeben.

Wem könntest du etwas geben oder schenken oder an etwas teilhaben lassen?

Welchen Menschen könntest du etwas mitteilen, mit ihnen teilen?

Etwas zu schenken, einen Beitrag zu leisten, etwas von sich herzugeben - Worte, Dinge, Gefühle, Gedanken - das ist der Fluss von dir ins Leben.

Jede Kleinigkeit zählt, aber du musst es tun.

Womit könntest du der Welt sofort etwas geben?

Welchen Gedanken teilen, der für andere auch bedeutsam ist? Wie könntest du das tun?

Wo könntest du das tun?

Kannst du jemandem etwas zeigen oder beibringen? Deine Hilfe anbieten?

Wo wird deine Persönlichkeit oder eine Fähigkeit gebraucht?

Bringe dich ein.

Lasse deine Essenz fließen in die Welt.

Es ist pure Heilung.

Allein deine Gegenwart und Präsenz können so ein Geschenk sein.

Wer könnte allein deine Gegenwart brauchen und nehmen?

Du wirst etwas finden, wenn du es willst.

Wem könntest du authentische Gefühle zeigen?

Du wirst grösser und weiter werden als bisher und die Freude wird folgen, denn du kommst in den Lebensfluss.

Ich rede hier nicht von Verpflichtungen und dem unüberlegten Geben im Alltag, das auslaugt.

Sondern von dem, das dir Freude macht, zu geben!

Mach es gleich.

Rede, schreibe, Singe, zeige dich und deine Gefühle - der Welt.

Der Notverband – die Soforthilfe für Notfälle

Depressiver Schub – Soforthilfe

Wenn du dich ganz schwach und unten fühlst und einen richtigen depressiven Schub hast, dann erscheint alles zu schwer und viele der hier vorgestellten Übungen oder Verhaltensweisen kannst du nicht anwenden.

Für so einem Fall gibt es mein spezielles Notfallprogramm, das ich dir nun beschreibe.

Zuallererst ist es das Wichtigste, ich wiederhole, das Wichtigste, dass du lieb zu dir selbst bist! Verurteile dich nicht, weil du dich schlecht fühlst und gerade die Kraft für alles fehlt!

Wenn du ganz unten bist, dann kannst du dich da nicht sofort herausziehen, aber du kannst dich in der Misere annehmen und liebevoll mit dir umgehen, das ist das oberste Gebot! Greife dich mit Samthandschuhen an und mache es zur obersten Priorität, dass du dich jetzt um dich kümmerst. Alles andere muss Warten! Es ist ein Notfall der Emotionen und wenn es ums Überleben geht, haben alle Verpflichtungen kurz Wartezeit!!

Da in einem extremen Fall von Niedergeschlagenheit keine Kraftakte möglich sind, bitte ich dich, hier erst einmal die folgende Einstellung auf dich wirken zu lassen. Lies das durch als Beispiel, wie du mit dir selbst sprechen kannst. Ganz am Ende findest du einen Teil mit einem energetischen

Imprint (mit spiritueller Energie aus der geistigen Welt geladene Zeilen, die dir sofort Heilung und Wohlbefinden schenken sollen).

„Es ist in diesem Moment in Ordnung, dass ich mich so schlecht fühle. Ich nehme es an und vertraue, dass es einen Grund hat. Vielleicht kenne ich ihn, vielleicht nicht. Der Grund dafür ist jetzt nicht so wichtig. Ich fühle mich jetzt gerade so und ich werde mich so gut behandeln, wie ich es in diesem Moment kann. Ich entspanne mich, so gut es geht und ich tröste mich, so gut ich nur irgendwie kann. Nur, weil es mir jetzt so mies geht, heißt das nicht, dass es mir in Kürze nicht wieder besser gehen kann. Ich werde das schon schaffen und hinkriegen, wenn nicht gleich, dann in ein paar Momenten oder später.

Ich überlege mir nur einmal für die nächsten Stunden, was ich mir Gutes tun kann. Was fällt mir ein, was mich nur ein wenig besser fühlen lässt. Ich lasse alles sein, was dazu führt, dass es mir noch schlechter geht. Ich lasse alles sein, was mich so schlecht fühlen lässt und treibe es nicht weiter. Ich mache jetzt eine Pause - vor allen in meinen Gedanken. Ich komme gerade hier nicht weiter. Deshalb mache ich auch da eine Pause. Ich denke an etwas ganz anderes, ich beschäftige mich mit etwas, mit dem ich mich ewig nicht beschäftigt habe. Was könnte ich tun, das mich jetzt ein wenig ablenkt. Was könnte ich jetzt tun, was mit meiner Situaticn nichts oder wenig zu tun hat? Kann ich nach draußen gehen? Wenn ich das schaffe, wird es etwas verändern. Kann ich einen lustigen Film ansehen oder eine Musik anhören, die mir gut tut? Kann ich ein Buch lesen, das mir Ruhe oder Auftrieb schenkt? Sollte ich etwas ordnen? Etwas säubern?

Ich werde etwas finden, das mir jetzt gerade gut tut. Wie unwichtig es auch scheinen mag. Auch wenn ich dabei nichts zu empfinden scheine, mich nur leer fühle, ich tue es einfach, vielleicht kann es etwas für mich tun. Wenn ich nur aufstehe und mich im Raum bewege, tue ich etwas Gutes für mich. Ich darf weinen. Wenn ich nicht weinen kann, macht das nichts. Ich darf wütend sein, auf mich, auf das Leben, auf jemand anderen. Ich darf wütend sein, dass es mir so geht. Wut ist besser als diese bleierne Leere.

Auf was bin ich wütend? Kann ich es niederschreiben? Was kann ich aus meiner Wut machen? Der Schmerz hinter dem Gefühl, den schaue ich mir jetzt an, ich sehe ihm ins Gesicht. Ich bestimme mein Leben, nicht mein Schmerz. Ich entscheide. Ich bin nicht ausgeliefert, auch wenn es gerade so scheint. Ich bin nicht ohnmächtig, auch wenn es so scheint. Es ist nicht die Wahrheit. Auch wenn ich jetzt nur müde bin und gar nichts mehr will, ich weiß, dass ich es später ändern kann. Ich darf müde sein. Ich darf aber auch wütend sein oder traurig.

Ich habe einen Vorteil zu allen anderen Situationen, wo es mir bisher auch schlecht ging. Ich weiß jetzt mehr als früher. Ich kenne mehr Techniken und Lebensgesetze. Ich weiß, dass ich kein Opfer bin. Ich weiß, dass ich die Macht habe, etwas zu verändern und mich besser zu fühlen, einfach nur, weil ich das so will.

Ich weiß, ich habe mich selbst hinunter gezogen, durch abwertende, zweifelnde Gedanken, durch das Gefühl von Abhängigkeit, durch den Vergleich mit anderen oder Situationen, durch eine fehlgeleitete Wahrnehmung oder Bewertung meiner Lebenssituation oder von mir selbst.

Ich darf jetzt sofort erkennen, dass ich in Ordnung bin, genau wie ich jetzt bin. Egal wie katastrophal mein Leben aussehen mag oder wie sehr ich oder mein Leben unvollständig scheinen. Ich bin in Ordnung und bereits jetzt vollständig, egal, was sich im Außen zeigt. Das Außen zeigt nur meine Gedanken über mich selbst. Ich kann sie sofort ändern. Ich bin Energie. Alles ist Energie. Nur das zählt. Schönheit und Perfektion meines Lebens, es zeigt sich nur in der Schwingung und ist nicht festgelegt durch die Umstände, die ich jetzt in meinem Leben sehe.

Es kann sich alles innerhalb von Sekunden ändern, wenn ich mich öffne, dass Alles gut ist und ich bestimme, welche Schwingung ich aussende und zurückbekomme.

Es liegt an mir und in mir. Ich kann es, ich bin es, ich kann es gut. Ich bin gut und wertvoll. Ich bin genug.

Einsamkeit ist etwas, das nur aus meiner Bewertung und meinen Gedanken resultiert.

Ich kann es anders wahrnehmen und mich sofort anders fühlen - Fühlen, wie schön und stark ich bin, wie vollkommen alles ist, wenn ich meine Quelle spüre, meine tiefe Liebe und das in die Welt fließen lasse.

Ich habe Sprache, ich habe einen Körper, ich habe Worte, Gedanken und Gefühle, mehr noch, Taten, all das steht mir zur Verfügung. Auch wenn ich noch nicht weiß wie, ist sicher, dass ich es verwenden kann, darf und soll. Ich werde in Kürze einen Weg wissen und spüren, wie ich mich in die Welt einbringen kann und möchte, die mir Freude macht. Das Universum wird mir tatkräftig helfen, in dem es mir Ideen, Impulse und Hinweise schickt. Ich achte auf die Zeichen und höre aufmerksam in mich hinein, was mir einfällt.

Ich freue mich auf das, was kommt, auch wenn ich gerade zu erschöpft und müde für Aktionen bin, allein meine Gedanken und Gefühle zu ändern ist viel Arbeit, ich mache das gut, sehr gut.

Alleine, dass ich diese Zeilen hier lese und mir schon gut zureden kann, bestätigt, dass ich am richtigen Weg bin. Sonst würde das gar nicht in meine Wahrnehmung kommen.

Ich bin am richtigen Weg. Ich war es immer. Ich muss es nur endlich verstehen und wissen. Dass alles gut ist und mein Happy End schon vorbereitet. Ich brauche nur dem Strom folgen und nicht dagegen rudern, das ist anstrengend. Ich habe mich an den falschen Stellen viel zu sehr angestrengt. Ich lasse das jetzt sein. Denn es darf auch leicht gehen. Ich wende mich jetzt den Dingen zu, die leicht gehen. Ich wende mich jetzt den Dingen in meinem Leben auf eine leichte Weise zu.

Leben, ich will mit dir fließen. Leben, schenke mir Gelegenheit, mit dir zu fließen, ich bin bereit.

Und jetzt ist Alles gut. Alles darf jetzt sein. Ich vertraue mir.

Energetic Imprint - Heilender Text bei Depression:

Du bist ein Gottesgeschöpf, das dir alle Macht gibt. Du kannst jetzt in deine Größe gehen und dich nicht länger selbst beschränken. Deine Müdigkeit und Verzweiflung kommen aus dem, dass du dich selbst in ein Gefängnis gesteckt hast. Du lässt dich nicht strahlen und leuchten in die Welt, stellst dein „Licht unter den Scheffel" wie ihr es sagt. Du verbirgst dich, unterdrückst dich, hältst dich zurück. In dem Moment du dich fließen lässt, nach draußen bringst in deinem Sein, wirst du sofortige Heilung erfahren. Schon in diesen Worten fließt heilende, rotgoldene Energie zu dir, nimm sie auf, sauge sie auf und transformiere sie zu einer ungeheuren Lebenskraft, die jetzt zu dir zurückkehrt. Du hast alles in dir, die Erschöpfung kommt nur, weil du sie unterdrückst, diese Kraft in dir, die nach draußen will. Wo hast du Dinge nicht gesagt, Dinge nicht getan, bist nicht im Fluss, wo stockt es und wie trägst du dazu bei? Hast du zu viel Starrheit angenommen? Bist du zu stolz, zu feige, fühlst dich zu unwichtig und klein? Du bist wichtig. Erkenne deine Verantwortung für dein Licht, das muss strahlen, hinaus, hinaus. Gehe hinaus. In Wirklichkeit, in deinem Leben, gehe unter Menschen und in die Natur, aber gehe auch hinaus in deinen Gedanken, mit deinen Worten. Stelle eine Verbindung her zu anderen und tue, wonach dir ist.

Warte nicht, begrenze dich nicht, beschränke dich nicht aus Angst oder Mutlosigkeit. Wenn deine Abhängigkeit und Bedürftigkeit dir im Wege stehen im Fluss, dann wende dich dem und denen zu, wo du fließen kannst und darfst oder fließe, auch wenn die anderen das nicht zu ermöglichen scheinen.

Gehe du den ersten Schritt, wage etwas. Wende das Blatt und dein Licht wieder nach draußen. Es ist deine wahnsinnige Kraft, die dich so schwach macht, weil du sie gegen dich selbst richtest, anstatt in die Welt.

Sprich deine Wut aus, in geeignetem Maß, sprich deine Liebe aus, wann immer es gut möglich ist, lebe und lasse dein Leid nicht die Kontrolle übernehmen. Du bist der Herr, die Herrin, der Herrscher, die Herrscherin über dein Reich. Und dein Reich ist hier. Jetzt. In dieser Sekunde. Lebe dein Reich hier auf Erden. Strahle hinaus. Du hast es verdient und die Welt deine Gaben. Es wird alles gut, es kommt in Fluss, vertraue und öffne dich. Es werden Zeichen und Angebote folgen, öffne dich ihnen, gehe Neues ein, wage, es kommt jetzt in dieser Sekunde auf dich zu. Mach dich bereit. Und deine Kraft öffnet sich jetzt. Nimm sie. Es ist gut. Alles ist da. Sei du auch da. Du bestimmst dein Leben. Nur du. Nichts und Niemand anderer kann das, es scheint nur so. Der wahre Schöpfer bist du. Gehe in deine Macht und die Freude kehrt sofort zurück. Du bist jetzt in diesem Moment vollkommen und richtig und hast alles, was du brauchst. Schöpfe aus dir. Jetzt. Amen.

Auch ich musste mehrmals einen schmerzvollen Weg gehen, um etwas ganz Wichtiges zu erkennen, dass mich letztlich befreit hat.

Auch ich kenne den Moment, in dem man das Gefühl hat, nicht mehr atmen zu können, vor lauter Schmerz oder Hoffnungslosigkeit nicht mehr richtig leben zu wollen. Wo es einem so vorkommt, als wäre man den Gefühlen oder dem Verhalten einer anderen Person oder den Umständen ausgeliefert und müsse daran zugrunde gehen.

Irgendwann wollte ich dieser Sache auf den Grund gehen, allein schon, um sie nicht ständig zu wiederholen. Die tiefliegenden Glaubenssätze schienen mir klar. Jedoch erkannte ich letztlich nicht meinen Anteil und meine Regie in dem ganzen Drama.

So sehr ich es nur kann, möchte ich hier betonen, wie wichtig ist, folgendes zu verstehen:

Der andere ist ein Spiegel. Der andere verhält sich immer in Reaktion auf unsere energetische Schwingung und alles was passiert, ist letztlich unsere Intention, herbeigeführt durch falsche Annahmen.

Es ist im Moment einer aktuellen Verletzung schwer zu glauben, ich weiß. Du willst nicht glauben, dass du diesen Schmerz willst. Damit hast du zum Teil Recht. Den Schmerz steuerst Du nicht bewusst an, aber die Situation, die ihn hervorruft, die hast du selbst erschaffen. Der Schmerz ist meistens eine Folge einer

Fehlinterpretation und des Gefühls, man wäre dem anderen oder der Situation, dem Leben ausgeliefert.

Wenn der andere dich verlässt, dann wolltest du das so. Entweder, weil du dich in anderen Belangen innerlich selbst verlassen hast oder weil du aus Angst keine weitere tiefere Bindung mit diesem Menschen gehen willst.

Deine Feigheit, in deinem Leben einen Schritt zu setzen, der Intimität und Nähe und eine tiefere Bindung an jemanden bedeutet, begegnet dir im Außen in der Feigheit des anderen.

Wenn dich jemand von heute auf morgen verlässt, dann hattest du schon lange solche Gedanken. Vielleicht war dir diese Beziehung von Anfang an nicht passend genug oder du hast dich selbst verleugnet und damit verlassen.

Benimmt sich jemand hart? Dann hast du diese Härte auch in dir, aber verleugnest sie. Der andere lässt dich fallen, obwohl du ihn liebst? Dann ist in dir ein Teil, der etwas am anderen fallen lässt, der nicht liebt oder du lässt dich selbst fallen und liebst dich nicht und verleugnest es.

Sehr oft setzen wir aber auch sehr strenge Grenzen, die wir nicht zu überwinden und aufmachen bereit sind. Wir stellen enge Bedingungen und übersehen die Chancen, die uns das Universum jeden Tag vor Augen führt. Wir kennen unsere tiefsten Bedürfnisse selber nicht, verdrängen die Wahrheit unseres Herzens und suchen in den falschen Dingen und Menschen unser Heil, obwohl vor unserer Nase die Lösung herumläuft.

Das Universum bietet dir tagtäglich Chancen und Angebote. Nur du siehst sie nicht, wenn du starr und stur an gewissen Vorstellungen und Grenzen festhältst. Und dann wunderst du dich, wenn du in nicht funktionierenden Beziehungen landest oder sie in die Brüche gehen, weil du gegen den Strom schwimmst und deine Aufmerksamkeit auf Dinge lenkst, die nicht funktionieren.

Anders ausgedrückt: Du hast eine fixe Vorstellung davon, was dich glücklich macht. In Wahrheit wäre aber etwas ganz anderes viel passender für dich. In deiner Fixierung hältst du an etwas fest, dass dich nicht glücklich macht und lässt alles an dir vorbeilaufen, was dich sehr glücklich machen könnte.

Du arbeitest gegen das Leben. Schwimmst gegen den Strom.

Das bedeutet nicht immer, dass der Mensch nicht der richtige ist, es kann auch sein, dass ihr nur falsch miteinander umgeht oder kommuniziert und somit eure gemeinsame Entfaltungsmöglichkeit einengt und blockiert.

Manchmal kann es aber auch eir folgt sein: Da wäre das, was scheinbar nicht funktioniert, der Weg zum Glück. Du verbaust ihn Dir aber durch Ängste. Wir haben manchmal vor der Erfüllung unserer Wünsche eine tiefliegende, große Angst. Weil wir denken, nicht zu genügen oder dass es eigentlich gar nicht wahr sein oder funktionieren kann. Damit torpedieren wir das, was uns eigentlich gegeben werden will.

Das kann dann zum Beispiel damit enden, dass wir einen Menschen, der uns glücklich machen könnte, durch ständige unterschwellige Kritik und Aggression in die Flucht schlagen. Wir vergraulen ihn aus reiner Angst, es könnte tiefer gehen und mehr werden. Letztlich, weil wir Angst haben, uns zu verlieren, verletzt zu werden, abhängig zu sein, uns dem anderen auszuliefern, verwundbar zu werden.

In jedem Fall sind wir die eigentlichen Drahtzieher.

Der Schmerz ist die Hölle, aber wenn wir ihn anders betrachten, verliert er seine Macht und sein Drama. Wenn wir erkennen, dass alles nur deshalb so geschieht, weil dies ein falscher Weg war oder ist, weil wir etwas erkennen sollen, weil wir zwar schmerzhaft, aber doch, in und zu unserem Glück geführt werden, dann bekommt es eine andere Qualität und es verschafft Erleichterung.

Wenn wir nicht die Gründe oder Glaubenssätze dahinter verstehen können, dann hilft nur das blinde Vertrauen, dass alles uns zu dem führen soll, das uns wirklich glücklich macht.

In der Zwischenzeit hilft es dann nur, sich mit etwas komplett anderem zu beschäftigen, wenigstens für ein paar Stunden. Richte deine Aufmerksamkeit auf etwas, das du liebst oder das dir Spaß macht.

Führe Listen mit Dingen, die dir Freude machen und versuche, jeden Tag etwas davon zu tun.

Das können Große aber auch ganz kleine Dinge sein.

Mache ganz bewusst etwas Gutes für dich und lenke deine Aufmerksamkeit unbedingt und ausschließlich auf etwas anderes.

Beschäftige dich irgendwie, Hauptsache deine Gedanken und Gefühle werden einen Moment ganz woanders hingelenkt, um den Fokus auf die negative Emotion und Situation zu verändern.

Schreibe auf, was du dir wünscht, wo du hin willst, wohin du deinen Fokus stattdessen lenken willst.

Denke daran, dass alles, was richtig ist, im Grunde genommen leicht gehen sollte.

Manchmal verstehen wir unsere Gründe oder Widerstände nicht. Dann hat es keinen Sinn, darin herumzurühren.

Vertraue auf die Lösung, die für dich gerade entsteht.

Zwinge dich zu Tätigkeiten, die dir Spaß machen. Denn im Regelfall ist es nur die erste Schwelle, die wir überwinden müssen, bis es uns dann auch wirklich Spaß macht und wir nicht an unsere Misere denken.

Aber wenn die Gedanken doch hochkommen, sage dir:

Ok, der Schmerz ist da, aber ich überbewerte ihn nicht mehr. Alles geschieht aus einem guten Grund, ich nehme die Lernaufgabe an. Ich bedanke mich bei der Situation und dem Menschen, weil sie mich in mein Glück führen und ich es zulasse. Ich bin jetzt offen für mein Glück, ich bin wachsam und achtsam für Zeichen des Glücks. Danke lieber Mensch, dass du mit mir gemeinsam dies alles erschaffst, um mich auf den richtigen Weg zu bringen. Danke, dass wir gemeinsam unsere Entwicklung vorantreiben und uns damit einen hohen Dienst erweisen.

Ich habe keine Ahnung, wie der andere wirklich fühlt und was seine oder ihre Intentionen sind. Ich kenne nicht die Zwänge, Glaubenssätze und Leiden des anderen. Alles, was ich mir dazu denke, ist Spekulation. Alles, was ich erfrage, und an Antworten erhalte, muss nicht der Wahrheit entsprechen. Denn manchmal kennt sie der andere selber nicht.

Es wird sich jetzt alles zu meinem Besten fügen. Wenn ich dem vertraue und es fließen lasse, dann kann es sich fügen, dann wird es sich fügen, ich darf nur nicht durch meine Fixierung auf den Schmerz alles blockieren. Deshalb lasse ich den Schmerz zwar zu, aber beachte ihn nicht übermäßig und konzentriere mich auf das, was mir Freude macht, so oft ich kann und so gut ich kann.

Freude ist das, was mich heilt und das richtige zu mir bringt. Deshalb kann und will ich es mir nicht leisten, mich zu lange mit dem Schmerz und damit der Blockade aufzuhalten.

Ich will Glück. Ich will glücklich sein und ich beginne sofort damit, auch wenn es sich im Außen noch in keiner Weise zeigt.

Im Inneren weiß ich es und bin sicher, dass es bereits zu mir kommen möchte, es ist schon da. Ich muss nur die Tür aufmachen.

Bereits in Minuten oder Stunden kann sich mein ganzes Leben drehen.

Bereits in Minuten oder Stunden kann ich mich anders fühlen, wenn ich das will, einfach, weil ich es will.

Du siehst, es geht alles um eine Art der Gedankenkontrolle und eine sanfte Führung deiner Gefühle.

Wir können uns unaufhörlich und sehr rasch in Gefühle und Schmerz hineinsteigern. Wir können im Kopfkino immer wieder hässliche Bilder in uns aufsteigen lassen, die den Schmerz von neuem befeuern.

Ich kann dir nur dringend raten, sofort damit aufzuhören, sobald du dich dabei ertappst. Auch wenn es wie ein Zwang erscheint. Du kannst es kontrollieren. Niemand zwingt dich, diese Sache ständig erneut zu durchdenken, immer an bestimmte Bilder zu denken, oder die Gefühle in einer endlosen Schleife immer wieder neu zu fühlen.

Es liegt tatsächlich allein in deiner Entscheidung, eine Wende zu machen, wie beim Segeln. Das Segel auf die andere Seite zu bringen und woanders hinzusegeln.

Stoppe die Gedanken an das, was schief läuft und konzentriere dich auf alles, was sich jetzt hilfreich und gut anfühlt.

Erinnerst du dich schmerzlich an die betreffende Person, danke ihr für das, was sie dir damit schenkt, auch wenn du das Geschenk jetzt noch nicht erkennen kannst. Vergebe ihr, indem du ihr den Teil, der zu ihr gehört, zurückgibst und deinen zu dir zurücknimmst, deine Verantwortung zu dir nimmst. Sage dir innerlich, ich vergebe dir, denn du handelst wie ich aus deinen Programmen. Ich danke dir, denn du hilfst mir zu einer rasanten Entwicklung hin zu meinem Glück. Wenn du dich entziehst, machst du Platz für etwas viel Passenderes, Danke.

Stoppe den Leidensweg. Sei nicht mehr bereit für Leid. Steige aus. Nicht nur aus den Gedanken, sondern auch aus der Situation, wenn es möglich ist. Du kannst wieder einsteigen, wenn es sich besser anfühlt. Sei nur noch bereit für das, was für dich in eine Leichtigkeit und Freude führt. So viele Leidensgeschichten entstehen aus der Bereitschaft, zu leiden, zu warten, zuzusehen, zu hoffen. Irgendwann ist aber der Punkt überschritten, wo es Sinn macht und dir nur noch schadet. Es gibt da draußen so vieles, das zu dir möchte. Es gibt Menschen, die nichts lieber wollen als dich. Mache ihnen die Tür auf. Wirf den Gast aus deinem Haus, der sich wie ein Rüpel benimmt und dich nicht respektiert. Wer nicht will, den lass ziehen. Schau nach, was in dir nicht will und dann ändere es.

Die Rüpel im Außen spiegeln dir deinen Wert. Wenn du schlecht behandelt wirst, tust du es längst mit dir! Lerne dann, dich gut zu behandeln und in dir eine Person zu sehen, die gut behandelt wird. Damit änderst du auch das, was auf dich zukommt.

Öffne dich für das Glück. Indem du zu ihm schaust und es einlädst.

Die Partner von heute sind das Ergebnis von gestern. Wer willst du morgen sein? Und wen willst du morgen an deiner Seite haben?

Sofort Notfall Hilfe, wenn dein Herz gerade bricht

Falls es dir gerade sehr schlecht geht, du keine Luft bekommst, dein Herz zu brechen scheint und alles nur weh tut. Wenn du im Liebeskummer oder Ähnlichem versinkst. Lies das jetzt.

Lasse zuerst durch deine Vorstellung rosafarbenes Licht in dein Herz fließen und stelle dir vor, wie dieses dich und deine Herzgegend sofort beruhigt und heilt. Dein Herz kann nicht brechen, es kann aber Muskelkater bekommen, wenn man es überstrapaziert. Aber dein Herz ist noch ganz und heil.

Nun höre mir gut zu. Lasse die Worte einfach einmal in dich einsinken, ohne zu hinterfragen.

Es ist alles in Ordnung. In diesem Moment ist alles in Ordnung. Du bist gut und hast deinen vollen Wert. Alles soll genau so sein, wie in diesem Moment. Der Schmerz will dir helfen. Der Schmerz ist dein Freund. Er zeigt dir, dass du dich gerade rasant weiter entwickelst und jetzt auf eine neue Fährte gebracht wirst, die für dich viel besser ist und dich schneller zu deinem Traumziel führt.

Wer auch immer dir weh tut, in diesem Moment, er tut es, weil du es so willst. Ja, du erschaffst diesen Schmerz, um dahin zu kommen, wo du aus tiefstem Herzen hin möchtest. Du wolltest mehr als das, was du bisher warst und hattest. Daher musstest du dir das selber antun. Sage Danke zu diesem Druck in deinem

Herz, denn er zeigt dir, dass du dem, was du wirklich möchtest, jetzt viel näher kommst als jemals zuvor. Wenn du es als das annimmst, als etwas Gutes, dann wirkt es wie ein Turbo in Richtung Wunscherfüllung. Lasse es zu.

Wenn der Mensch, den du jetzt vermisst oder auf den du wütend bist, sich so verhält, dann muss er das so tun, weil er nicht mehr zu dem passt, was du bist und möchtest.

Vielleicht müsst ihr beide jetzt eine andere Schwingung annehmen, und das geht nur durch diese Trennung oder Schwierigkeiten.

Bleibe trotz allem - ich bitte dich - im tiefen und sturen Vertrauen, dass alles, wirklich alles, zu deinem Besten geschieht und du am Weg zu deiner Erfüllung bist. Bleibe im Vertrauen, dass sich alles, vielleicht schon in Sekunden oder Stunden ändern kann und wisse, dass es sich sofort ändern kann, wenn du eine andere Perspektive einnimmst.

Stelle dir folgende Fragen und überdenke weitere Möglichkeiten:

- Ist es wirklich genauso wie ich glaube?
- Kann ich mir sicher sein, dass der andere so fühlt, wie ich glaube?
- Kann ich mir sicher sein, dass mir das wehtun muss?
- Könnte ich es ganz anders sehen?
- Kann es eine Befreiung sein, weil ich aus etwas heraustrete, das für mich nicht mehr gepasst hat und nicht stimmig war?
- Wenn es so passiert, dann wollte ich es so

- Dann weiß ich auch, warum ich es so wollte
- Was will ich?
- Ich will meine Erfüllung und Fülle erleben. Ich will, dass es mir gut geht, ich möchte Leichtigkeit und Glück
- Ich will Beziehungen, die durch liebesvolles Miteinander und Interesse gestaltet sind
- Ich will Menschen um mich haben, die ein starkes Herz und eine Reife mitbringen, Konflikte in wertschätzender und angemessener Art auszutragen
- Ich verdiene Menschen in meinem Leben, die meine Nähe wollen und suchen, die mich immer gut behandeln
- Ich verdiene Menschen in meinem Leben, die bei Problemen auch in sich hineinschauen und wissen, dass jeder seinen Teil der Verantwortung trägt
- Ich verdiene Glück und Wohlgefühl
- Mein Schmerz bringt mich jetzt genau dahin. Danke Schmerz
- Ich kann dich jetzt anders sehen und es gut aushalten, denn ich vertraue, dass dies alles zu meinem Besten ist und ich in dieser Sekunde zu meinem Ziel fliege, danke, dass du es möglich machst
- Ich bin wertvoll. Ich bin vollständig. Mit allen meinen Fehlern und Schwächen bin ich liebenswert und liebenswürdig. Ich habe volle Liebe, Interesse und Zuwendung verdient
- Manchmal müssen Menschen gehen, um den Platz frei zu machen

- Manchmal müssen sie gehen, damit ihr beide euch entwickeln könnt, um dann später anders aufeinander zuzugehen
- Manchmal hat eine Mensch für dich und du für ihn eine bestimmte Aufgabe, die zeitlich und anders begrenzt ist

Lasse es zu. Lasse es genauso sein.

Verurteile dich nicht, sondern sei ganz liebevoll mit dir und werte dich auf.

Sage dir:

Ich habe vielleicht Dinge falsch gemacht, aber das ist in Ordnung. Ich bin genug. Ich bin wertvoll. Ich habe alles verdient, was ich mir wünsche. Ich bin genau richtig so wie ich bin und da, wo ich bin.

Ich weiß, dass jeder seinen Weg geht auch wenn dieser von mir weg führt. Es ändert nichts an mir, meinem Wert oder meinem Weg.

Ich lerne gerade sehr viel und ohne es zu merken, entwickle ich mich rasant hin auf etwas Wunderbares.

Ich schaue zu, ich entspanne mich, ich wundere mich und lasse mich überraschen, wohin mich diese Erfahrung führt. Ich weiß, sie geschieht aus einem guten Grund. Alles hat einen Sinn, den ich nicht begreifen muss. Ich brauche nur zu vertrauen und mich führen lassen.

Wenn jemand sich meinem Leben, meiner Wahrnehmung, meiner Frequenz entzieht, dann soll es so sein, denn dann habe ich eine höhere Frequenz erreicht, zu der jemand anderer passt.

Ich bleibe in der Liebe zu mir und zu allem, was möglich ist.

Das Vertrauen in mich, das Leben und das Universum hilft mit, mich weiter zu lieben und in einer Weichheit zu bleiben.

Es ist Trost. Ich werde unendlich geliebt, ich lasse mich von meiner Quelle jetzt in diesem Moment so sehr lieben, wie ich nur kann, und hole mir allen Trost.

Ich lasse von den Engeln und meiner Quelle mein wundes Herz heilen und gehe in die Gewissheit, dass hier etwas Gutes passiert, auch wenn es noch so schmerzvoll zu sein scheint.

Der Schmerz ist eine Illusion, die ich aus der Bewertung ziehe.

Es müsste gar nicht so wehtun. Wenn ich denke, dass mich das zu meinem Glück führt, dann muss es nicht mehr wehtun. Ich brauche den anderen nicht zu vermissen, ich will mich auf meine neue Liebe vorfreuen.

Ich sehe das Happy End wie in einem Film und kann dann auf diese Situation zurückblicken und mir denken, wenn ich damals gewusst hätte, wie das ausgeht und dass es gut war, hätte ich weniger leiden müssen.

Mache das jetzt. Gehe an dein Happy End und blicke als glücklicher, erfolgreicher Mensch zurück. Wisse, dass diese Situation damals genau richtig war und genauso so sein musste und du nicht so leiden hättest müssen, hättest du gewusst, wie gut es ausgeht.

Es wird gut ausgehen! Wisse es. Vertraue! Glaub an dich, deine Kraft und deine Macht.

Du bist kein Opfer! Du erschaffst! Der andere ist immer dein Spiegel! Was spiegelt dir die Person? Wo hast du dieses Thema um das es geht in dir?

Zum Beispiel: Wo habe ich mich meiner Freiheit beschnitten? Wo fühle ich mich wie ein Hampelmann? Wo habe ich mich verlassen? Wo bin ich ambivalent? Wo bin ich unehrlich? Wo betrüge ich mich oder die anderen? Und so fort.

Suche dir jetzt gleich mit der Frage an dein höheres Selbst, welcher Glaubenssatz hinter der jetzigen Situation liegt, eine Zahl aus oder lasse sie innerlich auftauchen und sieh nach, welcher Glaubenssatz hinter der Zahl versteckt ist. Dann lies dir gleich auch die Umformulierungen durch.

Schreibe den Glaubenssatz auf einen Zettel und verbrenne ihn, übergib ihm einer höheren Macht zur Transformation.

Dann gehe an einen Ort, wo du ungestört bist und sage laut und immer lauter, wofür du dich stattdessen jetzt entscheidest, einen positiven neuen Glaubenssatz.

Dann mache mit dir innerlich einen Vertrag, wo du festlegst, dass dieser neue Glaubenssatz jetzt umgesetzt wird.

Zuletzt, setze dich am besten im Schneidersitz auf den Boden (eine Decke oder Kissen machen es bequemer), zünde eine Kerze, Duftlampe oder ein Räucherstäbchen an, um dich in eine angenehme Atmosphäre zu bringen. Dann schließe die Augen und lächle leicht. Stelle dir so gut und intensiv du nur kannst vor, wie du glücklich bist, wie du strahlst, lachst und anderen von deinem Glück erzählst, wie du schwebst, wie frisch verliebt die Welt wahrnimmst und so richtig happy bist. Erlebe dich so gut es dir möglich ist, als dein zukünftiges, glückliches, erfolgreiches Ich. Bade in dem Gefühl, bis es dir besser geht.

Gib alle Probleme, Schmerzen und Verwicklungen, die dich gerade belasten, an die geistige Welt und Engel ab und bitte sie, sich darum zu kümmern zu deinem Wohle und dem Wohle aller. Dabei kannst du richtiggehend die Sache, die dich belastet von dir weg nach oben schieben. Du schiebst es mit den Händen nach oben und gibst es dem Himmel ab. Bitte die geistige Welt es zu übernehmen und für dich zu lösen.

Jetzt richte deinen Fokus und deine Gedanken nur noch auf das, was du möchtest und was in dein Leben treten soll!

Erschaffe es, sei dein Schöpfer, stehe auf, gehe weiter, hin zu deinem wahren Glück!

Wenn ein Mensch weggeht oder dich nicht will, dann macht er Platz für denjenigen oder das, was eigentlich an deiner Seite sein soll.

Wenn du dir dein Glück nicht erlaubst, dann hast du immer Menschen an deiner Seite, die dir das Glück nicht erlauben.

Du kannst jetzt, in diesem Moment, alles ändern. Wenn du in dir etwas veränderst. Glaube an dein Glück und dein Recht darauf. Erlaube es dir, weil du so mächtig bist, das zu tun. Hol dir deine Macht zurück, entscheide dich für dein Glück. Sage dir immer wieder, und das ganz entschieden, dass du jetzt Verantwortung übernimmst. Dass du dir dein Glück jetzt selbst erlaubst, denn das ist deine Pflicht. Du kannst als glücklicher Mensch auf dieser Erde viel mehr tun als andersherum.

Die Welt will dein Glück, das Universum will dein Glück, aber es kann dir die Entscheidung dazu nicht abnehmen. Du musst es mit jeder Faser deines Seins wollen und dich hundertprozentig dafür entscheiden, weil etwas anderes für dich nicht mehr in Frage kommt!

Sag es ganz laut!

„Es kommt für mich nur noch Glück in Frage! Ich entscheide mich jetzt für volles Glück. Mein Fokus richtet sich auf Glück, Ich suche nach Glück. Ich schaue ab sofort nur noch, wo ich Glück sehe. Ich finde ab sofort alle Beweise für mein Glück."

Dein Glück hat nichts mit irgendeiner anderen Person zu tun! Wenn ein Mensch nicht will, dann gibt es tausende andere, die gerne mit dir Glück erleben möchten. Richte deinen Fokus sofort auf die Menschen, die das Glück in dir verstärken und forcieren. Achte auf jene, die aus dir mehr hervorbringen, die dich zu dir bringen, in einer guten, positiven Weise!

Schau weg von dem einen Menschen, der das nicht will und nicht kann, erhebe deine Frequenz jetzt und sehe woanders hin, wo es sich gut anfühlt. Das bist du dir schuldig!

Mache niemanden für dein Glücksgefühl verantwortlich. Du kannst dich auch alleine glücklich fühlen. Du darfst und kannst das! Damit bist du frei. Wirklich frei!

Willst du nicht vollkommen frei sein, unabhängig von dem, was andere tun oder nicht tun? Das ist wahre Freiheit, richtig?

Du kannst dich sofort dafür entscheiden, glücklich zu sein, weil du es so willst. Finde alles, was du kannst, womit du dich gut fühlst. Gute Gedanken, gute Visionen, gute Gesellschaft, gute Aktionen, die Verbindung zu deiner inneren Quelle.

Heiltext Liebeskummer mit Energetic Imprint:

Wisse, dein Herz kann heilen, auch gleich, wenn du es entscheidest.

Lasse alles seinen Weg gehen, auch wenn du es nicht verstehst, es gibt eine große Fügung, das große Ganze, eine Macht, die alles überblickt, die dich leitet, auch manchmal durch einen Schmerz.

Es will dich aber zu etwas Gutem bringen, wenn du dich schnell hindurchführen lässt, dann wird es dir wenig anhaben. Wenn du vertraust, ist es wie ein kurzer Schauer, es ist gleich vorüber, verweile aber nicht darin, blicke nicht zurück, drehe dich nicht dauernd um, gehe nicht zurück, denn sonst verlängerst du dieses Gefühl, dann bleibst du länger als nötig in diesem Regen stehen, es braucht aber so nicht sein.

Wir sind für dich da, wir Himmelsmächte, wir liebende Seelen, wir alle Einigen, wir tragen dich und du bist ein Teil von uns. Erinnere dich daran, an deine Größe, schöpfe aus dem weiten Ozean deines Selbst, aus dem du kommst, tauche ein in das weite Meer deiner Herkunft und lasse dich einigen, tragen und beruhigen. Beruhige dich, atme tief, alles ist gut und alles wird gut.

Und in kürzester Zeit erstehst du auf, schon jetzt, JETZT in diesem Moment kannst du aufstehen, neu, du bist jetzt bereits neu, wenn du diese Zielen liest und unsere Energie aufnimmst, wirst du schon neu und verwandelt. Der Schmerz kann sich ab sofort schneller und schneller auflösen und umwandeln in freudvolle Energie eines Neubeginns.

Der Schmerz, meine Liebe, mein Lieber, ist das Ende einer weiten Reise zu deinem ersehnten Ziel, und wenn du jetzt nicht stehen bleibst, dann kannst du ankommen.

Wenn es dir das Herz zerreißt, weil du denkst, so jemanden wie den anderen gibt es so nie wieder und es kann nie wieder so schön sein, dann wisse, dass es so etwas nicht gibt, das nur ein Mensch das alles sein kann. Denn es ist reine Energie und auch der Körper des anderen ist schwingende Energie und selbst der Geruch des anderen ist von dir übersetzte Energie und Schwingung. Jederzeit kannst du wieder diese Wahrnehmung erzeugen.

Vertraue, dass du die Wahrnehmung bestimmst und sie übersetzt und dass jederzeit wieder solche Gefühle und Wahrnehmungen möglich sind, wenn du dazu bereit bist und dich dem Wissen öffnest.

Alles kann wieder kommen und noch besser und noch mehr werden und noch mehr. Es ist nur deine Entscheidung. Lass gehen, lasse fließen, lasse dich fließen, folge den Zeichen, folge den Impulsen, glaube an dich, glaube an deinen

Weg, glaube an dein starkes Herz, es tut gar nicht weh.

Du drückst es zu mit deiner kleingeistigen Vorstellung deines Egos. Dein Herz könnte weit sein in Liebe, auch wenn der Mensch weg ist aus deinem Leben oder der greifbaren Bindung, dein Herz ist groß und großzügig und kann das gut verwinden.

Der Schmerz kommt davon, dass du es unterdrückst und bremsen willst in seiner Weite und seiner Weisheit. Lasse es zu, alles zu lieben und zu tun, was es will.

Dein Ego hat keine Ahnung davon. Dein Ego ist klein. Weite dich über dein Ego hinaus aus und glaube an dich und das Leben und die Liebe. Alles wird gut, wenn du es zulässt. Jetzt. Atme tief Liebe in dich hinein, jetzt. Atme heilende Energie in dich ein. Jetzt. Atme ein. Schicke alles, was du nicht mehr brauchst, weg von dir, atme es aus. Jetzt. Löse alte Muster. Atme aus. Es darf alles gehen, das gehen soll und will, Atme es aus. Es darf sich alles wandeln und ausweiten. Sprenge die engen Hüllen, wachse, genieße deine Wandlung. Jetzt. Die Raupe wird zum Schmetterling. Es tut weh, nur ganz kurz. Und schon geht es vorbei. Du bist bereit zur Wandlung, du bist bereit zur Freude, du bist bereit, alles zu wissen und zu erfahren, du bist. Du bist ganz. Du weißt jetzt, was zu tun ist, du wirst Impulse erhalten und Begegnungen haben, ab sofort, sie klopfen an, die Ideen, die Möglichkeiten. Mache auf, ganz weit, ganz weit, noch weiter. Empfange, empfange, alles, das du nehmen kannst, fließt dir zu, jetzt, und noch mehr als das. Es ist gut. Es ist gut so, wie es ist, vertraue. Wisse. Alles ist sinnvoll.

Gehe jetzt weiter und schau zur Sonne und zu deinem Ziel. Nur noch dahin. Dreh dich nicht mehr um. Mit Dank und Liebe und Wissen gehe jetzt weiter und schaue nach vorne, zu deinem Ziel, nur noch dein Ziel vor Augen. Was hinter dir liegt, das das soll dort bleiben, weile es gut so ist, es ist gut so, genauso wie es ist. Wisse. Vertraue. Lass dich führen. Alles ist gut. Die Zweifel können sich jetzt auflösen.

Folge deinen Impulsen. Jetzt. Beobachte die Zeichen in den nächsten Stunden. Jetzt. Alles ist in Bewegung, auch wenn du es nicht gleich erkennst. Alles wird in dieser Sekunde für dich gerichtet. Die Vorbereitungen laufen. Mache dich bereit. Du bist bereit. Merkst du es, du bist bereit, sage es, Ich bin bereit, laut, jetzt. Gehe nun den nächsten Schritt zu deinem Ziel. Genieße. Wisse. Vertraue. Bade in Beruhigung. Lasse es zu. Es darf sein. So solle so sein. Amen.

GLAUBENSSÄTZE

Die folgenden Glaubenssätze erfassen ein breites Themengebiet und inkludieren die häufigsten Bereiche und Annahmen, die wir mit uns herumtragen. Natürlich können hier nicht alle möglichen Glaubenssätze aufgelistet werden und einige Themen werden vielleicht nicht angesprochen.

Selbst wenn der eigene Glaubenssatz hier nicht exakt zu finden ist, so wird er höchstwahrscheinlich zu einem der Überthemen oder angeführten Sätze passen. Dein höheres Selbst wird dann das auswählen, was deinem individuellen Satz am nächsten kommt und welches Thema bei dir transformiert werden soll.

Sollte es bei dir ein ganz spezielles Thema sein, das zu gar keinem Satz hier passt, dann wird dein höheres Selbst den entsprechenden freien Glaubenssatz mit der Zahl 0011 (entspricht der Losnummer 100) auswählen. Er stellt dann sozusagen dein verdecktes Thema dar, das nicht explizit genannt wird.

Da es dafür keinen Umformulierungsvorschlag gibt und du selbst vielleicht das Thema nicht kennst, mache bitte die spezielle Lösungsübung für den GS 0011. Dies wird Dir ebenso helfen.

Da wäre noch ein wichtiger Hinweis:

Es kann sein, dass dein höheres Selbst Glaubenssätze wählt, von denen Du meinst sie würden überhaupt nicht auf dich zutreffen. Bitte öffne dich trotzdem dem Thema und vertraue, dass dir das Richtige gezeigt wird.

Entweder erinnerst du dich nicht daran oder du glaubst jetzt als Erwachsener nicht mehr, dass du dir als Kind so etwas gedacht hast. Lasse dich auf den Prozess ein. Vielleicht ist einfach ein kleiner Anteil dieses Themas in dir wirksam.

Glaubenssätze nicht spirituell wählen und bearbeiten

Wenn du dich sehr gegen eine spirituelle Herangehensweise wehrst, sollst du trotzdem in den Vorteil kommen, deine Glaubenssätze zu bearbeiten. Es wird zwar meiner Meinung nach nicht die Tiefe bekommen, wie du sie erreichen kannst, wenn dir eine höhere Macht hilft. Dein Verstand bleibt dir als Filter letztlich im Weg. Daher wird deine Auswahl nicht frei von deinem Wachbewusstsein stattfinden können.

Trotzdem kannst du dir deine Glaubenssätze wie folgt aussuchen:

Lies alle Glaubenssätze durch. Achte auf jene, die dich besonders ansprechen, eine starke Emotion bei dir auslösen oder eine totale Ablehnung erzeugen. Alles, was du vollkommen ablehnst, hat auch etwas mit dir zu tun und ist nur sehr verdrängt worden.

Diese Glaubenssätze sind jene, die du bearbeiten solltest.

Dazu gehst du wie folgt vor:

1. Formuliere alle positiv um. Beispiele dafür gebe ich unter den jeweiligen Gruppen an, du kannst aber auch selber

deine Worte wählen. Wichtig ist, dass es sich immer auf etwas bezieht, wo du hinmöchtest und nicht weg von etwas, das du nicht mehr möchtest. Also meide Verneinungen und formuliere alles positiv. Wichtig dabei ist, dass sich der neue Glaubenssatz für dich stark und glaubwürdig anfühlt.

2. Treffe eine intensive Entscheidung und mache einen Vertrag mit dir selbst, dass du diese alten negativen Glaubenssätze hinter dir lässt und diese jetzt durch deinen Willen und deine Gedankenkontrolle verändern wirst.
3. Achte ab sofort im Alltag darauf, wann du nach diesem negativen alten Glaubenssatz handelst und erinnere dich an die positive Umformulierung. Versuche, nach dem neuen, positiven Glaubenssatz zu denken und zu handeln.
4. Am Anfang musst du dich da einüben, dir die neue Sichtweise auch eine Zeit lang einreden. Suche nach Beweisen für dein neues Weltbild und stelle die Wahrheit deiner alten Ansichten komplett in Frage.
5. Drehe deine Gedanken immer in Richtung dessen, was du möchtest und versuche, der zu werden, der du sein willst.
6. Öffne dich der Arbeit mit deinem inneren Kind - denn das sind mittlerweile psychologisch anerkannte Modelle, die nichts mit Esoterik zu tun haben. Wir alle tragen aus unserer Kindheit Erfahrungen, Verletzungen und Sichtweisen mit uns herum, die uns teilweise als Erwachsene immer noch extrem bestimmen, oft, ohne dass wir es bewusst mitkriegen. Manchmal

spüren wir es, wissen uns aber nicht zu helfen. Hier kannst du viel erreichen und verändern, wenn du hinsiehst, um deine alten Verletzungen weißt und dich als Erwachsener um diesen kindlichen Anteil in dir kümmerst. Im Kapitel inneres Kind und unter den Ritualen findest du Anregungen dazu. Weiter in die Tiefe gehen kannst du mit professioneller Hilfe. Vielleicht kannst du dir aber selber schon enorm weiterhelfen, wenn du dazu bereit bist und die Übungen hier machst.

Glaubenssatz 0011

Der verdeckte Glaubenssatz, das unbekannte Thema. Manchmal ist es besser, nicht zu wissen, was einen blockiert, manchmal kann man wo nicht hinschauen, manchmal hilft es den Verstand noch mehr zu umgehen, wenn man nicht weiß, worum es eigentlich geht.

In diesem Fall übergebe die Lösung des Glaubenssatzes der geistigen Welt, bitte sie, ihn für dich anzunehmen und zu transformieren. Bitte um Zeichen und Impulse für einen positiven Leitsatz für dein Leben, der dich stärkt und dir gut tut.

Schreibe auf ein Papier, dass du alle alten Blockaden, die dich am Lebensfluss und der Fülle bisher hinderten, abgeben willst und lösen willst.

Verbrenne diesen Zettel in einem Topf im Freien und übergebe es der geistigen Welt. Die Asche gib in die Erde oder in die Toilette und übergib es der Erde oder der geistigen Welt zur Transformation.

Sage:

> „Ich bin jetzt bereit. Ich bin bereit, neue Wege zu gehen und neue Wahrheiten über mich zu glauben. Wahrheiten die meinem Sein und meiner Liebe entsprechen, die mir dienen und mich zur Fülle führen. Ich gebe mich jetzt dem Strom des Lebens hin und sorge dafür, dass es mir gut geht. Ich kann es. Ich will es. Ich achte auf eure Zeichen, die sich gut anfühlen und folge ihnen. Ich erschaffe mir jetzt alle Fülle, die ich verdient habe. Ich bin mächtig. Mein Wunsch nach Fülle und Glück ist stärker als alle Ängste und Blockaden es sein können. Ich gehe in meine Kraft. Ich gehe in meine Größe. Ich bin richtig, so wie ich bin, Ich bin wichtig, die Welt braucht mich. Danke für mein neues Leben."

Auf die gleiche Art kannst du einen sehr hartnäckigen, jeden Fortschritt blockierenden Glaubenssatz lösen.

Übergib ihm mit der inständigen Bitte um Transformation an die geistige Welt, gehe vor wie weiter oben für 0011 beschrieben und bitte um Zeichen dafür, welcher Glaubenssatz so hartnäckig ist und wie du ihn lösen kannst. Konzentriere dich besonders auf positive Gedanken und Erlebnisse in einem Leben.

Habe dabei das Vertrauen, dass es dir gelingen wird, diese tiefe Blockade hinter dir zu lassen, weil du es so entscheidest und es in deiner Macht steht.

Beobachte dich genau, was du immer wieder machst, welche Verhaltensweisen und Gedanken dich immer wieder in die gleichen Schwierigkeiten bringen. Wenn du den Mut hast, frage die Menschen um dich und in deinem Leben nach ihrer Meinung, wo du dir selbst schadest, deine Beziehungen und Erfolge selber behinderst, weil du immer wieder bestimmte Dinge sagst, denkst oder tust.

Dann sei auch offen für deren Hinweise, selbst wenn sie wehtun. Danke ihnen dafür, denn sie werden dich so viel weiter bringen und dir dienen.

GLAUBENSSÄTZE Liste

Du findest im Folgenden die Liste der Sätze. Unter **„F" wie Folgen** findest du Beschreibungen im Form von stichwortartigen Aufzählungen, zu was die Glaubenssätze der jeweiligen Gruppe im Leben führen können. Hier besteht kein Anspruch auf Vollständigkeit, das sind nur Anregungen und du kannst sehen, ob du dich in der einen oder anderen Problematik wiederfindest. Denke daran, dass jeder Mensch einzigartig ist und deshalb auch sicher seine ganz eigenen Folgen eines Glaubenssatzes kreiert. Trotzdem kann man sich grob in gewissen Themen wiederfinden.

Unter „P" wie Positiv findest du dann Anregungen, wie man Glaubenssätze positiv verändern und umdrehen könnte. Ich zähle einfach für alle Sätze der betreffenden Gruppe einige Beispiele auf. Du kannst diese verwenden. Such dir jenen aus, der sich für dich am besten anfühlt, indem er dich stärkt. Da bist du aber auch ganz frei, deine eigenen Sätze zu entwickeln, die dir gut tun und die stark für dich sind. Nur bitte achte darauf, keine Verneinung, also kein „nicht" hinein zu bringen und das Augenmerk ausschließlich auf das zu lenken, was du statt dessen möchtest und nicht mehr das zu erwähnen, was du verändern willst.

Die positiven Umformulierungen sollen nicht wie Affirmationen einfach heruntergeleiert werden. Es geht hier mehr um eine Grundhaltung, die du in dir entwickeln sollst, die dir als Leitmotiv dienen kann und für deren Bestätigung du ab sofort Beweise in deinem

Leben suchen solltest. Ebenso können sie als „Heilelixier" eingesetzt werden, wenn man wieder alte, abwertende Glaubenssätze in sich wahrnimmt.

Sicherheit und Vertrauen

1. **Man muss viel mehr als genug anschaffen, damit man sicher ist, Ich habe Angst, alles zu verlieren, Ich kann nie sicher sein, Es gibt keine Sicherheit**
2. **Ich muss auf der Hut sein, die Menschen sind unberechenbar**
3. **Das Leben ist etwas, wo unvorhergesehen Gefahr droht, Man kann nie wissen, was als nächstes passiert, Es kann jederzeit etwas Erschreckendes passieren**
4. **Wenn man sich zu sehr zeigt, wird man eine Angriffsfläche**

F: Zwang, ständig für Sicherheit sorgen zu wollen, vor allem durch finanzielle Mittel. Es entsteht der Druck, Geld herbei zu schaffen. Man hat enorme Sicherheitsängste. Man glaubt, noch mehr ansparen oder verdienen zu müssen. Es entstehen Geizthematiken, aus der Angst, zu wenig über zu haben. Man kann nie genug haben, um sich sicher zu fühlen. Man hat ständige Unsicherheitsgefühle und Existenzängste, manchmal total unberechtigt. Es entsteht ein Gefühle der Leere, obwohl alles in Ordnung zu sein scheint. Es folgt eine übermäßige Beschäftigung mit Geld oder Sicherheitsmaßnahmen. Man fühlt sich ständig übers Ohr gehauen, oder den Tisch gezogen. Es herrschen starke Neidgefühle gegenüber anderen mit finanzieller Fülle. Man hat das Gefühl, dem Leben hinterher zu hecheln.

Schlaflosigkeit wegen Sorgen oder Ängsten. Überanstrengung folgt - als Müdigkeit oder Depression, man hat das Gefühl, es nie zu schaffen. Ohnmachtsgefühle und Gefühle der Unfähigkeit sind typisch dafür. Harte Arbeit, Leistungsorientierung sind das Ziel. Leistung gibt ein Gefühl der Sicherheit. Jede Form von Schwäche erzeugt Angst. Übermäßige Beschäftigung mit der Zukunft. Im Leben niemandem vertrauen. Man gerät immer wieder an Menschen, die unehrlich sind.

Man kommt immer wieder in Situationen, wo man von Menschen hintergangen oder betrogen wird. Man hat Angst vor Betrug. Argwöhnisches Handeln erzeugt eingeschränkte Ergebnisse. Man kann niemandem richtig vertrauen, damit sind auch Beziehungen belastet. Eifersucht ist ein Problem. Man fühlt immer eine gewisse Unsicherheit. Oft trifft man Menschen, die man nicht durchschaut oder wo es ein Geheimnis gibt. Es besteht viel Unklarheit im Leben. Ängste, Panikstörungen, Überforderung durch hohe, innere Anspannung, Symptome wie Krämpfe, verkrampfte Kommunikation im Leben, sich verkrampft und unsicher fühlen.

P:

- ich habe mehr als genug
- es ist für mich gesorgt von Kräften, die mich weit überragen
- ich darf Hilfe jederzeit annehmen und mich in allen Ebenen beschenken lassen
- in mir ist ein Reichtum, der alles übersteigt
- ich habe genug und darf mich sicher fühlen

- meine Sicherheit kommt allein aus mir selbst, egal was um mich geschieht
- ich bin sicher und stehe fest auf der Erde, egal was um mich geschieht
- ich entwickle in mir ein Gefühl, genug zu sein und genug zu haben
- Reichtum ist schon da, in mir und im Außen, ich kann ihn jetzt sehen und wahrnehmen
- ich nehme jede Form von Fülle und Reichtum wahr
- ich bin genug und damit habe ich genug, es ist schön, genug zu sein
- ich vertraue darauf, dass ich gut für mich sorgen kann
- ich vertraue darauf, Sicherheit in meinem Leben anders zu bewerten
- ich lerne zu glauben, dass ich genug bin und sich alles für mich zum Besten fügt
- Ich habe ein Recht, mich in mir sicher zu fühlen.
- Die Unsicherheit des Lebens kann ich entspannt annehmen und mich auf die Sicherheit meiner Quelle und in mir selbst verlassen
- Sicherheit zeigt sich in einer tiefen Entspannung, ich finde sie im Inneren
- Für mich wird immer gesorgt sein, ich gehe ins volle Vertrauen zum Leben und zu mir selbst
- Ich kann mir, dem Leben und meinem Instinkt, meiner Intuition, vertrauen
- Ich sehe alles, das nötig ist und ich gehe entsprechend damit um
- Ich bin frei, locker und vertraue

- Ich werde geführt und glaube an mich und an das Leben
- Es gibt viele Menschen, denen man vertrauen kann
- Es gibt viel Vertrauen, auch für mich
- Es gibt viel Wohlwollen
- Ich verdiene Wohlwollen und Vertrauen, ich lasse es zu
- Ich schaffe mir Beziehungen voller Vertrauen
- Ich kann mich sicher fühlen, weil ich mich dafür entscheide

Unwichtig sein, fehlende Selbstwirksamkeit

5. **Ich bin nicht wichtig, man übersieht mich, spricht nicht mit mir, hört nicht, was ich sage, Man übergeht mich oder meine Wünsche, Ich werde nicht beachtet, Ich werde überhört, übersehen, ich bin wie Luft, Ich bin nichts wert, Ich habe für andere oder diese Welt keine Bedeutung, Ob ich da bin oder nicht, ist egal**
6. **Ich werde von heute auf morgen verlassen, Ich bin niemandem wichtig, Ich bin ungeliebt**
7. **Ich muss mich besonders anstrengen oder etwas Besonderes werden, damit ich anderen wichtig bin oder Bedeutung habe**

F: diese Überzeugung führt dazu, dass man sich in allen Beziehungen, privat wie beruflich, schnell nicht wichtig, nicht ernst genommen oder übergangen fühlt. Man macht sich von anderen rasch abhängig in der Erfüllung der eigenen Bedürfnisse. Man findet seinen

Selbstausdruck nicht oder seinen Platz im Leben oder Beruf, weil man nicht an seine Selbstwirksamkeit glaubt. Man denkt, nichts Wichtiges beitragen zu können, und vergeudet sich daher in Kompromissen und seltsamen Lebenssituationen und -modellen.

Das andere Extrem ist, sich durch übertriebene oder überfordernde Erfolgs- Karriere- und Beziehungserfolge seine eigene Wichtigkeit unter Beweis stellen zu müssen, daher kann man mit Misserfolg nicht umgehen, jede Schwäche und jedes schlechte Ergebnis führen zu übermäßigen Selbstzweifeln. Burnout ist oft die Folge, sowie unbefriedigende Beziehungen und Berufe, die man nur wegen ihrem Glanz und ihrer Außenwirkung für andere eingeht, die letztlich tief drinnen nicht erfüllen.

Man spricht nie aus, was man eigentlich wirklich sagen möchte, welche Bedürfnisse man hat, was einem wichtig ist, man stellt sich selbst zu wenig oder viel zu viel in den Vordergrund.

Bei Nichtbeachtung, wenn jemand zu wenig Rücksicht oder sich keine Zeit nimmt, fällt man in eine tiefe Angst und ein Gefühl der Wertlosigkeit zurück, dass sich in Angriffslust und Aggression oder aber Depression äußern kann.

Man kreiert immer wieder Beziehungen, in denen man verlassen wird, konkret oder übertragen (keine Zeit, Desinteresse, Job im Ausland, Affäre)

Man ist grundsätzlich misstrauisch und unsicher, was alle Beziehungen belastet. Eifersuchtsthemen, Krankheiten kommen schnell und stark wie aus dem Nichts, man wird von heute auf morgen ungut überrascht. Dinge, die schön beginnen, enden jäh. Man wird ausgenützt und betrogen. Mehr fließt aus dem Leben hinaus als herein, man wird in Beziehungen abgewertet und schlecht behandelt.

Auch Geld verlässt einen. Dinge, Personen, Gesundheit kommen und gehen. Man fühlt sich verloren. Nichts bleibt und man fühlt sich nicht wichtig für andere.

Unbefriedigende Beziehungen. Missbrauch oder ausgenützt werden. Grenzüberschreitungen. Misserfolge, finanzielle Probleme. Keine erfüllende Partnerschaft.

P:

- Ich bin von Geburt an wertvoll und wichtig, das gehört zu meinem Sein dazu, ganz automatisch
- Ich bin wichtig und wirksam in dieser Welt. Ich kann und will mich voll einbringen und mich der Welt schenken
- Ich bin frei in meinem Ausdruck, es zählt, was ich zu sagen habe
- Die Welt braucht mich und das, was ich bin
- Ich habe große Wirksamkeit, nur, indem ich bin
- Ich bin da und das ist wichtig
- Ich bin für mich und andere wichtig, ich erkenne meine Bedeutung, ich übernehme jetzt die Verantwortung für mich selbst
- Ich habe große Wirksamkeit und übernehme jetzt dafür die

Verantwortung, es ist meine heilige Pflicht mich selbst zu schätzen
- Ich übernehme mein Steuer wieder, denn nur ich kann mein Schiff lenken, und das tue ich jetzt
- Bei mir darf alles bleiben, wenn ich es entscheide
- Ich erschaffe mein Leben und was darin bleibt
- Ich bin wichtig und geliebt, egal was um mich herum passiert, mein Wert bleibt unangetastet
- Manches geht, manches bleibt, ich darf vertrauen, dass alles, was ich verdiene, mir wünsche und zu mir passt, auch bleiben kann, darf und wird
- Ich habe ein Geburtsrecht auf Fülle und dafür entscheide ich mich jetzt
- Ab sofort setze ich die Segel nur in Richtung Vertrauen, Sicherheit und Beruhigung
- Ich bin ein Magnet für Geld, Liebe, erfüllende Beziehungen, Freude und Erfolg
- Geld liebt mich und möchte bei mir bleiben. Ich kann mich dafür entscheiden
- Ich lerne zu glauben, dass Dinge bleiben und dass es in meiner Entscheidung liegt
- Ich darf daran glauben, dass ich erfüllte Beziehungen leben darf und diese auch langanhaltend sein können, wenn ich das möchte
- Die Wahrheit über mich zu erkennen, bedeutet, dass ich wichtig und geliebt

bin und war, und ich jederzeit alle Fülle leben darf, die ich mir wünsche

- Ich habe jedes Recht auf Überfluss, Fülle, Vertrauen und den Dingen im Leben, die mir Freude bereiten
- Ich habe jedes Recht auf Freude und es ist meine Entscheidung
- Ich bin mir treu und bleibe bei mir, alles andere regelt sich dann von selbst
- Mein Wert ist mein Geburtsgeschenk und es bleibt ein Leben lang unangetastet, egal was ich tue oder um mich passiert
- Ich bin genauso wertvoll wie jedes Geschöpf dieser Erde und Gott liebt ich unendlich, ich habe die heilige Pflicht, meinen Wert zu erkennen und zu schätzen
- Ich schätze mich ab jetzt, ich erkenne meinen Wert, weil ich mich dafür entscheide
- Ich erkenne die Wahrheit über mich, dass ich ein göttliches Wesen und von Beginn an wundervoll und wertvoll bin

Ausdruck, man selbst sein, sich zeigen

8. Ich muss das, was mich ausmacht unterdrücken und verstecken, um geliebt oder nicht bestraft zu werden, Ich darf nicht laut sein, Mein Ausdruck ist nicht erwünscht und wird nicht willkommen geheißen, Ich muss meinen Ausdruck zügeln, weil man mich sonst nicht mag, Mein Ausdruck ist etwas, das mir schadet oder mir weh tut

9. **In diesem Leben ist es schwer, frei zu sprechen, zu singen oder zu sein, Ich darf nicht Ich sein**
10. **Was ich sage, hat keine Bedeutung, Mir hört keiner zu, dann bleib ich lieber still,**
11. **Ich möchte schweigen, was ich sage, richtet Schaden an**

F: Man ist viel zu still, sagt nicht ehrlich, was man denkt oder fühlt, drückt seine Bedürfnisse nicht aus, findet keinen Ausdruck in der Welt. Kreative Impulse können nicht umgesetzt werden. Oft stellen sich psychosomatisch Stimm- und Halsprobleme ein, der Bereich des Solar Plexus fühlt sich eng und belastet an. Man „duckmausert" oder sagt nicht im richtigen Moment, was in einem vorgeht. Grenzen zu ziehen, fällt schwer oder man übertreibt es. Depressionen tauchen auf: der eigene Ausdruck wird als nicht bedeutsam abgewertet, was zu Ohnmachtsgefühlen und letztlich, aufgrund unterdrückter Lebenskraft, zu Autoaggression und damit zur Depression führt.

P:

- Alles, was ich ausdrücke, wird gehört
- Was ich zu sagen habe, ist wichtig
- Ich habe eine große Bedeutung für diese Welt und die Menschen in meinem Leben, so wie alle anderen auch
- Mein Selbstausdruck ist nicht nur mein Geburtsrecht, sondern auch meine heilige Pflicht, ich kann der Welt Gutes tun
- Meine Worte dürfen in diese Welt fließen und erschaffen

- Ich darf frei sprechen, singen, sein und ich nehme mich voll so an, wie ich bin, ich bin wunderbar
- Mein Ausdruck ist willkommen, die Welt braucht mich und meine Stimme
- Ich bin ein Geschenk für diese Welt
- Mich in dieses Leben voll einzubringen, ist mein Geburtsrecht
- Mich in dieses Leben voll einzubringen, erfüllt mich mit großer Freude
- Meine Lebenskraft und Lebensfreude zeigt sich ab sofort in meinem freudigen, kraftvollen Ausdruck
- Ich erlaube mir meinen authentischen, ur-eigenen Ausdruck

Strafe, Schmerz oder Tod(esangst) folgen auf Freude, Spaß und Leben

12. **Wenn ich mich freue, dann kommt Strafe, Wenn ich Spaß habe, passiert etwas, ich tue mir weh oder ich sterbe, Wenn ich mich auslebe, erhalte ich Strafe oder Schläge**
13. **Wenn ich richtig lebe, habe ich einen Unfall**
14. **Wenn ich mich Dingen oder Menschen nähere, die mir Freude machen, passiert etwas oder ich tue mir oder ihnen weh**
15. **Wenn ich mir etwas wünsche, passiert etwas Schlimmes, wenn ich meine Wünsche erfülle, passiert jemandem etwas Schlimmes**

F: Man sabotiert jedes Mal freudige Erfahrungen, Erlebnisse oder gute Ergebnisse, um einen schlimmen Ausgang zu verhindern, den man unbewusst befürchtet. Zuerst scheint etwas gut zu laufen, dann kippt es. Dahinter steht auch oft eine Selbstbestrafung: vielleicht hat man jemandem einmal etwas Negatives gewünscht, dann ist der Person etwas zugestoßen. Man hat sich gefreut und dann ist jemandem etwas passiert. Man wurde vielleicht jedes Mal bestraft, wenn man lauter wurde oder einen freudigen Ausdruck gezeigt hat und etwas wilder war. Man nimmt sich zu sehr zurück, man lebt nicht das, was man sich eigentlich wünscht, man boykottiert unbewusst jedes Mal schöne Dinge und Erlebnisse. Man sucht sich Beziehungen, die letztlich schlecht enden, auch wenn sie gut begonnen haben. Es fehlt Freude und Harmonie im Leben. Man lebt nicht richtig und in Erfüllung weil man immer Erfolge vorher schon abschneidet aus Angst, was sonst passieren könnte.

Süchte, Selbstverletzungen. Keine Nähe zulassen können. Sehr viel Allein sein. Leiden, Depressionen, Zwänge. Psychosomatische Erkrankungen, die mit Unterdrückung, Enge, Versagen zu tun haben (Lunge, Hals, Blutdruck, Stoffwechselerkrankungen). Wenn man sich auf etwas freut, geht es schief oder man wird krank. Vieles zerbricht immer wieder im Leben, Gefühl, immer auf der Suche zu sein, tiefe Wut und Aggression unterdrücken müssen, Gewalterfahrungen selbst und von anderen. Depressionen. Das Leben kommt nicht in Fluss oder wird abrupt unterbrochen.

P:

- Freude ist meine Geburtsrecht und meine Pflicht im Leben, ich nehme diesen Auftrag jetzt an

- Ich darf mich freuen, frei leben, mich ausdrücken und es führt zu guten Ergebnissen und Fülle
- Freude und Erfolg gehörten immer schon zu mir, ab sofort kann ich das erkennen
- Ich lerne, zu glauben, dass ich Freude und Erfolg leben darf und dafür auch belohnt werde
- Ich lerne, zu glauben, dass ab sofort alles gut ausgehen wird
- Alles geschieht und entwickelt sich zu meinem Besten
- Ich lebe jetzt nach Gedanken, die mir gut tun und die an Erfolg und Freude glauben
- Es ist meine heilige Pflicht, mir Freude und Spaß zu erlauben, ich übernehme jetzt die Verantwortung dafür

- Ich darf jetzt die Wahl treffen für ein erfülltes Leben, indem ich mich allem nähern und in dem ich alles leben darf, das mir Freude macht
- Ich liebe die Freude und sie liebt mich und wir dürfen jetzt zusammen kommen
- Ich lerne zu glauben, dass mir jedes Glück zusteht und es mir gut dabei geht
- Ich habe vollkommene Erfüllung, Glück und Freude bis zum Schluss verdient. Ich darf das und übernehme jetzt wieder die Verantwortung für mein persönliches Glück
- Ich erkenne meine Wahrheit und die des Lebens. Das bedeutet, ich bin frei und kann mir alles erfüllen.

Verletzungen folgen, wenn man sich zeigt, Sich verstecken müssen

16. **Ich muss leise sein und heimlich das tun, was ich möchte, Ich muss mich klein und unsichtbar machen, mich ruhig verhalten, nicht auffallen, nicht anecken, denn sonst droht Strafe und nur dann werde ich geliebt, Ich muss mich verstecken, um zu überleben, Ich muss einen Schleier über mich ziehen, weil ich sonst anecke**
17. **Wenn ich ins Leben gehe, verletze ich mich, Das Leben ist lebensgefährlich, man muss vorsichtig sein, So, wie ich gerne leben und sein würde, darf ich es nicht, geht es nicht**
18. **Wenn ich frei agiere, dann tue ich mir oder anderen weh**

F: Man verstrickt sich immer in Heimlichkeiten bei Dingen, die einem eigentlich gut tun sollten: Statt erfüllender Beziehungen lebt man Affären mit vergebenen Partnern, heimliche Lieben, oder verheimlicht ständig etwas im Berufsleben. Man zeigt eine Fassade und lebt hinter verschlossenen Türen ein anderes Leben. Man findet an Dingen Freude, die man nur heimlich ausüben kann, die gesellschaftlich verboten oder verachtet sind. Alles, was Freude macht, muss man in den dunklen Keller sperren. Man kommt sich immer wie ein Lügner vor oder lügt tatsächlich sein Leben „zurecht". Nach außen hin will man eine perfekte Fassade aufrechterhalten, Suchtproblematiken.

Man lebt seine Talente und Möglichkeiten nicht aus. Man lebt sich selbst nicht aus. Man fühlt sich, als ob ein Schleier über allem läge. Andere nehmen einen gar nicht oder sehr falsch wahr. Man wird oft übersehen. Man hat das Bedürfnis nach Rückzug.

Man kommt immer wieder in Situationen, wo schöne Dinge zerbröseln. Man torpediert jedes Mal Beziehungen. Man sitzt in Beziehungen fest, die nie so laufen, wie man es sich wünscht. Man sitzt in Lebenssituationen wie ein Fremder und stagniert. Man läuft seinen Träumen hinterher, kann sie aber nicht leben, boykottiert sich selbst durch Zuwarten, falsche Aktionen, Vergraulen von Menschen.

P:

- Ich zeige mich, wie ich bin, meine Bedürfnisse gehören zu mir und dürfen jetzt so gelebt werden, dass es zum Wohle aller beiträgt
- Ich darf mich zeigen und das ist gut. Ich überlebe viel besser, wenn ich mich zeige und einbringe.
- Ich bin ein Teil dieser Welt, ich gehöre dazu und ich werde gebraucht.
- Mein kreativer und lebendiger Ausdruck und alles, was ich bin, ist wichtig für das Wohl aller
- Ich habe jedes Recht, mich so zu zeigen, wie ich wirklich bin
- Ich befreie mich und zeige mich
- Ich bin frei und ich treffe jetzt eine Entscheidung für mich und dafür, mich zu zeigen
- Mein kreativer Ausdruck ist mein Geburtsrecht und ich bin frei, das zu leben
- Man sieht mich und ich sehe andere, wir treten in eine gewinnbringende Beziehung ein

- Die Menschen, die zu mir passen, werden jetzt auf mich zukommen, wenn ich ganz ich selbst bin, Ich werde angenommen und nehme andere an, wie sie sind.

- Ich suche mir aus, wie ich leben will und kann das jederzeit genauso erschaffen und umsetzen
- Ich darf genauso leben, wie ich das möchte
- Ich gebe mir sofort die Erlaubnis, so zu leben, wie ich es mir wünsche und ich weiß jetzt, dass das geht
- Es ist mir möglich, ich darf so leben, wie ich das möchte
- Es ist meine heilige Pflicht und mein Geburtsrecht, mich in die Welt einzubringen, meinen Ausdruck zu finden und erfüllt und glücklich zu sein; es ist meine Verantwortung und Entscheidung, dieses Leben zu erschaffen
- Ich muss mich nur dafür entscheiden und die Wahl treffen, dann kann ich das Leben leben, das ich möchte

Im Falle Sucht und Missbrauch:

- Ich bringe meine wahren Bedürfnisse jetzt ans Licht und werde mir helfen lassen, diese so zu verwandeln, dass es zum Wohle aller beiträgt
- Ich bringe meine wahren Bedürfnisse ans Licht, die hinter meinem bisherigen Verhalten liegen. Jetzt kann ich das, was ich wirklich und wahrhaft bin und brauche auf eine gute Art und Weise

leben. (Ich lasse mir gerne helfen, die wahren Bedürfnisse hinter allem zu erkennen und mit mir liebevoll und fördernd umzugehen)
    - Ich stehe zu mir und meinen Wünschen
    - Ich darf mich zeigen und meinen ureigenen Ausdruck finden
    - Ich bin frei in dem, was ich wünsche und brauche, ich finde den richtigen Weg, der mir und anderen zum Besten gereicht
- Ich bin wertvoll und in Ordnung, genauso wie ich bin. Wenn ich das erkenne, dann zeige ich ein wertschätzendes und konstruktives Verhalten mit und anderen gegenüber

Allein gelassen werden, Alleinsein, nur sich selbst haben, Einsamkeit

19. Ich bin ganz alleine auf dieser Welt, man muss im Leben ganz alleine zurechtkommen, Ich muss mich immer um mich selbst kümmern, Ich kann mich auf niemanden verlassen

20. Man muss mit Schmerzen alleine zurechtkommen, Ich werde alleine gelassen, wenn es mir schlecht geht, Wenn ich Trost und Schutz brauche, lässt man mich allein

21. Menschen verlassen dich von einer Sekunde zur anderen, irgendwann bin ich (wieder) alleine

22. Wir, meine Familie, gehören nicht dazu, Ich bin anders, man schließt mich aus

F: Man glaubt, nie Schwäche zeigen zu dürfen. Eigenes Versagen löst panische Angst aus. Sich anderen authentisch zu zeigen, löst ebenso

Panik aus. Beziehungen mit wahrer Nähe finden nicht statt. Man spielt immer eine Rolle. Man überanstrengt sich ständig, weil man Verlassenheitsängste hat und durch angepasste Rollen verhindern will, dass man verlassen wird. Gedankenkreisen, wie man das Leben bewältigen soll. Angst vor Einsamkeit und Alleinsein. Das Gefühl, nicht zu genügen. Das Gefühl, nicht geliebt zu werden. Das Gefühl, sich mehr als andere anstrengen zu müssen. Angst vor Krankheit, Verletzung und Unfall.

Generell oder trotz Beziehungen und Familie das Gefühl, alleine und ein Außenseiter zu sein. Einsamkeit oder tatsächlich viel alleine sein. Keine gelingenden Beziehungen eingehen können. Immer wieder sich so verhalten, dass andere sich abwenden. Situationen des Verlassen Werdens durchleben. Gefühl, nicht zu genügen, nicht gewollt zu werden. Gefühl, mit mir ist etwas falsch.

P:

- Ich vertraue dem Leben
- Ich kann es lernen, dem Leben voll zu vertrauen
- Ich werde geführt und alles entwickelt sich immer zu meinem Besten
- Ich lerne, zu glauben, dass ich geliebt werde und dass es mein Recht ist, geliebt zu werden wie ich bin
- Ich darf Schwäche zeigen und werde als Ganzes geliebt
- Ich darf mich authentisch zeigen und damit wahre liebe erleben

- Ich lerne, zu vertrauen und zu glauben, dass ich auch mit meinen Schwächen und wenn ich mein wahres Gesicht zeige, anderen Menschen viel bedeute

- Ich gehöre dazu, ich werde geliebt und es ist alles in Ordnung mit mir und der Welt
- Alles ist in Verbindung, so auch ich mit meiner Quelle und allen Menschen. Es ist alles gut mit mir.
- Ich bin beziehungsfähig und wichtig, andere wollen mit mir Verbindungen eingehen, ich darf es jetzt erleben und mir erlauben
- Mit mir ist alles in bester Ordnung, ich genüge genauso wie ich bin, ich freue mich auf die Liebe

Beziehungen

23. Beziehungen sind schwierig und kompliziert, Beziehungen bedeuten Kampf, Streit und Anstrengung, Mann und Frau können nicht gut miteinander reden, sie missverstehen sich immer, es gibt zwischen ihnen keine Harmonie

24. Beziehungen sind traurig, belastend, niederdrückend

25. Die Welt und die Menschen sind kompliziert, Beziehungen sind unverständlich, denn Menschen sind komisch und verwirrend

26. Ich kenne mich nicht aus, ob ich gehen oder kommen soll, ich höre „bleib und geh weg", Beziehungen sind immer ambivalent und widersprüchlich

27. Wenn Menschen zusammen kommen, dann greift jeder jeden an, es gibt keine Frieden zwischen den Menschen

28. Liebe tut weh, denn sie wird nicht erfüllt, auf wahre Bedürfnisse geht niemand ein,

29. **Nähe - da werde ich nur verletzt und halte mich lieber fern**
30. **Man geht sachlich miteinander um, ein liebevolles Miteinander gibt es nicht**
31. **Menschen sind nicht gleich viel wert**

F: Man zieht immer wieder Beziehungen an, die durch Kampf, Streit und Disharmonie gekennzeichnet sind. Man sucht sich immer schwierige Partner oder Umstände, die eine Beziehung nicht in die Fülle oder nahe kommen lassen. Man erlebt keine freudige, freie, erfüllende Beziehung. Man torpediert Beziehungen jedes Mal mit seinen eigenen Verhaltensweisen, obwohl man das bewusst nicht will: Durch Sucht, verletzendes Verhalten, Selbstsabotage, Depression, Überforderung des Partners, Aggression, Vorwürfe und Hysterie, Klammern, Eifersucht. Generell Beziehungen werden als schwierig erlebt, zu anderen, aber auch zu sich selbst

P:

- Beziehungen dürfen frei, leicht und erfüllend sein
- Ich habe jedes Recht auf eine erfüllte Beziehung und das geht ganz leicht
- Beziehungen können harmonisch, leicht und fließend sein, ich probiere das jetzt auch aus
- Ich kann eine erfüllende Beziehung leben, wenn ich mich dafür entscheide
- Ich bin für eine erfüllte Beziehung gemacht und lerne, daran zu glauben. Das ist meine heilige Pflicht
- Ich bin hier, um freie, leichte und liebevolle Beziehungen zu leben

- Ich kann ab sofort Nähe zulassen und mich authentisch zeigen. Der richtige Partner mag mich so, wie ich bin. Ich nehme mich ab sofort so an, wie ich wirklich bin.
- Ich darf und will mich anderen zumuten. Ich erlaube mir Nähe.
- Ich kann frei und unabhängig für mich wählen, eine erfüllende, harmonische Beziehung zu leben

Man muss hart arbeiten und kämpfen für Geld und Glück

32. Geld ist etwas, das man hart erarbeiten muss, Man muss sparen und fleißig sein, Von nichts kommt nichts
33. Man muss sich besonders anstrengen, um etwas zu erreichen im Leben, Für Erfolg oder Glück muss man im Leben kämpfen, Entspannung ist etwas für Verlierer, Leben heißt hart arbeiten, Es wird einem nichts geschenkt, Was leicht geht, ist nichts wert
34. Weiblichkeit ist Schwäche
35. Man darf nicht schwach sein, dann ist man eine Belastung

F: Man kommt schwer zu Geld. Muss es hart erkämpfen, hat nie genug, muss immer Angst um Existenz haben. Finanzielle Probleme, oder Reichtum auf Kosten der Gesundheit, nur durch Überarbeiten und Kampf gegeben, Burnout, Arbeit zum Zweck des Geldes, Getrieben sein, Unsicherheitsgefühle, Gefühl, dass man nie reicht und es nie schafft, Träumen von Leichtigkeit, einem anderen Leben.

Arbeitssucht, Streben nach Gewinn und Erfolg als Bestätigung im Leben, Vergleichssucht, Prestigeobjekte wichtig, Verhärtung der Gefühle, Ohnmacht und Depression, Versagensängste, Panikattacken, Herz-Kreislaufstörungen und -erkrankungen, Aggression.

P:

- Geld darf leicht in mein Leben fließen
- Reichtum ist mein Geburtsrecht, ich stelle mich jetzt auf das Empfangen ein
- Ich lerne, zu glauben, dass Geld auch ganz leicht zu mir kommen kann und ich es verdient habe
- Ich lerne, zu glauben, dass ich Geld haben kann, einfach, weil ich es will und ich es mir erschaffe
- Ich erschaffe jetzt mit Leichtigkeit Geld und Überfluss in meinem Leben, frei, leicht und mit Freude
- Der Freude folgt das Geld, das habe ich jetzt verstanden
- Die Leichtigkeit und Geld gehören zusammen, ich mache das jetzt auch so
- Ich mache jetzt, wofür ich brenne und das Geld läuft mir dann hinterher
- Ich wähle einen neuen Weg, Geld zu verdienen, der sich nur noch gut anfühlt
- Geld zu verdienen und zu erhalten, fühlt sich saugut an
- Ich bin ein Geldmagnet, nur weil ich das will und so entscheide
- Ich ändere ab sofort alle Ansichten, wie man zu Geld kommt. Ich stelle

meinen Sender um auf Leichtigkeit und Spaß

- Mir darf alles an Fülle zufließen, was ich möchte, auch wenn ich nur noch Spaß habe
- Wenn ich Spaß habe im Leben und mich gut fühle, fliegt mir das Geld nur so zu
- Das Geld läuft mir nach wie ein verliebter Teenager, ich liebe das
- Ich liebe Geld, und Geld liebt mich, das ist eine große Liebe, die bleibt, egal was ich mache
- Ab jetzt wird um das Thema Geld und Arbeit alles leicht und locker für mich. Das Leben kommt in den Fluss und ich schwimme mit dem Strom in die Fülle, einfach so.
- Es darf ganz leicht gehen
- Erfolg , Fülle, Liebe und Gesundheit fließen einfach so in mein Leben, nur weil ich das so bestimmte und entscheide
- Ich kann mir alles erschaffen und zwar in Leichtigkeit. Mit dem Strom schwimmen hin zur Fülle bedeutet Erleichterung, alles darf ab sofort einfach gehen

Sich frei bewegen, Lebendigkeit und Freiheit versus Stagnation, Druck und Enge

36. Ich kann mich auf der Erde nicht frei bewegen, nicht frei auf ihr gehen, Meine Zehen, Füße oder Beine sind nicht in Ordnung, ich kann nicht gut durchs Leben

gehen (frühere oder aktuelle Fehlstellungen, Verletzungen, Behinderungen hindern mich am vollen Leben oder am Aktivsein)

37. **Man lässt mich nicht gehen, ich lasse mich nicht gehen, Ich darf mich nicht so bewegen wie ich will, ich darf nicht lebendig sein**
38. **Ich kann schwer atmen, denn im Leben ist man nicht frei, muss schwer tragen oder steht unter Druck, Ich habe schwer zu tragen an einer Last der anderen, ich übernehme Last für das System, Ich bin in einer Enge gefangen, mich drückt eine schwere Last**

F: psychosomatische Beschwerden, Engegefühle, Symptome, die mit Druck im Brustkorb, Verspannungen im Schultergürtel einhergehen. Ängste, Asthma. Sich nicht nach seinen Wünschen entfalten können. Beengte Lebensverhältnisse: Wohnen und Beziehungen haben etwas von Enge, sei es räumlich oder durch starre Gedanken und Regeln zu eng. Das Gefühl, belastet zu sein, eine Last zu tragen. Das Leben erscheint beschwerlich. Unerklärliche Ermüdung, Erschöpfung, Bedrückung. Drogenmissbrauch, vor allem, um zu leisten. Ängste, Angst vor der Nacht. Probleme mit dem Bewegungsapparat. Würde gerne Bewegung machen, kann es aber nicht aus körperlichen Gründen oder weil immer was dazwischen kommt. Man kann nie dahin fahren oder gehen, wohin man möchte (Reisen werden storniert, man wird krank vor Ausflügen), Erschöpfungssyndrome. Man schlittert immer wieder in Belastungen auf allen Ebenen, ist für die anderen da, oft auch der Kummerkasten. Die anderen laden auf einem ab.

P:

- Ich kann gehen, wohin ich will und wie ich will, ich bin frei und soll mich ausweiten
- Die Erde braucht mich und ich soll mich auf ihr bewegen
- Ich entscheide mich, mich frei und lebendig zu bewegen auf der Erde, das ist mein Recht, ich erlaube mir es
- Wenn ich mich frei bewege, dient es dem Besten aller
- Es ist von Grund auf gut, wenn ich mich bewege und meine Lebendigkeit zeige
- Wo ich meinen Fokus hinrichte, dahin kann ich auch gehen

- ich bin frei, ich trage nur meines, das Leben darf leicht und unbeschwert sein
- Ich gehöre mir und ich nehme nur das zu mir, was mir gut tut und wirklich zu mir gehört, ich darf voller Kraft und Freude leben
- Ich bin frei und erfüllt von Freude
- Ich darf mich ausweiten und tief durchatmen, ich darf mich frei entfalten
- Ich glaube an meine Entfaltung
- Das Leben ist Weite und Expansion und Entwicklung
- Ich lerne zu glauben, dass ich ganz frei und weit bin und mich immer weiter entfalte
- Ich darf mich ausbreiten in der Welt und meinen Beziehungen

- Es ist meine heilige Pflicht, mich und meine Fähigkeiten über die Welt auszubreiten, sowie ich es eben kann
- Es gibt ein Leben und einen Bereich, die gehören nur mir. Ich lasse den anderen ihres und kümmere mich zuerst um mich. Was den anderen gehört, lasse ich bei ihnen.

Fehlende Erfüllung

39. Ich kann nie genau das bekommen, was ich möchte, Das Leben heißt, eine tiefe Sehnsucht haben, die nicht erfüllt wird, Man kann sich seine Wünsche nicht einfach so erfüllen

40. Für mich gibt es nur Enttäuschung, Für mich gibt es das nicht, was die anderen haben, Wünsche sind Illusionen, man muss sie sich aus dem Kopf schlagen

41. Versagen ist Familienprogramm

F: Man boykottiert letzten Endes immer die guten Ergebnisse, die man ansteuert oder die Fülle - man erhält maximal einen Teil seiner Wünsche, aber nie alles. Man verliert, bevor etwas wirklich in Erfüllung kommt, Misserfolg im Beruf und in Beziehungen. Es bekommt immer jemand anderer das, was man sich wünscht, es wir einem immer etwas vor der Nase weggeschnappt. Man verliert Dinge oder Personen an andere. Man erhält keine Chancen, wenn doch, dann kann man sie nicht nützen. In allen oder einigen Lebensbereichen geht man Kompromisse ein, die nicht glücklich machen. Keine Erfüllung. Depression, Leere, Tagträumereien, Resignation, (stilles) Funktionieren, oft gleichzeitig Nörgeleien und

Miselsucht an anderen aufgrund tiefsitzender Frustration. Aufgegebene Träume, Inaktivität. Hypochondrie, hysterische Erkrankungen, Erschöpfung, bringt Dinge nicht zu Ende, Unverlässlichkeit, Schwächeanfälle, Übergewicht, Krankheiten, die zu Schwäche führen und zum „Aufgeben" und Nichts-Tun zwingen.

P:

- Alles, was ich wünsche, darf ich auch haben
- Es ist ganz leicht, alles zu bekommen, ich brauche es mir nur erschaffen und ich kann es
- Ich kann das und ich kann es gut, mir alles im Leben zu verwirklichen, das ich möchte
- Es ist mein Geburtsrecht, alles zu erhalten, was mir zusteht, und das ist die ganze Fülle des Lebens
- Ich bin vollständig und vollständiger Reichtum steht mir im Außen auch zu
- Wie innen so außen - wenn ich erkenne, wie reich ich Innen bin, dann kommt die Fülle auch im Leben
- Ich darf alles haben, die ganze Fülle und das mit Leichtigkeit, ich weiß, wie das geht, einfach so
- Es ist ganz leicht, Wünsche zu verwirklichen, ich glaube jetzt daran und lerne das Erschaffen
- Ich bin ein Schöpfer, ich bestimme, was in mein Leben kommt und ab sofort setze ich das um
- Ich übernehme wieder die volle Verantwortung für mein Leben und mein

Erschaffen, ich habe die Macht, alles zu verändern
- Ich habe die Macht, alles zu bekommen, zum Besten aller

Bleiben erzeugt Schmerz

42. Ich darf an keinem Ort, an keiner Stelle lange bleiben, sonst habe ich Schmerzen, Wenn ich stehen bleibe oder mich ausruhe, verbrenne ich mich oder es passiert etwas, Wenn man zu lange irgendwo oder bei irgendwem bleibt, dann hat das schlechte Folgen für mich oder die anderen, In Beziehungen darf ich nicht bleiben

F: Man flüchtet aus Beziehungen und Situationen. Man kann nie lange bei einer Aufgabe oder Beziehung bleiben. Man fühlt sich wie getrieben. In Beziehungen sucht man immer wieder nach einer Ausflucht oder Zeiten alleine. Man will reisen und braucht ständig Veränderung. Körperliche, psychosomatische Krankheiten, die Schmerzen verursachen, entstehen, wenn man sich an einen Ort, Beziehungen, den Beruf oder anderes bindet und Verpflichtungen eingeht. Unerklärliche Schmerzsymptome. Unerklärliche Unrast und Unruhe. Panikattacken. Angst vor Nähe und somit Beziehungen, die immer wieder verschwinden oder kaputt gehen. Es kommt aus der tiefen Angst, man müsse leiden, es würde etwas passieren oder man wäre unglücklich, falls man bliebe.

P:

- Ich darf bleiben, da, wo ich es entscheide und es ist gut, es darf diesmal gut ausgehen, ich bestimme es so

- Ich darf wählen, zu bleiben und kann erschaffen, dabei frei und glücklich zu sein
- Bleiben und Freiheit dürfen zusammen gehen und mir geht es gut dabei
- Ich entscheide mich für einen neuen, erfüllenden Weg, Bindung und Beziehung darf für mich Fülle und Ruhe bedeuten
- Wenn ich mich ausruhe, geht es gut
- Ich weiß ab sofort genau, wann ich bleiben und wann ich gehen will, diese Entscheidung fußt allein aus meinem Wohl und meinem Glücksgefühl
- Alles geht gut und es wird zum Besten für mich ausgehen
- Wenn ich bleibe, dann entwickelt es sich zum Besten, ich lerne, das jetzt zu glauben
- Ich will glauben, dass ich überall solange bleiben kann, wie ich möchte und wunderbare Erfahrungen daraus resultieren
- Ich will in die Tiefe gehen, ich will Erfüllung, ich will das Glück, das auch langen Bindungen entsteht, erleben, ich gestatte es mir und erschaffe das jetzt
- Ich habe die Macht über mein Leben und die Ergebnisse zu entscheiden

- Ich erkenne eine neue Wahrheit, die meine Wahrheit ist. Nähe und Da bleiben kann wunderbar sein und es darf in Glück und Zufriedenheit aller münden. Ich habe erkannt, dass ich mir das nur zu erlauben brauche.

Grenzen und Revier

43. Ich kann meine Grenzen nicht verteidigen, sie werden überschritten, Ich kann mich nicht schützen und jederzeit verletzt werden, Man überfährt mich einfach, egal ob es mir zu weit geht

44. Ich muss mit meinen Symptomen, meiner Krankheit Grenzen ziehen, ich muss mit meiner Bedürftigkeit Grenzen ziehen und Bedeutung erlangen

F: Rückzug aus Nähe. Komplizierte Beziehungen, wo einer immer vergeben ist oder nicht richtig will. Unbefriedigende Beziehungen. Streit in der Familie. Das Gefühl, ausbrechen zu müssen, vor allem davon laufen zu wollen. Plötzliche Attacken der Angst oder des Zwanges, allein sein zu müssen. Aggression. Hauterkrankungen. Vorwurfshaltungen. Depression. Suchtverhalten. Helfersyndrom. Sich nicht abgrenzen können, zu viel für andere tun, nicht nein sagen, Dinge tun, die man eigentlich nicht will. Die Grenzen anderer überschreiten. Zuviel Distanz erzeugen. Sich in der Welt kraftlos fühlen, seine eigene Stärk und Wirksamkeit nicht wahrnehmen. Burnout durch Überforderung, auch wenn die Arbeitslast eigentlich nicht groß ist. Burnout in Beziehungen, weil man zu viel für andere da ist oder tut. Gefühl, sich nicht abgrenzen, wehren oder abschirmen zu können. Missbrauch aktiv oder passiv. Angstträume. Angststörungen. Diverse Symptome, um Grenzen zu erzeugen (Schuppenflechte, diverse Ausschläge oder Allergien bei Berührungen,

Mundgeruch, Körpergeruch, übermäßiges Schwitzen, Übergewicht)

P:

- Ich finde jetzt meine natürlichen Grenzen und ziehe sie
- Ich habe die Kraft, Grenzen zu ziehen, auf eine leichte, natürliche Art. Ich kann es längst, ich wende es jetzt an und erlaube es mir
- Es steht mir mein Revier genauso zu wie jedem, das ist mein natürliches Recht
- Grenzen sind gesund, ich bin gesund, Nein sagen ist gesund
- Die Grenzen der anderen sind nicht meine Grenzen. Ich habe meine ganz eigenen Grenzen.
- Ich helfe anderen mehr, wenn ich die richtigen Grenzen ziehe
- Ich bin kraftvoll und wirksam, es steht in meiner Entscheidung, wann ich gebe und nehme und wann nicht
- Ich entscheide, wer in mein Revier darf und wann ich Ruhe brauche
- Grenzen sind gut und sie stehen mir zu
- Ich bin ein Kind Gottes und in meiner Seele grenzenlos, hier als Mensch auf der Erde darf ich gesunde Grenzen leben und ziehen
- Ich weiß ab sofort, wann es für mich genug ist, was ich tun möchte und was nicht
- Es ist für mich ganz normal, nein zu sagen, wenn ich das will
- Jeder spürt jetzt meine natürliche Fähigkeit meiner Grenzen und meines Revieres

Bedürfniserfüllung

45. Meine Bedürfnisse werden nicht erfüllt

46. Man muss funktionieren, eigene Bedürfnisse müssen unterdrückt werden, Man darf seine Bedürfnisse nicht einfordern, ich erlaube es mir nicht

F: Lasst sich immer unterbuttern. Macht sich in Beziehungen abhängig. Verstrickt sich immer in unbefriedigende Beziehungen. Hat immer Partner, die einem etwas vorenthalten (Zeit, Sex). Stellt sich immer an die zweite Stelle. Möchte es allen recht machen, damit man auch etwas bekommt. Man fühlt sich kraftlos, machtlos, klein, Gefühle, ungenügend und nicht richtig zu sein. Sich immer mit etwas arrangieren müssen. Nie die ganze Fülle bekommen, nur halbe Sachen leben. Unzufriedenheit, innere Leere, Aggression, Weinerlichkeit, Überempfindlichkeit, die oft als Aggression oder Vorwurfshaltung herausplatzt, Alkoholprobleme, Sucht nach beruhigenden Substanzen, Stalking, von jemand besessen sein, der unerreichbar ist. Chronische Krankheiten, weshalb sich andere um einen kümmern müssen, Kranksein, weil nur dann etwas erfüllt wird. Lebensbereiche, die ständig Probleme machen, unerfüllte Wünsche überwiegen statt ihrer Erfüllung.

P:

- Meine Bedürfnisse können erfüllt werden, ich entscheide mich dafür
- Ich kenne meine Bedürfnisse, drücke sie auch aus und lerne zu glauben, dass sie

ab sofort auch erfüllt werden können und dürfen

- Meine Bedürfnisse sind wichtig. Ich übernehme jetzt die Verantwortung dafür und entscheide mich für ihre Erfüllung
- Wenn ich es entscheide und daran glaube, tut das Universum alles, um mir meine Bedürfnisse zu erfüllen
- Meine Bedürfnisse sind ganz normale Wünsche und ich kann sie mir erfüllen
- Ich entwickle jetzt gute, wertvolle Wünsche, die ich mir dann erfülle, zum Wohle aller
- Ich darf wollen, was ich will. Das ist mein Recht. Ich kann es mir erfüllen durch meine Schaffenskraft

Traurigkeit

47. Das Leben ist traurig und es gibt nichts zu lachen, Man muss Trauern über Verlorenes

F: Menschen, die mit einer tiefen Traurigkeit umgeben sind. Man schlittert immer wieder in traurige Situationen, das Leben ist oder scheint voller Trauer, Beziehungen sind durch traurige Stimmungen oder Vorfälle gekennzeichnet. Es passieren immer wieder Dinge, die einen traurig machen, Gefühle der Schwere und der Dunkelheit, Alles durch eine Art Filter sehen, über dem Leben hängt ein grauer Schleier, Depression, Aggression als Gegenreaktion, Selbstverletzung, Krankheiten, die nach innen gehen, Abstumpfung, Melancholie, Apathie, Appetit- und Sexualstörungen, Hormonstörungen.

P:

- das Leben bedeutet Freude und Leichtigkeit, so bin ich auch von Geburt an
- Ich hab mich nur geirrt, in bin in Wahrheit Freude und Lebensenergie, Lachen ist mein größtes Talent
- Alles darf jetzt leicht, frei und freudig sein, weil ich es so entscheide
- Ich lerne, zu glauben, dass das Leben frei, freudig, leicht und schön sein darf, einfach so
- Mir steht Freude zu wie die Luft zum Atmen
- Spaß und Freude sind so selbstverständlich wie Essen und Trinken
- Ich schalte jetzt sofort das Licht in meinem Leben wieder ein. Ich bin Licht, alles darf hell, leicht und einfach sein

Armutsbewusstsein Familie

48. Mit Armut kennen wir uns aus, ich habe Armut geerbt, Ich erfülle das Armutsgelübde meiner Familie, Geld ist schlecht, ich befolge diese Sichtweise meiner Ahnen, wenn ich leide und arm bin (an Geld oder Beziehung oder Fülle) folge ich meiner Familie

F: Geldmangel, Misserfolg, Krankheiten, die den „Fluss" betreffen (Blut, Schleimhäute, Durchlässigkeiten), Neid auf Erfolg anderer, Chancen verpassen, Geldverluste auch unverschuldet, Depression, Ohnmachtsgefühle,

Opfer von Betrug, Schlechte Lebensumstände, Gefühl der Unfähigkeit und des ständigen Mangels, sehr hart arbeiten müssen, Spielsucht, Gewinne bleiben nicht, werden wieder verspielt, man gibt mehr als man bekommt, geringwertige Geschenke anderer, Pech bei Gegenständen und allem, das man kauft oder wo man investiert, mit Geld nicht umgehen können, zu viel Ausgeben, Überschuldung, Ausbildungsprobleme, immer wieder Erschwerung des Lebens durch unvorhergesehene Ausgaben, Leben am Limit, Leben in einer grauen, unschönen Umgebung, Fahlheit im Äußeren.

P:

- Geld ist Energie und ich kann sie jederzeit haben und anziehen, wie alles andere auch
- Mir steht Geld zu als mein Geburtsrecht
- Ich lerne, zu glauben, dass ich ein Geldmagnet bin
- Ich entscheide mich ab sofort für ein Reichtumsbewusstsein
- Geld ist Energie und schwingt positiv
- Geld liebt mich und ich liebe Geld
- Geld ermöglicht Freiheit und ich kann damit viel Gutes tun
- Ich erneuere alle meine Vorstellungen über Geld, jetzt, weil ich es entscheide und jetzt kann es in mein Leben fließen
- In Dankbarkeit gebe ich meinen Ahnen ihr Bewusstsein über Geld zurück und entscheide mich jetzt für mein eigenes. Damit diene ich ihnen weit besser

- Geld ist im Übermaß vorhanden. Es ist unerschöpflich, ich darf mehr als genug davon bekommen
- Mein innerer Reichtum wird meinen äußeren herstellen
- Ich bestimme und entscheide meinen Reichtum, es geschieht so, wie ich das will und erschaffe
- Ich lerne zu glauben, dass Geld gut ist und eine gute Energie hat
- Ich glaube, Geld kann zum Wohle aller eingesetzt werden
- Ich kann ab jetzt mit Geld umgehen
- Geld ist mein Freund. Ich achte es
- Mit meiner Freude an mir und meinem Leben, ziehe ich das Geld jetzt an
- Ich vermehre Freude und Gesundheit, wenn ich mir Reichtum gestatte
- Ich darf der erste in der Familie sein, dem Reichtum zufliegt und alle werden sich für mich und daran erfreuen

Mit mir ist etwas falsch

49. **Niemand kümmert sich um mich, mit mir will man keine Zeit verbringen, Ich mache etwas falsch, mit mir ist etwas nicht in Ordnung, Ich verdiene nicht, geliebt zu werden, sonst würde ich nicht so behandelt werden**
50. **In Beziehungen mache ich etwas falsch, sodass man mich nicht mag**
51. **Ich werde geschlagen, schlecht behandelt, missachtet, also bin nicht liebenswert, etwas an mir ist falsch, Ich habe etwas falsch gemacht, sonst würde man mich nicht so behandeln.**

52. Ich darf keine Wut auf meine Eltern haben, dafür beschuldige ich mich

F: Man hat Beziehungen, in denen die anderen keine Zeit für einen haben, erntet sehr viel ungerechte Kritik, fühlt sich allein gelassen und nicht beachtet, zeigt Verhaltensweisen, die andere wegstoßen, erlebt oft Pannen, Ungeschicklichkeiten, Kommunikationsschwäche, Partner, die kritisieren oder die weggehen, sich ungeliebt fühlen, Angst haben, etwas falsch zu machen, daraus resultierend eine große Unsicherheit generell und vor allem in Beziehungen. Das Gefühl, mit mir stimmt etwas nicht, ich muss es besser machen, etwas an mir verbessern oder verändern, Therapie - oder Seminarjunkie, um Erlösung zu finden. Ständige Suche nach den eigenen Fehlern und Ursachen und diese bearbeiten wollen, Fehler bei anderen sehen, Kritiksucht, Nörgelei, übertriebener Egoismus aus Selbstschutz.

P:

- ich bin wichtig und anderen wichtig
- Ich werde gesehen
- Andere wollen Zeit mit mir verbringen, da ich eine gute Gesellschaft bin und wertvoll
- Mein Wert ist unantastbar. Ich bin richtig, so wie ich bin
- Ich werde geliebt. Ich bin ein rundum göttliches Wesen, ich genüge
- ich bin richtig und vollständig, ich habe alles Wissen in mir, um es richtig zu machen

- Ich entscheide mich jetzt für erfüllte Beziehungen, ich kann das und ich mache es gut, denn ich bin total in Ordnung
- An mir ist alles in Ordnung, ich ziehe jetzt das an, was wirklich zu mir passt
- Ich entscheide mich für Fülle auf allen Ebenen

Sexualität

53. Meine sexuellen Gefühle dürfen nicht sein, da sie durch etwas ausgelöst werden (wurden), was nicht rechtens ist, daher erlaube ich mir keine erfüllte Sexualität
54. Sex ist etwas Unanständiges, das Schuld erzeugt, Sex ist schmutzig und muss verheimlicht werden
55. Lust ist etwas Verbotenes, man darf es nicht haben oder zeigen
56. Sex ist nicht wichtig, dient nur der Fortpflanzung, Sex ist kein Vergnügen, sondern eine Pflicht
57. Sex ist etwas Bedrohliches, Zerstörerisches

F: Angst oder Probleme beim Sex, keine Sexualität, Partner, die Sex nicht wollen oder Praktiken, die man ablehnt, nicht Ausleben der Wünsche und Phantasien, Nur Erregung, wenn es ein verbotener Partner ist, oder etwas Verbotenes damit verbunden, Missbrauch, Unbefriedigendes Sexualleben, Beziehungen, in denen Sex kaum stattfindet oder auf eine Weise, die man ablehnt, Körperfeindlichkeit, Abspaltung von körperlichen Empfindungen und sexuellen Gefühlen, Trennung von Beziehung, Wärme, Liebevollem und Sex (nur bei

Prostituierten, nur mit Liebhabern, in gefühlsarmen Affären), Sex und Liebe zu verbinden gelingt nicht, sexuelle Pflichterfüllung in der Partnerschaft ohne eigene Lustbefriedigung, Frigidität, Impotenz, unerfüllter Kinderwunsch, Krankheiten der Sexualorgane, Hormonstörungen, Übergewicht, Untergewicht

P:

- Sex ist ganz natürlich, so wie Essen und Trinken, ich darf mir diese Art der Lust jetzt erlauben
- Ich entdecke eine neue Lust an meinem Körper und an Sexualität, ich finde jetzt meine eigene Wahrheit
- Ich stehe zu meiner Lust, sie gehört zum Menschsein, zum Göttlichen, zu mir
- Gott hat uns die Sexualität gegeben, sie gehört als etwas Gutes zu unserem Menschsein
- Ich darf Lust empfinden und bin dabei gut und wertvoll
- Ich finde Wege, meine Sexualität zu leben, die für alle Beteiligten zum Besten sind
- Ich lerne, zu glauben, dass ich eine gesunde und erfüllte Sexualität leben kann
- Ich darf Sexualität erleben, mit Partnern, die das genauso wollen wie ich
- Ich darf alle sexuellen Gefühle ab jetzt zulassen und sie in einer für alle beteiligten gewinnbringenden Weise ausleben

- Sexualität ist normal und steht mir zu, wie Essen und Trinken gehört es zu meinem Leben, ich habe ein Recht darauf
- Ich darf meine sexuellen Gefühle jetzt zulassen und ich werde mir Hilfe holen, einen neuen Weg zu finden, diese zu leben. Auf eine neue, schöne Art, die zum Wohle aller ist.

Scham, Körper

58. Ich muss mich dafür schämen, wie ich bin und wie ich aussehe
59. Körperlichkeit ist komisch, weil man es immer verstecken muss, Körper sind hässlich
60. Ich fange mit meinem Körper nichts an, ich spüre mich nicht, mein Körper ist mir fremd, ich lehne meinen Körper irgendwie ab

F: Übergewicht, Untergewicht, Psychosomatische Erkrankungen, die das äußere Erscheinungsbild betreffen, Unbefriedigende Beziehungen und Sexualität, Gefühl, das Leben nicht zu leben, Depressionen, Ohnmachtsgefühle, Schamgefühle, die die Lebendigkeit einschränken, Scham, die den Lebensfluss einschränkt, weil man vieles nicht tut, das man gerne würde, mangelnde Körperpflege, Raubbau am eigenen Körper, ungesunde Lebensweise, Abgespaltenheit von körperlichen Empfindungen, Vernachlässigung, Vergeistigung, Sucht nach spiritueller Entrücktheit, Substanzen Missbrauch, um zu außerkörperlichen Erfahrungen zu kommen, Bewegungsmangel, Steifheit, Tagträumen und Herumhängen, Faulheit, tiefe Erschöpfung,

Muskelschwäche, Ungeschicklichkeit, fügt sich selbst ungewollt Verletzungen zu, Unfälle

P:

- Mein Körper ist ein wundervolles Geschenk, dass ich jetzt achte und pflege, meine Schönheit wird durch meine innere Schwingung bestimmt
- Meine Schönheit darf ich jetzt nach draußen scheinen lassen
- Mein Körper ist mein bester Freund, ich behandle ihn ab sofort gut und mache, was ihm gut tut
- Mein Körper ist ein Wunderwerk und Gottesgeschenk, ich liebe ihn und kümmere mich jetzt gut um ihn
- Es gibt so vieles an mir, das schön ist, alles andere nehme ich liebevoll an und lerne, es zu lieben
- Ich lerne zu glauben, dass ich meinen Körper lieben kann, so wie er ist
- Es fühlt sich gut an, einen Körper zu haben, dieser Körper ist mein Gefährt, mein Tempel und mein Geschenk. Ich will ihn lieben und achten, denn er bleibt bei mir, mein ganzes Leben
- Mein Körper ermöglicht mir dieses Leben und jede Empfindung. Es ist ein wahres Geschenk. Danke, Körper, ich liebe dich.

Nicht gut genug sein, nicht genügen, Liebe nicht erhalten, Geliebt werden durch Leistung

61. **Ich bin nicht gut genug in meinen Fähigkeiten, Das, was ich mache, ist nicht gut genug**
62. **Ich darf nicht einfach sein, wie ich bin**
63. **Alle anderen sind besser als ich oder können etwas besser als ich**
64. **So, wie ich wirklich bin, will mich keiner**
65. **Nur wenn ich Leistung bringe, erhalte ich Liebe, Liebe ist an etwas gebunden, die bekommt man nicht einfach so für das, was man ist**
66. **Man muss immer besser als die anderen sein**
67. **Nur, wenn es perfekt ist oder der Zeitpunkt perfekt ist, darf ich Erfolg, Liebe oder Glück haben oder erwarten**

F: Misserfolg, Komplexe, unsicheres Auftreten, Problematische Beziehungen, Probleme mit der Arbeit(mit dem Chef, Kritik, Pannen), Ohnmachtsgefühle, Depressionen, der Wunsch, es besonders gut und besser zu machen, Bestätigung im Außen suchen durch Status und materiellen Gewinn.

Man versucht immer, Liebe zu verdienen, zu erkämpfen, Beziehungen verlaufen schwierig, man fühlt sich meistens als der Gebende, Gefallen wollen und dadurch Gefühle der Überanstrengung und Minderwertigkeit, zieht ständig Menschen an, die einen verlassen oder gleichgültig behandeln, Man opfert sich ständig auf, Man hat einen hohen Anspruch an sich selbst, überhöhte Leistungsgedanken, Erfolgssucht, Gefühle der Kleinheit, die tiefe Unsicherheit darüber, nicht zu genügen, verhindert wahre Nähe und Harmonie, weil man sich entweder verstellt oder in einer anhänglichen Abhängigkeit landet, die den anderen wegstößt.

P:

- ich kann es und ich kann es gut
- Ich bin fähig und kann alles erreichen und tun, was ich möchte, woran ich glaube, und es mir erschaffen
- Meine Fähigkeiten möchte ich jetzt der Welt zeigen und schenken
- Ich bin rundum gut und gut genug
- Jeder geht seinen eigenen Weg, so auch ich, er ist einzigartig
- Was für andere gilt ist nicht meines und deren Glück ist nicht meines, ich habe mein eigenes Glück
- Ich habe meinen ganz eigenen Weg, meine ganz eigene Zeit und mein Tempo, so ist es richtig
- Meine Ziele bestimmte nur ich, meinen inneren Reichtum kann ich sofort anzapfen und ihn ihm Außen manifestieren
- Mein Wert besteht von Geburt an und ist unantastbar
- Liebe ist ein Geschenk, das man einfach so bekommt, weil man ist, was man ist. Ich erhalte Liebe, einfach, weil ich bin
- Ich darf mich echt zeigen und werde gerade dann geliebt
- Ich darf mich zeigen und der Welt als das schenken, was ich wirklich bin. Geliebt werde ich in jedem Fall
- Die Menschen, die zu mir passen, kommen auf mich zu und lieben mich, wenn ich

mich echt zeige und sie mich lieben lasse

- Ich lasse mich lieben
- Ich bin vollständig, ich genüge, ich bin wertvoll. Das ist mein Geburtsrecht. Dazu muss ich gar nichts machen, nur sein. Ich bin genug. Ich genüge in jeder Hinsicht

Das Leben ist schwer, Sorgen

68. Meine Familie kennt sich aus mit Sorgen, Das Leben ist Sorge, ich mache das auch so
69. Das Leben ist schwer und mühsam, nichts kann und darf leicht gehen
70. Das Leben bedeutet Belastung und Stress, Auf jede Form von Belastung reagiere ich mit einem überschießenden Stressmuster

F: Lebensfreude und lebendiger Ausdruck werden unterdrückt, die Folge ist Depression, aus der Erwartung, dass alles nur schwer gehen kann, wird auch alles, was man anfasst mit Problemen und Mühsal belastet. Nichts geht leicht von der Hand, Ziele werden immer nur unter großer Anstrengung oder begleitet von Problemen erreicht. Schnelle Erschöpfung, weil man sich emotional viel zu sehr anstrengt, Umgeben von Sorge und Leid, selbst Unfälle und Krankheit, immer ist etwas da, was Sorgen bereitet, Grübelzwang, Melancholie, Traurigkeit, gedrückte Stimmung generell. Als ob etwas Schweres auf einem sitzen würde, die Leichtigkeit fehlt, erlaubt sich keine Träume oder großen Ziele. Alles wird sehr eng betrachtet. Konservative Lebensformen, Nüchternheit, Pessimismus.

P:

- Ich darf ab sofort Leichtigkeit leben
- Das Leben ist leicht, erfüllt und freudvoll
- Ich lerne jetzt, wie alles ganz leicht geht
- Ich lerne, zu vertrauen und mich einer höhere Führung zu überlassen
- Ich glaube an mich und das Leben
- Freude ist mein neuer Lebensinhalt
- Ich begegne allem mit einem neuen Vertrauen und mit voller Freude
- Es darf alles ganz leicht gehen
- Ich darf groß Träumen, leicht leben, erfüllt lieben und lachen
- Das Leben geht ganz leicht
- Ich reagiere auf Herausforderungen ruhig und stark
- Ich glaube an mich, meine Kraft und das Universum, das weiß den besten und leichtesten Weg für mich
- Ich richte es mir jetzt so ein, wie ich es möchte und wie ich mich wohl fühle
- Wie leicht mein Leben sein kann, bestimmte nur ich
- Freude, Liebe und Lachen sind im Überfluss für mich vorhanden
- Der Überfluss des Lebens trägt mich und schenkt sich mir
- Ich schenke mich in Freude der Welt
- Ich lache so viel ich kann
- Ich nehme das Leben spielerisch und das darf ich
- Ich erlaube mir, dass alles ganz einfach gehen kann

Verlust

71. Das Leben heißt Verlust

F: Dinge, Menschen, Umstände gehen, verlassen einen, man verlässt sich oder andere, tiefe Unsicherheit, kein Vertrauen, dass etwas bleibt, vergebliche Suche nach Geborgenheit, tiefe Ängste, etwas zu verlieren. Angst vor Unfall, Tod und Trennung. Beziehungsprobleme, Geldprobleme, Krankheit - weil alles weg-geht. Oder man Angst davor hat, dass es weggehen könnte. Man selber verlässt den anderen, zur Vorbeugung. Oberflächliche Beziehungen aus Verlustangst. Kinderlosigkeit.

P:

- Ich lerne, dem Leben zu vertrauen. Es dürfen Menschen und Dinge bei mir bleiben. Das Leben bedeutet in erster Linie Freude, Vitalität, Verbindung, Leichtigkeit und Glück. Ich darf das jetzt alles leben
- Das Geld bleibt bei mir, ich entscheide, dass ich ab jetzt vertraue
- Ich glaube, dass das Leben es grundsätzlich gut mit mir meint
- Manches geht, das lasse ich gehen, wenn es das will, aber vieles bleibt und auch das lasse ich zu und freue mich darüber
- Ich bleibe ab jetzt für immer bei mir. Ich gebe mir die Sicherheit und das Vertrauen, das ich brauche. Die wahre Sicherheit liegt in mir und meiner Verbundenheit mit dem ewigen Sein, alles andere darf sich im natürlichen

Fluss des Lebens zu meinem besten entwickeln
- Ich vertraue auf den Fluss des Lebens
- Alles entwickelt und fügt sich zu meinem Besten
- Ich bin bei mir. Das genügt. Ich bin vollständig und genug. Ich darf mehr als genug sein und mehr als genug haben. Das Leben liebt mich, ich lasse es zu

Opferhaltung, Kümmern, für Liebe dienen, Ohnmacht, Abhängigkeit

72. **Es gibt verschiedene Gruppen von Menschen, die bestimmen über das Schicksal der anderen, ich bin dem Wohlwollen und dem Agieren von anderen ausgeliefert**
73. **Im Leben ist man ausgeliefert, man ist immer das Opfer, Man lässt mich nicht, ich bin ohnmächtig, ich bin abhängig von anderen und den Umständen**
74. **Ich muss gebraucht werden, man muss gebraucht werden, um etwas wert zu sein, Ich muss mich um andere kümmern, um geliebt zu werden**
75. **Allen um mich muss es gut gehen, damit ich glücklich sein darf**

F: Ohnmachtsgefühle, Neid und Missgunst aus eigener Frustration, versteckte Aggression, anderen Dienen in der Hoffnung, Erfüllung zu erhalten, Lechzen nach Dankbarkeit, Helfersyndrom, definiert sich dadurch, was man für andere tut, Erschöpfung, Psychosomatische Erkrankungen, die zu Schwäche führen oder

Mitleid erwecken, sich in das Leben anderer einmischen, Verlassen, Betrogen und vielfach Ausgenutzt werden, Überforderung, sich für alle aufopfern und keinen Dank erhalten, Lästern an der Macht und Politik, Verschwörungstheorien propagieren, sich gegen Mächtige stellen und Rechtsstreit anzetteln, in Unfälle verwickelt sein, wo man das Opfer ist, Jammern, Hadern, Weinerlichkeit, Hypochondrie, Einsamkeit, keine tiefen Beziehungen, sich klein, unbedeutend und ohnmächtig fühlen, Resignation, Depression, Ängste, Panikstörungen

P:

- Ich bin das mächtigste Wesen, ich kann alles erschaffen, ich habe es in der Hand
- Auf der Welt sind grundsätzlich alle gleichwertig
- Ich habe Macht, ich bin ein Schöpfer, ich übernehme jetzt mein Steuer und die Verantwortung
- Ich genüge einfach so, wie ich bin, Liebe steht mir als Geburtsrecht zu
- Das Leben darf Fülle, Leichtigkeit und Freude bedeuten, nur, weil ich es erlaube und will
- Ich darf um meinetwillen geliebt werden, ich erlaube mir und den anderen das jetzt
- Wieviel Macht ich jemandem gebe, entscheide ich. Ich bestimme über mich und mein Leben
- Ich kann alles erschaffen, was ich möchte und das leicht und glücklich

- Ich erlaube mir Fülle in allen Bereichen
- Ich bin fähig und mächtig und das steht mir zu
- Ich und Du, Ich und die anderen, wir sind alle Eins
- Wir kommen alle aus der gleichen Quelle, mit den gleichen Fähigkeiten, was die können, kann ich auch

Krankheit

76. **Ich erreiche Aufmerksamkeit, wenn ich krank bin, Krankheit ist der Weg, Liebe zu bekommen, Schwäche ist mein Kanal für Aufmerksamkeit**
77. **Krankheit ist etwas Unausweichliches, ein Schicksal, das einen trifft, Meine Familie kennt sich mit Krankheit aus, wir sind alle krank, das habe ich so geerbt, Krankheit begegnet mir deshalb oder ich fühle mich nie vollkommen gesund**
78. **Nur, wenn ich krank bin, darf ich schwach sein oder Ruhe geben (bedeutet auch - ich darf mich normalerweise nie schwach zeigen)**

F: Krankheit dominiert das Leben, chronische Krankheiten belasten den Alltag oder Beziehungen, Krankheiten tauchen immer wieder auf, auch sehr plötzlich, Krankheiten, die als geheilt gelten, flammen wieder auf, vermehrte Arztbesuche oder Krankenhausaufenthalte, unerklärliche Erkrankungen und Symptome, Gesprächsthemen sind hauptsächlich die Befindlichkeiten, strenge Regelungen und Strukturen durch eine Krankheit, wo alle mithelfen müssen, Krankheiten, die Pflege oder Besorgnis oder Anwesenheit anderer erfordern.

Falls Krankheit nicht vordergründig ein Thema ist, berufliche Beschäftigung damit oder sich oft Denke, wenn ich krank wäre, ginge es einfacher. Suizidgedanken. Energiemangel. Vitalität könnte besser sein. Wenig bis gar kein Sport oder total übertrieben. Angst vor Verletzungen. Überempfindlichkeiten, Nahrungsmittelunverträglichkeiten. Hormone im Ungleichgewicht, Blutparameter stimmen nicht, Körperchemie im Ungleichgewicht.
Rückzug.

P:

- Ich darf gesund, vital und in meiner Kraft sein. Ich werde um meiner selbst willen geliebt, weil es mein Geburtsrecht ist
- Ich darf Gesundheit als die neue Quelle meiner Freude erleben. Das Leben, Erfolg, Fülle und Liebe kommen zusammen mit Gesundheit, es steht mir zu, es darf jetzt sein
- Aufmerksamkeit darf ich haben, einfach weil ich bin, am besten gesund
- Ich entdecke die Freude an der Gesundheit, das ist meine ursprüngliche Wahrheit
- Ich habe mich geirrt, das Leben ist viel schöner, wenn ich gesund und vital bin. Ich darf das jetzt erleben
- Ich erlaube mir Gesundheit, es ist mein Recht, ab sofort
- Gesundheit ist mein natürlicher Zustand. Ich darf alles haben, alles erreichen, was ich möchte, so wie ich bin, und nur, weil ich bin, das genügt

- Ich bin mächtig, ich bin Schöpfer, ich entscheide mich für Gesundheit, weil ich es jetzt so will
- Ich entdecke jetzt die unbändige Freude und die Wohltat und die Lebendigkeit, die mir Gesundheit zu bieten hat. Ich freue mich daran
- Mein Körper hat alle Kraft und die Erinnerung an Gesundheit. Er weiß, wie das geht. Ich weiß es auch, ich erinnere mich jetzt daran, dann darf die Gesundheit fließen
- Ich genüge, jetzt, genau so. ich habe alles verdient, nur weil ich bin.

Anpassung

79. Wenn ich meine Bedürfnisse unterdrücke, werde ich geliebt
80. Ich muss mich anpassen, um durchzukommen
81. Wenn ich weiß, was die anderen wollen, werde ich geliebt
82. Ich stehe unter (strengem) Druck, ich muss brav sein, Nur, wenn ich mich anpasse, brav bin, mich ducke, bekomme ich Anerkennung, Liebe, Zuwendung oder vermeide Strafe oder Verletzung, wenn ich mich nicht anpasse, funktioniert es nicht
83. Wenn ich meine Bedürfnisse ausdrücke, hat es keinen Sinn, das will keiner und hört keiner

F: Der ständige Versuch, sich anzupassen, mündet in Erschöpfung, Überforderung, Überempfindlichkeit und unterdrückter Wut, denn man würde ja gerne anders, aber das wollen die anderen scheinbar nicht. Man ist ständig

in Alarmbereitschaft, was die anderen mögen, wollen, von einem fordern und wie man gefallen kann. Man sucht sich immer Beziehungen - sei es Chef, Partner, Freunde - wo man der ist, der sich anzupassen sucht, der sich unterordnet, der das Gefühl hat, gefallen zu wollen oder zu müssen. Dadurch ist wahre Nähe nicht möglich, da man immer danach sinnt, sich dem anzupassen, was der andere vermeintlich will. So kann man nie echt und man selbst sein. Wahre Nähe ist einerseits nicht möglich, weil man sich nie so zeigt wie man ist, sondern so, wie es der andere anscheinend möchte und andererseits, weil man die falsche Rolle zum Gefallen der anderen nicht allzu lange aufrechterhalten kann. Bevor man authentisch werden müsste, flüchtet man lieber in die Abwehr. Meistens unbewusst – und erzeugt ein Verhalten, das den anderen in die Flucht treiben muss.
Die eigene Anpassung und das Schielen nach dem Befinden der anderen, wovon man die eigene Befindlichkeit abhängig macht, überfordert die anderen und macht sie aggressiv. Man findet sich immer wieder in Beziehungen, wo man von anderen aggressiv, unfreundlich oder abwertend behandelt wird und erkennt nicht, dass man es durch seine Unterwürfigkeit selber provoziert. Da man nicht echt ist und immer gefallen will, kennen sich andere Menschen oft nicht aus und erfahren einen als unberechenbar oder unnahbar.

P:

- Ich darf das wollen, sein und zeigen, was ich bin

- So wie ich bin, werde ich geliebt, anerkannt und geschätzt
- Mein Wert ist völlig unabhängig von dem, was andere denken, wollen oder sind
- Mein Wert und meine Liebenswürdigkeit sind mein Geburtsrecht, ich darf einfach nur sein
- Es ist egal, was die anderen wollen. Ich kümmere mich um mich und das, was ich möchte und bin
- was ich bin und so, wie ich ganz authentisch bin, bin ich höchst liebenswert und richtig. Ich werde genau dafür gemocht
- Die Meinung anderer ist die Meinung anderer. Was ich bin und darstelle ist ganz allein meines. Mein Wert besteht ganz frei und nur durch das, was ich bin
- Ich gefalle, wenn ich zu mir stehe und das bin, was ich wirklich und echt bin. Dann treffe ich auf die Menschen, die mir entsprechen und mit mir gleich schwingen
- Ich habe zu jeder Zeit Liebe verdient
- Ich bin richtig und vollkommen, so wie ich bin
- Nichts, was andere tun, denken, wollen oder brauchen hat etwas mit mir oder meinem Wert zu tun. Mein Wert ist frei von allem. Meine Liebe und mein Wert bestehen für sich. Weil es so ist. Und nur, weil ich bin
- Ich darf mich genauso zeigen, wie ich bin und ich darf zeigen, was ich möchte. Genauso ist es richtig. Liebe

ist das, was mir begegnet, wenn ich wirklich ich bin

Fehlende innere Erfüllung, Übergewicht, Drogen

84. Ich muss von außen Erfüllung bekommen und Zuwendung, ich kann nicht für meine Erfüllung sorgen, Wenn ich esse, erfülle ich mich, bekomme ich Trost und Zuwendung, So kann ich mich abgrenzen, Meine Fülle gibt mir etwas, das ich sonst nicht hätte, Ich fülle etwas auf, Die fehlende Lebensfülle habe ich an mir, Drogen geben mir Fülle

F: Nicht nur Übergewicht, auch das Gefühl, innerlich leer zu sein oder sich Erfüllung von außen holen zu müssen, spielen hier eine Rolle. Man hat nicht gelernt, für sich selbst liebevoll zu sorgen oder sich innere Fülle auch selbst zu geben. Weiters Übergewicht oder Essstörungen, Essen als Ersatz, Körperfülle als Abgrenzung, Appetitstörungen, man wird nicht satt, man fühlt sich in seinem Körper nicht wohl, unerfüllte Beziehungen, Aktivitätsmangel, Depressionen, Anspannung und Stresserkrankungen, Ängste, Abhängigkeiten, Anpassungs-Überforderung, Nachgiebigkeit, das Gefühl nie satt zu werden, das Gefühl, nie Liebe zu bekommen, real oder eingebildet, Angst vor Nähe, das Gefühl, nicht zu genügen, Abwehr gegen Bewegung, Starrheit, Kontrollwünsche, Sehnsüchte unerfüllt, Drogenprobleme, Substanzenmissbrauch

P:

- Meine Fülle und meine Lebendigkeit erfahre ich im Sein und in einem lebendigen, erfüllten Leben
- Ich habe alles verdient, ich bin alles wert, nur wenn ich einfach bin. Ich darf jede Fülle haben, die ich mir wünsche und ich erlaube es mir
- Alles, was ich insgeheim ersehne und brauche und alles, was ich insgeheim bin, darf hinaus, darf sich jetzt zeigen. Ich darf endlich ins Leben, ganz als ich, ganz echt, frei und verletzlich, denn ich bin kraftvoll in meiner Freude, Liebe und Lebendigkeit
- Ich darf meine Grenzen genauso bestimmen und kontrollieren, wie ich das möchte
- Ich darf alles an mich heranlassen was ich möchte, ich entscheide, ich bestimme, ich übernehme das Ruder
- Ich darf ganz in meinem Körper sein, ich darf meine Sinnlichkeit leben
- Ich erlaube mir alle Sinnlichkeit und Sexualität
- Ich erlaube mir alle Fülle
- Ich bin vollständig in allem, was ich bin
- Ich darf fließen, mein Leben darf fließen, ich darf mich ausweiten, ich darf mich ausdrücken, wirksam sein, in die Welt ergießen, in meine Größe gehen
- Ich darf meine intensive Sexualität leben und mich meines Körpers so richtig erfreuen
- Meine Kreativität darf jetzt in die Welt explodieren

- Ich finde Expansion auf einem gesunden Weg
- Ich habe Bedeutung auf alle Arten
- Ich erlaube mir, dass alle meine Bedürfnisse passend gestillt werden
- Ich bestimme, dass meine Bedürfnisse gestillt werden
- Ich achte auf mich
- Ich achte mich
- Ich lerne mich und meinen Körper neu kennen

Sehen und Hören, Sinnesorgane, sich verschließen

85. Ich will vieles nicht mehr hören, Mir wird es zu viel, meine Ohren tun weh, ich will sie mir zuhalten, Ich will gewisse Dinge nicht mehr sehen, Ich kann nicht hinschauen, Ich muss meine Wahrnehmungen verschließen, ich blocke alles ab, damit ich überlebe

F: Probleme mit Hör- oder Sehorganen. Naivität, Vergesslichkeit, Überhören wichtiger Dinge, Übersehen von wichtigen Chancen, scheinbare Ignoranz, sich Wahrheiten verschließen, Klarheit scheuen, nie zu Klarheit etwas beitragen, Klärende Gespräche oder Begegnungen vermeiden, Scheuklappen zumachen, die Ohren zu halten - im übertragenen Sinn.
Was andere von einem wollen oder brauchen ignorieren, anderen nicht zuhören, sich Information verschließen, in sich kehren, die Rollladen herunter lassen, plötzlich wegkippen, Drogenmissbrauch, Alkoholismus,

Nachteulen, Nachrichten und Medienkonsum verweigern, Fantasiewelten als Zuflucht, Computerspiel übermäßig, Abrutschen in andere Welten oder Hobbies, im Keller verschwinden, nicht hinsehen oder hinhören wollen. Verschlossen wirken oder sein. Andere auflaufen lassen. Sich abwenden, konfliktscheu.

P:

- Ich will und kann hinsehen oder hinhören. Die Welt gehört auch mir, ich bin ein Teil von ihr
- Was ich sehe oder höre gehört auch zu mir, ich habe die Kontrolle, was ich damit mache, ich entscheide, ich steuere und ich bin stark und frei
- Ich öffne mich für Information, Botschaften, und wundervolle Angeboten
- Ich öffne mich der Welt
- ich höre hin, ich sehe hin, denn ich nehme alles wahr, was zu meinem positiven Wachstum beiträgt
- ich bin ein Mensch, der an der Welt teilnimmt und sie mit erschafft
- was andere tun, sagen, reden, von sich geben, ist deren Sache - ich entscheide, was bei mir ankommt
- ich bin frei, unabhängig und mein Schöpfer
- Ich gestalte mein Leben
- Ich bestimme, wohin ich meinen Fokus lenke, meine Wahrnehmung richtet sich danach
- Ich gehe in meine Größe und Kraft, ich nehme wahr, was meinen Zielen entspricht

- Ich bin achtsam und aufmerksam, das Leben ist in bester Weise aufregend

Lügen

86. Das Leben bedeutet, Geheimnisse zu haben, Man muss lügen in Beziehungen und im Leben, Ich muss andere anlügen, Ich muss mich selbst belügen, ich halte besser andere oder mich hin, bevor ich die Wahrheit zulassen darf

F: Verstrickungen in unehrlichen Beziehungen, Erfinden von Lügengeschichten, Sich nur mit Lügen durchschlagen, in Fantasiewelten aufhalten, andere hinters Licht führen, oder selbst geführt werden, selbst dauernd belogen oder betrogen werden, sich Dinge nicht eingestehen, immer Geheimnisse wittern, oft auf undurchsichtige Situationen oder Menschen treffen, das Gefühl, sich und die anderen nicht zu kennen, Unberechenbarkeit als Lebensgefühl, Schwindeln, weil man sonst nicht durchkommt, Lügen, weil es einen Thrill gibt, Liebschaften, Affären, Geheimniskrämerei, hysterische Krankheitsbilder, Hypochondrie, Schwächeanfälle, Magersucht, Beziehungen mit Drama und Betrug, Mord- und Todschlag, Kriminalität als Thema, das im Leben begegnet, sich oder andere belügen, Notlügen als Kavaliersdelikt, nach außen eine Fassade, innen anders fühlen oder denken, nie sagen, was man wirklich denkt, Doppel-Leben, unterdrückte Ängste, Panik, Schlafstörungen, Betrug, Geldprobleme, Abhängigkeiten

P:

- Ich darf zu mir und meiner Wahrheit stehen und es ist richtig
- Die Wahrheit ist gut und tut gut
- Ich und die anderen vertragen die Wahrheit, ich verdiene die Wahrheit für mich und die anderen
- Ich darf echt sein und mich zeigen
- Offenheit des Herzens ist ein Teil der Liebe, das ist gut, echt und schön
- In der Offenheit und Klarheit liegt Stärke, Lebenskraft und Freude
- Ich darf ehrlich sein, es ist gut so
- Ich darf ich sein, einfach so, so wie ich bin, genau so
- Ich muss nichts tun, nichts erfinden, nichts leisten, ich darf nur sein, nur ich.
- Ich übernehme die volle Verantwortung für mich und mein Leben. ich habe meine wahre Macht erkannt und wende sie ab sofort zu meinem Besten und zum Wohle aller an.

Schuld und Strafe, Selbstbestrafung, Verrat, Selbst-Sabotage

87. Ich bin an etwas (Unglück meiner Eltern, Problem in der Familie, eigenes Problem) schuld und daher erlaube ich mir keine Fülle, denn ich muss büßen, mir darf es nicht besser gehen als ihnen, das wäre Verrat

88. Ich bin schuld, dass XY gegangen ist, etwas passiert ist, weil ich es wollte, Ich bin schuld am Unglück von Mama, von Papa, von XY, deshalb erlaube ich mir kein Glück

F: Erfolge werden ohne ersichtlichen Grund kurz vor dem Ergebnis zunichte gemacht, Man übersieht Chancen, Man tut alles für Erfolg, aber schafft es nicht, Schwere Depressionen, Erkrankungen, Gewonnenes verfliegt wieder. Geldsorgen, Sorgen auf allen Ebenen, man denkt sich, das gibt es ja nicht, das es bei mir nicht klappt, will für die Eltern etwas schaffen oder erreichen, will es jemandem zeigen oder beweisen, fühlt sich einsam und allein, fühlt sich getrieben, hat unerklärliche Ängste, fühlt sich unter Druck und weiß nicht warum, will Besonderes, Großes erreichen, hat Eingaben oder Träume, aber es führt zu nichts, sehr feinfühlig, aber Geld und Erfolg bleibt aus, mit seinen Kindern die gleichen Probleme, wie früher mit den eigenen Eltern, hört oft, man sei jemandem in Familie sehr ähnlich, Hassliebe zu Elternteil, Wut auf Elternteil, enge Beziehung zu Elternteil, Geschwisterstreit, schwere Erkrankungen als Kind, Missbrauchsthematiken, Allergien, Autoimmunerkrankungen, symbiotische Beziehungen

P:

- Ich bin frei und nur für mich verantwortlich
- Ich darf glücklich sein, weil es mein Geburtsrecht ist, jeder ist für sein Leben selbst verantwortlich
- Ich darf in Liebe mit meinen Eltern verbunden sein, ich schulde ihnen einzig und allein die Freude und das Glück in meinem Leben, sie haben es mir

geschenkt, dafür danke ich, mehr als Liebe verbindet uns nicht
- Ich darf ganz allein für mich entscheiden und mich leben
- Ich übernehme die volle Verantwortung für mich und nur für mich
- Ich lasse das, was den anderen gehört, bei ihnen, und nehme nur das, was zu mir gehört, zu mir. Ich bin frei und ich verdiene alles im Leben, was ich mir wünsche
- Ich erlaube mir Glück und Fülle, weil ich es haben darf, nur weil ich bin
- Alle sind für sich verantwortlich, ich bin für mich verantwortlich
- Das Beste was ich für meine Eltern tun kann, ist glücklich zu sein
- Wenn ich glücklich bin, heile ich auch meine Eltern ein wenig

Schlaf, Widerstand aufgeben, Hingabe an den Lebensstrom

89. **Man darf nicht schlafen, dann ist man gefährdet, man darf sich nicht einfach dem Strom der Ereignisse hingeben, dann verliert man die Kontrolle, Kontrollverlust bedeutet Gefahr, Hingabe gefährdet mich**
90. **Wenn ich schlafe, versäume ich etwas, wenn ich mich dem Leben einfach überlasse, läuft es schief, wenn ich mich der Situation hingebe, verpasse ich eine Gelegenheit**
91. **Im Schlaf habe ich böse Träume und Angst, Schlaf ist Angst, Schlaf ist wie der Tod, Hingabe ist wie der Tod, Widerstand**

aufgeben und sich dem Lauf der Dinge überlassen, ist lebensbedrohlich

F: Schlaflosigkeit, Getrieben sein, Angststörungen, nervöse Störungen, Angstträume, Potenzprobleme, Sexualstörungen, Erkrankungen des Lymphsystems, von Herz, Kreislauf und Nieren. Leberstau. Erschöpfung. Manie. Bipolare Störungen. Burnout. Halluzinationen. Kurze oder übertrieben lange Schlafzeiten, kein erholsamer Schlaf, Überarbeiten, Stress, Schwitzen, Gedankenkreisen, Probleme zerdenken, ausbordende Fantasie, die Welt als gefährlich und zu fordernd erleben, Unsicherheitsgefühle, kein Vertrauen in das Leben, Angst vor dem Tod, Getrieben sein, Zähneknirschen, Zahnprobleme, Epilepsie, Krampfstörungen, Muskelverspannungen, sich nicht hingeben oder fallen lassen können - Beziehungs- und Sexualprobleme

P:

- Ich darf mich im Schlaf ganz natürlich aufladen
- Der Schlaf ist ein Freund, er tut mir gut, er ist Liebe, ich darf mich ihm anvertrauen
- Schlafen ist ganz natürlich, es gehört zu mir, ich kenne es, ich kann es
- Ich darf mich dem Schlaf hingeben, ich werde dadurch noch mehr leben
- Meine Lebendigkeit ist auch im Schlaf, er gibt mir Kraft und Leben
- Ausruhen ist ganz normal, alles ist gut, wenn ich schlafe, darf ich ausruhen, ich bin sicher und vertraue

- Ich entscheide, dass ich ab jetzt schlafen darf
- Schlaf ist mein Geburtsrecht und mein Menschenrecht, mein Körper weiß, was er tut, ich vertraue ihm
- Ich vertraue dem Leben, ich vertraue dem Schlaf, ich entscheide mich einfach für das Vertrauen. Alles geht gut.
- Ich darf mich fallen lassen, in den Schlaf und in das Leben, und es geht gut

Schwäche, Trauer

92. Trauer und Traurigkeit müssen versteckt oder vermieden werden, Man darf keine Schwäche zeigen, dann ist man eine Belastung, Man muss immer stark sein oder so tun, Nur Härte zählt und Belastungen muss man zur Seite schieben

F: Immer stark sein wollen, durch Burnout oder Krankheiten die Schwäche erlaubt erzwingen, Depression, Schwankungen, Nach außen immer stark spielen, schwere Existenzängste, Panik, Schlaf- und Angststörungen, Albträume, Angst vor dem Tod, Angst vor Verlust, Einsamkeit, Sich an andere Menschen hängen, symbiotische Beziehungen, besonders zu Kindern, Ewig etwas in der Vergangenheit nachhängen, Nichts loslassen können, Wenig Entwicklung zeigen, Anpassung, Verhärmt und verhärtet wirken oder sich fühlen, Starre Strukturen, rigide Traditionen verfolgen, Angst, wenn etwas nicht nach Plan läuft

P:

- Ich darf alles zeigen, mein ganzen Gefühle, das ist mein Menschsein
- Alle Gefühle sind gleich wert
- Schwäche kann genauso stark sein wie alles andere
- Ich bin wertvoll und stark, egal wie ich mich fühle, egal was ich nach außen zeige
- Trauer ist eine Ehrerbietung und gehört zum Fluss des Lebens
- Traurigkeit ist die andere Seite der Stärke und des Lichtes, es gehört dazu, zum vollständig sein, ich erlaube mir Trauer und Traurigkeit
- Ich darf schwach sein
- Ich darf alles sein. Es ist gut, ich genüge
- Trauer darf sein, sie ist wichtig, sie gehört zu uns Menschen
- Ich bin ganz stark in meiner Trauer und Traurigkeit, bevor ich wieder zur Freude zurückkehre
- Traurigkeit ist die Kunst, einer unschönen Sache ein schönes Gefühl zu geben, ich verleihe dem Drama damit Anmut und Liebe
- Ich bin stark, das Schwachsein ist ein Teil davon, hin und wieder
- Ich bin ein mächtiger Schöpfer, von Geburt an, ich habe Macht und Kraft

Familie, Probleme mit Kindern, unerfüllter Kinderwunsch, das eigene innere Kind

93. Kinder machen nur Probleme, sind lebensgefährlich, sind negativ, belasten,

ich werde nie Kinder haben, Kinder bedeuten nur Sorgen, Kinder nehmen die Freiheit, ich darf kein Kind sein, ich bin als Kind ein Problem, Es ist besser, kein Kind zu sein, Ich darf kein Kind sein, ich mache nur Probleme, Kindsein ist Schwäche, Ich bin als Kind und als Mensch machtlos

94. **Ohne ein Kind bin ich nicht vollständig, keine richtige Frau, ohne ein Kind zu zeugen, bin ich kein richtiger Mann, Der Sinn des Lebens ist Fortpflanzung, Ein Kind bestimmt alles**

F: Kinderlosigkeit, ungewollte Kinder, Probleme mit Kindern und Familie, Selbstwertprobleme ohne Kinder, Selbstwertprobleme trotz erfülltem Kinderwunsch, Hadern mit der Familie, Hadern mit der Kinderlosigkeit, verkrampftes Versuchen schwanger zu werden, Sterilisation, Leiden an Unfruchtbarkeit, auf Partner treffen, die betreff Kinderwunsch nie gleich schwingen, Ablehnung der eigenen Kinder insgeheim, Kinder verlieren, Angst vor Kindern, von Kindern immer belästigt werden, von Kindern im Lebensfluss boykottiert werden, Fixierung auf die Kinder, durch die eigenen Kinder sehr eingeschränkt sein durch übermäßige Verpflichtungen oder Sorgen

P:

- mein Wert steht für sich selbst, es ist ganz egal, was sonst in meinem Leben da ist oder nicht
- ich bin vollständig, einfach weil ich bin

- Kinder sind ein natürlicher Teil unseres Lebens
- Ich bin eine vollständige Frau, nur weil ich bin
- Ich bin ein vollständiger Mann, nur weil ich bin
- Kinder kommen, wenn sie es entscheiden und ich es erlaube
- Kinder dürfen ab sofort zu meiner Freude und meinem Lebensfluss beitragen
- Wenn ich mich mit meinem inneren Kind aussöhne, tue ich es gleichzeitig mit Kindern im Außen
- Ich darf alles haben, was ich mir wünsche, das Universum wird die richtigen Wege finden
- Alle ist gut so, genauso wie es ist, ich vertraue, dass es für mich am besten so ist
- Ich lasse jetzt das Leben fließen und folge meiner wahren Freude
- Ich darf so leben, wie es für mich richtig ist, ich genüge und ich habe meinen Wert als Geburtsrecht, egal für welches Leben ich mich entscheide
- Ich bin gerne frei und unabhängig und ich darf mich entscheiden, auf meine eigene Art Glück zu erschaffen
- Jeder geht seinen Weg, jeder macht seine Erfahrungen, die der anderen werden nie meine sein, das ist gut so
- Ich traue mir alles zu, wenn ich das möchte, ich werde jetzt frei entscheiden, wenn ich meiner Wahrheit und meiner Freude folge

- Ich sorge dafür, dass es mir gut geht, den Rest erledigt das Universum für mich
- Jeder Tag bietet die Möglichkeit, Dinge neu zu entscheiden und neu zu betrachten, ich entscheide mich jetzt für mein Glück
- Ich steige jetzt ein in den Lebensstrom, ich bin voll freudiger Erwartung, was er mir bringen wird
- Ich genüge, ich bin wertvoll, ich bin vollständig, einfach nur, weil ich bin
- Ich bin eine vollständige Frau/ein vollständiger Mann, einfach, weil ich es bin, ich zelebriere das jetzt in Liebe zu mir selbst, das genügt, ich genüge
- Kinder dürfen ab sofort eine Bereicherung meiner Lebenswelt sein, weil ich es so entscheide, sie tragen ab jetzt zu meiner Freude und Erfüllung bei, denn ich kann das so erlauben

Autoaggression, Aggression, Depression

95. Die Aggression gegen andere muss man gegen sich selbst richten, Ich unterdrücke alle Wut oder Trauer, Man muss immer beherrscht sein, Wutgefühle müssen kontrolliert sein
96. Ich bin nichts, ich kann nichts, ich möchte mich in mich verkriechen, Am liebsten wäre ich nicht da
97. Wir lassen uns alles gefallen, Wut hat keinen Platz
98. Ich habe in der Welt keine Wirkung

F: Depressionen, Selbstmordgedanken, Suizidversuche, Selbstverletzungen, aggressive Ausbrüche, Gewalt, Autoimmunerkrankungen, plötzliche Ausbrüche an Zorn oder Emotionen in Beziehungen, Jammern, Schwächeanfälle, niedriger Blutdruck, Krankheiten, die aggressiv nach innen gehen, Entzündungen, Lethargie, Erschöpfung, chronische Müdigkeit, Burnout, Nichts tun und Faulheit, seinen Platz nicht finden oder einnehmen, Verwahrlosung, Beziehungsprobleme, sich ständig anpassen, Duckmausertum, von anderen ausgenutzt werden, übervorteilt werden. Dinge verlieren, betrogen werden, Kriminalität, Sucht, Abhängigkeiten, gescheiterte Existenzen, Eremitentum, totaler Rückzug aus Gesellschaft, Psychosen, Missbrauch, aktiv und passiv, Verluste, Geldmangel, unbefriedigende Beziehungen, unerfüllte Sehnsucht, das Gefühl, das kann nicht alles gewesen sein, sich fragen, wer bin ich

P:

- Ich bin wichtig, ich bin genug, ich habe Wirksamkeit in dieser Welt, ich habe Bedeutung für diese Welt, nur, weil ich da bin
- Ich genüge, ich bin wertvoll und ich bringe mich jetzt ein in diese Welt, sie braucht mich
- Ich kann etwas, ich kann gut ich sein und das bin ich ab sofort
- Meine Wut darf artikuliert werden, sie hat ihr Recht und ihren Platz
- Ich zeige meine Wut gleich, wenn sie da ist

- Ich trauere und zeige es, das ist in Ordnung, dann gehe ich wieder in die Freude
- Ich bin wütend und ich zeige es
- Ich bin und das ist gut und genug
- Ich habe eine Bedeutung für diese Welt und jetzt übernehme ich die Verantwortung dafür
- Ich zeige der Welt, wer ich bin, denn es ist wichtig
- Meine Wut, meine Trauer, alle meine Gefühle dürfen fließen, so wie alles, das ich bin
- Ich zeige mich, ich drücke mich aus in diese Welt, mein Ausdruck trägt zur Expansion aller bei
- Wenn ich mich bewege, denke, rede, singe, schlafe, dann entfalte ich mich und alle anderen haben etwas davon
- Mein Sein allein bewirkt etwas und hat Einfluss auf alle
- Jeder Gedanke zählt, ich bestimme die Welt mit
- Heute entscheide ich mich für Freude und Leichtigkeit
- Heute gehe ich in meine Macht zurück und schaffe mir das Leben, das ich wirklich will, ich weiß jetzt, wie das geht

Glaube an höhere Macht

99. Es gibt keine höhere Kraft, nur den Menschen und nur unseren Verstand und die Wissenschaft, mein Glaube an etwas Höheres ist Blödsinn

F: Gefühle der Sinnlosigkeit und Einsamkeit, Verhärtung, Übermäßiger Leistungsanspruch, Drogenmissbrauch, Schicksalsschläge nicht gut verarbeiten, weil keinen Halt finden, Halt suchen in Leistung, Geld, weltlichen Statussymbolen, Kindern, Durch besondere Leistung Unsterblichkeit erlangen wollen, Durch viele Kinder Unsterblichkeit erreichen wollen, Fixierung auf Wissenschaft und Schulmedizin, Zynismus und Abgespaltenheit von Gefühlen, Ignorieren von Dingen, die sich in den Emotionen oder im Körper passieren, Kälte, Nüchternheit, Abgeklärtheit, Resignation, Aufgabe, nichts mehr erwarten, Alles selbst schaffen und meistern wollen, Schwere Ängste und Panik, Angst vor der Zukunft und dem Tod, Alles wissen wollen, Machtsucht, Gier, Unbefriedigende, stets wechselnde Beziehungen, Beziehungen, die wie durch Vertrag und Dienstleistung gekennzeichnet sind, Übertriebenen, gesellschaftlichen Regeln und Sitten folgen, Eigenen Körper negieren, Perversionen, Sex getrennt von Gefühlen leben, Sexualität und Stimulation in harten, abweichenden Arten suchen

P:

- Ich darf mich wieder daran erinnern, wer ich bin
- ich darf mich einer höheren Macht anvertrauen, ich darf glauben, dass ich aus ihr komme und es selbst bin
- Ich spüre die Verbundenheit zu etwas Größerem und vertrau mich dem an, das tut mir gut, ich komme nach Hause

- Da ist mehr, ich weiß es wieder, und es ist gut so
- Ich muss nichts wissen, ich darf einfach sein, und es ist gut so
- Ob ich glaube oder nicht, was ist, ist und was wahr ist, ist wahr
- Zur rechten Zeit werde ich alles wissen, jetzt vertraue ich einfach in etwas, das größer ist als ich
- Ich muss nicht glauben, um beschützt und geführt zu sein, wenn es etwas anderes als uns gibt
- Auch wenn ich an nichts glaube als an mich, ist alles so, wie es eben ist
- Ich darf einfach sein, ich genüge
- Es ist alles in Ordnung, ich finde meinen Weg
- Ich wünsche mir, zu erkennen, wann ich glauben darf oder will
- Ich vertraue darauf, zur rechten Zeit alles zu wissen
- Ich vertraue, dass alles gut ist
- Ich ruhe in mir, das ist gut so
- Wenn es mehr gibt zwischen Himmel und Erde, dann kann das so sein, egal, ob ich es glaube
- Die Wissenschaft ist das, woran ich glaube. Ich entscheide das so. Wenn für mich etwas anderes wichtig ist oder wird, dann werde ich es erkennen
- Ich lerne, zu glauben, dass alles, was für mich wichtig ist und mir gut tut, sich mir offenbart.
- Ich entscheide, was ich glauben und erschaffen will

Verdecktes Thema

100. Verdeckter Glaubenssatz 0011

Dazu lies bitte die Ausführungen im Absatz Glaubenssätze unter Glaubenssatz 0011.

1	2	3	4	5	6	7	8	9	10
11	12	13	14	15	16	17	18	19	20
21	22	23	24	25	26	27	28	29	30
31	32	33	34	35	36	37	38	39	40
41	42	43	44	45	46	47	48	49	50
51	52	53	54	55	56	57	58	59	60
61	62	63	64	65	66	67	68	69	70
71	72	73	74	75	76	77	78	79	80
81	82	83	84	85	86	87	88	89	90
91	92	93	94	95	96	97	98	99	100

18859796R10286

Printed in Poland
by Amazon Fulfillment
Poland Sp. z o.o., Wrocław